Daniel Mandl

Wir wünschen eine anregende Lektüre!

mandl | schwarz
EDITION DIGITAL LIFESTYLE

Fotos
Die Bilder-App
für OS X und iOS
Bilder organisieren, optimieren
und professionell präsentieren

iTunes & Apple Music

auf Mac und Windows-PC
sowie auf iPad, iPhone & iPod

Impressum

iTunes & Apple Music – Musik, Filme & TV auf Mac und Windows-PC
sowie auf iPad, iPhone & iPod

ISBN 978-3-944519-72-2
1. Auflage 2015

Mandl & Schwarz-Verlag
Edition Digital Lifestyle
Theodor-Storm-Straße 13
D-25813 Husum / Nordsee

itunes@mandl-schwarz.de
www.mandl-schwarz.com

Bibliografische Information der Deutschen Nationalbibliothek
Die Deutsche Nationalbibliothek verzeichnet diese Publikation in der Deutschen Nationalbibliografie; detaillierte bibliografische Daten sind im Internet über die Webseite http://dnb.d-nb.de abrufbar.

 Das Ihnen vorliegende Buch wurde in unzähligen Tages- und Nachtstunden mit großer Sorgfalt und viel »Herzblut« erstellt. Dennoch finden sich ab und an Fehler, für die wir uns entschuldigen möchten.
Wir sind Ihnen dankbar für Anregungen und Hinweise!

Zu Ihrer ersten Übersicht

Herzlich Willkommen 9

iTunes – Organisieren und Verwalten mit Mehrwert 11

iTunes und seine zahlreichen Import-Möglichkeiten 43

Gewusst wie: Ihre Medien-Sammlung verwalten 65

Die Feinheiten: Formate, Cover, Liedtexte und Internetradio 97

Der »iTunes Store« – digitales Einkaufen 123

iPod, iPhone, iPad & iTunes – das perfekte Gespann 179

Apple Music und iTunes Match – so geht's 223

iTunes vernetzt – lokal, via AirPlay und Apple TV 243

Die Tücken im Alltag 267

Ausführliches Stichwortverzeichnis 275

Herzlich Willkommen 9

iTunes – Organisieren und Verwalten mit Mehrwert 11

iTunes uptodate halten 11

iTunes – der erste Start 13

Die Benutzer-Oberfläche – ein erster Rundgang 15

Die Bedien-Elemente 17

iTunes-Ansichten für jeden Zweck 22

Der MiniPlayer in Aktion 33

Hilfreiche Einstellungen im Hintergrund 35

Mit dem »Equalizer« durch Höhen und Tiefen 39

iTunes und seine zahlreichen Import-Möglichkeiten 43

Die Importeinstellungen 43

Audio-CDs importieren 43

Musik-Dateien von der Festplatte 51

Dateien aus dem Internet laden 52

Import und Wiedergabe von Filmen 55

Gewusst wie: Ihre Medien-Sammlung verwalten 65

Mit Wiedergabelisten den Überblick bewahren 65

Eine Wiedergabeliste anlegen 65

Wiedergabeliste für die Apple Watch einrichten 71

Mit Ordnern aufräumen 74

Die Wiedergabeliste mit eingebauter Intelligenz 75

Sichern von Wiedergabelisten 76

Wiedergabeliste als Audio-CD brennen 79

Genius – Wiedergabelisten mit Stil 84

Mediathek-Verwaltung 87

Medien von iTunes organisieren lassen 87

Mit mehreren Mediatheken arbeiten ... 88

Die Mediathek sichern und übertragen ... 91

Die Feinheiten: Formate, Cover, Liedtexte und Internetradio ... 97

Formate innerhalb iTunes konvertieren ... 97

Fehlende Cover hinzufügen ... 99

Cover drucken ... 103

Lieder bewerten ... 105

Die Eingabe von Liedtexten ... 108

Nach Interpreten und Songs suchen ... 110

Nicht gefundene Titel aufspüren ... 114

iTunes fürs Auge – Visuelle Effekte ... 115

Radio hören über »iTunes« ... 117

Der »iTunes Store« – digitales Einkaufen ... 123

Virtuelles Shoppen per Mausklick ... 129

Musikvideos im iTunes Store ... 141

Die Videothek ist Tag und Nacht geöffnet ... 145

TV-Sendungen… – damit Ihnen nicht langweilig wird ... 151

Podcasts – Unterhaltung zum Nulltarif ... 154

Digitale Bücher zum Lesen und Hören ... 158

Der App Store – Programme und Unterhaltung für iPad, iPhone & iPod touch ... 166

iTunes U – für Schüler, Studenten oder einfach nur Wissbegierige ... 169

Wider den bösen Buben – die Kindersicherung ... 171

Die Familienfreigabe zum Teilen von Inhalten und als Kontrollinstanz ... 173

iPod, iPhone, iPad & iTunes – das perfekte Gespann....... 179

Übersicht – die wichtigsten Kenndaten 180

Einstellungen für die »Musik«-Synchronisierung 191

Filme und TV-Sendungen übertragen 195

»Podcasts« zum Hören, Sehen und Staunen 200

»Fotos« zum Präsentieren 201

iTunes U – Bildung mobil 205

Infos – Kontakte und Kalender fürs Office 206

Die Programme- und Spiele-Abteilung 208

Bücher zum Hören, Lesen und Staunen 214

Klingeltöne für Handy & Co. 218

Apple Music und iTunes Match – so geht's 223

iTunes Match – die Musiksammlung in der iCloud 226

Apple Music bzw. iCloud-Musikmediathek 228

iTunes vernetzt – lokal, via AirPlay und Apple TV 243

»iTunes teilen« – Musik hören über das lokale Netzwerk 243

Die Privatfreigabe – Mediatheken zuhause verwalten 245

Drahtlose Musik-Übertragung via AirPort Express 249

iTunes fernsteuern – Die Remote-App 251

Mit Apple TV die Musik- und Film-Welt erkunden 257

iTunes-Inhalte von Mac und PC streamen 258

iPad, iPhone & iPod touch – das Zusammenspiel mit Apple TV 261

Die Tücken im Alltag 267

Allgemeine Hilfsmaßnahmen 267

Ausführliches Stichwortverzeichnis 275

Herzlich Willkommen

Liebe Leserinnen und Leser,

vielen Dank, dass Sie sich für unser Werk »iTunes & Apple Music auf Mac und Windows PC sowie auf iPad, iPhone und iPod« aus dem Mandl & Schwarz-Verlag entschieden haben. Darüber freuen wir uns sehr.

iTunes wandelt sich beständig – und das nicht immer zur Freude der vielen Nutzer. Zum einen wird ständig am Design-Rad gedreht, sodass sich die vielen Buttons und Schaltflächen ständig ändern. Des Weiteren kommen diverse Gimmicks hinzu, während andere wiederum sang und klanglos verschwinden. Auch das ist nicht immer die feine Art und Weise.

Und dennoch: In *iTunes* laufen (fast) alle Fäden zusammen und das Programm erklärt sich als der große Medienverteiler zu den Mobilgeräten iPhone, iPad, iPod und zu Apple TV. Hinzugekommen ist die Apple Watch, die zwar keine direkte Verbindung zu *iTunes* aufbauen kann, aber zumindest über das iPhone die notwendige Aufmerksamkeit erhält.

Mit diesem Buch möchten wir Sie mit den zahlreichen Funktionen und auch versteckten Raffinessen bekannt machen. Wir erklären Ihnen die schicke Benutzer-Oberfläche, zeigen die verschiedenen Ansichten, erläutern die Einstellungen im Hintergrund und geben Ihnen Tipps & Tricks sowie Hilfestellung beim Importieren der diversen Medien-Formate für Musik und Videos.

Ob als Musik-Liebhaber, Filme-Freak, App-Begeisterter oder Hörbuch-Enthusiast: Sie alle kommen auf ihre Kosten – denn der *iTunes Store* ist voll gepackt mit Highlights aus aller Herren Länder und bedient mittlerweile alle Genres. Wir zeigen Ihnen, wie Sie Ihre persönlichen Favoriten finden, diese organisieren und verwalten und auf Ihr Mobilgerät transferieren.

Ganz aktuell zeigen wir Ihnen den neuen Streamingdienst *Apple Music*, über den Sie auf Millionen von Musik-Titeln zugreifen können. Wie das alles funktioniert und welche Fallstricke es zu beachten gilt, finden Sie in einem ausführlichen Kapitel.

Auch über die drahtlose Übertragung Ihrer Musik via *AirPlay* auf die heimische Stereo-Anlage wird die Rede sein, über die in *iTunes* eingebaute Kindersicherung, von der Synchronisierung zwischen Computer und iPod/iPhone/iPad, dem Konvertieren von Filmen in kompatible Formate und, und, und.

Neugierig geworden? Dann blättern Sie schnell weiter …

Leichter lesen – Ihr Leitsystem

Auf den nachfolgenden Seiten haben wir wichtige Textstellen mit einem Icon (Symbol) versehen. Diese bedeuten im Einzelnen:

Grundwissen: **Dieses Symbol zeigen wir Ihnen immer dann, wenn es um die Bedienung im Allgemeinen geht oder wenn Fachbegriffe auftauchen. Hier vermitteln wir auch grundsätzliche Details, die Ihnen den Umgang mit Ihrem Gerät erleichtern.**

Tipp: **Ob hilfreiche Einstellungen oder bislang noch unentdeckte Features: Hier weisen wir Sie auf Zusatz-Informationen oder Alternativwege hin und verraten Ihnen allerlei Tipps und Tricks.**

Achtung: **Damit Sie eher weniger als mehr Arbeit haben: Das Symbol mit dem Ausrufezeichen warnt Sie vor typischen Fehlern, die der oftmals noch unbedarfte Einsteiger gerne einmal macht.**

Wir danken für Ihr Verständnis …

Mit diesem Buch erhalten Sie einen leichten Einstieg in eine nicht immer sofort verständliche Materie. Nichtsdestotrotz können ab und an Probleme auftreten. Bitte haben Sie dafür Verständnis, dass wir über dieses Buch hinaus keinen persönlichen Support leisten.

Feedback willkommen!

Wir freuen uns, wenn Ihnen dieses Buch gefallen hat. Teilen Sie uns doch bitte Ihre Eindrücke mit und senden Sie uns auch Ihre Kritik. Sie erreichen uns dazu über `itunes@mandl-schwarz.de`. Wir wünschen Ihnen nun eine anregende Lektüre!

Daniel Mandl
Husum/Nordsee, im November 2015

iTunes – Organisieren und Verwalten mit Mehrwert

iTunes finden Sie standardmäßig auf jedem Mac, aber auch unter Windows lässt sich das Programm auf Wunsch laden. *iTunes* hat gerade in letzter Zeit enorm an Bekanntheit gewonnen, brachte doch Apple seinen Streamingdienst *Apple Music* auf den Markt, den wir uns ein wenig später ausführlich ansehen möchten.

Die Software ist in der Tat ein Allrounder, denn neben dem reibungslosen Abgleich mit *iOS*-Geräten wie iPod, iPad oder iPhone kümmert sich das Programm um die Verwaltung all Ihrer Medien wie Musik, Filme, Podcasts, Hörbücher oder Apps. Digitale Bücher werden unter Windows ebenso in *iTunes* untergebracht, während auf dem Mac seit *OS X 10.9 Mavericks* das eigenständige Programm *iBooks* verantwortlich zeichnet.

Auch der komfortable Einkauf von Liedern, Filmen, TV-Sendungen & Co. lässt sich über *iTunes* erledigen. Hinzu kommt noch die *iCloud*, die eine reibungslose Verteilung auf all Ihre Gerätschaften verspricht.

Mit diesem Buch erhalten Sie einen Ein- und Überblick über die zahlreichen Möglichkeiten der Medien-Verwaltung sowie die enorme Funktionsvielfalt. Wir zeigen Ihnen die vielfältigen Wege zum Importieren diverser Medien und führen ein in die Welt des virtuellen Shoppens, was dem ein oder anderen wahrscheinlich einen spitzen Schrei entlocken wird.

iTunes uptodate halten

Sie können *iTunes* jederzeit in der aktuellen Version über Apples Webseite `www.apple.com/de/itunes/download/` laden. Nachfolgende Aktualisierungen erhalten Sie dann über die *Softwareaktualisierung* bzw. die *Updates*-Abteilung des *Mac App Store* oder unter Windows über das Programm *Apple Software Update*.

Über die Internet-Adresse »www.apple.com/de/itunes/« gibt es neben dem schnellen Überblick über die vielen Funktionen auch die Möglichkeit, die neueste Version von »iTunes« herunterzuladen.

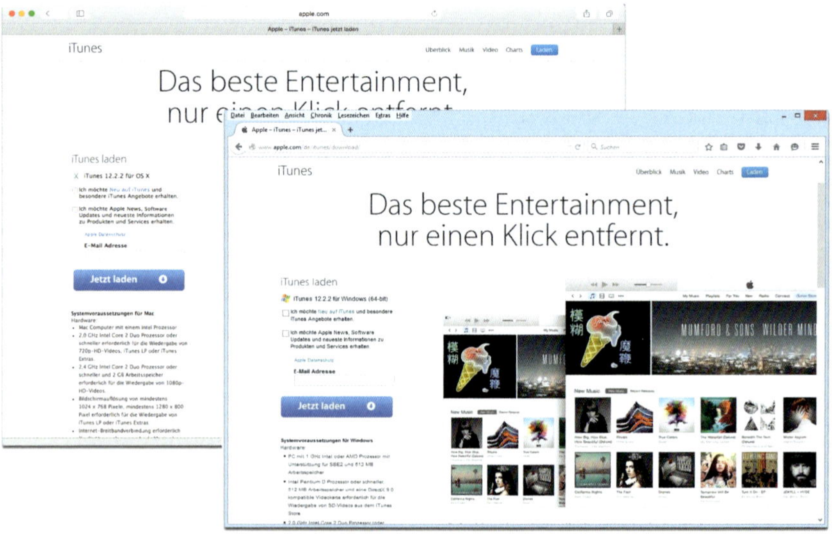

Aktualisierungen erhalten Sie entweder über den »Mac App Store« und dort über die Abteilung »Updates« oder unter Windows über das Programm »Apple Software Update«.

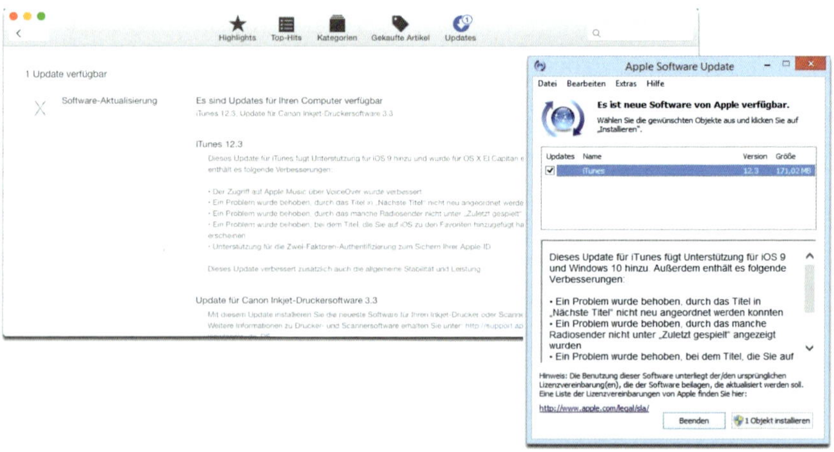

Sofern Sie die Software über Apples Webseite laden, so sollten Sie zuvor immer einen Blick auf die *Systemvoraussetzungen* werfen.

Wenn Sie von Apples Weisheiten gar nicht genug kriegen, so können Sie Ihre E-Mail-Adresse hinterlassen. Auf diese Weise erhalten Sie den wöchentlichen Newsletter *Neu auf iTunes* mit den aktuellsten *Store*-Neuzugängen sowie die *Apple News*, die Sie mit Sonderangeboten und weiteren Aktionen auf dem neuesten Stand halten.

iTunes – der erste Start

Wird *iTunes* das erste Mal geöffnet, werden Sie freundlich Willkommen geheißen. Für Neueinsteiger empfiehlt es sich weiterhin, einen Blick auf die Einführung zu werfen, die sich entweder automatisch öffnet oder über den Punkt *Einführung anzeigen* starten lässt. Nachträglich lässt sich diese auch über den Menüleistenbefehl *Hilfe* (OS X) bzw. »?« (Windows) sowie den Punkt *iTunes-Einführung* besuchen. Hierbei werden Sie schon einmal in Kurzform mit der Benutzerführung als auch mit den wichtigsten Funktionen der *iCloud* vertraut gemacht.

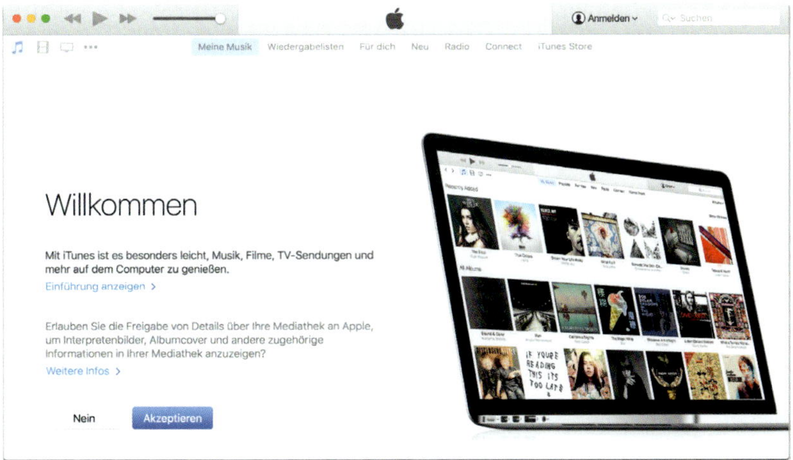

iTunes ist frisch installiert und zeigt sich in schickem Outfit.

Über »Einführung anzeigen« bekommen Sie mit Hilfe übersichtlicher Schaubilder einen kurzen Einblick in die Arbeitsweise und Funktionsvielfalt.

Sofern Sie als Windows-Anwender Ihre Menüleiste vermissen: Über das ganz links oben liegende Symbol bzw. über die Tastenkombination *Strg-B* lässt sich die *Menüleiste einblenden.*

Danach heißt es sich zu entscheiden, ob Sie Informationen über Ihre Mediathek an Apple senden wollen. Dies ist kein Muss. Möchten Sie jedoch, dass *iTunes* etwa bei selbst importierten Audio-CDs fehlende Album-Cover ergänzt, Ihnen zu diversen Interpreten weitere Informationen wie Bilder des Künstlers oder zu Live-Auftritten anbietet oder Ihnen anhand der bestehenden Musikauswahl ähnlich geartete Inhalte offeriert, so sollten Sie dies in Erwägung ziehen. Klicken Sie je nach Entscheidung auf *Nein* bzw. *Akzeptieren*.

Ihre Entscheidung für oder gegen eine Weitergabe Ihrer Daten können Sie auch im Nachhinein über die *iTunes-Einstellungen* erledigen. Die entsprechende Option finden Sie in der Abteilung *Store*.

Falls Sie es sich später doch noch überlegen sollten, können Sie über die »iTunes«-Einstellungen und dort im Bereich »Store« die Option »Details über Ihre Mediathek mit Apple teilen« ein- oder ausschalten.

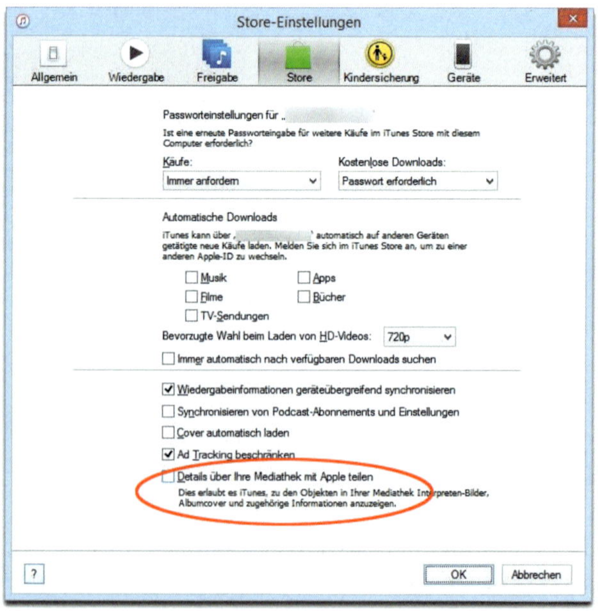

Über das nachfolgende Programm-Fenster können Sie – sofern sich noch keine Inhalte in *iTunes* befinden – über *Computer durchsuchen* das Programm anweisen, sich schon einmal auf der Festplatte ein wenig umzusehen. Das kann jedoch ein ziemliches Chaos werden, da alles auch nur halbwegs Verwertbare so in *iTunes* hineinkopiert wird.

Wir persönlich plädieren für ein geordnetes Vorgehen, indem Sie manuell jene Titel, die Ihnen zusagen, der Mediathek zuführen. Wie das im Einzelnen geht und welche Medien und Formate sich hierzu eignen, werden wir Ihnen im Laufe des Buches noch ausführlich erläutern.

Als Alternative steht auch der Besuch des *iTunes Store* an, in dem Sie sich reichlich bedienen können, um Ihre Mediathek aufzufüllen. Auch dazu gibt es ein wenig später ausführliche Informationen.

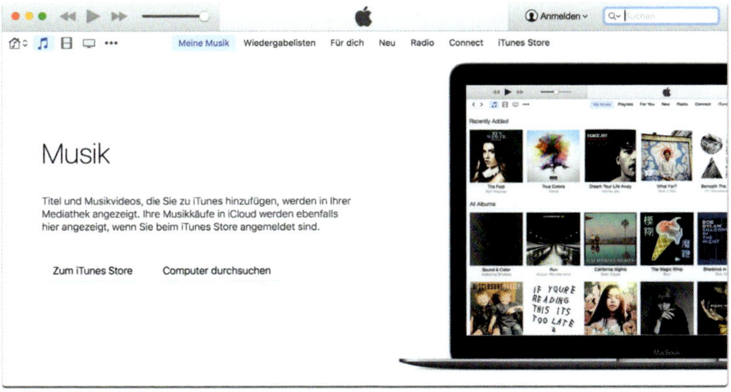

Fall »iTunes« noch eine leere Mediathek aufweist, so lässt sich über »Computer durchsuchen« die Festplatte nach tauglichem Material durchforsten. Oder Sie gehen schnurstracks in den iTunes Store, der Ihnen schon einmal den Mund wässrig machen kann.

Sofern Sie statt einer Neuinstallation nur eine bereits bestehende *iTunes*-Mediathek aktualisiert haben, so erfolgt eine kurze, aber recht schnelle Anpassung. Es zeigt sich wie eh und je die *iTunes*-Oberfläche mit all Ihren Alben, Wiedergabelisten, Filmen und, und, und.

Die Benutzer-Oberfläche – ein erster Rundgang

Da wir – wie bei allen unseren Büchern – auch die Neueinsteiger mit ins Boot holen möchten, starten wir unsere Erklärungen mit der *iTunes*-Benutzeroberfläche, schließlich lassen sich schon dort eine ganze Menge an Schaltflächen entdecken. Die Haupt-Kategorien Ihrer Mediathek wie *Musik, Filme, TV-Sendungen, Podcasts* usw. finden Sie in Form kleiner Symbole links oberhalb Ihrer Inhalte. Da standardmäßig nur drei Kategorien angezeigt werden, rufen Sie die weiteren über den Klick auf die drei Punkte auf. Hierbei öffnet sich ein kleiner Dialog mit den noch fehlenden Medien-Kategorien. Möchten Sie einzelne davon ständig einblenden lassen, so wählen Sie aus diesem Dialog den Menüpunkt *Be-*

arbeiten und klicken anschließend jene Punkte an, die Ihnen wichtig sind. Über *Fertig* wird ihre Auswahl übernommen.

Der Mausklick auf die drei kleinen Punkte öffnet ein Zusatzmenü mit den weiteren Kategorien. Über »Bearbeiten« lassen sich einzelne davon beständig anzeigen.

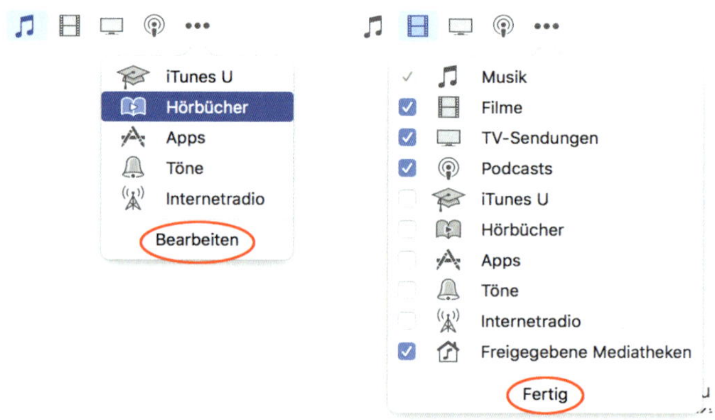

Jede Hauptkategorie lässt sich auch über die Tastatur aufrufen. Beim Mac erfolgt das über die *Befehlstaste* sowie die Ziffern 1 bis 9 (etwa *Befehlstaste-1* für *Musik*, *Befehlstaste-2* für *Filme* etc.), unter Windows verwenden Sie die *Strg*-Taste.

Jede Kategorie ist wiederum unterteilt in Sparten wie beispielsweise *Meine Musik, Wiedergabelisten, Eigene Videos, Ungesehen* und so weiter, die wiederum in Unterpunkte wie *Alben, Genres, Interpreten, Filmliste* etc. angezeigt werden können. Sie erhalten damit also je nach Geschmack und Aufgabengebiet eine differenzierte Aufteilung.

Jede Kategorie weist verschiedene Bereiche auf, die meist weitere Ansichten und Sortiermöglichkeiten anbieten.

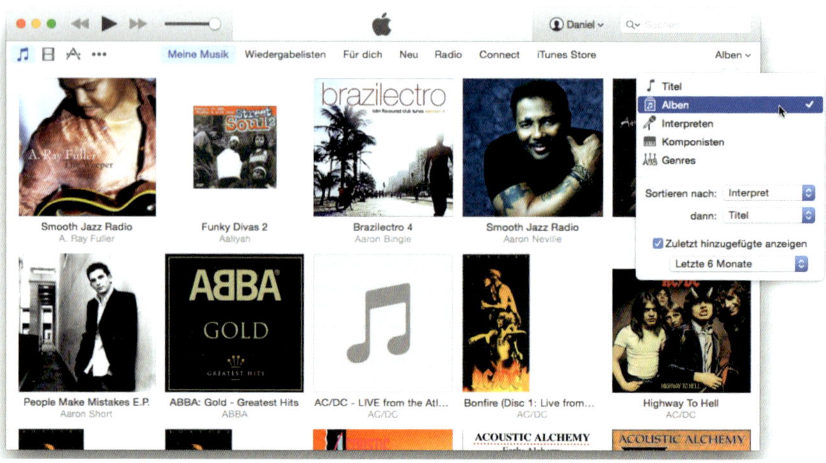

Die Bedien-Elemente

Die drei Knöpfe links oben (OS X) bzw. rechts oben (Windows) sollten Ihnen bereits von anderen Programmen, Fenstern und Dokumenten bekannt sein. Bewegen Sie den Zeiger darauf, so werden die zugehörigen Funktionen ersichtlich: Unter *OS X* schließt der rote Knopf das *iTunes*-Fenster, unter Windows übernimmt dies der Knopf mit dem »X«, beendet jedoch dabei auch gleich das Programm. Der gelbe Knopf bzw. die *Minimieren*-Schaltfläche lassen das Programm im *Dock* oder in der *Taskleiste* verschwinden und der grüne startet unter *OS X* den Vollbildmodus. Unter Windows übernimmt das der *Maximieren*-Button, indem er das *iTunes*-Fenster auf die gesamte Bildschirm-Fläche ausbreitet. Das Programm als solches beenden Sie über den Befehl *iTunes | iTunes beenden* (oder kurz *cmd-Q)* bzw. über *Datei | Beenden.*

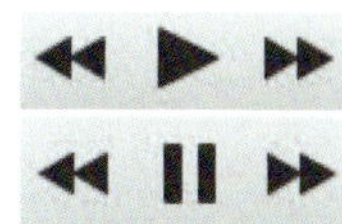

Links oben finden Sie die Abspiel-Buttons, wie sie standardmäßig auf jedem CD- oder MP3-Player zu finden sind. Hier lässt sich die Musik (oder auch ein Film, ein Podcast oder was auch immer) starten oder innerhalb der *Mediathek* oder einer *Wiedergabeliste* vorwärts zum nächsten Titel oder zurück zum vorhergehenden springen. Bleiben Sie beim Vor- oder Zurücklauf mit gedrückter Maustaste auf den Schaltflächen, so bewegen Sie sich innerhalb des Mediums (Musikstück, Video usw.) vorwärts oder rückwärts.

Der *Lautstärke-Regler* dürfte klar sein: den Button nach links gezogen wird's leiser, nach rechts steigt der Soundpegel an.

Genauso gut oder gar besser funktioniert dies aber auch über die Pfeiltasten Ihrer Tastatur: Mit *cmd-Pfeil nach oben/Strg-Pfeil nach oben* erhöhen Sie die Lautstärke, mit *cmd-Pfeil nach unten/Strg-Pfeil nach unten* schonen Sie Ihre Ohren. Und wenn es mal schnell gehen soll, so drücken Sie einfach die *Leerschritttaste*, so dass das Lied stoppt und die Musik verstummt.

Rechts neben dem Regler sitzt die Anzeige für die aktuell spielenden Titel. So werden neben der Cover-Abbildung auch Album-Name, Musik- oder Podcast-Titel, Interpret usw. eingeblendet. Weiterhin lässt sich in dieser Vorschau auch in Erfahrung bringen, wie viele Minuten und Sekunden der Titel in Anspruch nimmt (*Gesamtlaufzeit*), wie viel dabei schon verstrichen ist (*Abgelaufene Zeit*) bzw. wie lange es noch dauert, bis das Musik-Stück endet (*Verbleibende Zeit*). Die Zeitangaben lassen sich einsehen, indem Sie mit der Maus auf die rechter Hand liegenden Zahlen klicken.

Informationen über das gerade laufende Musikstück – man will ja nichts verpassen.

Für die *Zufallswiedergabe* zeichnet das Symbol mit den sich überkreuzenden Pfeilen verantwortlich. Ist eine Wiedergabeliste, ein Album, die Titel- oder Interpreten-Liste ausgewählt und Sie drücken auf den Knopf, so werden die einzelnen Stücke nach dem Zufallsprinzip abgespielt. Sie kennen das vielleicht schon von Ihrem CD-Player – dort nennt sich diese Funktion meist *Shuffle*. Den aktivierten Knopf erkennen Sie daran, dass er nun blau hervorgehoben ist.

Auch eine *Wiederhol*-Funktion finden Sie im Informationsfeld, die einzelne Lieder, eine Wiedergabeliste bzw. Hörbücher wieder und wieder abspielen lässt. Auch hier erkennen Sie wieder den Aktiv-Zustand am blauen Farbton . Klicken Sie ein weiteres Mal auf den Knopf, so wird die Wiederholung nicht gestoppt, sondern schaltet um auf Einzellied-Wiederholung (erkennbar an der kleinen Ziffer »1«) – die Funktion bezieht sich also nur mehr auf das gerade laufende Stück.

Falls Sie die kleine Anzeige für die Zufalls- oder Wiederholfunktion nicht sehen, so lassen sich diese auch über die Menüleiste *Steuerung | Zufällige Wiedergabe* bzw. *Steuerung | Wiederholen* bedienen. Eine weitere Möglichkeit besteht darin, indem Sie auf eines der Symbole per Rechtsklick, Zweifingertipp bzw. *ctrl*-Mausklick das Kontextmenü aufrufen, das nun ebenso die zugehörigen Befehle anbietet.

Bewegen Sie Ihren Mauszeiger auf das miniaturisierte Cover und klicken, so verkleinert sich die *iTunes*-Oberfläche auf das Format des Covers und es zeigt sich der *MiniPlayer*, den Sie alternativ auch über die Menüleiste *Fenster* bzw. *cmd-alt-M (OS X)* oder *Anzeige* bzw. *Strg-Umschalttaste-1* unter Windows einblenden können.

Die Größe des Fensters können Sie verändern, indem Sie den Mauszeiger an einen der Seitenränder bewegen und dann mit gedrückter Maus-/Trackpad-Taste ziehen. Sobald sich der Mauszeiger weiterhin innerhalb der Cover-Ansicht befindet, lässt sich das Musik-Album auch darüber steuern, indem Sie über die gewohnten Schaltflächen den Titel stoppen, weiter- oder zurückspulen bzw. vorwärts- oder zurückspringen. Die Größe des *MiniPlayers* lässt sich weiter reduzieren, indem Sie auf die kleine Schaltfläche für Coverbild (groß) ausblenden klicken.

Der MiniPlayer lässt sich sowohl in der Größe anpassen als auch darüber das laufende Album steuern.

Da der *MiniPlayer* schnell bei überbordender Unordnung auf dem Schreibtisch verloren geht, lässt sich über die *iTunes*-Einstellungen *(cmd-Komma/Strg-Komma)* und dort in der Abteilung *Erweitert* die Option *MiniPlayer immer im Vordergrund halten* aktivieren. Damit haben Sie Ihr laufendes Entertainment-Programm immer im Blick.

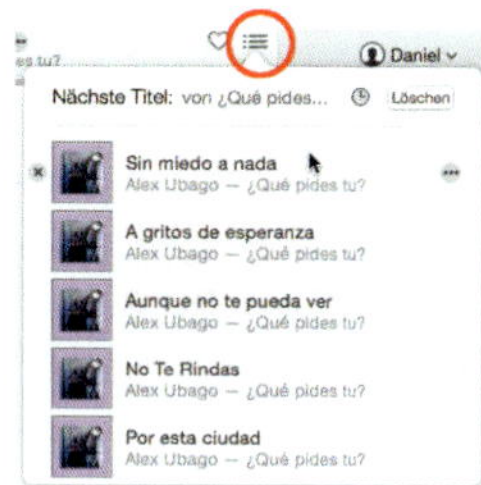

Eine Besonderheit ist das *Listensymbol* in der Anzeige für den laufenden Titel, das Ihnen einen Einblick in die kommenden Titel gewährt. Bewegen Sie den Mauszeiger dabei über die einzelnen Titel, so zeigen sich weitere Symbole. Über das kleine Zeichen links vom Titel können Sie das entsprechende Lied aus der Liste entfernen, so dass es beim Abspielen schlicht übergangen wird.

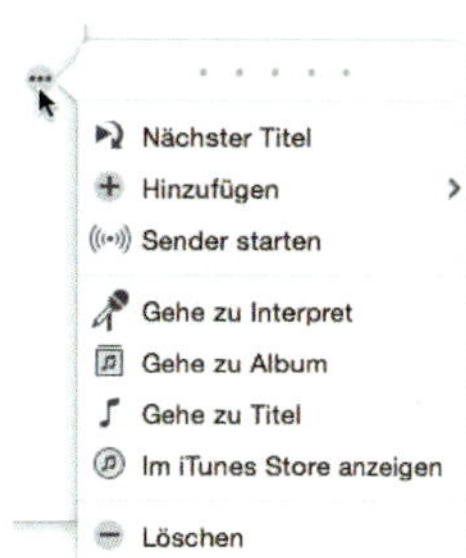

Über *Weitere Optionen* (••• – rechts vom Titel stehend) öffnet sich hingegen ein Aktionsmenü, das weitere Funktionen beinhaltet: So können Sie das ausgewählte Lied als nächsten Titel abspielen lassen bzw. über *Hinzufügen* einer bestimmten Wiedergabeliste zuordnen. Über die verschiedenen *Gehe zu*-Optionen lässt sich der Song in der Mediathek direkt aufsuchen, und zwar zum entsprechenden Interpreten, zum jeweiligen Album sowie zum jeweiligen Titel, der dann auch gleich markiert ist. Möchten Sie sich den entsprechenden Titel im *iTunes Store* ansehen, so wählen Sie *Im iTunes Store anzeigen*. Die Option *Sender starten* ist im Moment nur *Apple Music*-Abonnenten vorbehalten, die darüber – zum ausgesuchten Titel passend – zu einem Radiostream mit ähnlich gearteter Musik umschalten können. Dem Rest bleibt momentan nur der Radiosender *Beats 1*, um den wir uns ein wenig später kümmern.

Das Listensymbol zeigt auf Mausklick hin die nachfolgenden Titel. Über das Symbol »Weitere Optionen« rechts neben dem Titel lassen sich zusätzliche Funktionen ansteuern.

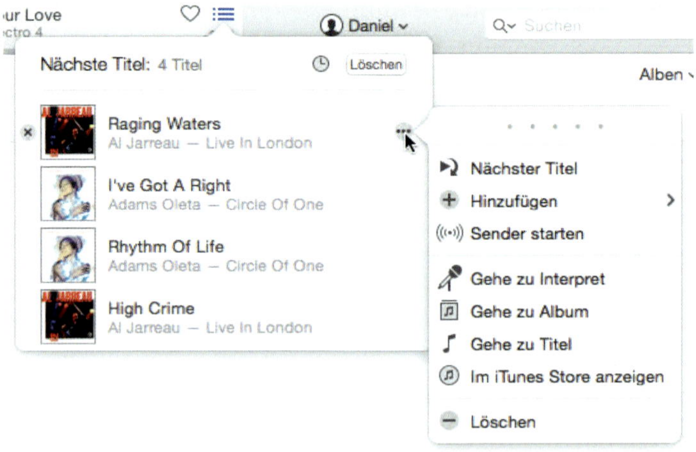

Die Titel innerhalb der Liste lassen sich praktischerweise umstellen. Dazu packen Sie einfach einen Titel mit der Maus und ziehen ihn an eine andere Stelle. Das klappt im Übrigen auch mit mehreren Liedern, indem Sie diese zuerst mit gedrückter *cmd*-Taste (Mac) bzw. *Strg*-Taste (Win) markieren und dann ebenso mit gehaltener Maustaste an eine andere Stelle bewegen.

Gefällt Ihnen die Reihenfolge der nachfolgenden Musik-Titel nicht, so stellen Sie diese einfach um.

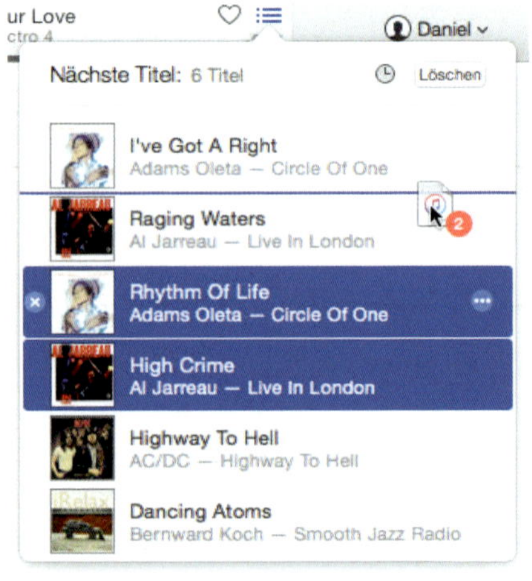

Da unter *OS X* die Scrollbalken standardmäßig ausgeblendet sind, müssen Sie im Dialog für die kommen Titel ein wenig scrollen, um in Erfahrung bringen zu können, was sich weiter unten im Fenster so alles an Titeln tummelt.

Und noch mit einer weiteren Funktion kann der Dialog *Nächste Titel* aufwarten: einem Verlauf der zuletzt gespielten Titel. Dazu brauchen Sie nur auf das Verlaufssymbol zu klicken und schon zeigen sich die bereits angehörten Songs. Sobald Sie den Mauszeiger über einen Titel bewegen, zeigen sich wieder Symbole. Zum einen ein *Plus*-Knopf links vom Titel, der auf Mausklick hin den entsprechenden Song wieder der Liste *Nächste Titel* hinzufügt und an das Ende der abzuspielenden Titel setzt. Über das Symbol *Weitere Optionen* (•••) öffnet sich das schon bekannte Menü mit den bereits erläuterten Funktionen. Einziger Unterschied zwischen den beiden *Nächster Titel*-Optionen: Während *Nächster Titel* das entsprechende Lied als Folgesong platziert, wird über *Auf »nächste Titel«-Liste* das gewünschte Lied wieder »nur« an das Ende der Auflistung eingereiht.

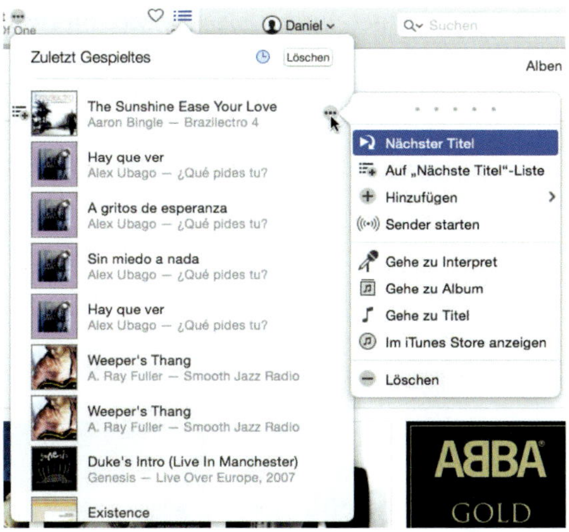

Der Verlauf bietet eine Rückschau auf die zuletzt gespielten Titel sowie weitere Funktionen.

Diese beiden Möglichkeiten zum Hinzufügen zur *Nächste Titel*-Liste begegnen Ihnen im Übrigen bei fast allen Rubriken-Ansichten. Also egal, ob Sie Ihre Musik-Sammlung nun gerade als Titelliste, Album-Ansicht, Interpreten-Darstellung, als Wiedergabeliste oder was auch immer bewundern – Sie können bei jeder Gelegenheit Ihre Wunschtitel auswählen und der *Nächste Titel*-Liste hinzufügen.

Falls Sie während des Musik-Genusses in Ihrer umfangreichen Musik-Sammlung stöbern, um weitere Titel Ihrer laufenden Auswahl hinzuzufügen und den Weg nicht mehr zurückfinden, so sollten Sie sich die Tastenkombination *cmd-L* (Mac) bzw. *Strg-L*

(Win) gut merken. Darüber landen Sie nämlich automatisch wieder bei Ihrem aktuell ablaufenden Titel. Das Ganze lässt sich auch über die Menüleiste *Steuerung | Zum aktuellen Titel* bzw. über das Kontext-Menü per Klick auf den Musik-Titel im Informationenfeld und dem Befehl *Zum aktuellen Titel* ausführen.

Ist nun die Liste reichlich gefüllt mit Songs und Sie hören diese nicht bis zum bitteren Ende, so prägt sich *iTunes* diese Einträge ein, selbst wenn Sie das Programm beenden und vielleicht am nächsten Tag wieder starten. Das merken Sie spätestens dann, wenn Sie einen Musik-Titel wiedergeben möchten, der sich nicht innerhalb der Liste befindet. *iTunes* moniert sofort, lässt Ihnen jedoch die Qual der Wahl: Sie können darauf bestehen, den gerade angeworfenen Titel abzuspielen (Option *Wiedergabe starten*) – der darauf folgende Song spielt jedoch wieder aus der Liste der nächsten Titel. Oder Sie setzen über die Option *Titel löschen* die Liste *Nächste Titel* auf Null, so dass die nachfolgende Musik an den gerade gestarteten Song anschließt.

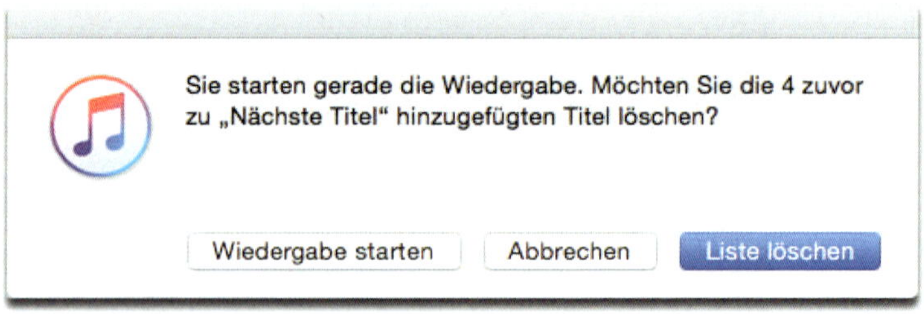

Sobald Sie Titel der Liste »Nächste Titel« hinzugefügt haben, übernehmen diese das Kommando. Wird »iTunes« zwischenzeitlich beendet und später ein anderes Lied gestartet, so kann dieses nur über den Umweg eines Nachfrage-Dialogs abgespielt werden.

iTunes-Ansichten für jeden Zweck

iTunes bietet Ihnen für fast alle Situationen Benutzer-Oberflächen an, die mal bunt, mal informativ oder auch sachlich trocken daherkommen. Die Auswahl ist mittlerweile so groß, dass man es eigentlich schon fast als überladen bezeichnen möchte, zumal man sich unserer Meinung nach eh nur für zwei oder drei Möglichkeiten entscheidet. Zum Einstellen der Ansicht wählen Sie zuerst die gewünschte Medien-Kategorie (also *Musik, Filme, Apps* etc.) und nachfolgend rechter Hand (unterhalb des Suchenfeldes) die Anzeige.

Da gibt es also die Listenansicht *Titel* für Musik, die *Videoliste* innerhalb der Filme-Kategorie, die App-Liste, die Folgenliste für TV-Sendungen usw. Hierbei werden die einzelnen Songs, Filme, Apps etc. untereinander anordnet und diverse Spalten bieten zahlreiche Informationen an – darunter *Name, Dauer, Interpret, Hinzugefügt am, Größe, Genre* usw. Diese Ansicht lässt sich weiter verfeinern, indem Sie etwa die Spalten-Titel nach eigenen Bedürfnissen anpassen. Über die Menüleiste *Darstellung/Anzeige* und den Befehl *Darstellungsoptionen* bzw. über *cmd-J/ Strg-J* lassen sich unter *Spaltenanzeige* weitere Kriterien einblenden. Markieren Sie einfach jene Punkte an, die für Sie in Frage kommen und die Sie für wichtig halten – die zusätzlichen Spalten werden sofort eingeblendet.

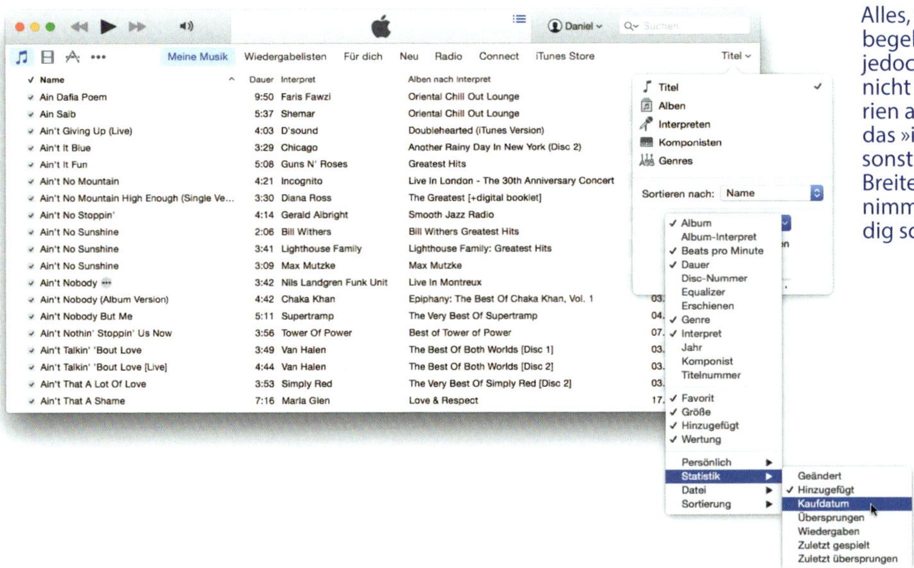

Alles, was das Herz begehrt. Passen Sie jedoch auf, dass Sie nicht zu viele Kriterien auswählen, da das »iTunes«-Fenster sonst viel Platz in der Breite in Anspruch nimmt bzw. Sie ständig scrollen müssen.

Wenn Ihnen die Reihenfolge der Spalten nicht zusagt, so brauchen Sie diese nur am Spalten-Titel mit der Maus zu packen und mit gedrückter Maus-Taste an eine andere Stelle zu schieben. Werden weiterhin in einigen Spalten die Informationen nicht vollständig wiedergegeben (Album-Name zu lang oder ähnliches), so bewegen Sie Ihren Mauszeiger genau zwischen die zwei besagten Spalten-Titel – der Mauszeiger verändert nun sein Aussehen. Mit gedrückter Maustaste lässt sich nun die Breite der Spalte verändern.

Auch die Sortierreihenfolge lässt sich über die *Darstellungsoptionen* bzw. per einfachem Klick auf die Anzeige-Möglichkeiten festlegen: Entweder Sie wählen über den eingeblendeten Dialog bei *Sortieren nach* ein Kriterium oder – noch schneller – Sie klicken einfach auf einen Spalten-Titel. Auf diese Weise können Sie beispielsweise bei *Name* eine Sortie-

rung von A nach Z bzw. bei nochmaligem Klick die umgekehrte Version wählen. Bei *Dauer* bedeutet dies dann den kürzesten Titel zuerst bzw. umgekehrt, bei *Hinzugefügt* den aktuellsten oder den ältesten Titel oben. Hier plädieren wir einfach für das selbstständige Ausprobieren, damit Sie für sich die besten Möglichkeiten herausfinden.

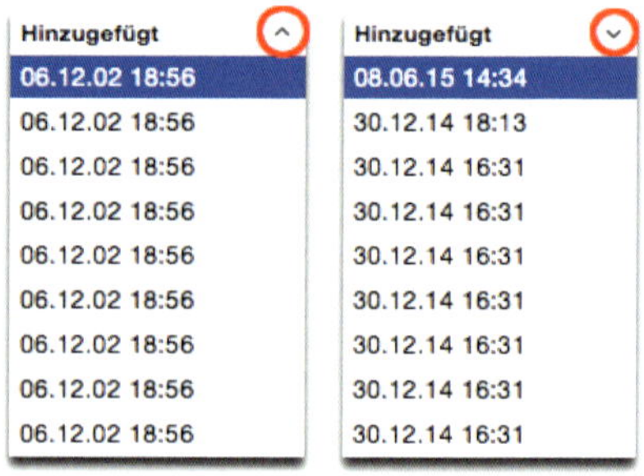

Per Klick schalten Sie die Sortierrichtung um.

Sofern Sie bei gedrückter *ctrl-Taste* bzw. per Rechtsklick oder Zweifingertipp auf dem Magic Trackpad in die Spalten-Titel klicken, so erscheint das Kontext-Menü, das genau jene Befehle enthält, die für die anstehenden Aufgaben von Belang sind. In unserem Fall – die Spalten-Titel betreffend – lässt sich die Breite für eine einzelne oder gleich alle Spalten anpassen bzw. werden auch die in den *Darstellungsoptionen (cmd-J/Strg-J)* angebotenen Kriterien aufgeführt – einer schnellen Optimierung steht also nichts mehr im Wege.

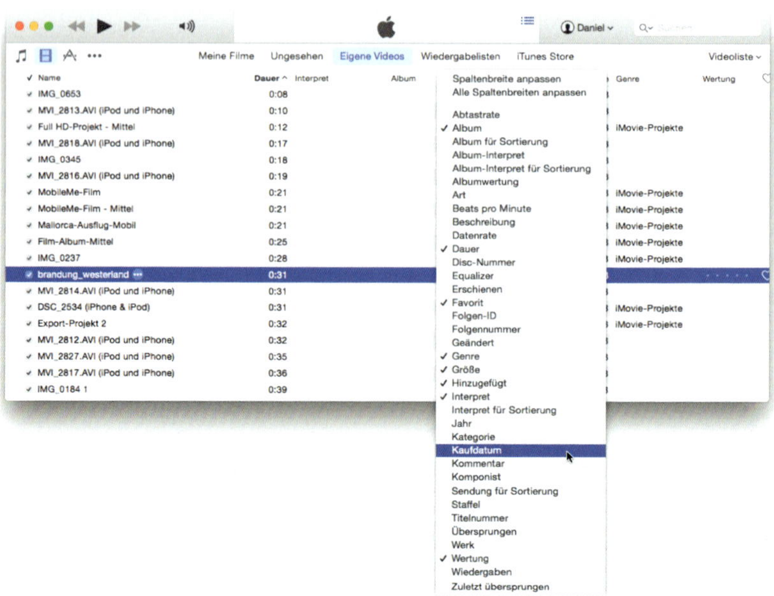

Das Kontext-Menü wird bei gedrückter ctrl-Taste und Mausklick, per Rechtsklick oder per Zweifingertipp auf das Trackpad hin aufgerufen. Je nach gestellter Aufgabe führt es nur jene Befehle auf, die in den Zusammenhang passen.

Über die *Darstellungsoptionen* lässt sich das bisweilen etwas triste Erscheinungsbild zudem mit der Einblendung von Covern ein wenig aufpeppen. Diese können Sie wiederum über den Regler in der Größe anpassen.

Die *Listen*-Ansicht bietet jedoch noch weitere Features, die sich in den Befehlen der Menüleiste verstecken. Zum einen gibt es dort den *Spaltenbrowser*, der sich im *Darstellungs-* bzw. *Anzeige*-Menü entdecken lässt. Über *Spaltenbrowser | Spaltenbrowser einblenden (cmd-B/Strg-Umschalttaste-B)* lässt sich dieser aufrufen und bringt eine neue Spalten-Sortierung ins Spiel, die wiederum über das *Darstellungs-/Anzeige*-Menü bzw. über das zugehörige Kontext-Menü weiter angepasst und ergänzt werden kann. Dort lassen sich nun verschiedene Kategorien wie *Genres, Interpreten, Alben* usw. wählen.

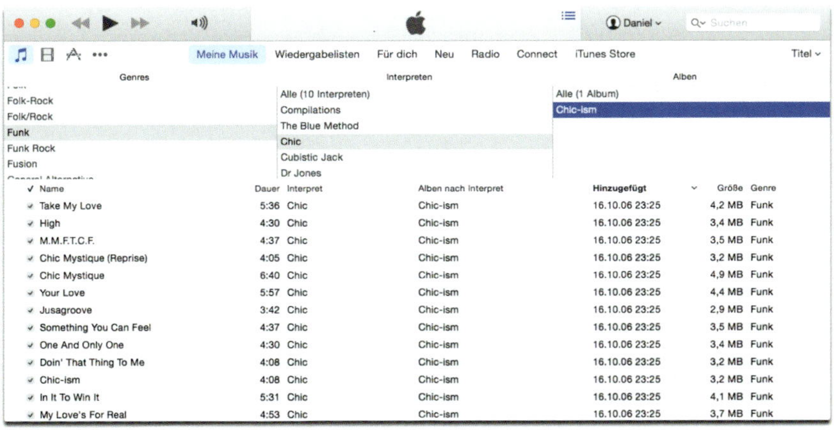

Der Spaltenbrowser erleichtert das Suchen bzw. bringt bei umfangreichen Musik-Beständen eine bessere Übersicht.

Der Spaltenbrowser steht nur in der Ansicht *Titel* sowie bei *Wiedergabelisten* zur Verfügung.

Im Dialog zum *Spaltenbrowser* taucht der Begriff »Compilations« auf, der wahrscheinlich nicht jedem geläufig ist. Hierbei handelt es sich um Musikstücke, die beispielsweise von einer *Best Of*- oder Hitparaden-CD stammen. Diese Songs sind also meist Auskoppelungen von einem Album und werden dann nach einer bestimmten Stilrichtung – etwa Jazz, Pop etc. – zusammengestellt.

Die Bedienung des Spaltenbrowsers ist ganz simpel: Haben Sie beispielsweise unbändig Lust auf einen funkigen Tanz-Abend und wollen auf keinen Fall von Heinos Rockmusik in Ihrer unbändigen Bewegungsorgie gestört werden, so suchen Sie sich aus der Liste *Genres* die Kategorie *Funk* und alle dieser Kategorie zugehörigen Interpreten bzw. Alben werden eingeblendet. Der *Spaltenbrowser* arbeitet hierbei wie ein Filter, der auf Klick hin die passenden Titel herausfischt. Spielt dann die Musik, können Sie ziemlich sicher sein, dass Sie spätestens beim dritten Lied abdrehen …

Da die *Genres*-Liste ziemlich lang ist und sich manch einer schon einen wunden Finger vom vielen Scrollen geholt hat, können Sie auch über die Eingabe von Buchstaben über die Tastatur zum gewünschten Thema springen. Drücken Sie beispielsweise »Ro« auf der Tastatur, so landen Sie automatisch beim Genre *Rock*, »Fu« springt zu *Funk* usw.

Eine weitaus buntere *iTunes*-Ansicht ist die Anzeige als *Alben* (bzw. Filme, Apps, TV-Sendungen etc.). Hierbei zeigen sich die entsprechenden Cover oder Symbole und die Sache sieht schon freundlicher aus.

Auch in diesem Fall können Sie eine persönliche Sortierung über die *Darstellungsoptionen (cmd-J/Strg-J)* vornehmen. Zur Auswahl stehen Kriterien wie *Titel, Interpret, Genre, Jahr* sowie *Wertung*. Erfolgt beispielsweise eine Sortierung nach *Interpret*, so steht der im Alphabet mit »A« beginnende Künstler zuvorderst. Verfügen Sie dabei über mehrere Alben ein und desselben Interpreten, so greift der zweite Sortierpunkt (*dann:*), der dann diese Werke nach der gewünschten Einstellung ordnet.

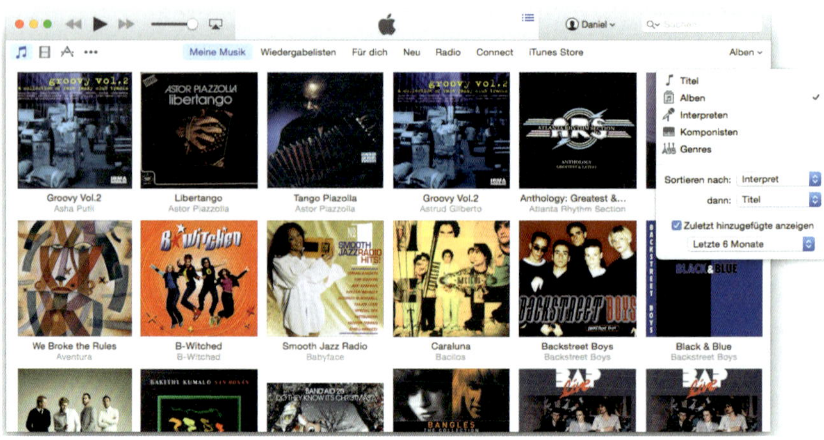

Etwas fürs Auge: Der Wiedererkennungswert steigt, da Sie anhand der Cover-Abbildungen die gewünschte Musik wählen. Die Sortierung nehmen Sie über die »Darstellungsoptionen« vor.

Zum Einblenden der zugehörigen Titel oder beispielsweise Film-Informationen klicken Sie auf ein Cover, der Doppelklick auf einen Musiktitel startet die Wiedergabe. Bewegen Sie die Maus über einen Song, so erscheint wieder das Menü *Weitere Optionen* (•••) zum Bestimmen der nachfolgenden Titel, zum Hinzufügen des Songs zu einer Wiedergabeliste, zum Anzeigen im *iTunes Store* usw.

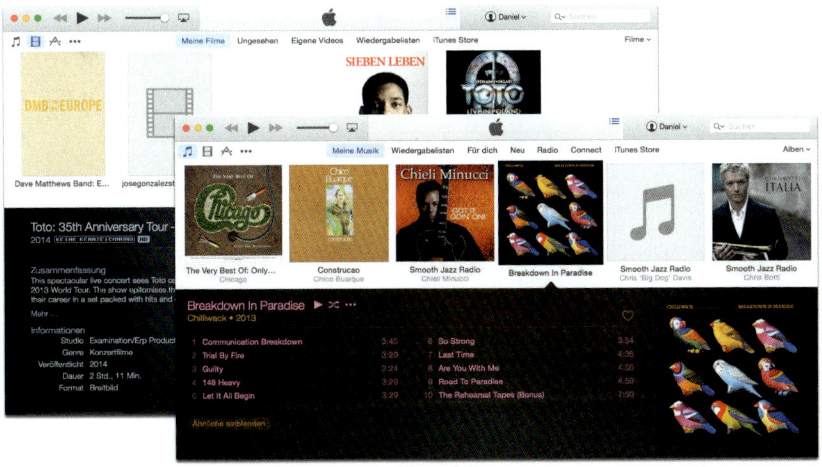

Der Klick auf ein Cover gewährt Einblick auf den Inhalt.

Egal, in welcher Ansicht Sie sich auch befinden: Überfahren Sie bei gedrückter *Optionstaste (alt)* unter *OS X* bzw. der *Umschalttaste* unter Windows einen Titel, so finden Sie links daneben ein *Plus*-Symbol. Mit Klick/Tipp darauf wird der betreffende Song der Liste der abzuspielenden Titel hinzugefügt und kommt als Nächster dran.

Sofern Sie in den *iTunes-Einstellungen*, Rubrik *Store* die Option *Details über Ihre Mediathek mit Apple teilen* aktiviert haben, lässt sich in der Titelauflistung links unten der Punkt *Ähnliche einblenden* entdecken. Klicken Sie darauf, so werden Ihnen zum markierten Album Vorschläge aus dem *iTunes Store* unterbreitet – darunter die *Top-Titel* sowie *Top-Alben* des ausgewählten Interpreten als auch *Ähnliche Titel*, die dem Musikstil entsprechen. Sofern Sie also Letzteres einmal durchhören, könnte vielleicht die nächste Überweisung an Apple ins Haus stehen.

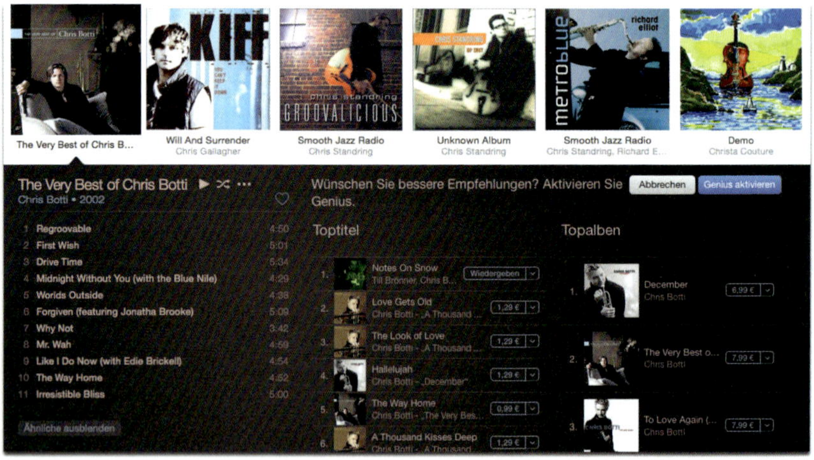

Falls Sie gerne von neuen Interpreten oder Songs inspiriert werden möchten, so müssen Sie in den »iTunes«-Einstellungen die Option »Details über Ihre Mediathek mit Apple teilen« einschalten. Über die Schaltfläche »Ähnliche einblenden« werden Ihnen dann passende Vorschläge unterbreitet.

Sofern Sie Ihre Mediathek-Informationen mit Apple austauschen, winken zusätzliche Goodies wie das Ergänzen fehlender Cover-Abbildungen oder das Anzeigen von Bildern Ihrer Lieblingskünstler. Bevor Sie diesen Schritt gehen, sollten Sie jedoch im erscheinenden Bestätigungsdialog auf *Weitere Informationen* klicken und sich vielleicht auch mit Apples Datenschutzrichtlinien (`www.apple.com/de/privacy`) einmal befassen, die zwar trocken, aber dennoch erkenntnisreich sind.

Apple verspricht Ihnen Mehrwert, wenn Sie den Zugriff sowie die Analyse Ihres Mediathekbestandes erlauben.

Sollten Sie nun immer noch unsicher sein, wie Sie denn nun mit dieser »Spionage-Affäre« umgehen sollen, so sei Ihnen versichert, dass Sie Ihre Entscheidung jederzeit wieder revidieren können.

In den *iTunes-Einstellungen (cmd-Komma/Strg-Komma)* sowie der Rubrik *Store* deaktivieren Sie dazu den Punkt *Details über Ihre Mediathek mit Apple teilen*, womit die Informationsübergabe – hoffentlich – beendet wird.

Zurück zu unseren *iTunes*-Ansichten: Die Kategorie *Interpreten* innerhalb der *Musik*-Abteilung bietet eine weitere Ansicht, wobei die Ordnung nach dem Alphabet angelegt ist. Markieren Sie einen Künstler, so werden rechter Hand dessen Werke angezeigt. Die Sortierung der Darstellung nehmen Sie wieder über die *Darstellungsoptionen* (*Alben sortieren nach: Titel/Genre/Jahr/Wertung*) vor. Auch lässt sich dieses Mal sogar die Größe der Cover-Abbildungen anpassen, indem Sie den *Bildgröße*-Regler bemühen.

Die Interpreten-Liste: Neben einer Sortierung lässt sich auch die Größe der Cover-Abbildungen anpassen.

Auch hier gilt wieder: Ist in den *iTunes*-Einstellungen, Rubrik *Store*, die Option *Details über Ihre Mediathek mit Apple teilen* aktiviert, so finden Sie bei dem ein oder anderen Künstler die Biografie sowie weitere Bilder, über den Punkt *Alle* werden zugehörige Alben und Neuerscheinungen aufgelistet. Auch lässt sich dem Künstler – falls Sie ein *Apple Music*-Abonnement eingegangen sind – folgen, indem Sie den gleichnamigen Button drücken. Hierbei lassen sich über den Punkt *Connect* der Musik-Abteilung weitere Statements, Konzerttermine etc. über den Interpreten in Erfahrung bringen. Weitere Infos hierzu geben wir weiter hinten im Buch zum Besten.

Ein weiteres Goodie verspricht Apple mit Künstlerfotos. Dazu müssen Sie allerdings Informationen über Ihre Mediathek an Apple übersenden.

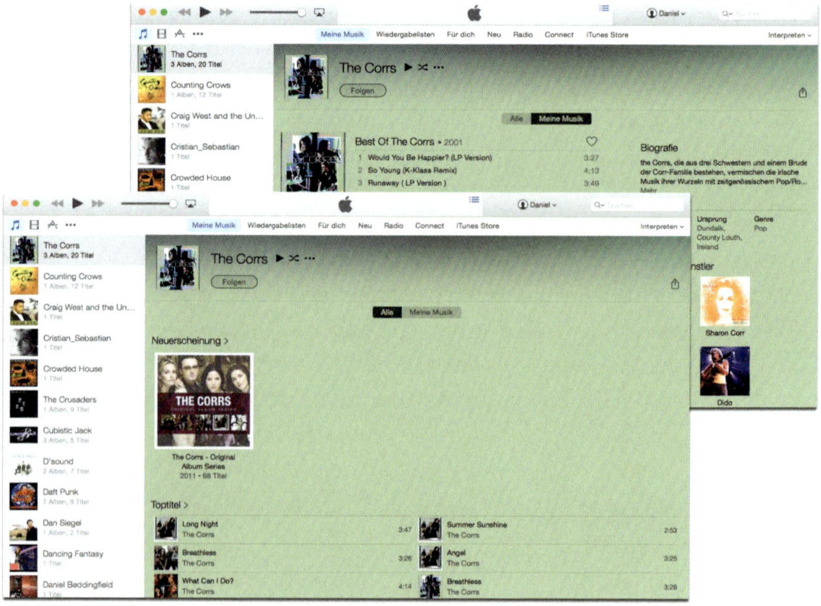

Über die Ansicht *Genres* werden Ihre Alben in Musikrichtungen wie Pop, Rock, Jazz, Blues usw. eingeteilt. Das *Genre* wird meist automatisch beim Kauf eines Albums (beispielsweise über den *iTunes Store)* vergeben. Die Sortierung erfolgt wie eh und je über die *Darstellungsoptionen (cmd-J/Strg-J),* auch das Festlegen der Cover-Größe ist wieder möglich.

Ähnlich der Interpreten-Liste agiert die Genres-Liste nach dem Musikstil.

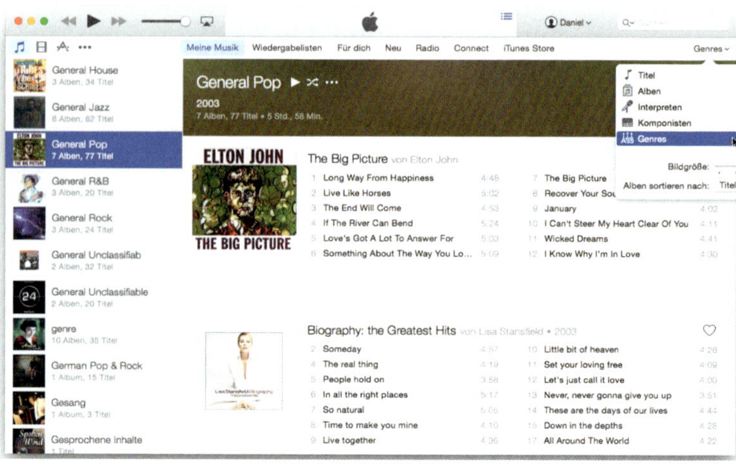

Sollte Ihnen ein automatisch zugeordnetes Genre nicht zusagen bzw. liegen Ihnen Titel oder ganze Alben ohne Musikgattung vor, so können Sie auch manuell eingreifen. Dazu begeben Sie sich in die Kategorie *Titel* oder *Alben* und wählen die gewünschten Medien aus. Verstreut durcheinander liegende Titel bestimmen Sie dabei mit gedrückter *Befehls- (cmd)* bzw. *Strg*-Taste, zusammenhängende Stücke mit gehaltener *Umschalttaste*, indem Sie den ersten und letzten Song anklicken. Danach wählen Sie über die Menüleiste *Ablage/Datei | Informationen (cmd-I/Strg-I)* und bestätigen die Nachfrage, ob Sie wirklich mehrere Titel bearbeiten möchten, mit *Objekte bearbeiten*. Über den Reiter *Details* finden Sie nun die zugehörige Möglichkeit zum Bestimmen eines neuen *Genre*. Dabei können Sie die angebotenen verwenden bzw. auch eigene Kreationen entwerfen. Eigentlich brauchen Sie nur zu tippen beginnen und der Dialog schlägt Ihnen bei übereinstimmenden Stilen das korrekte Genre vor.

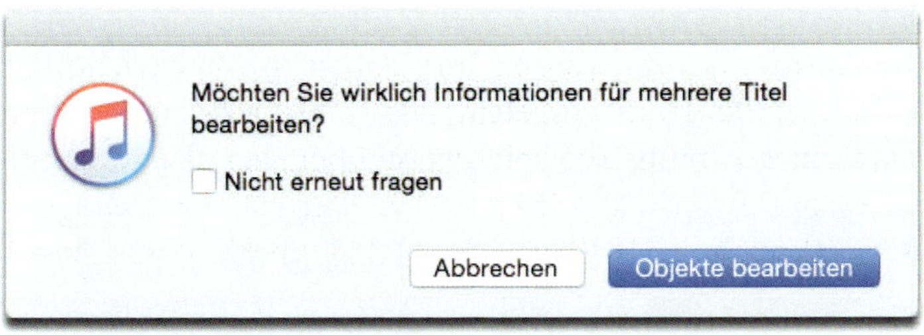

Sofern Sie mehrere Titel gleichzeitig bearbeiten möchten, erhalten Sie eine Nachfrage, ob dies denn alles mit rechten Dingen zugeht.

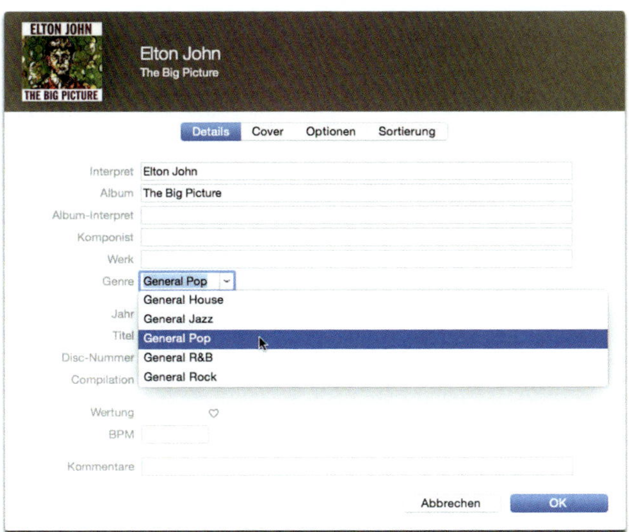

Das Genre lässt sich rasch über die Titel-Informationen (cmd-I/Strg-I) in der Rubrik »Details« definieren bzw. ändern

Sie sehen schon: *iTunes* bietet für fast alle Belange eine entsprechende Ansicht mit vielen Sortieroptionen. Unsere Empfehlung lautet daher wie so oft: ausprobieren. Klicken Sie sich durch die vielen Kategorien und stellen Sie verschiedene Sortierungen ein, denn nur so bekommen Sie ein Gespür dafür, was letztlich alles möglich ist und was Sie eventuell am ehesten bevorzugen.

Der Mac bietet im Übrigen als Alleinstellungsmerkmal noch eine *Vollbild-Ansicht* an – entweder über den kleinen grünen Punkt links oben in der Symbolleiste oder über den Befehl *Darstellung | Vollbildmodus ein (ctrl-cmd-F)*. Dabei wird *iTunes* über den gesamten Monitor ausgebreitet und erhält sozusagen einen eigenen Schreibtisch. Auf dem Trackpad lässt sich so per Vierfinger-Geste (horizontal wischen) zwischen den einzelnen Vollbild-Apps wechseln. Maus-Besitzer klicken hingegen auf das *Mission Control*-Icon im Dock, drücken auf der Tastatur die *Sondertaste F3* oder wandern über *ctrl-Pfeil nach rechts/links* von Schreibtisch zu Schreibtisch.

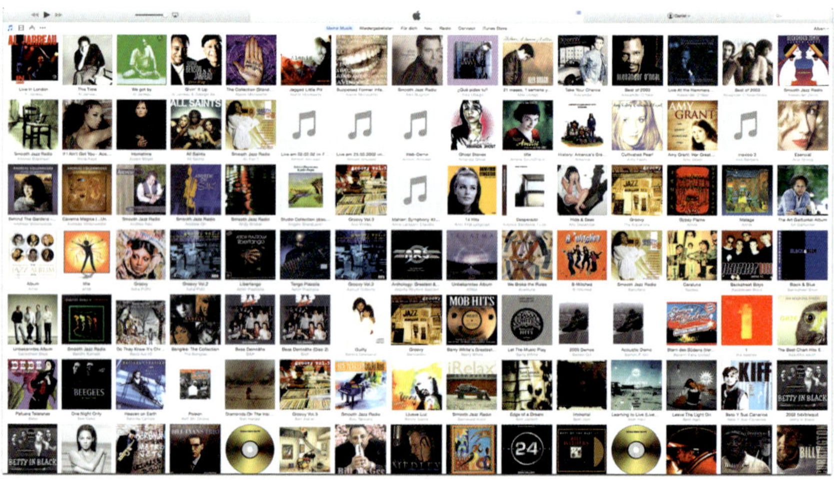

iTunes als Vollbild-App auf dem 27 Zoll-iMac: Leider lässt sich dabei die Cover-Größe nicht anpassen.

Sofern Sie die Kerndaten wie Anzahl der Objekte, Abspieldauer, Gesamtgröße der Objekte, Anzahl der Alben usw. am unteren *iTunes*-Fensterrand vermissen, dann werfen Sie doch mal einen Blick in das Menü *Darstellung* bzw. *Anzeige* und wählen Sie die Option *Statusleiste einblenden*.

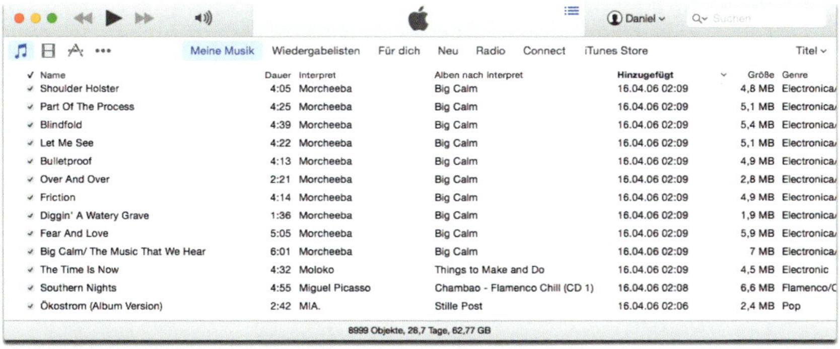

Die Angaben in der Statusleiste wechseln je nach gewählter Rubrik – sind jedoch immer einen Blick wert.

So viel erst einmal zu den Äußerlichkeiten – alles weitere erfahren Sie wie üblich im Kontext.

Der MiniPlayer in Aktion

Neben dem ausgewachsenen *iTunes*, wie Sie es zum Organisieren und Verwalten Ihrer Medien verwenden, gibt es – wie schon erwähnt – noch den sogenannten *MiniPlayer*. Diesen sollten Sie immer dann benutzen, wenn Platzmangel auf dem Computer-Schreibtisch herrscht oder Sie eine unauffällige Abspielsoftware bevorzugen. Aufrufen lässt er sich unter *OS X* auf zweierlei Weise: Über die Menüleiste *Fenster | MiniPlayer (cmd-alt-M)* rufen Sie diesen zusätzlich zum *iTunes*-Fenster auf, über *Fenster | Zum Mini Player wechseln (cmd-Umschaltaste-M)* bzw. per Klick auf das kleine Cover-Symbol in der Informationen-Anzeige schließt er die *iTunes*-Oberfläche und zeigt sich als verkleinertes Bedienpanel. Unter Windows erledigen Sie das über *Anzeige | MiniPlayer einblenden (Strg-Umschalttaste-1)* bzw. *Zum Mini Player wechseln* (oder schlicht *Strg-Umschalttaste-M)*.

Klein, aber fein: Das gerade laufende Stück samt Künstler und Titel ist immer im Blick.

Sobald Sie nun den Mauszeiger auf den *MiniPlayer* bewegen, zeigen sich die Abspiel-Elemente sowie das Menü *Weitere Optionen* (•••) für weitere Funktionen wie *Nächster Titel* oder *Hinzufügen zu einer Wiedergabeliste*. Auch auf das Auswahl-Menü für die kommenden Musik-Titel sowie den Verlauf haben Sie Zugriff, indem Sie auf das kleine *Listen*-Symbol klicken. Weiterhin lässt sich nach bestimmten Songs suchen, sofern Sie das Lupen-Symbol bemühen. Tragen Sie dort den gewünschten Begriff ein und der *MiniPlayer* führt als Ergebnis alle Alben, Titel und Wiedergabelisten auf, die zum Suchbegriff passen.

Der MiniPlayer bietet Ihnen neben den wichtigsten Steuerungs-Knöpfen die gesamte Palette an Funktionen und Annehmlichkeiten.

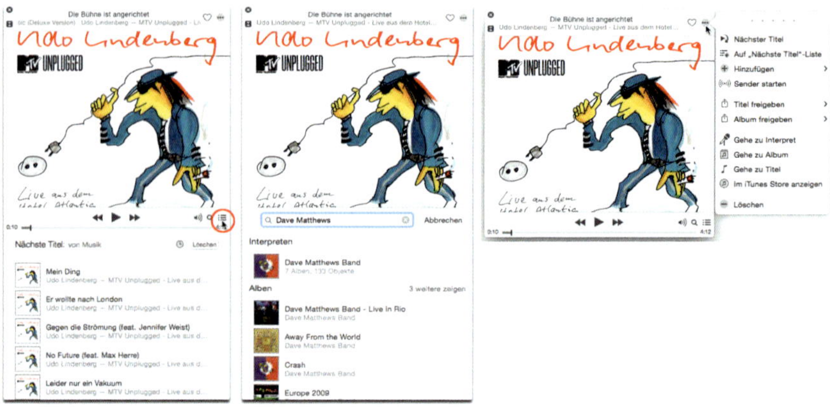

Und es geht noch kleiner: Bewegen Sie Ihren Mauspfeil nach links oben und klicken dort auf das Symbol mit den zwei kleinen Pfeilen, so verschwindet das Vorschau-Cover und es bleiben nur mehr die Bedienelemente übrig. Und sollte Ihnen der *MiniPlayer* nun immer noch zu groß erscheinen, so lässt er sich weiter verkleinern, indem Sie den Mauszeiger links oder rechts an den Seitenrand bewegen und mit gedrückter Maustaste ziehen.

Für Bildschirm-Puristen: Der »MiniPlayer« macht seinem Namen alle Ehre.

Auch *AirPlay* – Apples drahtlose Übertragungstechnik für Mobilgeräte und *AirPort Extreme/Express*-Stationen – lässt sich verwenden, womit

Sie Ihre Musik auf entfernte Lautsprecher übertragen können. Sobald nun *iTunes* ein Apple TV-Gerät oder eine *AirPort Express Basisstation* aufspürt, besteht die Möglichkeit, Ihre gerade laufende Musik über diese Geräte abspielen zu lassen. Auf Wunsch ist sogar die gleichzeitige Wiedergabe auf mehreren Geräten sowie die separate Anpassung der Lautstärke auf diesen möglich, sofern Sie auf *Mehrere* umschalten. Mehr zum Thema *AirPlay* erfahren Sie weiter hinten im Buch.

AirPlay macht's möglich: Starten Sie Ihre Musik und lassen Sie diese über externe Lautsprecher – angeschlossen beispielsweise an einer AirPort Express Basisstation – abspielen.

Und nicht vergessen: Über die *iTunes-Einstellungen* lässt sich in der Rubrik *Erweitert* die Option *MiniPlayer immer im Vordergrund halten* aktivieren. Mit Hilfe dieser Funktion liegt das miniaturisierte *iTunes* immer zuvorderst auf dem Schreibtisch und wird nicht von Fenstern oder geöffneten Dokumenten verdeckt.

Hilfreiche Einstellungen im Hintergrund

Da die *iTunes-Einstellungen* (Menüleiste *iTunes* bzw. *Bearbeiten | Einstellungen* oder *cmd-Komma/Strg-Komma)* ziemlich umfangreich sind, zählen wir diese nun nicht Punkt für Punkt auf, sondern erläutern die vielen Optionen lieber im Zusammenhang. Beginnen wir folglich mit der Rubrik *Allgemein*, die beispielsweise für das Aussehen zuständig ist und es Ihnen überlässt, was *iTunes* etwa nach dem Start des Programms anzeigen soll.

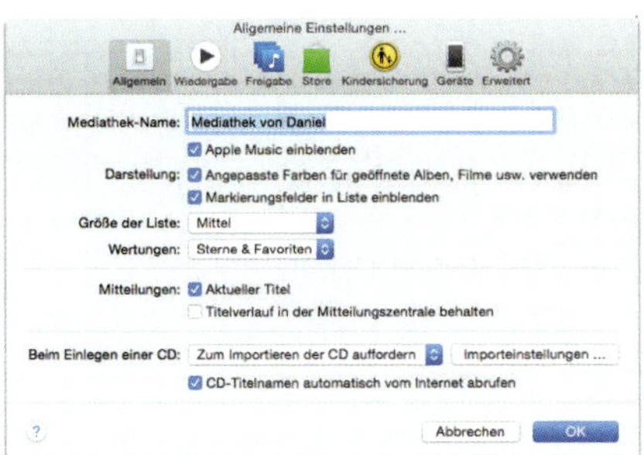

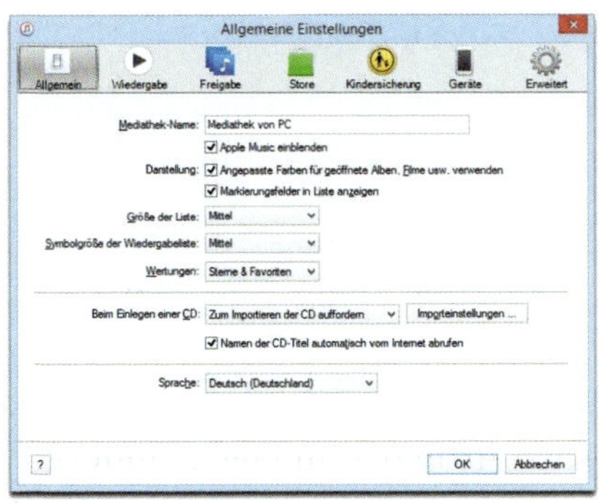

In welchem Gewande soll sich Ihr »iTunes« zeigen? In den »Einstellungen« lassen sich verschiedene Optionen anwenden. Und wie Sie sehen, unterscheiden sich hier die Mac- und Windows-Einstellungen nur marginal.

Die meisten Optionen der *Allgemein*-Rubrik beziehen sich dabei auf das Äußere der *iTunes*-Oberfläche. Mit *Angepasste Farben für geöffnete Alben, Filme usw. verwenden* legen Sie die Hintergrundgestaltung fest, sofern Sie auf ein Album, einen Film oder ein Hörbuch klicken. Ist die Option deaktiviert, wird der Inhalt (Filmbeschreibungen, Album-/Hörbuch-Titel) auf einem neutralen Grau dargestellt. Mit aktivierter Option besteht der Hintergrund aus der Cover-Abbildung inklusive dessen hauptsächlicher Farbgebung.

Ob neutral oder aufgepeppt – Sie haben die Wahl.

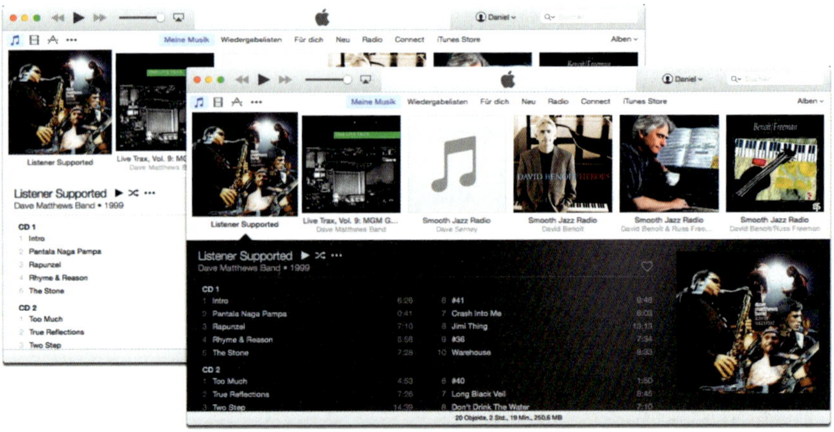

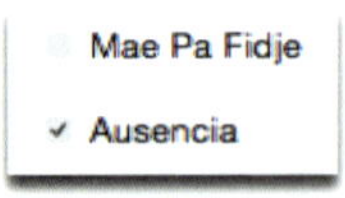

Mit *Markierungsfelder in Liste einblenden* sind jene kleinen Checkboxen gemeint, in die Sie einen Haken setzen oder diesen deaktivieren können (jeweils per Mausklick). Diese kommen beispielsweise dann zum Zug, wenn Sie eine CD brennen oder ein Mobilgerät synchronisieren möchten. Hierbei werden nur jene Titel berücksichtigt, die ein aktiviertes Markierungsfeld besitzen – der Rest bleibt außen vor.

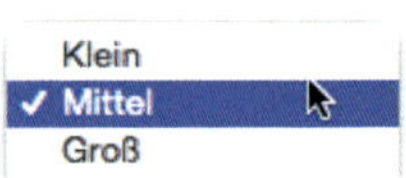

Die *Größe der Liste*-Anzeige nehmen Sie wiederum über das zugehörige Popup-Menü vor, wobei Sie zwischen *Klein, Mittel* und *Groß* wählen können. Sofern Sie also Probleme mit dem Sehen haben oder einfach die Listen-Ansicht ein wenig übersichtlicher gestalten möchten, sollten Sie diese Option auf jeden Fall ausprobieren.

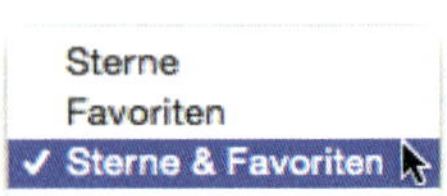

Als Wertung können Sie Ihren Musiktitel Sterne verpassen oder diese als Favorit auszeichnen. Dies dient zum einen dem besseren Auffinden bei späteren Suchen oder auch zum schnellen Anlegen beispielsweise von Best Of-Wiedergabelisten. Als Favoriten ausgezeichnete Songs werden zudem bei Vorliegen eines *Apple Music*-Abonnements bevorzugt, indem der zugehörige Interpret oder auch nur der Musikstil bei etwaigen Angeboten mit größerer Wahrscheinlichkeit offeriert wird. Welche Wertungen Sie nun anzeigen lassen oder möchten, richten Sie folglich unter gleichnamigem Punkt ein.

Unter *OS X* können Sie sich zudem über die Mitteilungszentrale den Verlauf der bislang abgespielten Stücke anschauen sowie über Mitteilungen (Banner oder Hinweise) den aktuellen Song anzeigen lassen.

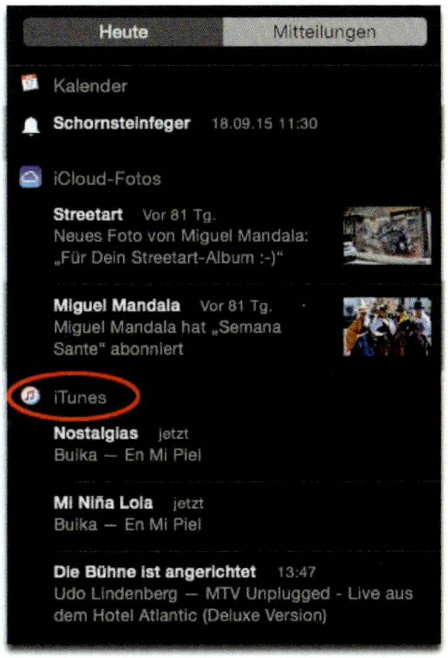

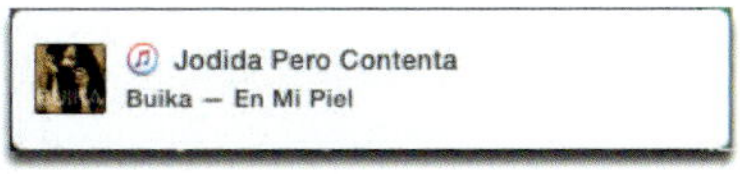

Ist die »iTunes«-Oberfläche bei laufender Musik ausgeblendet, so wird das aktuell beginnende Lied als Banner oder Hinweis am Bildschirm eingeblendet. Den Verlauf wiederum können Sie über die Mitteilungszentrale einsehen, indem Sie entweder auf das zugehörige Symbol ganz rechts außen in der Menüleiste klicken oder mit zwei Fingern horizontal auf dem Magic Trackpad vom rechten äußeren Rand nach links wischen.

In der Rubrik *Wiedergabe* der *iTunes*-Einstellungen finden Sie die Option *Titel überblenden* – das gerade laufende Lied wird zum Ende hin leiser, während der nachfolgende Song schon langsam eingeblendet wird. Mit dem Regler stellen Sie jene Zeit ein, wie lange diese Überschneidung dauern soll, also wie viele Sekunden vorher der laufende Titel aus- bzw. der nächste dann eingeblendet werden soll.

Die *Klangverbesserung* hebt laut Apple die Soundqualität, indem sie – Achtung: Zitat – der Musik mehr Klangvolumen und Lebendigkeit verleiht. Das hört sich schon einmal gar nicht schlecht an, wobei hier anzumerken ist, dass dazu allerdings das nötige Lautsprecher-Equipment oder gute Kopfhörer unabdingbar sind. Mit der Option *Lautstärke anpassen* lassen sich Musikstücke (trotz abweichender Qualität und Geräuschpegel) angleichen und immer und überall in etwa derselben Lautstärke abspielen. Das kann durchaus hilfreich sind, falls Sie gerne querbeet durcheinander Musik hören und Sie viele unterschiedliche Musikstile besitzen – der Gang zum Lautstärke-Regler wird dann bedeutend seltener.

Die restlichen Einstellungen in dieser Rubrik beziehen sich auf das Thema Filme (*Bevorzugte Videoversion)* sowie unter Windows auf etwaige Untertitel und Einstellungen zur Audiowiedergabe.

Bitte einmal überblenden – die Wiedergabe-Optionen in den »Einstellungen«.

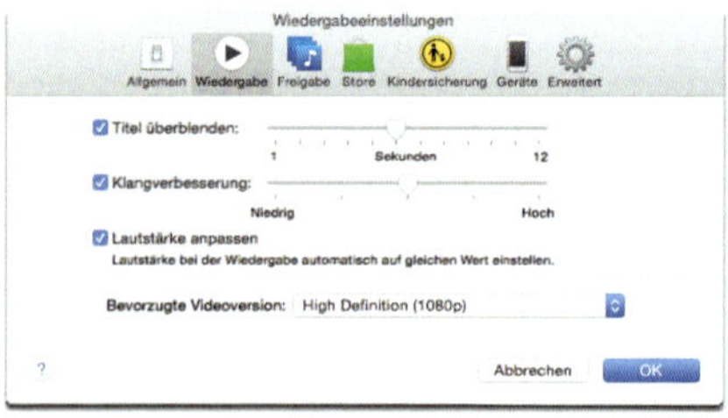

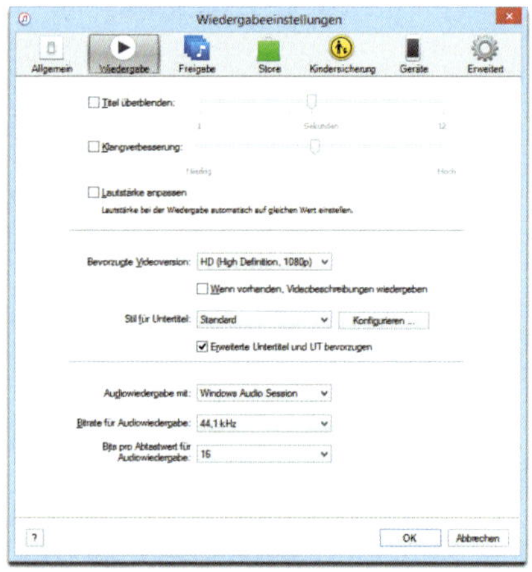

Während sich eben genannte Einstellungen auf alle Titel in der *Mediathek* beziehen, lassen sich für einzelne oder ausgesuchte Lieder in den *Informationen* (*Ablage/Datei* | *Informationen*) gesondert weitere, durchaus nützliche Anpassungen vornehmen.

Die Informationen-Fenster für Einzeltitel (links) sowie mehrere Stücke.

In beiden Dialogen haben Sie im Reiter *Optionen* die Möglichkeit, eine *Lautstärkeanpassung* vorzunehmen sowie eine *Equalizer-Voreinstellung* festzulegen. *Lautstärkeanpassung* in diesem Kontext bedeutet, dass Sie damit jene Titel, die zu leise oder zu laut daherkommen, an die Lautstärke-Umgebung der restlichen Musik-Sammlung angleichen.

Bei den *Einzeltitel-Informationen* lassen sich bei den Punkten *Start* und *Stopp* individuelle Start- und Endpunkte eingeben. Dazu aktivieren Sie die Einträge (Haken setzen) und tragen dann Anfangs- und Stopp-Zeit ein. Dies ist immer dann ratsam, wenn beispielsweise bei einem Stück ein unangenehmes Knacken bzw. ein für Sie uninteressanter Vorspann wie Text oder Klatschen vorkommt. All das, was vor dem Start-Punkt liegt, wird nun übergangen. Dasselbe passiert mit jenen Teilen, die nach dem Stopp-Zeichen liegen.

Über *Wiedergabeposition merken* wird exakt jener Zeitpunkt gespeichert, an dem sich die Abspielmarke im Lied befindet, wenn Sie die *Informationen* aufrufen und diese Option aktivieren. Der Song startet nun immer genau von dieser Position.

Übrig bleibt der Eintrag *Bei zufälliger Wiedergabe überspringen*, der eigentlich selbsterklärend ist. Mit anderen Worten: Wurden Musikstücke damit »ausgezeichnet«, werden diese dann schlichtweg übergangen, lassen Sie *iTunes* im Zufalls-Modus laufen.

Mit dem »Equalizer« durch Höhen und Tiefen

Auch das Thema *Equalizer* möchten wir noch kurz anschneiden, den Sie über die Menüleiste *Fenster* (OS X) bzw. *Anzeige* (Win) und den Befehl *Equalizer (cmd-alt-E)/Equalizer anzeigen (Strg-Umschalttaste-2)* aufrufen können. Damit lassen sich nun für jede Musikrichtung die optimalen Einstellungen vornehmen.

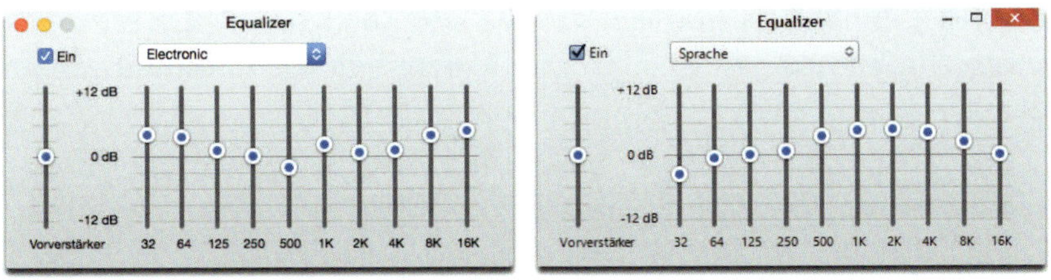

Der Equalizer mit seinem Schaltpult zum Anpassen der Frequenzen.

Über das Auswahl-Menü lässt sich aus den schon vorgegebenen Stilrichtungen das Passende heraussuchen oder Sie mixen sich selbst einen bevorzugten Klangteppich zusammen. Sobald Sie mit der Maus einen Regler (im Fachjargon auch »Fader« genannt) packen und verschieben – inklusive des *Vorverstärkers*, der die allgemeine Lautstärke anhebt oder senkt –, schaltet das Popup-Menü auf *Manuell* um. Sind Sie zufrieden mit Ihrem Ergebnis, so wählen Sie im Popup-Menü den Eintrag *Neue*

Voreinstellung und vergeben im auftauchenden Dialog einen Namen. Mit *OK* sichern Sie Ihre Einstellung.

Jeder Musikstil weist eine gesonderte Verteilung für Bässe und Höhen auf. Auf Wunsch lassen sich jedoch auch eigene Einstellungen verwenden.

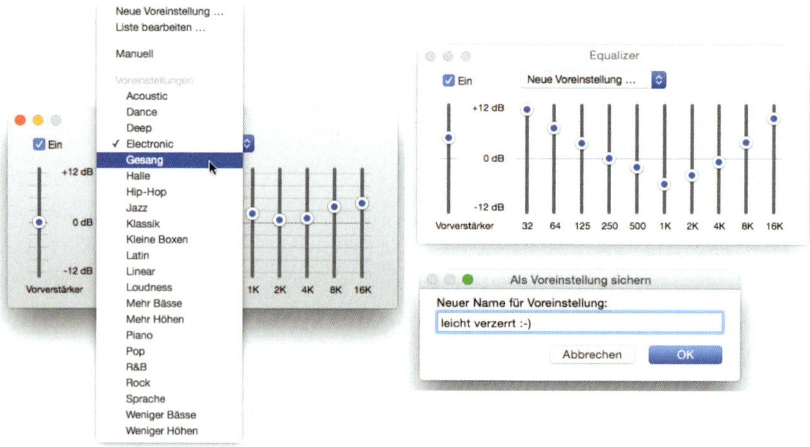

Während sich die linken fünf Regler (32 bis 500 Hertz) um die niedrigeren Frequenzen (Bässe) kümmern, übernehmen die rechten Fader die Hochtonfrequenzen (1 bis 16 Kilohertz). »Hertz« (nicht zu verwechseln mit dem gleichnamigen Autovermieter) ist dabei die Einheit der Frequenz, wobei ein Hertz einer Schwingung pro Sekunde entspricht. Die Einheit »dB« (Dezibel) beschreibt hingegen die Lautstärke bzw. Intensität. Werden die Regler nach oben bewegt, werden die jeweiligen Frequenzen verstärkt, nach unten hin ziehend abgeschwächt.

Über den Punkt *Liste bearbeiten* lassen sich nun nachträglich die schon vorgegebenen bzw. selbst angelegten Voreinstellungen beeinflussen, indem Sie sie umbenennen oder gar ganz entfernen.

Da jede Manipulation das Klangbild verändert, sollten Sie immer nach dem Motto »Weniger ist mehr« vorgehen. Eine Übertreibung verschlimmbessert oftmals das Original, zumal der Sound als solches sowohl von den angeschlossenen Boxen als auch von den Räumlichkeiten abhängt. Im Zweifel müssten Sie also für jede Änderung der äußeren Umstände eine eigene Voreinstellung treffen.

Das Zuweisen von *Equalizer-Einstellungen* kann auf verschiedene Art und Weise erfolgen: Zum einen markieren Sie ein oder mehrere Lieder und rufen dann aus dem *Ablage-/Datei*-Menü den Befehl *Informationen (cmd-I/Strg-I)* auf. Dort besuchen Sie wieder den Reiter *Optionen* und stellen dann das Gewünschte ein.

Die zweite Möglichkeit besteht darin, dass Sie Ihre Musik-Mediathek auf Listen-Ansicht umstellen (Überpunkt *Titel*) und die *Darstellungsoptionen (cmd-J/Strg-J)* aufrufen. Dort aktivieren Sie nun über das Popup-Menü *Spaltenanzeige* das Kriterium *Equalizer* (alternativ klappt das auch über das Kontext-Menü mit Klick auf die Spalten-Titel) und Sie finden in Ihrem Übersichtsfenster die neue Spalte *Equalizer* (die Sie jederzeit auch an eine andere Stelle schieben können). Bei jedem Musikstück zeigt sich nun das *Equalizer*-Popup-Menü, mit dem Sie schnell und effizient für jeden Titel die geeignete Einstellung vornehmen können.

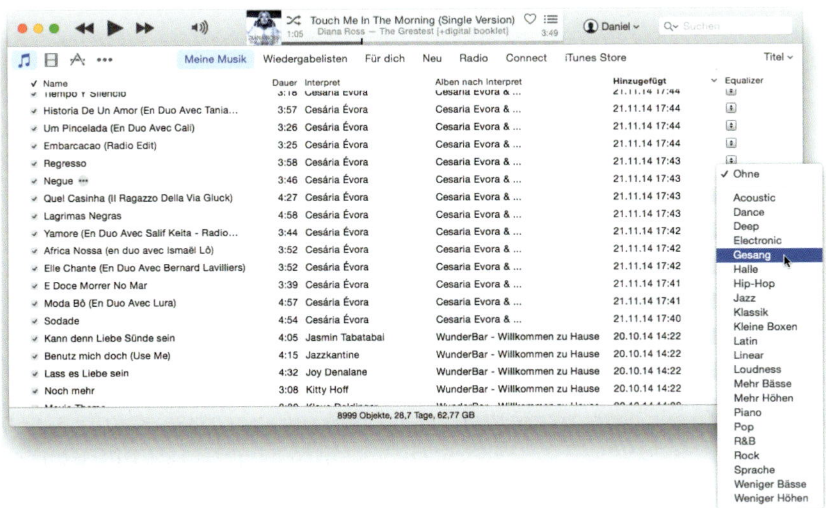

Schnellzugriff auf den »Equalizer« dank zusätzlicher Spalte.

Nachdem Sie sich nun schon ein wenig mit *iTunes* vertraut gemacht haben und in etwa wissen, welche Knöpfe was ausrichten, möchten wir uns im nächsten Kapitel um den Import von Musik- und Film-Medien kümmern. Ob von CD, der Festplatte oder über das Internet – das Know-how gibt es auf den folgenden Seiten.

iTunes und seine zahlreichen Import-Möglichkeiten

Die Importeinstellungen

iTunes gibt sich beim Import als auch beim Abspielen von Musik großzügig, denn es kann mit allerhand Formaten umgehen – darunter *AAC*, *MP3*, *AIFF*, *WAV* oder *Apple Lossless*.

MP3 (Suffix *.mp3*) ist das Mittel der Wahl, um Musikstücke im Internet zur Verfügung zu stellen bzw. herunterzuladen. Die Qualität von *MP3*-Songs lässt sich aus den Bitraten bzw. Datenraten herauslesen. Je höher diese ist, desto besser ist auch die Ton-Qualität. Apple bietet seine im *iTunes Store* verkauften Songs mit 256 kBit/s an (allerdings als *AAC* unter dem Stichwort *iTunes Plus*). Innerhalb der *MP3*-Datei befinden sich sogenannte *ID3 Tags*, die zusätzliche Informationen wie etwa den Titel des Songs, Name des Interpreten sowie des Albums etc. beinhalten.

AAC (*Advanced Audio Coding* – Suffix *.m4p*/*.m4a*) ist ein Apple-spezifisches Audio-Format, welches die Firma in seinem *iTunes Store* einsetzt. Der vor einigen Jahren eingesetzte Kopierschutz (*DRM – Digital Rights Management – Digitales Rechtemanagement*), der dem Anwender genau vorschrieb, wie oft und auf welchen Datenträger er diese Datei kopieren durfte, gehört mittlerweile der Vergangenheit an – der *iTunes Store* bietet folglich Kopierschutz-freie Musikstücke (im Gegensatz zu Filmen und Büchern). Als Weiterentwicklung von *MP3* besitzt *AAC* (MPEG-4) bei kleinerer oder gleicher Datengröße eine bessere Qualität.

Audio-CDs importieren

iTunes hat in seinen Grundeinstellungen beim Importieren einer Audio-CD standardmäßig den *AAC-Codierer* gewählt. Somit können Sie zwar auf Ihrem Computer samt *iTunes* sowie Ihrem *iPod/iPhone/iPad* diese Musikstücke hören, bei MP3-Playern eines anderen Herstellers kann es jedoch zu Schwierigkeiten kommen. Das gewünschte Format beim Importieren von Musikstücken wählen Sie über die *iTunes-Einstellungen* | Rubrik *Allgemein* und dort über den Button *Importeinstellungen*.

Der Ausgangspunkt für alle Import-Vorgänge sind die Importeinstellungen. Vorausgesetzt, Sie verfügen noch über ein (externes) CD-Laufwerk

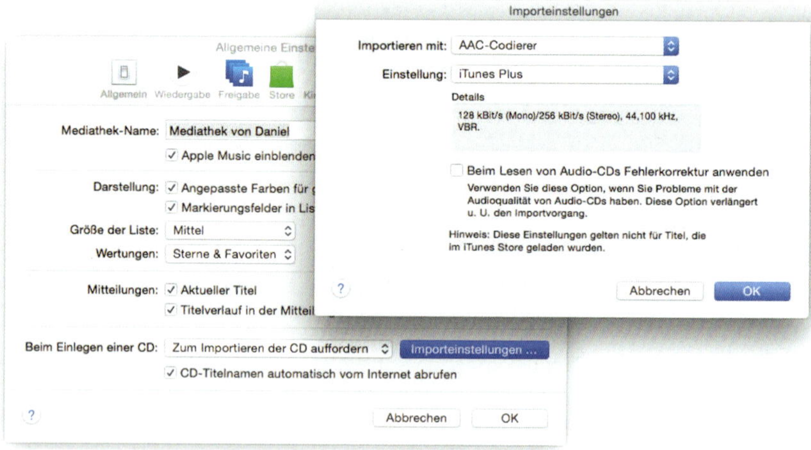

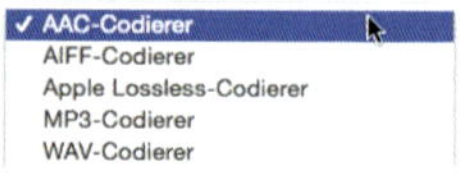

Bei *Importieren mit* stellen Sie nun jenes Format ein, mit dem *iTunes* Ihre Songs auf der Festplatte ablegen soll. *AAC-Codierer* oder *MP3-Codierer* sind hier ein guter Kompromiss aus Datengröße und Hörqualität. Benutzen Sie einen anderen MP3-Player oder möchten Sie die Musik-Stücke auch mit einem anderen Programm abspielen, sollten Sie *MP3* verwenden.

Wenn Sie Wert auf höchste Qualität legen, so sollten Sie den *AIFF-Codierer* verwenden – die Daten werden hierbei nicht komprimiert (die Dateigröße liegt dafür aber um ein Vielfaches höher). Die Hör-Qualität entspricht der einer Audio-CD, wobei dies auf den Lautsprechern eines MacBook (Pro/Air) oder eines Windows-Laptops wohl eher vergebene Liebesmüh wäre. Schließen Sie jedoch des Öfteren Ihre *iOS*-Geräte an die Stereo-Anlage an oder besitzen Sie hochwertige Lautsprecher/Kopfhörer, so sollten Sie dieses Format im Auge behalten. Wichtig zu wissen ist auch, dass beim späteren Brennen einer Audio-CD die so importierten Musik-Stücke ohne Qualitätseinbußen verarbeitet werden.

Der *WAV-Codierer* (*WAV* ist das Audio-Format von Microsoft für Windows) ist eher etwas für jene User, die ihre Songs auch an PC-Anwender weitergeben möchten, denen beispielsweise keine MP3-taugliche Software zur Verfügung steht.

Übrig bleibt noch der *Apple Lossless-Codierer*, der im Vergleich zu Audio-CDs (im *AIFF*-Format) bei gleicher Qualität nur etwas mehr als die Hälfte an Speicherplatz in Anspruch nimmt. Letzteres Format ist ebenso auf iPod/iPhone/iPad abspielbar und bedeutet laut Apple einen Zugewinn an Hörqualität.

Bis auf den *Apple Lossless-Codierer* lassen sich unter *Einstellung* unterschiedlich hohe Datenraten wählen, wobei *Höhere Qualität (128 kBit/s* bei AAC bzw. *160 kBit/s* für MP3) für den Allgemeingebrauch (Musikhören am PC oder über Standard-MP3-Player) völlig in Ordnung sind. Verbinden Sie Ihr Mobilgerät (iPod/iPad/iPhone) dagegen mit einer Stereoanlage oder mit hochwertigen Lautsprechern/Kopfhörern, so plädieren wir hier für die Einstellung *iTunes Plus* (*AAC*) mit 256 kBit/s. Bevorzugen Sie noch höhere Werte, so erledigen Sie das über die Einstellung *Eigene (OS X)* bzw. *Benutzerdefiniert* (Windows). Darüber lässt sich die Datenrate bis auf 320 kBit/s einrichten.

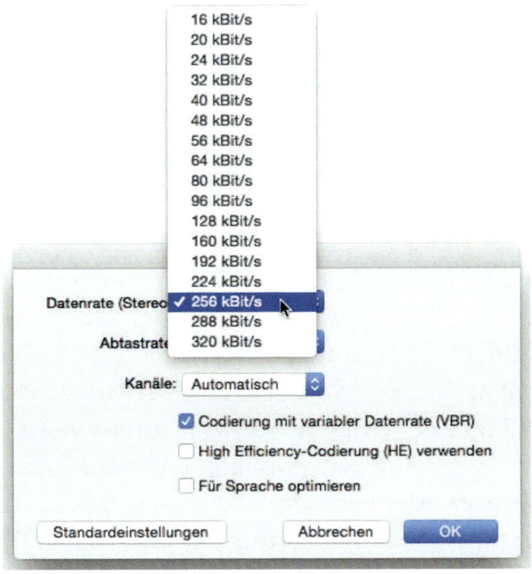

Für anspruchsvolle Zuhörer und solche, die über viel Speicherplatz auf der Festplatte verfügen: Über »Eigene …« bzw. »Benutzerdefiniert« lassen sich ganz individuelle Importeinstellungen treffen.

Die *Datenrate* bestimmt dabei, wie viele digitale Informationen pro Sekunde verarbeitet werden. Je höher diese ausfällt, desto besser ist die Qualität. Auch für die *Abtastrate* – sofern Sie benutzerdefinierte Einstellungen treffen möchten – gilt: Je höher, desto besser. Eine Audio-CD liegt bei 44,100 kHz, eine höhere Rate ist daher nicht nötig. Apple selbst empfiehlt im Allgemeinen für die *Abtastrate* die Einstellung *Automatisch*, da auf diese Weise die Dateien so übernommen werden, wie sie im Original vorliegen. Die Kanäle sollten Sie lieber unberührt lassen, nicht dass Sie aus Versehen Ihre Lieblingslieder nur mehr in Mono zu hören bekommen.

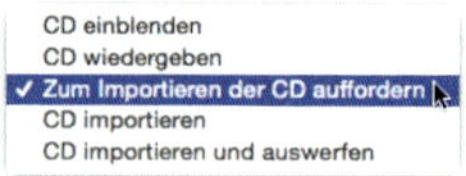

In den schon angesprochenen *Einstellungen* zu *iTunes* (*Einstellungen* | Rubrik *Allgemein* | *Beim Einlegen einer CD*) sollten Sie zuvor bestimmen, wie sich *iTunes* beim Laden einer CD verhalten soll. *CD einblenden* stellt einzig den CD-Inhalt dar. Somit können Sie die Musik jederzeit abspielen, zum Importieren müssen Sie jedoch den entsprechenden Knopf rechts oben drücken. *Wiedergabe starten* hingegen beginnt sofort nach dem Einlesen der Audio-CD mit der Wiedergabe. *Zum Importieren der CD auffordern* blendet nach der Anzeige der CD einen Dialog ein, der zum Importieren einlädt. *CD importieren* fackelt nicht lange herum und beginnt sofort mit dem Importvorgang, während *CD importieren und auswerfen* als Bonusleistung die CD nach dem Import wieder hergibt (freundliches Kerlchen). Letztere Option ist besonders dann angenehm, wenn Sie einen ganzen Stapel an Audio-CDs vor sich liegen haben und diese auf einen Schwung in *iTunes* laden möchten.

Die Option »CD einblenden« zeigt den Inhalt der Audio-CD an – zum Importieren müssen Sie jedoch auf »CD importieren« klicken.

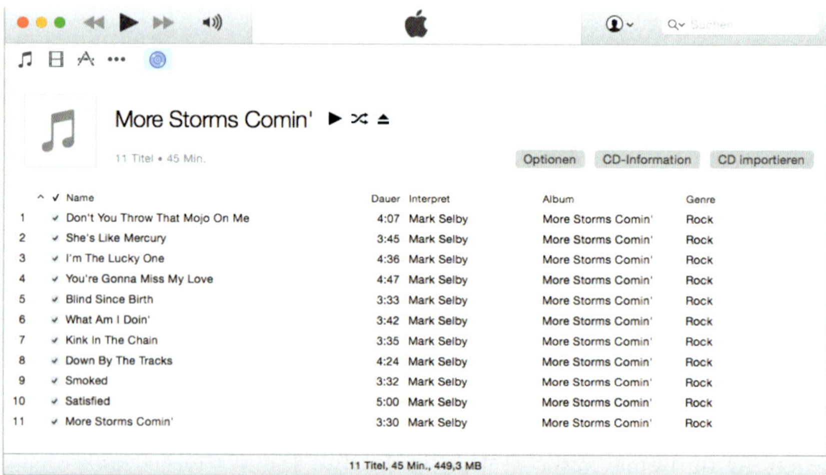

iTunes fragt bei gewählter Option »Zum Importieren der CD auffordern« automatisch beim Einlegen einer Audio-CD nach, ob die Titel importiert werden sollen.

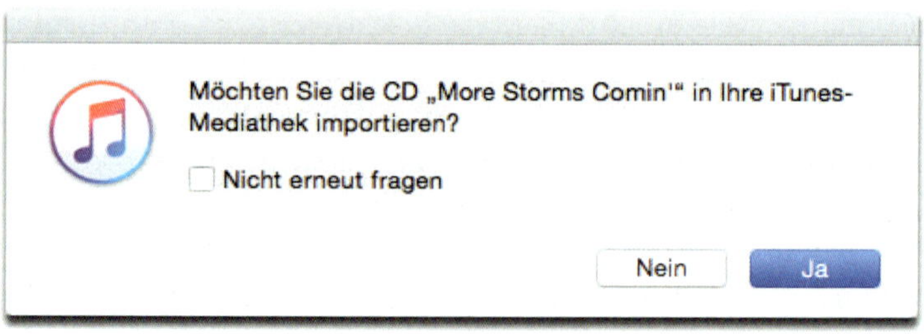

Sollte beim Einlegen einer Audio-CD *iTunes* nicht freiwillig starten, so können Sie dem Programm über die *Systemeinstellungen (OS X)* auf die Sprünge helfen. Über den Punkt *CDs & DVDs* lässt sich nun bestimmen, was beim Einlegen einer Musik-CD oder DVD (ob bespielt oder leer) passieren soll. Die Systemeinstellung *CDs & DVDs* zeigt sich im Übrigen nur, sofern Ihr Mac über ein internes oder extern angeschlossenes CD/DVD-Laufwerk verfügt. Unter Windows erledigen Sie dies über *Systemsteuerung | Hardware und Sound | Automatische Wiedergabe* und bestimmen dort bei *Audio-CD* den Eintrag *Titel importieren mit iTunes.*

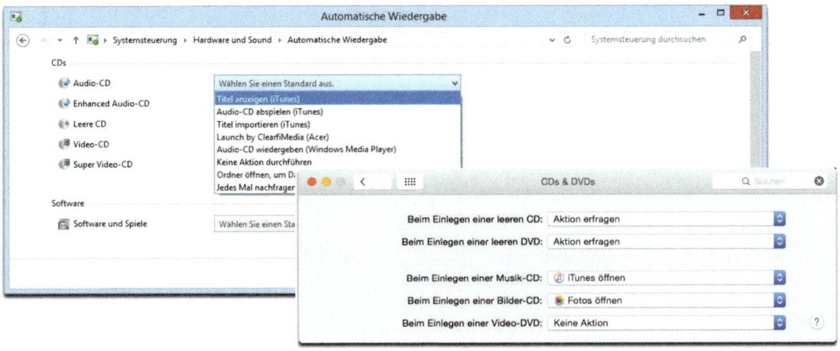

Welches Programm sich um welche Medien kümmert, definieren Sie über die Systemeinstellungen (Mac) bzw. die Systemsteuerung (Win).

Obwohl das *OS X* bei Macs, die über kein CD-/DVD-Laufwerk verfügen, die Funktion *Entfernte CD/DVD* anbietet, über die Sie auf das Laufwerk eines anderen Rechners zugreifen können, wird der Import von Inhalten etwaiger Audio-CDs darüber verweigert. Sie müssen also zwangsläufig über ein internes oder externes Laufwerk (Kosten ab circa 30 Euro) verfügen.

Legen Sie nun eine Audio-CD in Ihr Laufwerk ein, sollte *iTunes* – falls noch nicht geöffnet – selbsttätig starten und den Inhalt der CD anzeigen. Bitte achten Sie dabei darauf, dass Sie mit dem Internet verbunden sind, da *iTunes* darüber Kontakt mit der Internet-Datenbank *Gracenote CDDB® Music Recognition Service* (`www.gracenote.com`) aufnimmt und nach den zur Audio-CD passenden Titeln bzw. nach den sogenannten *ID3-Tags* sucht. Weiterhin wird vorausgesetzt, dass Sie in den *iTunes-Einstellungen* und dort in der *Allgemein*-Abteilung die Option *CD-Titelnamen automatisch vom Internet abrufen* (Mac) bzw. *Namen der CD-Titel automatisch vom Internet abrufen* (Win) aktiviert haben. Dieser Service ermöglicht es Ihnen, Daten wie Album- und Künstlername, Musik-Titel und andere Musik-relevanten Informationen über das Internet abzurufen.

Erfolgt keine Abfrage der ID3-Tags bzw. werden erst gar keine Informationen zu Ihrer Audio-CD gefunden, so heißen diese schlicht Titel 01, Titel 02 usw. Über den Button »Optionen« können Sie jedoch nachträglich die »Titel empfangen« – vorausgesetzt, dass welche vorliegen.

Bei manchen CDs kann es durchaus vorkommen, dass mehrere *Gracenote*-Einträge gefunden werden. Entscheiden Sie sich in diesem Fall für die passende Version und klicken Sie sie an. Über *OK* werden dann diese Titelnamen verwendet.

Im Grunde brauchen Sie nun – je nach Einstellung – nur den Dialog »Möchten Sie die CD … in Ihre iTunes-Mediathek importieren?« zu bestätigen, indem Sie Ihr Ja-Wort vergeben – *iTunes* beginnt dann augenblicklich mit dem Import. Möchten Sie stattdessen nur einzelne Songs einladen, so verneinen Sie zuerst den Dialog und entfernen dann bei jenen Liedern den Haken aus dem Markierungsfeld, die außen vor bleiben sollen. Mit Klick auf *CD importieren* werden die Titel im gewünschten Format eingeladen.

Es tut sich was: Die mit dem grünen Haken-Symbol gekennzeichneten Lieder sind bereits in »iTunes« integriert, das pulsierende Rad-Zeichen weist auf den gerade stattfindenden Konvertier- und Import-Vorgang hin.

Sollten einmal keine Daten in der *Gracenote CDDB®*-Datenbank zu Ihrer Audio-CD vorliegen, können Sie diese – sofern sie Ihnen bekannt sind – über die *CD-Informationen* nachtragen. Klicken Sie auf die gleichnamige Schaltfläche, so öffnet sich ein Dialog, über den Sie Interpret, Komponist, Albumname, Genre sowie Erscheinungsjahr eingeben können. Bestätigen Sie mit *OK*, werden diese Daten sofort übernommen. Einzig die Titelnamen müssen Sie noch eingeben, indem Sie den ersten Titel markieren und dann ein weiteres Mal auf den Eintrag *Titel01* klicken. Anschließend lässt sich dieser überschreiben. Verfahren Sie auch mit den folgenden Titeln auf diese Weise.

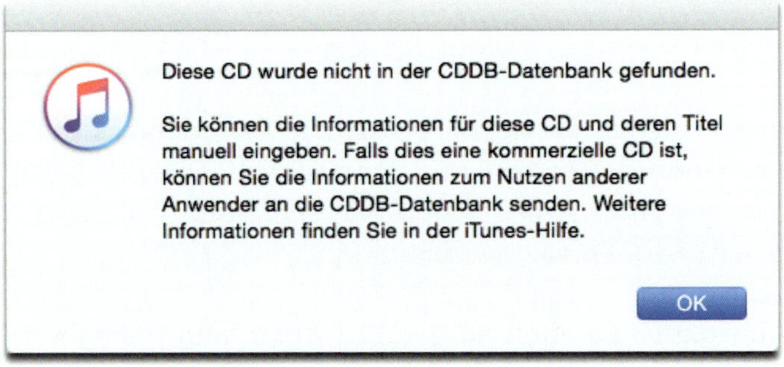

Wer nicht mit dem Mainstream fährt, stößt das ein oder andere Mal auf nebenstehenden Dialog.

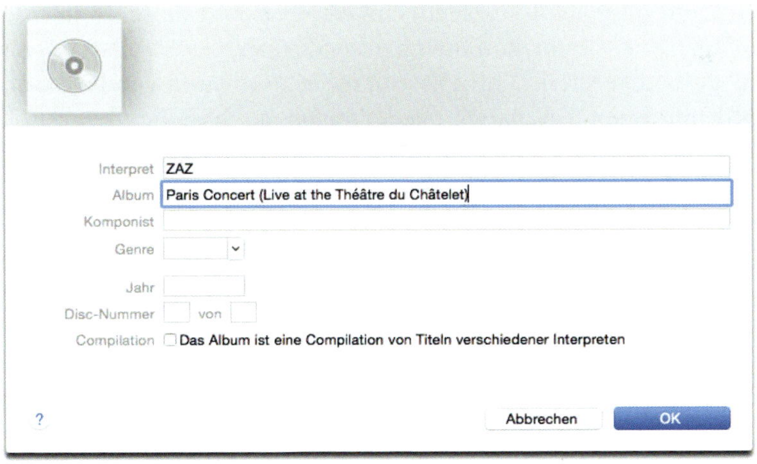

Über die »CD-Informationen« lassen sich Daten wie Interpret, Erscheinungsjahr, Albumname etc. eingeben.

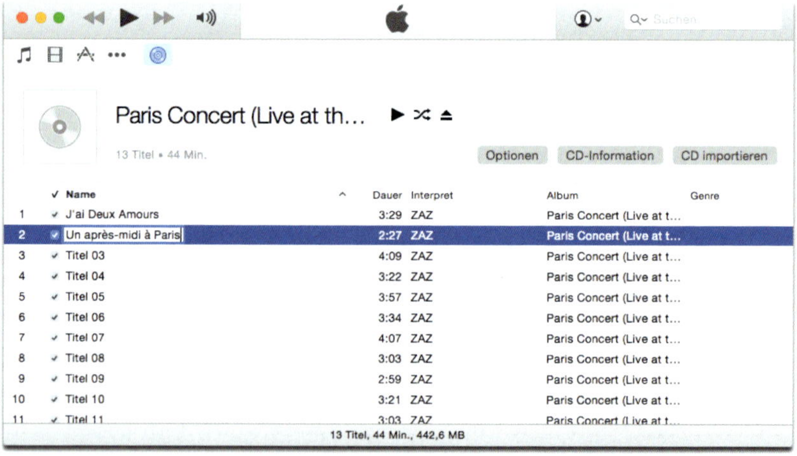

Die Titelnamen nehmen Sie sich im Anschluss vor – leider Schritt für Schritt, was ein wenig dauern kann.

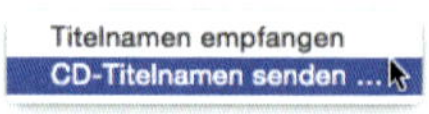

Und danach folgt als krönender Abschluss das Senden Ihrer Informationen zur *Gracenote*-Datenbank, denn schließlich sollen auch andere Nutzer was von Ihrer Arbeit haben. Das gelingt über die *Optionen* und den Befehl *CD-Titelnamen senden*.

Als Alternative zu eben vorgeschlagenem Weg über die *CD-Informationen* können Sie auch zuerst alle Titel importieren, danach ein oder mehrere Lieder markieren und diese dann über *Ablage/Datei | Informationen* bzw. *cmd-I/Strg-I* vervollständigen. Im auftauchenden Dialog können Sie nun umfassende Zusatzinformationen bzw. auch Änderungen an bestehenden Titeln vornehmen. Allerdings ist auf diesem Wege kein Senden von CD-Titelnamen an die *Gracenote*-Datenbank möglich.

Die Arbeit mit der *Gracenote CDDB®*-Datenbank klappt nur, wenn Sie Audio-CDs direkt mit *iTunes* importieren. Bei allen nachfolgenden Varianten werden die Daten nur in dem Format einkopiert, in dem sie original vorliegen. Versuchen Sie es trotzdem und wählen etwa über das Kontext-Menü den Befehl *Titelnamen empfangen*, so erhalten Sie eine Fehlermeldung.

Es ist alles gesagt: Sie benötigen also die zugehörigen Audio-CDs, um die Titel erneut von »iTunes« einlesen zu lassen.

Musik-Dateien von der Festplatte

Vielleicht besitzen Sie ja schon etliche Dutzend Musik- und/oder Video-Dateien auf Ihrem Rechner, die nun endlich einmal verwaltet werden sollen. Das Importieren dieser Medien-Schätze ist denkbar einfach – immer vorausgesetzt, dass das Medien-Format von *iTunes* gelesen werden kann. Über den Befehl *Ablage | Zur Mediathek hinzufügen (cmd-O)* unter OS X bzw. *Datei | Datei zur Mediathek hinzufügen (Strg-O)* oder *Ordner zur Mediathek hinzufügen* unter Windows lässt sich das bewerkstelligen. Im sich öffnenden Dialog können Sie nun die gewünschte Musik-Datei oder gar einen ganzen Ordner zuweisen. Mehrere Einzel-Dateien wählen Sie wieder mit gedrückter *Befehlstaste (cmd)/Steuerungstaste (Strg)* aus. Über den *Öffnen-* bzw. *Ordner auswählen-*Button wird nun die getroffene Auswahl in die *Mediathek* kopiert. Dasselbe Vorgehen gilt natürlich auch für andere Medien wie beispielsweise Filme.

Zuerst wird ausgewählt, dann wird kopiert. Von der Festplatte geht das bedeutend schneller, da die Dateien nicht konvertiert werden müssen.

Über *Datei/Ordner | Zur Mediathek hinzufügen* werden die Dateien so, wie sie auf der Festplatte vorliegen, in *iTunes* eingeladen. Diese Vorgehensweise ist somit unabhängig von den in den *Import-Einstellungen* getroffenen Format-Definitionen.

Als Alternative zum Befehl *Zur Mediathek hinzufügen* funktioniert auch die *Drag & Drop*-Methode (packen, ziehen und loslassen). Hierbei öffnen Sie Ihren Ordner mit den ausgesuchten Dateien, markieren diese und ziehen sie dann mit gedrückter Maustaste in das *iTunes*-Fenster. Das klappt natürlich auch mit einem vollständigen Musik-Ordner.

Die Daten werden auf diese Weise komplett in die *Mediathek* kopiert. Zum besseren Auffinden sollten Sie in der Ansicht *Titel* die Spalte *Hinzugefügt* anklicken, so dass sich die neuesten Einträge ganz oben befinden.

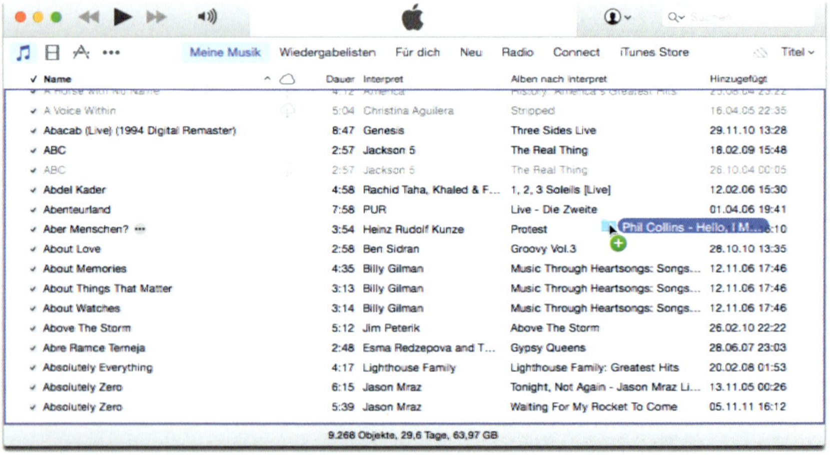

Ein Ordner mit Musik wird per einfachem Drag & Drop der iTunes-Mediathek hinzugefügt.

Dateien aus dem Internet laden

Im Internet gibt es viele Bands und Künstler, die kostenlos einige ihrer Songs anbieten – sozusagen zum »Anfixen«. Dann bekommen Sie vielleicht Lust auf mehr und kaufen sich gleich ein ganzes Album. Andere wiederum komponieren mit *GarageBand* von Apple und lassen ihre Songs bewerten. Auch diverse Musik-Magazine besprechen Album-Neuerscheinungen und stellen ab und an eine Hörprobe ins Netz.

Der Download als solches läuft – je nach Webseite – unterschiedlich ab. Zum einen werden die Songs direkt im Browser gestreamt bzw. lassen sich auch heruntergeladen (sichtbar beispielsweise im Fenster *Downloads* von *Safari*) und nach dem Lade-Vorgang in *iTunes* abgespielt. Dabei wird automatisch eine Kopie des Songs in den *iTunes*-Ordner gelegt. Manchmal liegt die Musik-Datei auch nur im Ordner *Downloads* (der Standard-Ordner für heruntergeladene Dateien aus dem Internet in Ihrem Benutzer-Verzeichnis) und muss händisch in *iTunes* gezogen werden.

Bei Download-Problemen hat sich dies als eine mögliche Lösung ergeben: Anstatt auf den vorgegebenen *Download*-Button zu klicken, versuchen Sie, über das *Kontext*-Menü (gedrückte *ctrl-Taste* und Mausklick bzw. per Rechtsklick/Zweifingertipp auf den Musik-Titel) und daraus über den Befehl *Verknüpfte Datei laden* oder etwa *Link speichern unter* den gewünschten Titel direkt auf den Schreibtisch zu bringen.

Oft ist es hilfreich, über das Kontext-Menü die verknüpfte Datei direkt anzusprechen und zum Laden zu überreden.

Vielleicht stoßen Sie ab und an auf Ihren Reisen durch das Internet auch auf Musikstücke, die in anderen Formaten vorliegen, beispielsweise in *WMA* (*Windows Media Audio*), dem weit verbreiteten Microsoft-Format und Pendant zu *MP3*. Diese Files lassen sich auch abspielen, allerdings nicht in *iTunes*. Während unter Windows ».wma«-Daten automatisch in Apples *AAC*-Format beim Importieren umgewandelt werden, müssen Sie sich unter *OS X* entweder die mittlerweile kostenpflichtige *QuickTime*-Komponente *Flip4Mac* (ca. 6 Dollar – `www.telestream.net/flip4mac-wmv/overview.htm`) bzw. den eigenständigen *VLC media player*

(www.videolan.org) besorgen, die zumindest das Abspielen dieser *WMA*- oder auch *WMV*-Dateien (*Windows Media Video*) erlauben. Etwaige Einstellungen zu *Flip4Mac* erledigen Sie über die *Systemeinstellungen*, während der *VLC media player* als separate Anwendung läuft.

Windows kann das von ganz alleine – der Mac-Anwender braucht hierzu ein wenig Nachhilfe.

Wenn Sie nun dennoch darauf bestehen und *WMA*-Dateien in *iTunes* einladen möchten, so bleibt Ihnen nur das vorherige Konvertieren. Wir empfehlen hier als kostenlose Variante die Software *Switch* (www.nch.com.au/switch), die in Versionen für die Betriebssysteme *OS X* und *Windows* zur Verfügung steht. Hierbei müssen Sie die entsprechende Datei nur in die Liste der zu konvertierenden Daten ziehen, einen Speicherort bestimmen, bei *Output Format* Ihr Wunschformat einstellen und letztlich auf die Schaltfläche *Convert* klicken.

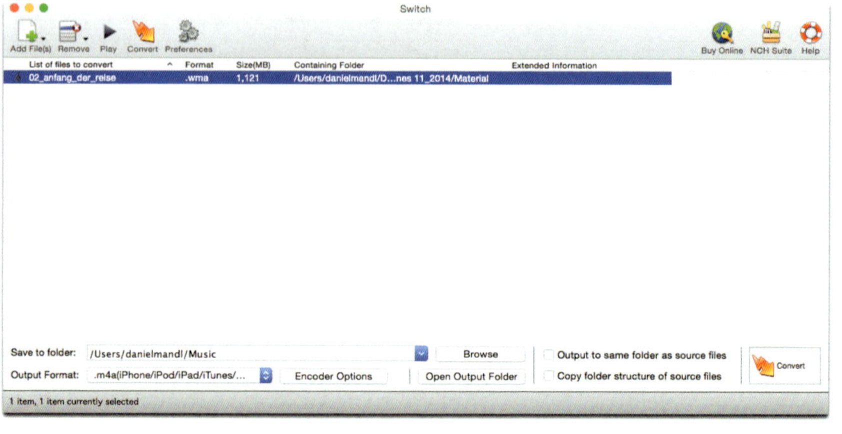

Schnell mal »wma«-Dateien konvertieren – dank »Switch« geht das ohne Probleme.

Zum Thema »Audio-Import« noch ein Tipp: Sowohl unter Mac als auch unter Windows finden Sie in Ihrem *iTunes*-Ordner (*Benutzer-Ordner »Musik«/iTunes/iTunes Music* bzw. *iTunes Media*) einen Ordner namens *Automatisch zu iTunes hinzufügen*. Dort lassen sich nun ohne große Umwege über die diversen Import-Dialoge Dateien hineinlegen, die *iTunes* dann selbstständig in die Mediathek einbaut (dies geschieht während der geöffneten *iTunes*-Anwendung sofort). Voraussetzung hierbei ist natürlich die Kompatibilität, sprich *iTunes* muss diese Medien auch lesen können. Ist dem nicht so, so wird ein weiterer Ordner namens *Nicht hinzugefügt* angelegt, in den diese von *iTunes* nicht erkannten Dateien transferiert werden.

Import und Wiedergabe von Filmen

In *iTunes* lassen sich selbstverständlich auch Filme unterbringen. Das können aufgenommene Filme von Ihrer Digitalkamera (oder Handy, iPhone, iPad etc.) sein, aber auch solche, die Sie aus dem Internet geladen oder im *iTunes Store* gekauft haben (dazu später mehr).

»iTunes« eignet sich auch zum Verwalten und Wiedergeben von Filmen.

Zum Importieren nach *iTunes* ziehen Sie sie direkt in das Fenster von *iTunes* oder Sie wählen *Ablage | Zur Mediathek hinzufügen (cmd-O)* bzw. *Datei | Datei zur Mediathek hinzufügen (Strg-O)*. Im sich öffnenden Fenster markieren Sie nun die gewünschten Videos und klicken dann auf *Öffnen*.

Zuerst erfolgt die Auswahl der Filme, über »Öffnen« werden diese dann in »iTunes« importiert.

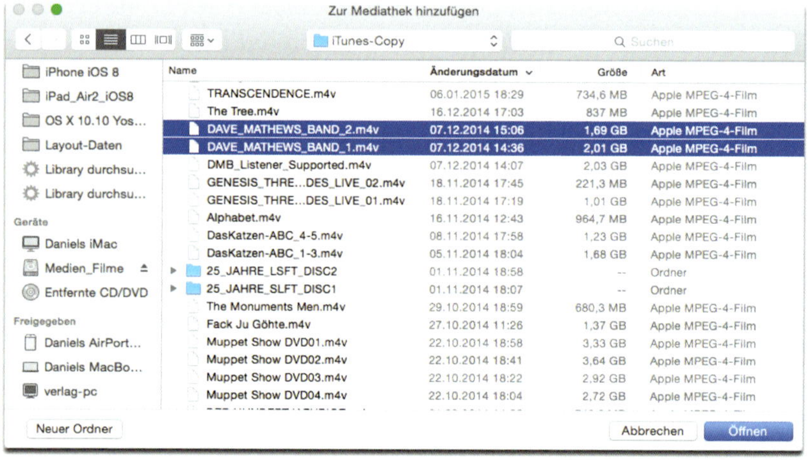

Alle Filme, die auch mit *QuickTime* abgespielt werden können und somit dazu kompatibel sind, lassen sich in *iTunes* einladen. Sie erkennen diese meist an den Endungen (Suffixe) wie *.mp4*, *.m4v* oder *.mov*. Alles andere, was nicht erkannt wird, wird seitens *iTunes* schlicht ignoriert.

Ist in *iTunes* die *Filme*-Abteilung gewählt, so finden Sie dort unter *Meine Filme* sowohl über den *iTunes Store* gekaufte Videos als auch Film-Beiträge aus *iTunes U*, während unter *Eigene Videos* Ihre Privatvideos untergebracht werden. Weiterhin gibt es die verschiedene Kategorien wie *Ungesehen*, *Wiedergabelisten* sowie den direkten Zutritt zum *iTunes Store*.

Möchten Sie Ihre selbst eingeladenen Filme verschiedenen Genres (*Anspruchsvoll, Unterhaltung, Action und Abenteuer* etc.) zuordnen, so markieren Sie den entsprechenden Film per Mausklick und rufen über *Ablage/Datei die Informationen (cmd-I/Strg-I)* auf. Im Reiter *Details* finden Sie nun unten stehend die Möglichkeit, den Film einem bestimmten Genre zuzuordnen. Das lässt sich entweder über das Aufklapp-Menü erledigen (das jedoch nur weitestgehend Musik-Stile anbietet) oder aber Sie schreiben Ihr Wunsch-Genre einfach in das leere Feld. Dieser Eintrag kann dann auch nachfolgend importierten Filmen zugewiesen werden.

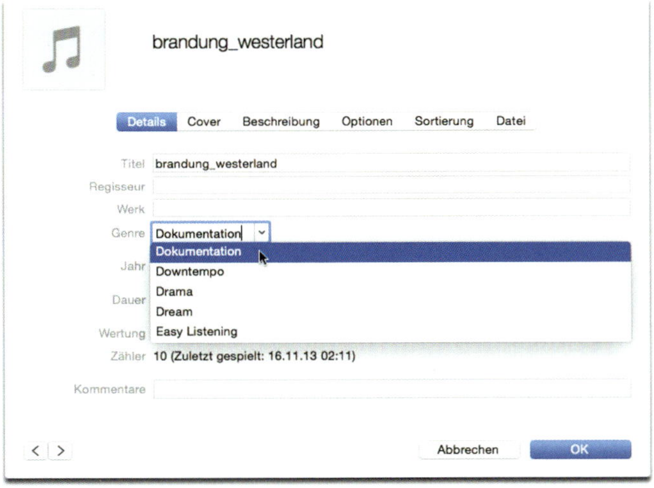

Über die »Informationen« lässt sich ein Film einem bestimmten Genre zuordnen.

Wird ein Video-Cover innerhalb *Meine Filme* angeklickt, so öffnet sich – wie bei den Musik-Alben – ein Dialog, der weitere Infos zum Besten gibt. Je nach Herkunftsquelle fällt diese mal mehr, mal weniger umfangreich aus.

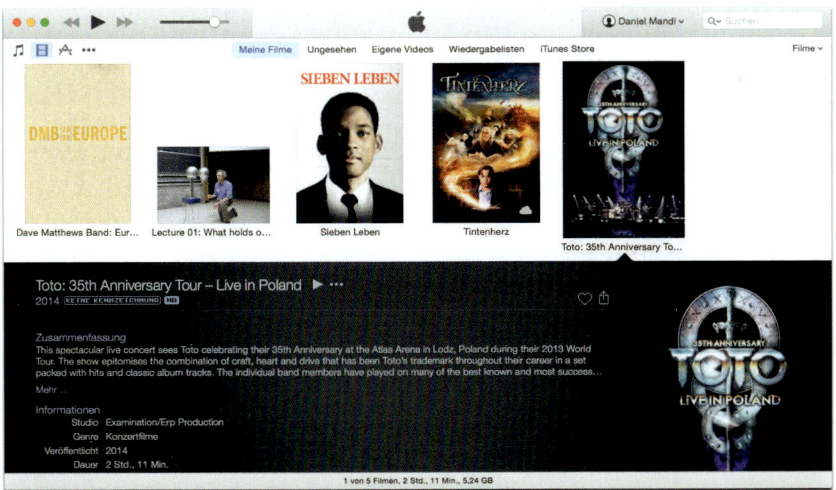

Auf Mausklick hin gibt es weitere Informationen wie eine Inhaltsangabe, die Darsteller oder den Veröffentlichungstermin. Diese Angaben sind jedoch abhängig vom Ursprungsort.

Über einen Doppelklick werden die Filme üblicherweise im *iTunes*-Hauptfenster abgespielt. Mit diesem *Vorschau*-Fenster müssen Sie sich jedoch nicht zufrieden geben. Auf Wunsch hin können Sie das Film-Fenster nun vergrößern oder verkleinern, indem Sie mit gedrückter Maustaste an den Seitenrändern ziehen. Für Film-Präsentationen eignet sich jedoch am besten die Option *Vollbildmodus (cmd-ctrl-F)* auf dem Mac bzw. *Vollbildschirm (Strg-Umschalttaste-F)* unter Windows, die Sie über die Menüleiste *Darstellung* bzw. *Anzeige* finden. Das Video wird dabei vor schwarzem Hintergrund auf den gesamten Bildschirm projiziert. Letztere Einstellung sollten Sie jedoch nur in Anspruch nehmen, wenn der Film auch über eine ausreichend große Auflösung verfügt – kleine Internet-Filmchen wirken ansonsten arg pixelig und sind nur bei gehörigem Abstand zum Bildschirm genießbar.

Filme gucken in iTunes macht mächtig Spaß.

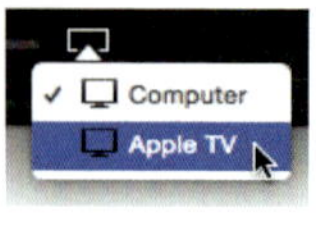

Die Wiedergabe des Filmes lässt sich steuern, wenn Sie den Mauszeiger in das Film-Fenster ziehen. Hierbei wird eine Navigationsleiste eingeblendet, mit der Sie zum Beispiel die Lautstärke regeln können. Es folgen die üblichen Buttons zum Abspielen für *Zurück*, *Wiedergabe/Pause* sowie *Vorwärts* . Klicken Sie auf die *Zurück*- und *Vorwärts*-Tasten und halten die Maustaste gedrückt, so spulen Sie innerhalb des Filmes zurück oder weiter. Klicken Sie hingegen mehrmals darauf, so lässt sich von der doppelten bis hin zur 60-fachen Abspielgeschwindigkeit umschalten. Die beiden äußeren Knöpfe springen zum vorhergehenden oder nächsten Film. Ganz rechts befindet sich noch der Knopf zum Umschalten in die bildschirmfüllende Ansicht, die Leiste darunter beinhaltet die *Abspielmarke*, mit der Sie sich ebenfalls durch Ziehen derselben im Film bewegen können. Besitzen Sie ein Apple TV, so lässt sich weiterhin auch dieses zum Abspielen auswählen, so dass der Film über den Fernseher wiedergegeben wird.

Spielen Sie hingegen einen Film ab, den Sie beispielsweise über den *iTunes Store* gekauft haben, so finden sich in der Navigationsleiste weitere Bedienelemente wie etwa den Knopf zum direkten Anspringen eines bestimmten Kapitels (falls denn solche vorhanden sind) oder zur Auswahl der gewünschten Sprache. Weitere Informationen zu Spielfilmen wie dem Kauf oder dem Ausleihen über den *iTunes Store* finden Sie weiter hinten im Buch.

Die Leiste zum Navigieren von Spielfilme mit weiteren nützlichen Funktionen.

Als Tastatur-Freak bevorzugen Sie vielleicht wieder die Steuerung über Tasten-Kommandos. Mit der *Leertaste* wechseln Sie zwischen *Wiedergabe* und *Pause*, mit *cmd-/Strg-Pfeil nach oben* bzw. *cmd-/Strg-Pfeil nach unten* wird's lauter oder leiser, über *cmd-/Strg-Pfeil nach rechts* bzw. *cmd-/Strg-Pfeil nach links* geht's zum nächsten oder vorhergehenden Film, über *cmd-Umschalttaste-/Strg-Umschalttaste-Pfeil nach rechts* bzw. *cmd-Umschalttaste-/Strg-Umschalttaste-Pfeil nach links* springen Sie ein Kapitel weiter oder zurück, und über *cmd-ctrl-F/Strg-Umschalttaste-F* schalten Sie in die Vollbildansicht. All diese Befehle finden Sie auch in der Menüleiste über die Punkte *Steuerung* bzw. *Darstellung/Anzeige*.

Möchten Sie weitere Darstellungsgrößen zur Auswahl oder bei eigenen Videos ein alternatives Titelbild für die Cover-Abbildung, so lässt sich das bei laufendem Film über das *Kontextmenü* erledigen. Dort finden Sie Anzeigemöglichkeiten wie die *tatsächliche Größe*, Sie können das Video in einem separaten

Fenster oder innerhalb *iTunes*-Oberfläche abspielen oder eben ein *Titelbild festlegen*.

Das Kontextmenü hält weitere passende Befehle parat.

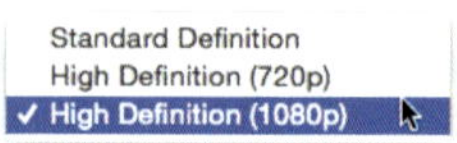

Über die *iTunes-Einstellungen (cmd-,/Strg-,)*, Rubrik *Wiedergabe*, finden Sie weitere Optionen, die sich jedoch zum Teil – je nach verwendetem Betriebssystem – unterscheiden. Zum einen lässt sich dort festlegen, in welcher Größe Sie Ihre *Filme* wiedergeben möchten. Sofern Sie hochauflösende Filme im HD-Format besitzen, so können Sie *iTunes* beispielsweise anweisen, diese nur im Standard-Format abzuspielen (Option *Bevorzugte Videoversion*: *Standard Definition*). Dies bietet sich an, wenn Ihr Rechner schon ein wenig betagter ist und die Wiedergabe des Öfteren ein wenig »ruckelt«. Auch die Möglichkeit von Untertiteln (z. B. bei fremdländisch synchronisierten Videos) ist gegeben, wobei Sie zusätzlich sogar den Stil (*Standard*, *Klassisch* oder *Großer Text*) definieren können. Diese Einstellungen finden Sie unter Windows innerhalb der *iTunes*-Einstellungen, während Sie unter *OS X* über die *Systemeinstellungen | Bedienungshilfen* und die Rubrik *Untertitel* bemühen müssen.

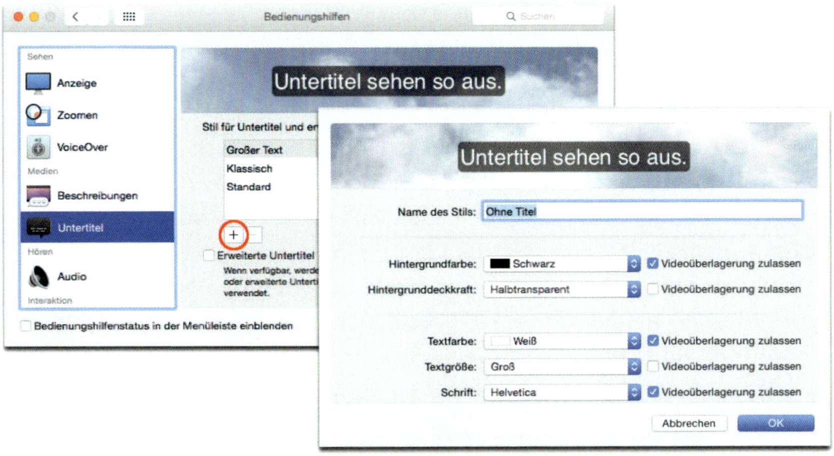

Während das Konfigurieren der Untertitel (samt eigener Kreationen) unter OS X in die Systemeinstellungen gewandert ist, …

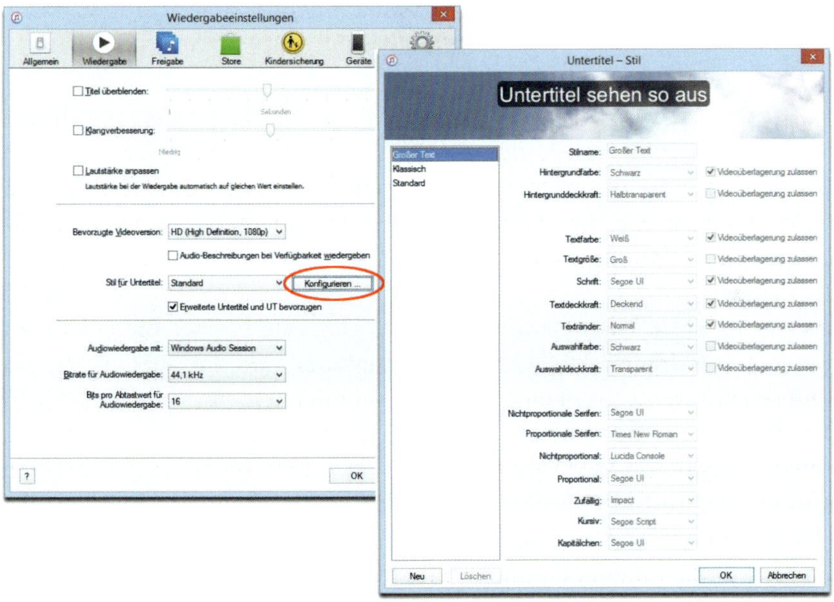

… erledigen das Windows-Anwender über die »iTunes«-Einstellungen.

Last but not least gibt es dann auch noch die erweiterten Untertitel. Gerade für Hörgeschädigte ist diese Unterstützung sehr hilfreich, werden doch auf diese Weise bei manchen Filmen Kommentare und etwaige Dialoge in Textform eingeblendet. Die Option hierzu: *Erweiterte Untertitel und UT bevorzugen.*

In den *iTunes-Einstellungen* | Rubrik *Erweitert* lässt es sich weiterhin einrichten, dass das Filmfenster immer im Vordergrund gehalten wird.

Besitzen Sie Filme im Format ».avi« *(Audio Video Interleave)*, ».divx« (MPEG-4-kompatibler Videocodec) oder ».wmv« *(Windows Media Video)*, so müssen Sie diese zuvor konvertieren, da sich *iTunes* diesem Medienformat verweigert. Unter *OS X* benötigen Sie hierzu für den *QuickTime Player* zusätzliche Komponenten (Plug-ins), die meist kostenpflichtig sind (siehe auch `https://support.apple.com/de-de/HT3526`). Danach haben Sie leichtes Spiel, lassen sich doch *AVI*- oder *WMV*-Filme nicht nur abspielen, sondern auch in *iTunes*-lesbare Formate konvertieren. Das funktioniert entweder direkt beim Öffnen einer Film-Datei oder über den Befehl *Ablage | Exportieren | iTunes* – der Film wird dabei direkt und ohne Umwege an *iTunes* geschickt.

Der »QuickTime Player« erleichtert das Konvertieren Apple-fremder Formate.

Ein kostenloses Programm zum Konvertieren von Filmen nennt sich *Handbrake* (`http://handbrake.fr/`). Nach dem Start der Anwendung klicken Sie zuerst auf *Source* zum Aufrufen des Filmes. Im sich öffnenden Fenster wählen Sie das entsprechende Video bzw. finden unter *OS X* in der Quellen-Liste den Eintrag *Medien* (unten stehend). Über die verschiedenen Einträge (*Musik*, *Fotos*, *Filme*) lassen sich nun die zu konvertierenden Filme auswählen. Klicken Sie danach in *Handbrake* in der Symbolleiste auf *Toggle Presets* (Mac), so fährt eine weitere Liste heraus, über die sich unter dem Punkt *Devices* das gewünschte Format auswählen lässt. Unter Windows werden die sogenannten *Presets* standardmäßig eingeblendet. Über *Start* geht's dann auch gleich los. Noch ein Tipp: Stellen Sie am besten in den *Handbrake-Einstellungen* (*Befehlstaste-Komma* bzw. *Tools | Options* unter *Audio* bei *Native/Preferred Language* als Sprache *Deutsch* ein, so gehen Sie sicher, dass selbst im Falle von zu konvertierenden DVDs die korrekte Audio-Spur in Deutsch extrahiert wird.

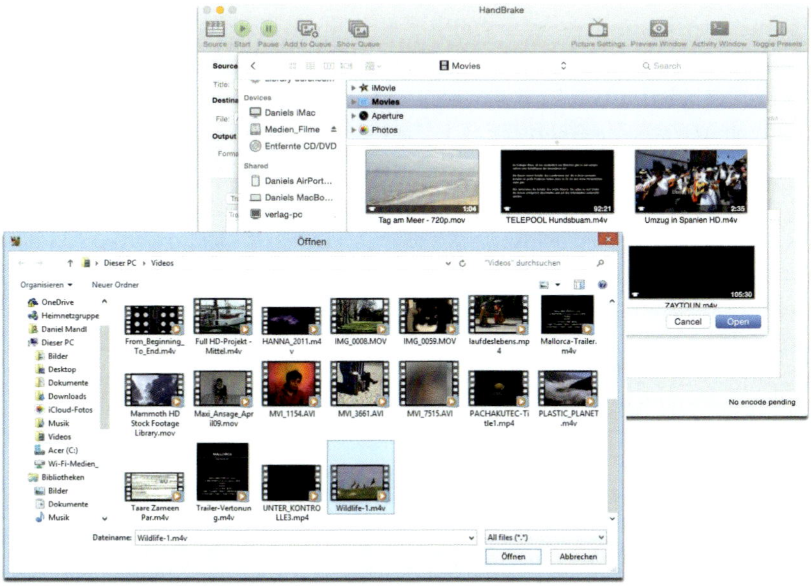

Gratis machbar: Zuerst wird die Quelle (Source) bestimmt …

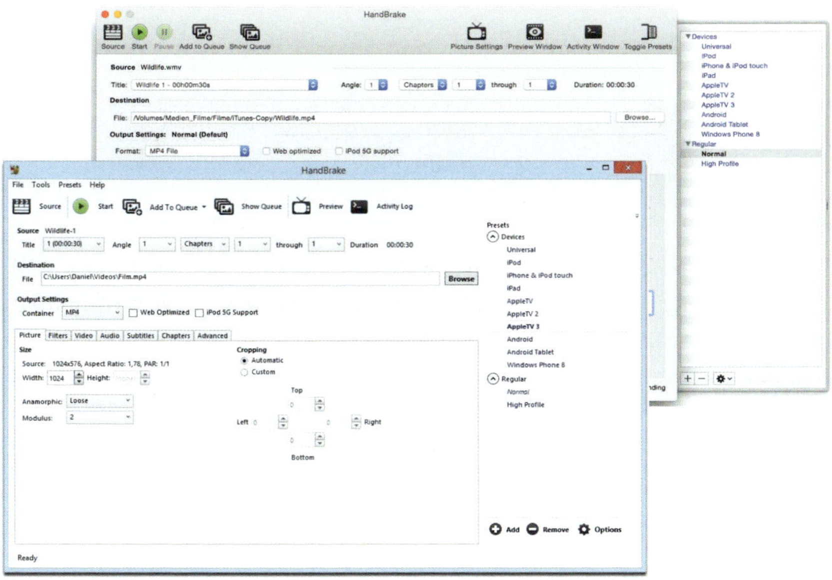

… und mit den korrekten Voreinstellungen ist es dann ein Leichtes, etwa einen AVI-, WMV- oder auch Flash-Film in das gewünschte Format zu transferieren.

Bei all den eben geschilderten Arbeitsschritten sollte es Ihnen nun möglich sein, Ihre Filme in *iTunes* einzuladen.

Vielleicht noch zum Verständnis: Es gibt einen nicht unerheblichen Unterschied zwischen den Begriffen »Dateiformat« und »Codec«. Wenn beispielsweise das Format *WMV* vorliegt, so bedeutet das noch lange keine Einheitlichkeit. Erst der *Codec* (Kunstwort aus *Co*dierer und *Dec*odierer) legt letztlich fest, wie eine Datei aufbereitet wird. Da hier jeder sein eigenes Süppchen kocht, kann es durchaus passieren, dass ein Programm problemlos eine *.wmv*-Datei öffnen kann, während es bei einer zweiten scheitert.

Musik und Filme, die wohl häufigsten Medien, sollten nun bereits zahlreich in Ihrer *iTunes*-Mediathek liegen. Um Hörbücher, digitale Lesebücher, Podcasts usw. kümmern wir uns ein wenig später, wenn der *iTunes Store* zur Sprache kommt. Nun geht es erst einmal ums Verwalten. Hier spielen im Musikbereich besonders Wiedergabelisten eine große Rolle. Aber auch mit der Mediathek als solches können Sie eine Menge anstellen, wie Sie auf den folgenden Seiten sehen werden.

Gewusst wie: Ihre Medien-Sammlung verwalten

Mit Wiedergabelisten den Überblick bewahren

Wiedergabelisten ermöglichen Ihnen, nach ganz eigenem Muster und Geschmack hin Musikstücke zusammenzustellen – Sie bauen sozusagen Ihre ganz persönlichen Alben. Und wenn Sie es ganz überzeugend wünschen, können Sie auch auf *intelligente Wiedergabelisten* zurückgreifen. Diese füllen sich ganz von allein – Sie müssen nur zuvor die entsprechenden Kriterien bestimmen. Hier steht, wie es gelingt:

Eine Wiedergabeliste anlegen

Grundsätzlich stehen Ihnen zum Zusammenstellen einer Wiedergabeliste mehrere Wege offen. So begeben Sie sich beispielsweise innerhalb der *Musik*-Mediathek als Erstes in die Rubrik *Wiedergabelisten.* Über den Klick auf das links unten liegende *Plus*-Symbol öffnet sich ein kleiner Dialog, aus dem Sie den Eintrag *Neue Wiedergabeliste* wählen. Alternativ dazu können Sie jedoch auch die Menüleiste bemühen und über *Ablage/Datei | Neu | Wiedergabeliste (cmd-N/Strg-N)* eine solche anlegen.

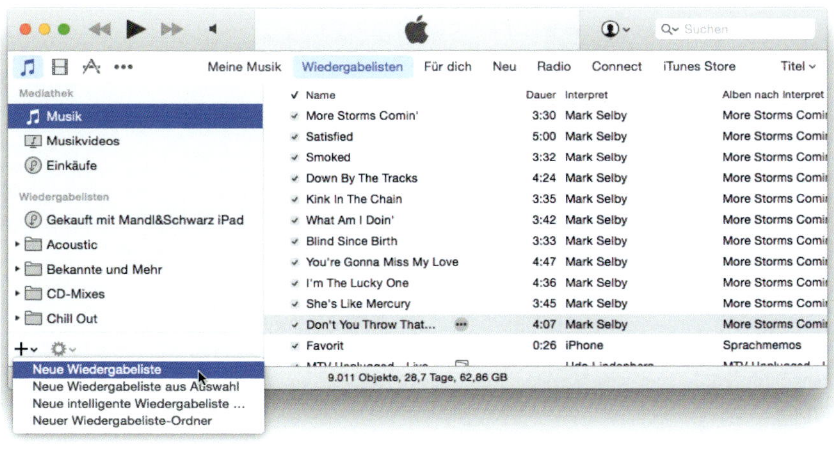

Das Anlegen einer Wiedergabeliste können Sie über die Menüleiste oder über das kleine Plus-Symbol links unten in der Wiedergabelisten-Ansicht erledigen.

iTunes ändert nun seine Benutzer-Oberfläche. Der erste Schritt sollte in Ihrem Interesse darin bestehen, einen sinnvollen Namen zu vergeben.

Dieser sollte möglichst aussagekräftig sein, damit Sie später in etwa wissen, welche Musik-Titel sich darin befinden bzw. welcher Musik-Stil sich damit abspielen lässt.

Ihre erste gute Tat sollte das Benennen der Wiedergabeliste sein – damit Sie auch später wissen, was Sie erwartet.

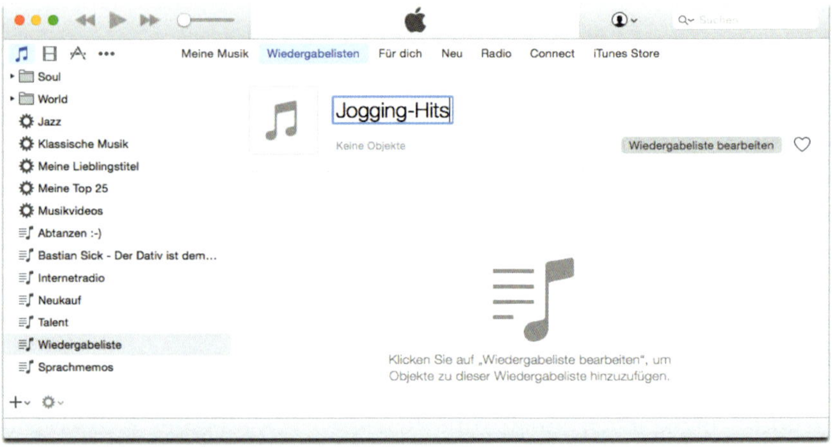

Anschließend klicken Sie auf *Wiedergabeliste bearbeiten* und Ihnen werden sämtliche Titel aus Ihrer *Musik-Mediathek* präsentiert. Sie können nun also – egal ob Titel-, Alben-, Interpreten- oder Genre-Ansicht – Ihre Songs auswählen und diese per Drag & Drop (also mit der Maus ansteuern, den oder die Titel anklicken und dann mit gedrückter Maustaste bewegen) auf die neue *Wiedergabeliste* ziehen.

Die markierten Titel werden nun in den dafür vorgesehenen Bereich gezogen. Die Zahl im roten Kreis weist dabei auf die Anzahl der Titel hin.

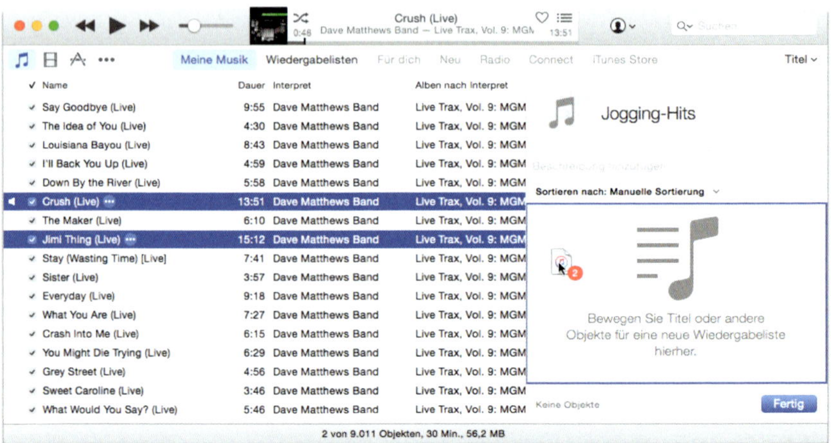

Weitere Titel lassen sich auch zwischen schon bestehenden Songs ablegen – eine blaue Linie dient Ihnen dabei als Orientierungshilfe. Haben Sie sich hingegen vertan, so klicken Sie einfach auf den Titel und verschieben diesen an eine andere Stelle. Oder Sie drücken einfach die *Löschen*-Taste und bestätigen die Nachfrage seitens *iTunes* – der Titel verschwindet dann wieder aus der Sammlung. Auf diese Weise befüllen Sie nun Ihre Wiedergabeliste, bis diese aus Ihrer Sicht komplett ist.

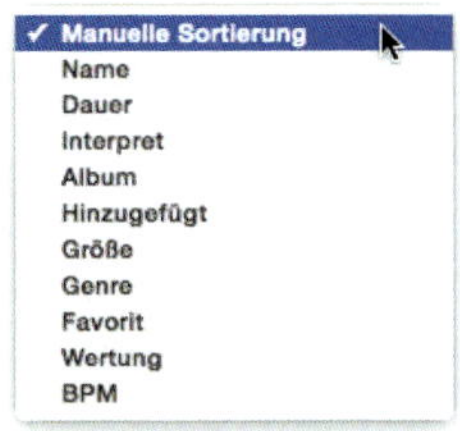

Die Sortierung Ihrer Einzeltitel lässt sich auch automatisiert vornehmen, indem Sie das Ausklapp-Menü (siehe *Sortieren nach*) unterhalb des Wiedergabelisten-Titels verwenden. Dieses ermöglicht Ihnen ein Anordnen nach *Name*, *Dauer*, *Interpret* usw. Und behalten Sie immer auch die Anzahl der Titel bzw. die Spieldauer (ebenso unterhalb des Wiedergabelisten-Titels stehend) im Blick, falls Sie vielleicht später eine Audio-CD von Ihrer Wiedergabeliste brennen möchten.

Ist alles komplett und zufriedenstellend angelegt, so klicken Sie auf *Fertig*. *iTunes* schaltet nun wieder in die *Wiedergabelisten*-Rubrik um und Sie finden Ihre neu angelegte Wiedergabeliste als separaten Eintrag mit eigenem Symbol.

Als Alternative zu eben beschriebenem Exempel klappt auch der umgekehrte Weg: Sie markieren zuerst Ihre Musik-Titel aus der Titel-, Alben-, Interpreten- oder Genre-Rubrik und wählen dann über *Ablage/Datei* | *Neu* bzw. über das Kontext-Menü den Befehl *Neue Wiedergabeliste aus Auswahl (cmd-Umschalttaste-N/Strg-Umschalttaste-N)*.

Und es geht noch schneller: Wenn Sie einen Titel oder eine Song-Auswahl mit gedrückter Maustaste nach rechts ziehen, blendet sich automatisch der *Wiedergabelisten*-Bereich ein. Nun lassen sich die Songs entweder bestehenden Wiedergabelisten hinzufügen oder – sofern Sie die Songs auf den Eintrag *Wiedergabelisten* bewegen und darüber die Maustaste loslassen – eine neue Wiedergabeliste erstellen. Diese können Sie nun wieder umbenennen und ergänzen.

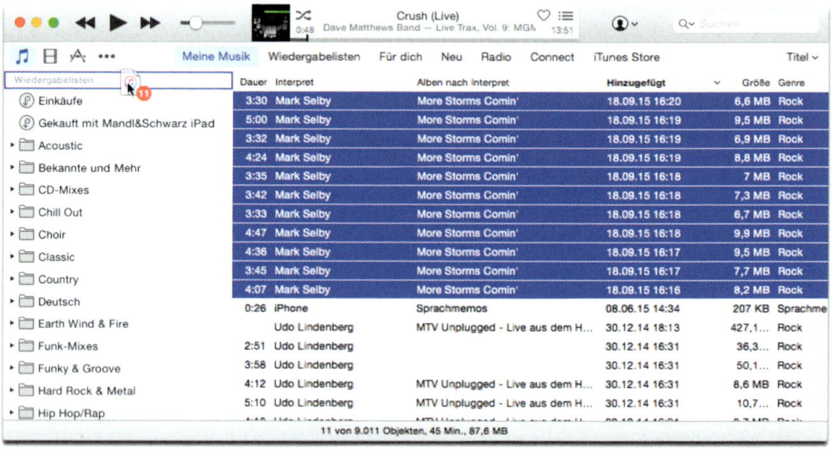

Sobald Sie Lieder mit der Maus packen und nach rechts auf den Eintrag »Wiedergabelisten« bewegen, können Sie eine Wiedergabeliste anlegen.

Wenn Sie aus zusammengehörenden Titeln ein und desselben Albums und Interpreten, die zusätzlich mit korrekten *ID3-Tags* versehen sind, eine Wiedergabeliste erstellen, so werden automatisch der Titel des Albums sowie die weiteren Informationen zur Benennung der Wiedergabeliste herangezogen.

Möchten Sie in einer bestehenden Wiedergabeliste nachträglich die Reihenfolge der Lieder verändern, so müssen Sie zuerst in die Listen-Ansicht umschalten und die erste Spalte (die mit den Zahlen) auswählen – erst danach lassen sich die Songs an eine andere Stelle verschieben. Eine dünne blaue Linie zeigt dabei wieder an, wo der Song eingefügt wird.

Selbstverständlich lassen sich einmal angelegte Wiedergabelisten auch später noch verändern. So lassen sich einzelne Songs löschen oder an eine andere Stelle bewegen. Möchten Sie weitere Lieder einer Wiedergabeliste hinzufügen, so klicken Sie auf *Wiedergabeliste bearbeiten*, woraufhin *iTunes* wieder seine Benutzer-Oberfläche ändert und so das schnelle Einfügen weiterer Songs ermöglicht.

Auch in diesem Fall gibt es Alternativen, um schnell mal ein Lied (das man vielleicht gerade hört und das einem besonders gut gefällt) einer Wiedergabeliste zuzuführen. Egal, in welcher Übersicht Sie sich gerade befinden: Bewegen Sie den Mauszeiger über einen Titel-Eintrag, so zeigt sich das Menü *Weitere Optionen* (•••) mit den drei kleinen Punkten, das auf Mausklick hin die Option *Zur Wiedergabeliste hinzufügen* offeriert. Klicken Sie diesen Eintrag an, so öffnet sich ein Dialog mit allen vorhandenen Wiedergabelisten, aus denen Sie sich nun die Wunschliste aussuchen. Wird diese angeklickt, so fügt sich der Song automatisch dieser Wiedergabeliste hinzu.

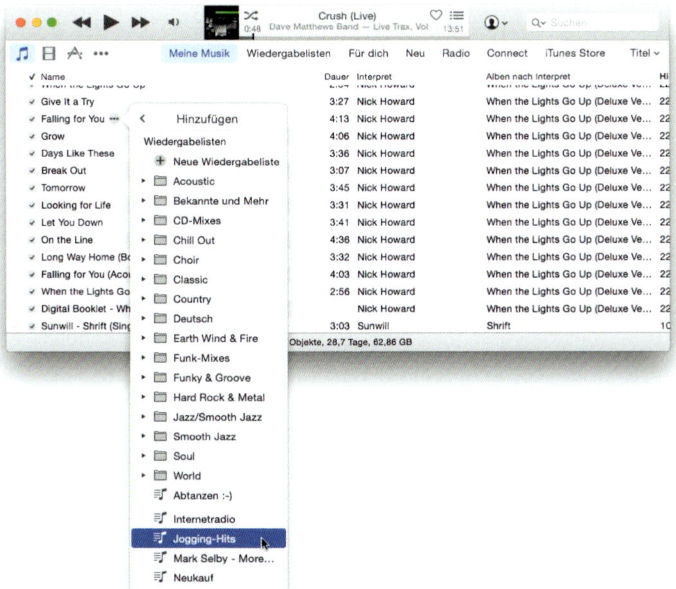

Egal, ob laufender Titel oder in welcher Übersicht Sie sich gerade aufhalten: Das Menü »Weitere Optionen« gewährt Ihnen über »Zur Wiedergabeliste hinzufügen« das Integrieren des gewünschten Songs in jede Wiedergabeliste.

Wenn Sie in der *Wiedergabelisten*-Rubrik arbeiten, haben Sie aufgrund der eingeblendeten Seitenleiste Ihre Wiedergabelisten vollständig im Blick. Möchten Sie dabei Songs einer Wiedergabeliste hinzufügen, so wählen Sie innerhalb der Seitenleiste zuerst unter *Mediathek* den Eintrag *Musik*, packen nachfolgend die Titel mit der Maus und ziehen sie auf die gewünschte Liste.

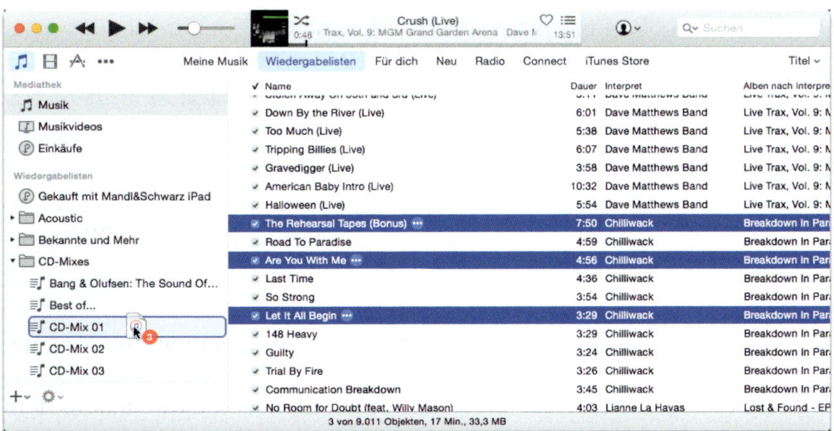

Wiedergabelisten füllen über die eingeblendete Seitenleiste.

Auch die Rubrik *Wiedergabelisten* bietet Ihnen verschiedene Ansichten, die Sie allesamt über die *Darstellungsoptionen* aufrufen können. Und falls Sie Ihrer Wiedergabeliste ein ansprechendes Cover verpassen möchten, so klicken Sie auf die Cover-Voransicht und Sie haben die Wahl zwischen Apples vorgegebenen Thumbnails (*Standard*), Ihren zuletzt verwendeten Bildern (*Letzte*), einem kurzerhand angefertigten Foto über Ihre *iSight*-Kamera (*Kamera*) oder dem Zuweisen eines Bildes über einen Ordner Ihrer Wahl (*Andere*). Speist sich die Wiedergabeliste aus Songs mit vorhandenen Alben-Covern, so entsteht daraus automatisch ein Cover-Mosaik.

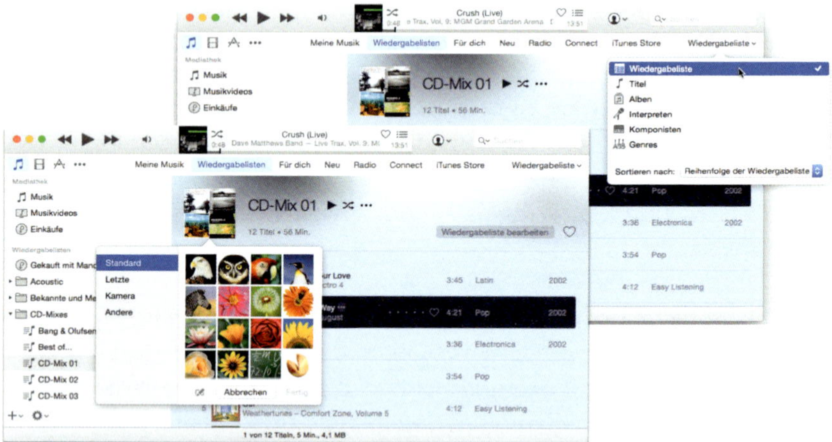

Ihre Wiedergabelisten lassen sich in verschiedenen Ansichten bewundern. Auch die Gestaltung eines Album-Covers lässt sich schnell bewerkstelligen.

Denken Sie immer daran: Der Inhalt von *Wiedergabelisten* ist im Endeffekt nur eine Verlinkung auf die Original-Titel, die sich in der *Mediathek* befinden. Löschen Sie nun eine Wiedergabeliste oder einzelne Titel darin, so werden nur die Verknüpfungen aufgelöst. Um Musikstücke vollständig aus *iTunes* zu löschen, müssen Sie diese in der *Mediathek* auswählen und dort entfernen. Da die Lieder somit vollständig aus *iTunes* verschwinden, erfolgt dies – aus Sicherheitsgründen – erst über zwei Nachfragen. Zuerst bestätigt man über *Lied/Titel löschen*, im zweiten Dialog über *In den Papierkorb bewegen*. Die Option *Behalten* löscht nur den Titel-Eintrag aus der *Mediathek*, er verbleibt aber nichtsdestotrotz im *iTunes Media*-Ordner.

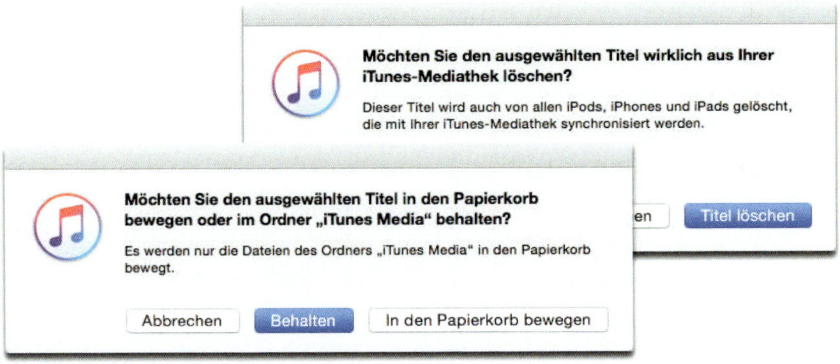

Zur Sicherheit fragt »iTunes« doppelt nach – damit es später keine Tränen gibt.

Wiedergabeliste für die Apple Watch einrichten

Sind Sie stolzer Besitzer einer *Apple Watch*, so sollten Sie sich auch dafür eine extra Wiedergabeliste einrichten. Diese können Sie dann – einmal auf das iPhone kopiert – per Synchronisierung auf die *Apple Watch* transferieren und somit Musik hören, auch wenn das iPhone nicht in der Nähe ist.

Wählen Sie dazu am besten *Ablage/Datei* | *Neu* | *Wiedergabeliste* und vergeben Sie einen aussagekräftigen Namen (beispielsweise »Apple Watch« zur schnellen Identifizierung). Füllen Sie dann diese aus Ihrer Musik-Mediathek mit Titeln. Einmal angelegt wird diese dann später auf das iPhone synchronisiert.

Sofern Sie eine spezielle Wiedergabeliste für Ihre Apple Watch einrichten, können Sie diese später separat via iPhone auf die Uhr transferieren.

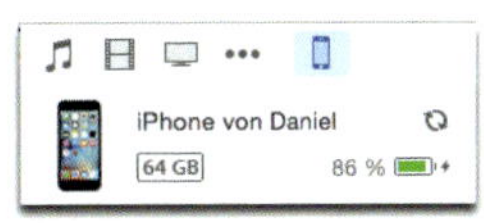

Nach dem Synchronisieren (das zeigen wir noch genau) zwischen iPhone und *iTunes* befindet sich diese spezielle Wiedergabeliste dann auf dem iPhone. Öffnen Sie nun auf dem iPhone die *Watch*-App, so können Sie dort über die Einstellungen zur *Musik*-App bei *Musiksynchronisierung* (Option *Synchr. Playlist)* diese eben angelegte Wiedergabeliste bestimmen. Befinden sich dann iPhone und *Apple Watch* in *Bluetooth*-Reichweite und liegt die *Apple Watch* zudem auf der Ladestation, so werden die Lieder dieser Wiedergabeliste lokal auf das Gerät kopiert.

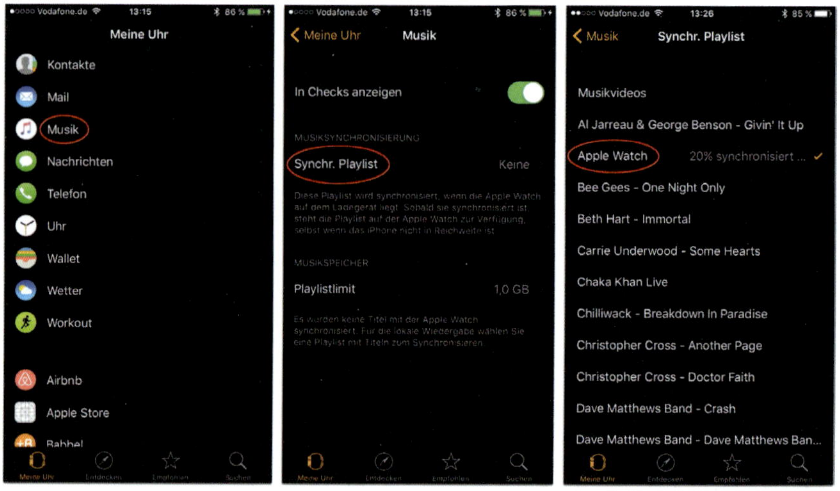

Über die »Watch«-App rufen Sie die »Musik«-Einstellungen auf und bestimmen dann die zu synchronisierende Wiedergabeliste/ Playlist (in unserem Beispiel schlicht »Apple Watch« genannt).

Sind Sie später mit iPhone in der Hosentasche und *Apple Watch* am Arm unterwegs, so können Sie nach einer geglückten Synchronisierung einerseits auf alle Wiedergabelisten zugreifen, die Sie via *iTunes* auf das iPhone transferiert haben. Starten Sie dazu die *Musik*-App auf der *Apple Watch* per Fingertipp und wählen Sie dann die *Quelle* (iPhone oder *Apple Watch* – in diesem Fall das iPhone) aus. Nunmehr haben Sie Zugriff auf alle Musik-Inhalte, die sich auf dem iPhone befinden – also *Meine Musik* (beinhaltet alle Musik-Titel), *Playlists* (Ihre Wiedergabelisten) und *Beats 1* (Internetradio). Haben Sie nun einen Titel aufgerufen und tippen Sie auf Wiedergabe, so hören Sie die Musik über die iPhone-Lautsprecher. Drehen Sie noch dazu an der *Digital Crown* (der »Krone«), so lässt sich darüber die Lautstärke bedienen.

Drücken (nicht tippen!) Sie auf das *Force Touch*-Display der *Apple Watch*, so erreichen Sie weitere Funktionen wie *Zufallswiedergabe* oder *Wiederholen*.

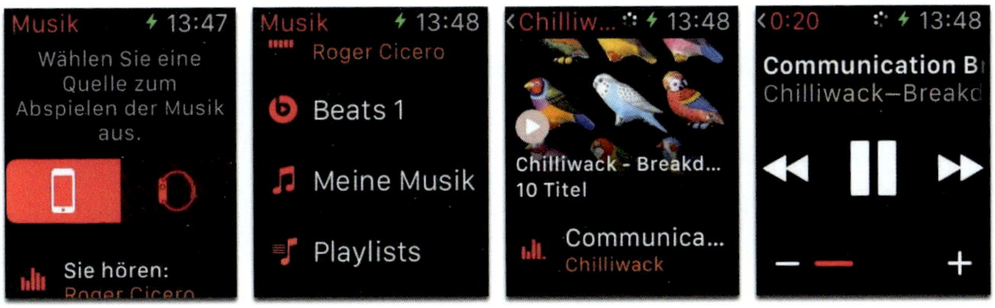

Ist die Musik-App auf der Apple Watch gestartet, so wählen Sie zuerst das iPhone als Quelle und Sie können auf all Ihre Musik-Inhalte zugreifen. Die Musik tönt dabei über die iPhone-Lautsprecher.

Interessant wird Ihre spezielle *Apple Watch*-Wiedergabeliste dann für Sie, wenn Sie das iPhone nicht zur Hand haben oder keine Verbindung besteht (erkennbar am Symbol des durchgestrichenen iPhone). Gehen Sie also beispielsweise Joggen und lassen das iPhone zu Hause, so springt diese zuvor synchronisierte *Playlist* in die Bresche. Einzige Voraussetzung hierbei: Da die Musik nicht über die Lautsprecher der *Apple Watch* wiedergegeben werden kann (wahrscheinlich aus Stromspargründen), benötigen Sie ein *Bluetooth*-fähiges Headset bzw. *Bluetooth*-Lautsprecher, die Sie zuvor mit der *Apple Watch* koppeln müssen. Starten Sie nun die *Musik*-App, so bestimmen Sie zuerst die *Apple Watch* als Quelle und haben dann auf jene Musik Zugriff, die sich lokal als *Playlist* auf dem Gerät befindet (also jene Wiedergabeliste, die Sie per *Musiksynchronisierung* über die *Watch*-App auf dem iPhone auf die *Apple Watch* kopiert haben).

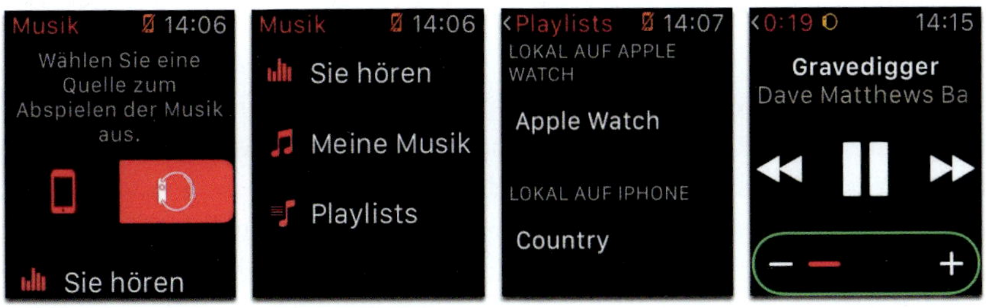

Ist die Apple Watch als Quelle ausgewählt, so lassen sich nur Lieder abspielen, die Sie zuvor per Synchronisierung lokal auf das Gerät kopiert haben.

Das Koppeln eines Headset oder eines Lautsprechers über *Bluetooth* gelingt entweder über die App *Einstellungen* | *Bluetooth* oder indem Sie über die *Apple Watch* darauf aufmerksam gemacht werden (falls noch kein *Bluetooth*-Gerät gekoppelt ist). Hierbei sollte sich das entsprechende Equipment unter dem Eintrag *Geräte* zeigen. Tippen Sie darauf, so erfolgt die Koppelung und das Zubehör ist einsatzbereit. Um das Gerät später wieder zu entkoppeln, rufen Sie es wieder über die *Einstellungen* | *Bluetooth* auf und tippen auf das blaue *Info*-Symbol. Über *Gerät ignorieren* wird es wieder abgemeldet.

Das Koppeln von Bluetooth-Geräten gelingt über die »Einstellungen | Bluetooth«. Wird ein Gerät gefunden, so tippen Sie darauf und die Koppelung erfolgt sogleich.

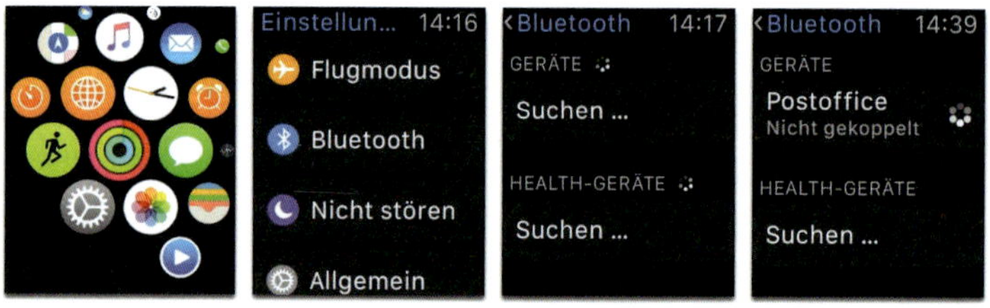

Einmal gekoppelt, lassen sich Geräte wieder abmelden, indem Sie auf das Info-Symbol tippen und nachfolgend »Gerät ignorieren« wählen.

Mit Ordnern aufräumen

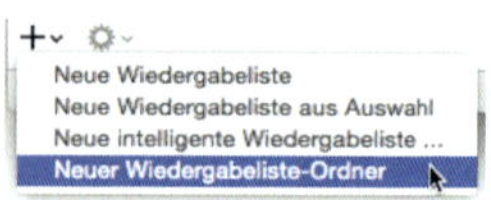

Je mehr Musik-Titel Sie in *iTunes* horten, desto mehr *Wiedergabelisten* werden Sie dort auch erstellen – die Liste an Einträgen wird folglich immer länger. Eine weitere Untergliederung lässt sich mit Hilfe von Ordnern (*Ablage/Datei | Neu | Wiedergabeliste-Ordner* bzw. über Klick auf das *Plus-*Symbol sowie dem Befehl *Neuer Wiedergabeliste-Ordner)* vornehmen.

Diese sollten nun ebenso sinnvoll benannt werden, beispielsweise nach Genre, nach Stimmungen oder Interpreten. In diesen Ordnern lassen sich nun weitere Unter-Ordner anlegen, indem Sie den übergeordneten markieren und dann erneut den Befehl *Wiedergabeliste-Ordner* anwählen. In diese *Ordner* können Sie nun *Wiedergabelisten* per Drag & Drop bewegen. Ist ein Ordner mit Inhalt gefüllt, lässt sich dieser auf- und zuklappen.

Die Mühe lohnt sich. Je besser Sie Ihre Musik-Sammlung strukturieren, desto schneller können Sie darin navigieren und Ihre Lieblingslieder finden.

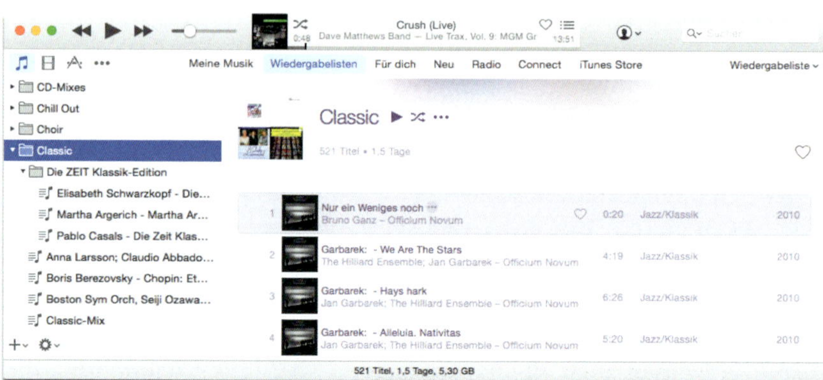

Die Wiedergabeliste mit eingebauter Intelligenz

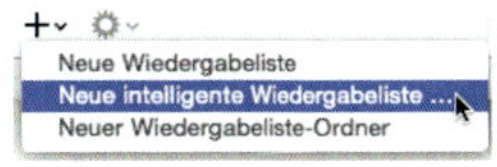

Im Gegensatz zur einfachen Wiedergabeliste gibt Ihnen eine *Intelligente Wiedergabeliste (cmd-alt-N/Strg-Alt-N)* die Möglichkeit, automatisiert und nach festgelegten Kriterien Sammlungen zu erstellen. Dazu müssen Sie nach Wahl des eben genannten Befehls (über die Menüleiste *Ablage/ Datei | Neu*) die entsprechenden Eintragungen vornehmen. Alternativ dazu können Sie auch wieder im Wiedergabelisten-Bereich links unten auf das *Plus*-Symbol klicken und aus dem Menü den gleichnamigen Befehl wählen. Apple hat zudem schon einige Listen wie zum Beispiel *Meine Top 25*, *Zuletzt gespielt*, *Meine Lieblingstitel* usw. eingebaut.

Im zugehörigen Dialog-Fenster geben Sie nun Ihre Kriterien ein. Es werden dabei Unterscheidungsmerkmale angeboten, die eine automatische Zusammenstellung von ganz persönlichen Wiedergabelisten erlauben. So können Sie beispielsweise nur Titel zulassen, die von Ihnen persönlich mit der höchsten Wertung ausgezeichnet wurden. Weiterhin legen Sie fest, dass beispielsweise nur Musikstücke innerhalb dieses Jahres gesucht werden und das Genre *Jazz* sein soll.

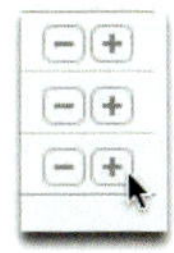

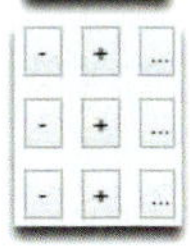

Über die *Plus*-Symbole werden weitere Kriterien-Rubriken eingeblendet, über die *Minus*-Symbole wieder entfernt. Der Knopf mit den drei Punkten (nur Windows) baut einen zusätzlichen Filter (entspricht allen oder irgendwelchen der folgenden Kriterien) ein, wobei sowohl unter Windows als auch auf dem Mac das üblicherweise über die oben stehende Option *Entspricht allen/einem der folgenden Kriterien* erledigt wird.

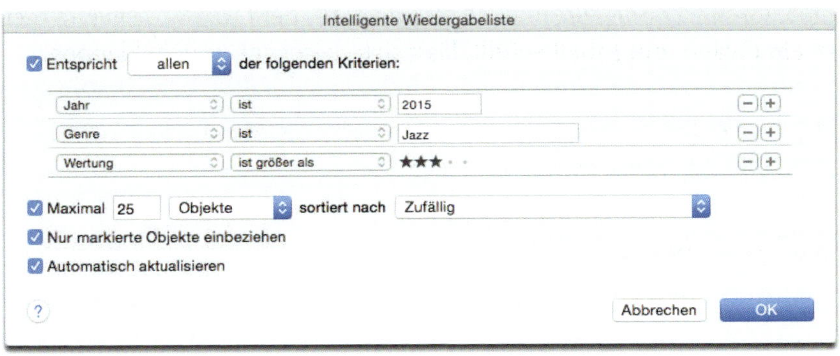

Die intelligente Wiedergabeliste kann Ihnen eine Menge an Sucharbeit abnehmen.

Je mehr dieser Kriterien Sie formulieren, desto weiter grenzen Sie die Auswahl ein. Aktivieren Sie dazu noch die Option *Automatisch aktualisieren*, so werden auch alle nachfolgenden Titel mitberücksichtigt. Ihre

Wiedergabeliste ist damit immer auf dem neuesten Stand, verändert sie doch von Zeit zu Zeit ihren Inhalt. Mit *Nur markierte Objekte einbeziehen* werden nur diejenigen Titel mitberücksichtigt, die Sie in den Markierungsfeldern vor den Musikstücken mit einem Haken versehen haben.

Wurden jedoch Kriterien festgelegt, die laut *iTunes* keinen Sinn ergeben oder sich gegenseitig ausschließen, so erhalten Sie – logischerweise – eine Fehlermeldung. Sie müssen dann einfach nur nachbessern und die Sache ist geritzt.

Wie gut, dass da Apple mitdenkt. Alleine schaffen wir das einfach nicht …

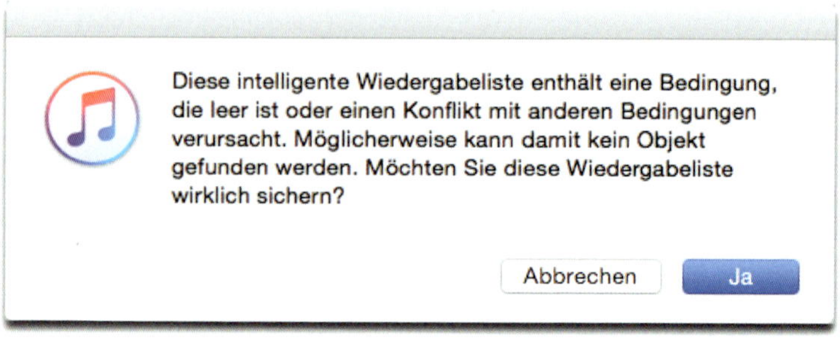

Über den Button *OK* bestätigen Sie Ihre Eingaben. Nun müssen Sie nur noch einen geeigneten Namen für die *intelligente Wiedergabeliste* vergeben und *iTunes* übernimmt ab sofort die Regie für Ihre Zusammenstellung. Auch *intelligente Wiedergabelisten* erkennen Sie auf einen Blick an ihrem Symbol.

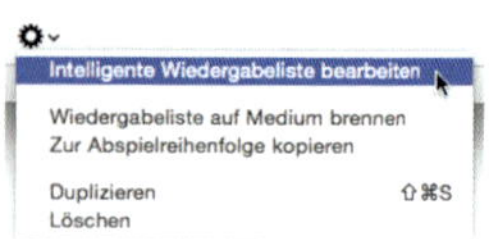

Nachbessern lässt sich natürlich ebenso: Markieren Sie die entsprechende *intelligente Wiedergabeliste* und klicken Sie auf den Button *Wiedergabeliste bearbeiten*. Alternativ wählen Sie aus dem *Ablage-/Datei*-Menü den Befehl *Intelligente Wiedergabelisten bearbeiten*. Auch das Kontext-Menü sowie das Zahnrad-Symbol links unten halten den entsprechenden Befehl parat. Im bekannten Dialog lassen sich nun die Kriterien überarbeiten sowie ergänzen.

Sichern von Wiedergabelisten

Denken Sie bitte immer daran, Ihre Wiedergabelisten von Zeit zu Zeit zu sichern. Gerade dann, wenn Sie eigene Kreationen aus Dutzenden von Titeln erstellen, ist es mehr als ärgerlich, wenn diese persönlichen Zusammenstellungen beschädigt sind und somit nicht mehr bestehen.

Zum einen lässt sich eine einzelne Wiedergabeliste exportieren. Hierzu klicken Sie diese an und wählen dann aus dem *Ablage-/Datei*-Menü den Befehl *Mediathek | Wiedergabeliste exportieren*. Als *Dateiname* (*Sichern unter*) wird nun automatisch der Titel der Wiedergabeliste eingetragen, und unter *Art/Dateityp* geben Sie *XML* ein. Letzteres steht für »Extensible Markup Language« und ist eine Art Auszeichnungssprache, die sich sämtliche Informationen über diese Liste merkt. Bestimmen Sie dann noch den Speicher-Ort und bestätigen Sie mit *Sichern/Speichern*.

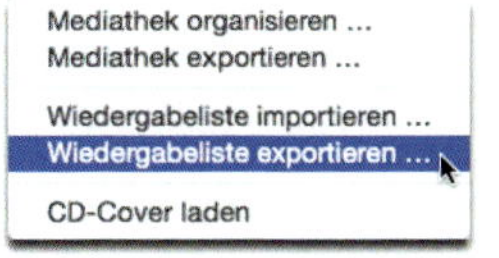

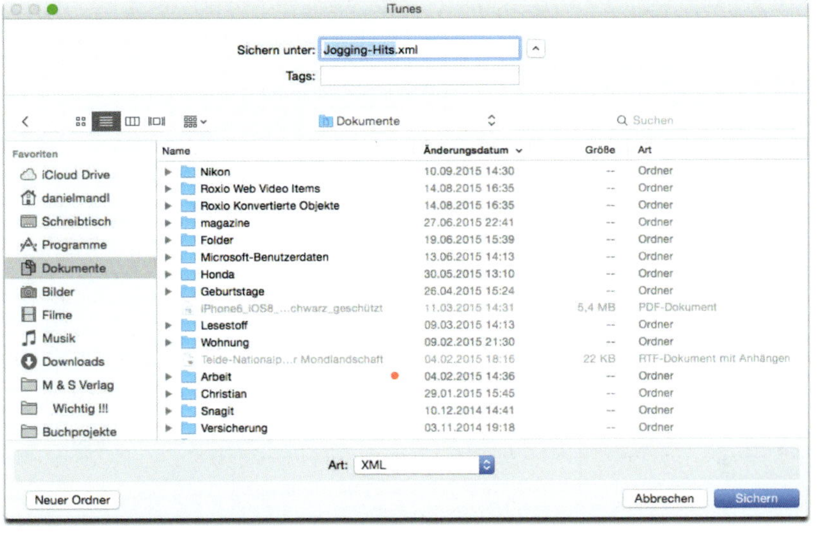

Die Wiedergabeliste wird zur Sicherheit gespeichert.

Keine Angst: Das müssen Sie nicht auswendig lernen. »iTunes« kann aber damit seine Wiedergabelisten wiederherstellen. Ganz schön clever.

Falls nun aus Versehen eine Wiedergabeliste gelöscht wird, brauchen Sie nur über *Ablage/Datei* | *Mediathek* | *Wiedergabeliste importieren* diese *XML*-Datei einladen – die Wiedergabeliste ist wieder in *iTunes* integriert. Genauso gut lässt sich diese *XML*-Datei aber auch weitergeben, sofern Sie beispielsweise auf einem weiteren Computer genau diese Wiedergabeliste ebenso abspielen möchten – immer vorausgesetzt, dass sich auf diesem Rechner exakt dieselben Musikstücke befinden.

Wichtig: Da bei dieser Art der Sicherung nur Text-Informationen gespeichert werden, ist es unbedingte Voraussetzung, dass sich genau die dazugehörigen Lieder bereits im *iTunes Media*-Ordner auf diesem Gerät befinden.

Sind Sie hingegen *Excel*- oder *Numbers*-Freak und sammeln leidenschaftlich Daten, so stellen Sie beim Exportieren bei *Art/Dateityp* statt auf *XML* auf *Nur Text/Textdateien*. Hierbei werden alle Titelinformationen extrahiert, die dann später beispielsweise in ein Tabellen-Programm kopiert werden können. Haben Sie dabei Probleme mit Sonderzeichen, so wählen Sie noch besser *Unicode Text*, da hierbei auch Zeichen wie »ß«, »ü«, »ö« etc. korrekt exportiert werden.

Wer seine Sammlung liebt, der schiebt – und zwar die Daten in Tabellen, um jederzeit auf Titelinformationen zurückgreifen zu können.

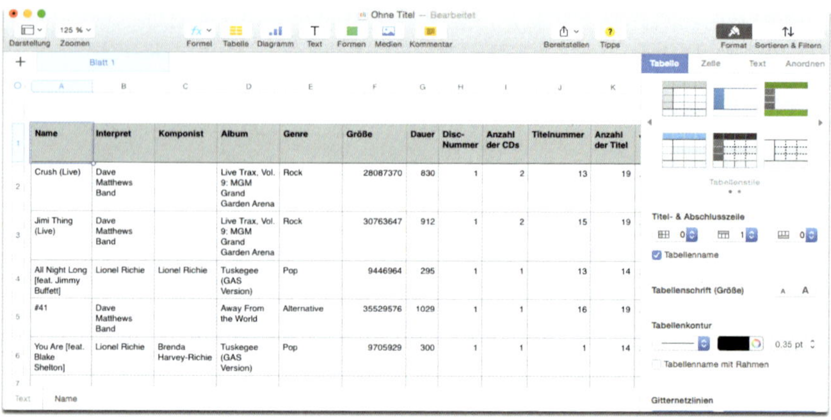

Falls Sie alle Wiedergabelisten auf einmal speichern möchten, so verwenden Sie den Befehl *Ablage/Datei* | *Mediathek* | *Mediathek exportieren*. Auch in diesem Fall wird wieder eine *XML*-Datei gesichert, die sämtliche Informationen beinhaltet. Weitere Informationen zu Ihrer *Mediathek* erfahren Sie weiter hinten bei »Mediathek verwalten«. Selbstverständlich wird auch das Thema »Sicher-

heits-Backup« Ihres gesamten *iTunes*-Repertoires noch ausführlich behandelt.

Wiedergabeliste als Audio-CD brennen

Um es gleich vorneweg zu sagen: Sofern Sie eine Audio-CD brennen möchten, so müssen Sie das zwangsläufig über eine Wiedergabeliste erledigen – alles andere funktioniert nämlich nicht. Bei der Zusammenstellung sollten Sie nur darauf achten, dass diese nicht zu viele Lieder enthält. Im Zweifel wird Sie jedoch *iTunes* warnen und Sie bitten, doch den ein oder anderen Song wieder zu entfernen.

Beim Brennen werden *MP3*- oder *AAC*-Dateien in das *AIFF*-Format umgewandelt, was die Dateigröße deutlich (bis zu 10-fach) aufbläht. Nach dem Umwandeln in das *AIFF*-Format sind dann die einzelnen Titel circa 50 Megabyte (oder mehr) groß. Beim Anlegen einer Wiedergabeliste, die Sie brennen möchten, rechnen Sie also Pi mal Daumen in etwa mit bis zu 70 Minuten Laufzeit, die auf eine normale CD passt (abhängig davon, ob MP3- oder AAC-Datei bzw. von der Höhe der Datenrate).

Blenden Sie sich am besten die Statusleiste (*Darstellung/Anzeige | Statusleiste einblenden*) am unteren *iTunes*-Fensterrand ein, die die zugehörigen Daten zur ausgewählten Wiedergabeliste auf einen Blick präsentiert.

Ein Blick auf die Statusleiste vermeidet später manche Fehlermeldung.

Ist die Wiedergabeliste per Mausklick markiert, so ist das weitere Vorgehen eigentlich recht einfach: Sowohl die Menüleiste über *Ablage/Datei*, das Kontext-Menü als auch der Button mit dem *Zahnrad*-Symbol beherbergen den Befehl *Wiedergabeliste auf Medium brennen*. In allen Fällen erscheint der Dialog *Brenneinstellungen*, der einige Optionen parat hält.

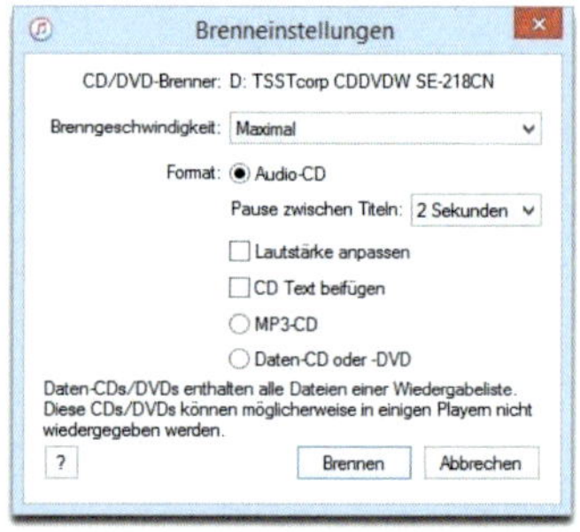

Die Brenneinstellungen enthalten alle für eine Audio-CD relevanten Informationen.

Bei *CD/DVD-Brenner* sollte nun Ihr Laufwerk erscheinen – bei mehr als einem Gerät (etwa das interne eines Laptop/iMac/MacBook (Pro) sowie ein externer Brenner) sollten Sie das Gewünschte auswählen. Die *Brenngeschwindigkeit* kann dabei ruhig auf *Maximal* stehen bleiben. Dies gewährleistet, dass *iTunes* die optimale Geschwindigkeit aus Ihrem CD-Laufwerk herauskitzelt bzw. an die Medien (den CD-Rohling) anpasst. Ärgern Sie jedoch des Öfteren fehlerhafte Brenn-Durchgänge, so sollten Sie einmal versuchsweise die *Brenngeschwindigkeit* reduzieren bzw. eine andere Sorte an CD-Rs ausprobieren.

Unter *Format* können Sie zwischen den Einstellungen *Audio-CD*, *MP3-CD* bzw. *Daten-CD oder -DVD* wählen. In unserem Fall ist natürlich der Eintrag *Audio-CD* korrekt. Der Zusatz *Pause zwischen Titeln* baut zwischen den einzelnen Musikstücken automatisch eine kurze Unterbrechung ein, so dass der Übergang zwischen den einzelnen Songs harmonischer abläuft. Die Pause können Sie nach eigenem Gusto setzen (zwischen 0 und 5 Sekunden).

Ist eine Unterbrechung zwischen den einzelnen Songs nicht erwünscht – beispielsweise bei Live- oder Klassik-Aufnahmen –, so sollten Sie zuvor die Pause auf *Ohne* stellen.

Lautstärke anpassen bewirkt bei einem sehr leise aufgenommenen Lied, dass die Lautstärke den restlichen Liedern angeglichen wird – und umgekehrt. Über *CD-Text beifügen* können Sie *iTunes* veranlassen, die sogenannten *ID3*-Informationen den Songs mitzugeben. Besitzen Sie dazu einen für die Anzeige von CD-Text fähigen CD-Player (etwa im Auto), so werden diese Angaben (Titel, Interpret etc.) im Display des Gerätes angezeigt. Per Klick auf *Brennen* fordert Sie *iTunes* nun auf, einen CD-Rohling einzulegen. Möchten Sie den Vorgang abbrechen, so klicken Sie einfach im Display auf den *Abbrechen*-Button.

Kommen Sie also dem Wunsch von »iTunes« nach und legen Sie ein entsprechendes Medium ein.

Befinden sich nun wider Erwarten zu viele Titel in einer *Wiedergabeliste*, sodass diese die Kapazität des CD-Rohlings übersteigen, so warnt *iTunes* Sie mit einem Dialog. Sie können also wählen: Entweder Sie klicken auf *Abbrechen* und überarbeiten Ihre *Wiedergabeliste*, oder Sie vertrauen sich *iTunes* an, das die volle Kapazität der CD mit Ihren Titeln ausnutzt und dann nach einem weiteren Medium verlangt (Button *OK*). In diesem Fall kann es aber durchaus vorkommen, dass sich auf der zweiten CD nur ein einzelner Titel befindet, während die andere randvoll ist. Mit anderen Worten: Wir plädieren für *Abbrechen* und der Nachbesserung.

»iTunes« meldet Schwierigkeiten, bietet aber gleichzeitig Hilfestellung an.

Auch wenn Sie kopiergeschützte Titel brennen möchten, verweigert *iTunes* oftmals seinen Dienst. Dies passiert beispielsweise dann, wenn Ihr Rechner nicht für die Wiedergabe dieser Titel aktiviert wurde. Das erledigen Sie am besten, indem Sie einen dieser geschützten Songs per Doppelklick starten und dann im *Computer autorisieren*-Dialog diesen per *Apple ID* sowie *Passwort* freischalten. Mehr zur Aktivierung sowie kopiergeschützter Musik erfahren Sie weiter hinten im Buch. Alternativ klappt das Freischalten auch über die Menüleiste *Store* | *Diesen Computer autorisieren*.

Das Brennen älterer kopiergeschützter Titel wird gnadenlos untersagt. Also müssen Sie sich zuvor per Apple ID sowie Passwort identifizieren und den Computer für die Wiedergabe aktivieren.

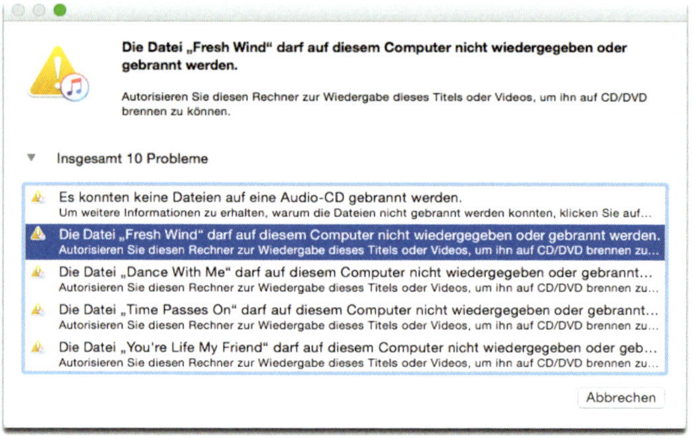

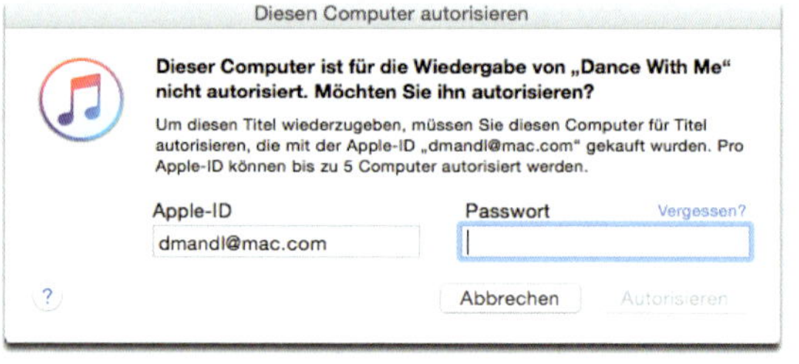

Falls Sie einzelne Lieder oder ein Album, das Sie im *iTunes Store* gekauft haben, brennen möchten, bedenken Sie bitte die restriktiven Vorgaben seitens Apple, sollten sich noch ältere Titel mit einem Kopierschutz (DRM) in Ihrem Besitz befinden. Sie können diese Wiedergabeliste nur sieben Mal brennen.

Und gleich der ultimative Tipp hinterher: Wenn Sie eine Audio-CD mit im *iTunes Store* gekauften Titeln gebrannt haben, so können Sie diese Audio-CD wiederum in *iTunes* importieren (dann aber bitte im *AIFF*-Format, damit nicht noch mehr Informationen getilgt werden). Auf diese Weise lassen sich die Titel auch in anderen Zusammenstellungen weiterverwenden, ohne durch den Kopierschutz ausgebremst zu werden. Diese Vorgehensweise sollte aber nur privaten Zwecken dienen und nicht zur Weitergabe an Dritte verwendet werden. Denken Sie bitte an das Copyright!

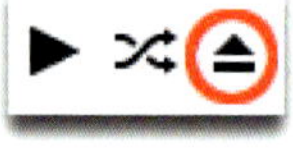

Ist der Brenn-Vorgang abgeschlossen, erfolgt ein Schlussgong und die Audio-CD wird in *iTunes* geladen. Zum Auswerfen klicken Sie bitte auf das dafür verantwortliche Symbol bzw. wählen über die Menüleiste *Steuerung* den Befehl *Medium auswerfen (cmd-E/Strg-E)*.

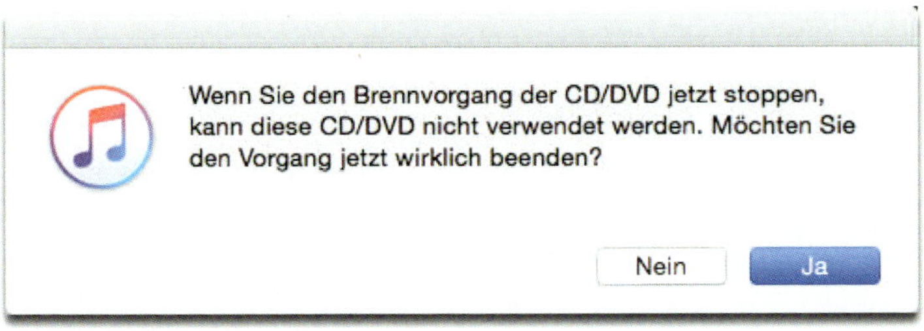

Bitte darauf achten: Sofern Sie den Brennen-Prozess unterbrechen, ist der CD-Rohling dahin – es sei denn, es handelt sich um eine CD-RW. Ansonsten können Sie die CD dann nur noch als Tassenuntersetzer oder Frisbee-Scheibe verwenden.

Die Vorgehensweise beim Brennen einer MP3-CD ist im Grunde identisch mit dem vorhergehenden Abschnitt. Einzig in den *Brenneinstellungen* müssen Sie statt *Audio-CD* auf *MP3-CD* wechseln. Hierbei lassen sich bis zu 150 MP3-Dateien auf ein CD-R-Medium brennen.

Beachten Sie bitte, dass Sie *AAC*-Dateien nur als *Audio-CD* oder *Daten-CD* brennen können. Das Format *MP3-CD* ist nicht möglich. Sie müssen also diese Lieder zuvor in das *MP3*-Format konvertieren: Stellen Sie dazu in den *iTunes-Einstellungen* in der Rubrik *Allgemein* bei den *Importeinstellungen* den *MP3-Codierer* mit der von Ihnen gewünschten Datenrate ein. Danach markieren Sie die gewünschten Lieder und wählen dann aus der Menüleiste *Ablage/Datei | Neue Version erstellen | MP3-Version erstellen*. Der oder die Titel werden konvertiert und als Duplikate in die Mediathek eingefügt (die Original *AAC*-Daten werden dabei nicht angerührt). Zwei Wermutstropfen bleiben dennoch: Geschützte *AAC*-Daten lassen sich nicht umwandeln und beim Konvertieren von bereits komprimierten Musik-Formaten gehen erneut Informationen verloren.

Übrig bleibt dann noch die *Daten-CD oder -DVD*. Diese sollten Sie verwenden, wenn Sie beispielsweise Ihre Daten weitergeben oder ein schnelles Backup anfertigen möchten. Ein einfacher CD-Player wird dabei jedoch scheitern, diese abzuspielen. Für ein umfassendes Backup Ihrer *iTunes-Musikstücke* beherzigen Sie bitte die Schritte weiter hinten in diesem Kapitel unter der Überschrift »Die Mediathek sichern und übertragen«.

Sofern Sie vor einem *OS X*-Rechner sitzen, der kein CD-/DVD-Laufwerk besitzt, so brauchen Sie zum Brennen von Audio-CDs zwingend ein externes Laufwerk. Das Anfertigen von Audio-CDs über die *OS X*-eigene Funktion *Entfernte CD/DVD* bzw. die *DVD- oder CD-Freigabe* ist nicht möglich.

Genius – Wiedergabelisten mit Stil

Sofern Sie ein bequemer Mensch sind und gerne Tätigkeiten delegieren, so können wir Ihnen die gute Nachricht überbringen, dass auch Wiedergabelisten selbstständig von *iTunes* erstellt werden können. Diese Funktion – *Genius* genannt – fasziniert auf der einen Seite, wirkt aber auch ein wenig unheimlich. *Genius* analysiert Ihren gesamten Musikbestand und Sie können sich dann von *iTunes* unterhalten lassen. Sie bestimmen im Grunde nur den ersten Song – die Folgetitel werden dann automatisch zur ausgewählten Musik passend zusammengestellt. Hören Sie also Jazz, so werden auch die nachfolgenden Lieder diesen Musikstil tragen.

Bevor Sie richtig loslegen können, müssen Sie die Funktion »Genius aktivieren«.

Um in den Genuss von *Genius* zu kommen, müssen Sie diese Raffinesse freischalten – und zwar über die Menüleiste *Store | Genius aktivieren.* Sobald Sie nun den Button *Genius aktivieren* drücken, müssen Sie sich – falls noch nicht geschehen – mit Ihrer *Apple ID* sowie Ihrem Kennwort identifizieren sowie den Softwarelizenzvertrag akzeptieren. Danach werden die Informationen zu Ihrer *iTunes*-Mediathek gesammelt, was je nach Datenbestand ziemlich lange dauern kann. Im nächsten Schritt werden die Daten an Apple geschickt und Sie erhalten im Gegenzug Ihre *Genius*-Ergebnisse.

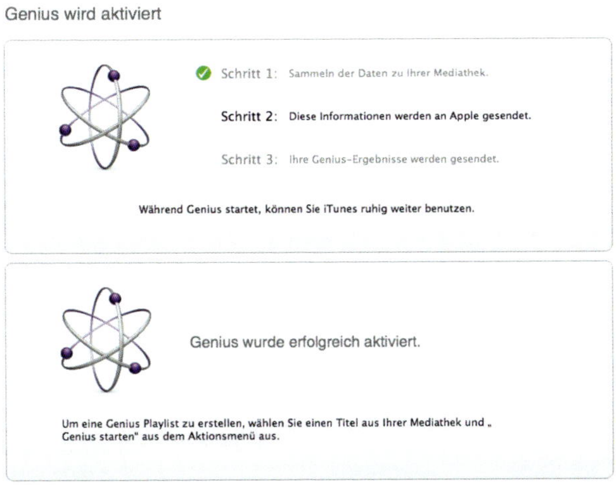

Es geht los: Zuerst wird Ihre Mediathek durchforstet, analysiert und hoffentlich seriös behandelt. Danach werden diese Daten an Apple gesandt und es heißt »Genius wurde erfolgreich aktiviert«.

Das Ganze funktioniert dann Folgendermaßen: Sie suchen sich bzw. starten – je nach Stimmung und Lust – ein Musikstück und klicken dann über das Menü *Weitere Optionen* (••• – die drei kleinen Punkte) auf den Button *Genius starten. iTunes* spielt nun diesen Titel ab und füllt gleichzeitig die Liste der *Nächsten Titel* mit gleichgearteter Musik. Diese können Sie über das *Listen*-Menü oben im *iTunes*-Fenster bzw. über das Menü *Weitere Optionen* (•••) und dort über den Klick auf *Genius-Vorschläge* einsehen.

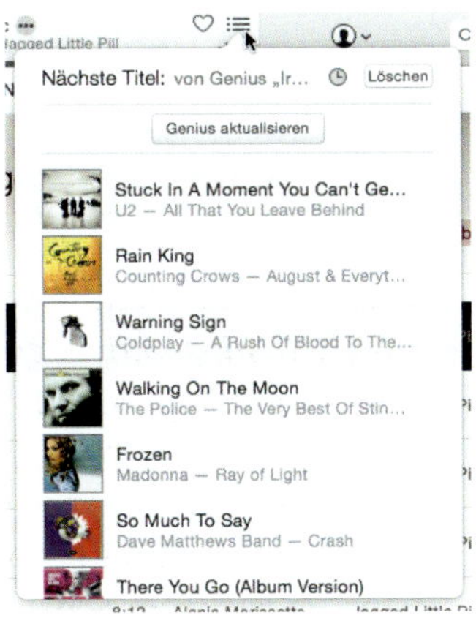

Über »Genius starten« sucht »iTunes« die nachfolgenden Titel aus und füllt mit diesen »Genius-Vorschlägen« die Liste der nächsten abzuspielenden Titel.

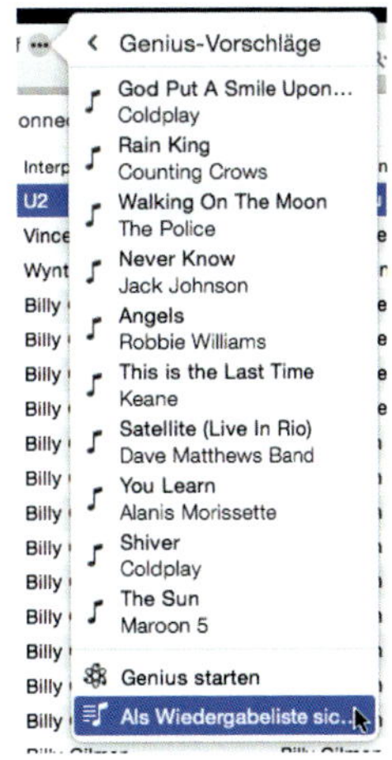

Gefällt Ihnen die Auswahl, so lässt sich daraus auch eine Wiedergabeliste bauen. Klicken Sie dazu im Menü *Weitere Optionen* (•••) auf die Option *Genius-Vorschläge* und im aufspringenden Dialog auf *Als Wiedergabeliste sichern* – *iTunes* springt zu den Wiedergabelisten und listet die *Genius*-Sammlung als eigenständigen Eintrag in der Liste auf, die als Titel denjenigen des aktuell abgespielten Songs trägt (was jedoch jederzeit geändert werden kann). Die Wiedergabeliste beinhaltet standardmäßig 25 Titel, wobei Sie die Menge jederzeit über einen Mausklick auf das kleine Dreieck bei der Titel-Anzahl ändern können. Möchten Sie stattdessen neue Musikstücke empfangen (jeweils auf dem Ausgangstitel basierend), so klicken Sie auf *Aktualisieren* und die Karten werden neu gemischt.

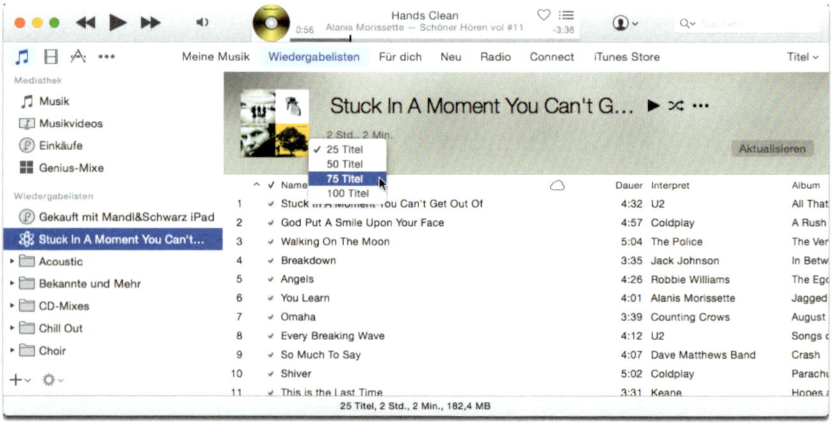

Genius hat eine Wiedergabeliste angelegt. Sie können dabei sowohl die Titelanzahl definieren als auch über »Aktualisieren« neue Songs generieren lassen.

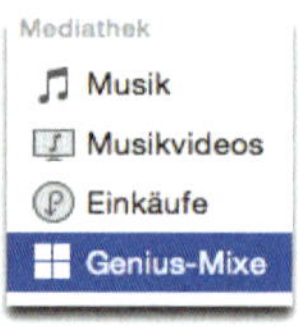

Erwähnenswert ist weiterhin das Feature *Genius-Mixe*. Diese Funktion durchstöbert ebenso Ihre Musik-Sammlung und stellt dabei völlig selbstständig – nach Genres wie Pop, Jazz, Rock, Classic etc. geordnet – eigene Musik-Mixe zusammen. Einmal gestartet, spielen *Genius-Mixe* bis in alle Ewigkeit, da sie ständig aktualisiert und mit passenden Songs gefüttert werden. Wer also auf die Schnelle mal Unterhaltung braucht und nicht in seinen umfangreichen Beständen herumsuchen möchte, der sollte auch dies einmal ausprobieren.

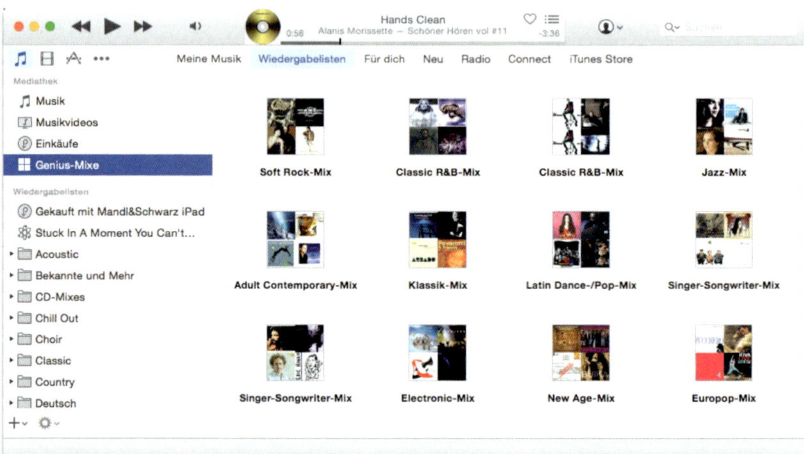

»iTunes« wühlt sich durch Ihr Musik-Archiv und baut Ihnen – ohne dass Sie selbst einen Finger rühren – passende Wiedergabelisten zusammen.

Falls Sie nachträglich weitere Audio-CDs importieren oder neue Musik über den *iTunes Store* anschaffen, so sollten Sie in regelmäßigen Abständen die *Genius-Informationen* auf Vordermann bringen, damit auch die neu hinzugekommenen Titel bei der Musik-Auswahl berücksichtigt werden. Das erledigen Sie über die Menüleiste *Store* | *Genius aktualisieren*.

Mediathek-Verwaltung

Medien von iTunes organisieren lassen

Sämtliche Medien, die sich in *iTunes* befinden, liegen üblicherweise im Ordner *iTunes Media/iTunes Music*, den Sie über das Verzeichnis *Benutzer/»Ihr Benutzername«/Musik/iTunes/iTunes Musik* bzw. *iTunes Media* finden. Für diesen Ordner können Sie auch eine Alternative festlegen: Wählen Sie dazu – wieder mal – aus dem Menü *iTunes* (OS X) bzw. *Bearbeiten* (Windows) den Befehl *Einstellungen* und dort wiederum die Rubrik *Erweitert*.

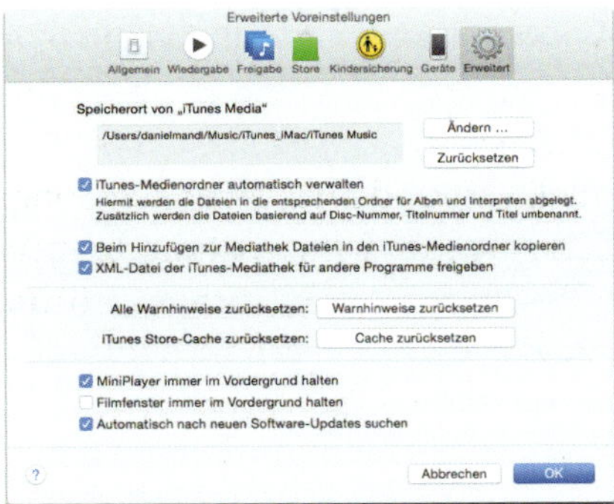

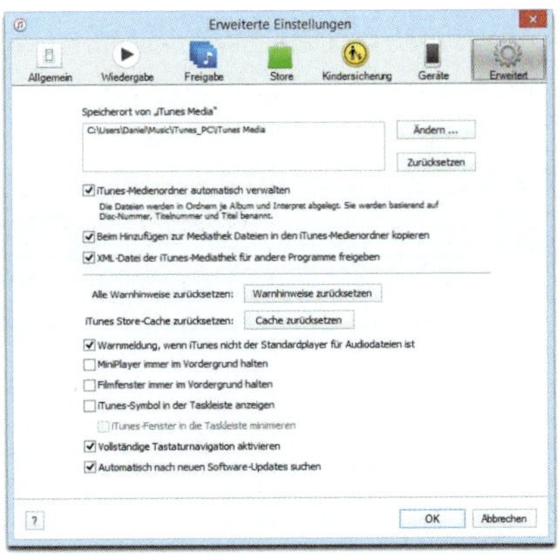

In der »Erweitert«-Abteilung der »iTunes«-Einstellungen bestimmen Sie den gültigen Speicherort für Ihre Medien-Sammlung.

Mit Klick auf *Ändern* können Sie nun einen anderen Speicherort vorschlagen – beispielsweise also einen Ordner namens »Musik« auf dem Schreibtisch oder auf einer externen Festplatte. Ab sofort wird das Musik-Verzeichnis über diesen neuen Speicherort geführt. Zur Sicherheit, falls Sie es sich noch einmal überlegen sollten, gibt es den Button *Zurücksetzen*, der automatisch wieder auf den ursprünglich angelegten Ordner verlinkt.

Wie schon erwähnt, kopiert *iTunes* alle Medien, die Sie importieren, in den *iTunes Music/Media*-Ordner. Wenn Sie nun beispielsweise viele Videos horten, so wird eine Menge an Speicherplatz verbraucht, da diese sowohl im *iTunes*-Ordner wie auch – zusätzlich – am Original-Schauplatz liegen. Um Platz zu sparen, gibt es die Möglichkeit, das Kopieren in den *iTunes*-Ordner zu unterbinden, so dass nur eine Verlinkung auf die Original-Daten gelegt wird. Hierzu müssen Sie die Option *Beim Hinzufügen zur Mediathek Dateien in den iTunes Musik-Ordner kopieren* deaktivieren (Haken wegklicken).

Eben genannte Vorgehensweise hat mit Sicherheit viele Vorteile. Was aber, wenn Sie etwa den Rechner wechseln und Ihre *iTunes*-Daten auf einen anderen Computer bewegen möchten? Der Befehl hierzu lautet *Ablage/Datei | Mediathek | Mediathek organisieren*. Über die Option *Dateien zusammenlegen* werden alle Dateien, mit denen *iTunes* zu tun hat, in den *iTunes*-Ordner kopiert und Sie können diesen komplett an einen anderen Ort bewegen.

»iTunes« nimmt Ihnen viel Arbeit ab, indem das Programm selbsttätig nach allen verlinkten Daten sucht und diese unter seine Fittiche nimmt. Ein Zurück ist allerdings nicht möglich.

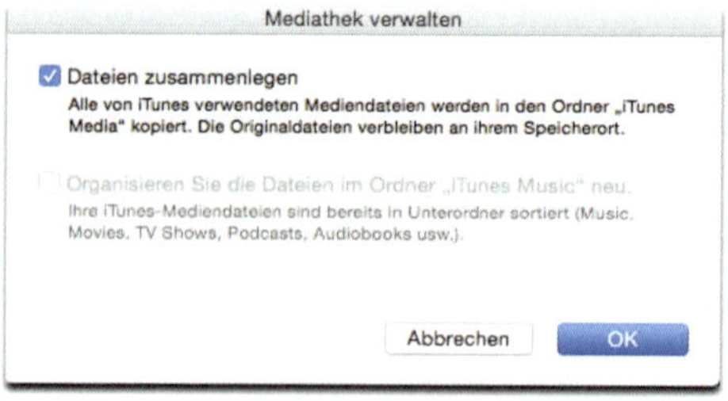

Falls Sie in den *iTunes-Einstellungen*, Rubrik *Erweitert*, die Option *iTunes-Medienordner automatisch verwalten* deaktiviert haben, so lassen sich im Dialog *Mediathek verwalten* beim Aktivieren der Funktion *Organisieren Sie die Dateien im Ordner »iTunes Media« neu* alle Medien neu strukturieren. *iTunes* legt die jeweiligen Medien dabei in separate Ordner (*Audiobooks, Movies, Podcasts, TV Shows* etc.) innerhalb des *iTunes*-Ordners ab.

Mit mehreren Mediatheken arbeiten

Bei sehr umfangreichen Musikbeständen bietet es sich manchmal an, über *iTunes* mehrere Mediatheken anzulegen – beispielsweise eine für klassische und eine zweite für Pop-Musik. Eine Mediathek besitzen Sie ja schon – nämlich jene, die beim ersten Start von *iTunes* automatisch angelegt wurde. Eine zweite legen Sie nun an, indem Sie *iTunes* zuerst regulär beenden und danach erneut starten – dieses Mal jedoch mit gedrückter *Optionstaste (alt)* unter *OS X* bzw. mit gehaltener *Umschalttaste* unter Windows. Im erscheinenden Dialog *iTunes-Mediathek wählen* stehen Ihnen nun die beiden Möglichkeiten *Wählen* und *Neu erstellen* zur Verfügung.

Der Dialog zum Wählen und Erstellen von Mediatheken.

Für *OS X*-Anwender: Ist ein anderes Programm bzw. ein *Finder*-Fenster bei diesem Vorgehen im Vordergrund, so wird es automatisch ausgeblendet (alle dazugehörigen Fenster verschwinden spurlos). Aber keine Angst: Ein erneuter Klick auf das jeweilige Programm-Icon im Dock blendet es wieder ein. Das ist üblicherweise eine Funktion in *OS X*, womit bei gedrückter *Optionstaste* und Mausklick hin das gerade geöffnete Programm ausgeblendet werden kann.

Über den Knopf *Neu erstellen* wird nun ein weiterer Dialog eingeblendet, der Sie zur Namensvergabe (*Sichern unter/Ordnername*) sowie zum Bestimmen des Speicher-Ortes auffordert. Sie können nun den vorgeschlagenen Titel (*iTunes 1*) übernehmen oder eine eigene Kreation eingeben, etwa *iTunes Klassik* oder auch *iTunes_MacBookPro*. Auch der Ort steht Ihnen frei – beispielsweise eine andere Partition auf Ihrer Festplatte oder ein externes Speicher-Medium (das dann jedoch immer am Rechner angeschlossen und angeschaltet sein muss, damit *iTunes* seine Arbeit korrekt verrichten kann).

Zweimal der gleiche Dialog unter OS X: Die umfangreichere Fassung erhalten Sie, wenn Sie auf das kleine Kästchen mit dem nach unten zeigenden Dreieck klicken.

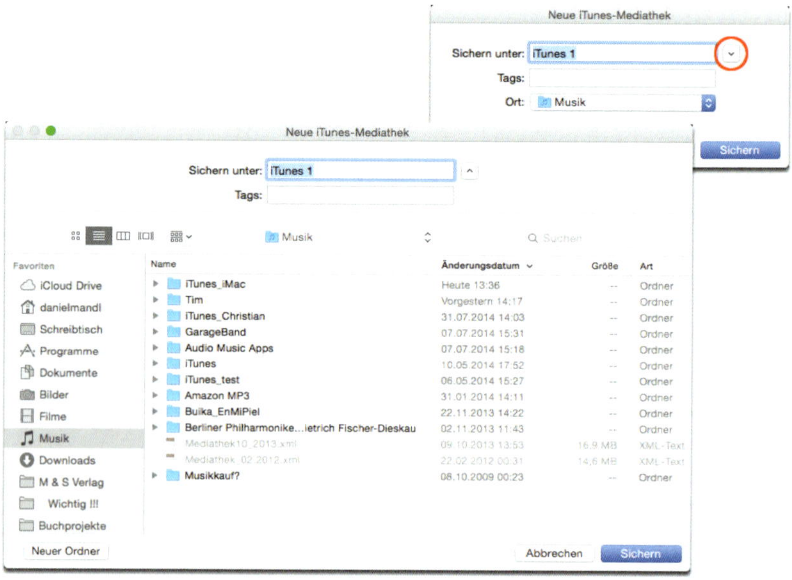

Sofern Sie anstatt des vorgeschlagenen Titels denselben Namen einer schon vorliegenden *iTunes-Mediathek* im selben Verzeichnis vergeben, so erhalten Sie unter *OS X* eine Fehlermeldung, dass dies so nicht möglich ist. Auch die Windows-Variante ist clever und weigert sich zu sichern – stattdessen ändert sie selbstständig den Ordner-Titel ab bzw. lässt ein Sichern am selben Speicherort nicht zu. Ein leichtsinniges Überschreiben vorhandener *Mediatheken* wird somit verhindert. Auch sollten Sie nie bestehende *iTunes*-Ordner im Nachhinein umbenennen oder an einen anderen Platz bewegen, da *iTunes* dann seine *Mediathek* nicht mehr findet. Sie müssen dann den Speicher-Ort neu zuweisen (über den bereits gezeigten Dialog *Wählen*).

Apple hat gut vorgesorgt und verhindert Anfänger-Fehler schon im Voraus. Das Überschreiben vorhandener »iTunes-Mediatheken« wird so zumindest angemahnt.

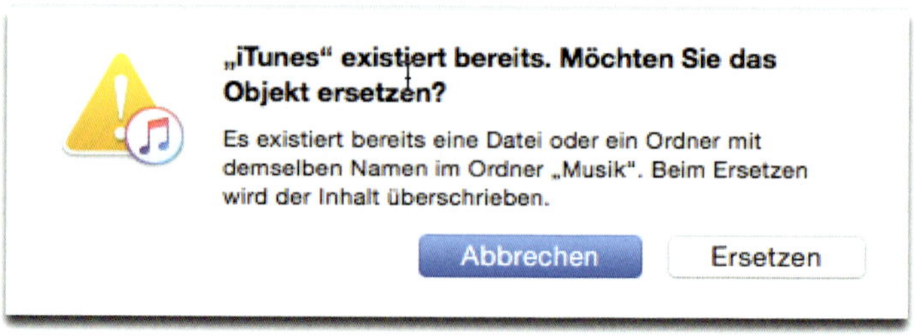

Wurde letztlich eine neue *Mediathek* angelegt, so können Sie diese wie oben beschrieben mit Daten füllen. Auch iPod, iPhone & iPad werden sich immer die gerade aktive *Mediathek* zum Abgleich und Synchronisieren vornehmen, so dass Sie je nach Anlass die passende Musik auf Ihrem Mobilgerät mitführen. Letzteres ist jedoch – je nach Umfang – ziemlich zeitraubend, da die Bestehende immer zuerst gelöscht und die Neue dann komplett kopiert werden muss.

Zum Wechseln der *Mediathek* beenden Sie wieder *iTunes* und starten das Programm erneut mit gedrückter *Optionstaste (alt)/Umschalttaste*. Im auftauchenden Dialog verwenden Sie nun den Button *Wählen* und bestimmen im *Öffnen*-Fenster Ihren gewünschten *iTunes*-Ordner (OS X) bzw. die zugehörige Datei *iTunes Library* innerhalb des *iTunes*-Ordners (unter Windows). Über *Öffnen* wird *iTunes* dann angewiesen, mit dieser *Mediathek* zu arbeiten.

Weitere Mediatheken bieten sich auch hervorragend an, wenn beispielsweise mehrere Personen in einem Haushalt leben, diese aber einen unterschiedlichen Musikgeschmack besitzen und noch dazu allesamt am gleichen Rechner herumfuhrwerken. So kann der Sohn seine Hardrock-Sammlung verwalten, die Mutter die Blasmusik genießen und Papa seine spannenden Hörbücher sammeln. So kommt sich niemand in die Quere und der Hausfrieden ist gewährleistet.

Sie sollten auf die Verwendung mehrerer Mediatheken verzichten, wenn Sie vorhaben, Ihre *iTunes*-Mediathek später in die *iCloud* zu verlegen. Dies können Sie über *iTunes Match* oder *Apple Music* erledigen, wobei hier immer nur eine einzige Mediathek verfrachtet werden kann. Das Thema »iCloud« sprechen wir noch gesondert weiter hinten im Buch an.

Die Mediathek sichern und übertragen

Während es früher üblich war, seine Backups auf CD oder DVD zu brennen, ist diese Möglichkeit aufgrund der mittlerweile enormen Datenbestände nicht mehr zu empfehlen. Apple selbst verweist auf das unter *OS X* als Backup-Lösung eingebaute *Time Machine*. Diese clevere Software übernimmt die Sicherung des gesamten Festplatten-Bestandes, indem sie sämtliche Daten im Stundenrhythmus auf ein externes Medium bannt. In etwa dasselbe nennt sich unter Windows Vista *Sicherungs- und Wiederherstellungscenter*, unter Windows 7, 8 und 10 *System und Sicherheit* bzw. *Dateiversionsverlauf*. Diese automatischen Backups geben Ihnen Sicherheit, indem Sie Ihre Daten – falls Ihren Computer einmal das Zeitliche segnen sollte – wiederherstellen können.

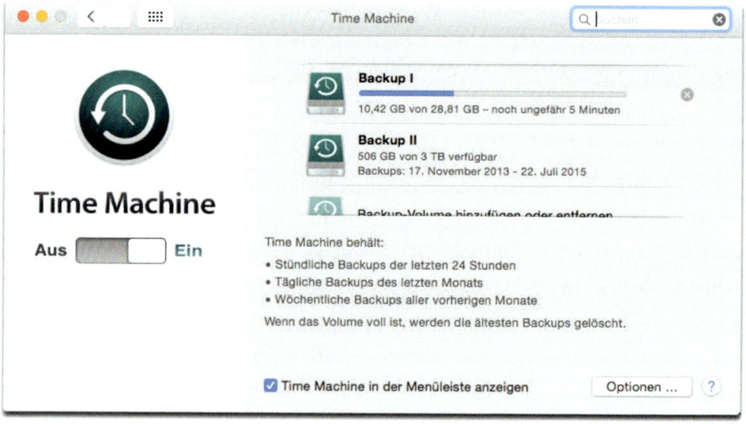

Anfangs werden das komplette System, danach nur mehr die Veränderungen auf der Festplatte des Mac-Rechners gesichert. Die Einstellungen erledigen Sie unter OS X in den »Systemeinstellungen | Time Machine«.

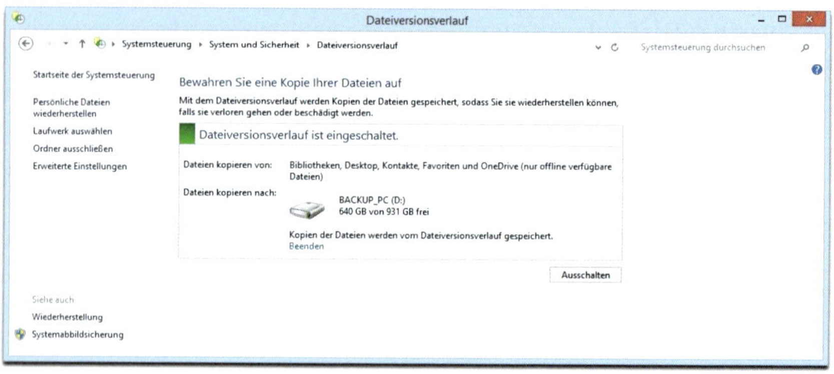

Unter Windows 7, 8 und 10 finden Sie in der Systemsteuerung »System und Sicherheit« den Dateiversionsverlauf, der die Dateien Ihrer Bibliotheken, Kontakte usw. auf eine externe Festplatte sichert.

Aber auch im normalen Alltag behält niemand sein Leben lang ein und denselben Rechner – dazu ist die Verlockung nach einem schicken neuen Computer einfach zu groß. Oder vielleicht spielen Sie ja auch mit dem Gedanken, von der Windows- zur Macintosh-Welt zu wechseln, was Apples Aktionäre ungemein freuen würde. Oder Sie wollen einfach alle Ihre Mediathek-Daten separat in Sicherheit wissen. Ein Umzug der gesamten Mediathek – sei es nun von Windows zu Apple oder auch nur als Sicherungskopie auf eine externe Festplatte – ist weniger Aufwand als man denkt, vorausgesetzt, Sie beachten ein paar Grundregeln.

iTunes kopiert üblicherweise alle Medien, die Sie importieren, in den *iTunes Music*- bzw. ab der Version 9 in den *iTunes Media*-Ordner. Diesen Ordner finden Sie standardmäßig unter OS X über `/Benutzer/[Ihr Benutzername]/Musik`, unter *Microsoft Windows XP* unter `\Documents and Settings\[Ihr Benutzername]\My Documents\My Music\`, unter *Microsoft Windows Vista* und *Microsoft Windows 7/8/10* in `\Benutzer\[Ihr Benutzername]\Musik\`.

Sofern Sie nun viele Videos, Songs, Podcasts & Co. in *iTunes* verwalten, so wird eine Menge an Speicherplatz verbraucht, da diese sowohl im *iTunes*-Ordner als auch – oftmals zusätzlich – am Original-Schauplatz liegen. Um Platz zu sparen, gibt es die bereits erwähnte Möglichkeit, das Kopieren in den *iTunes*-Ordner zu verhindern, so dass nur eine Verlinkung auf die Original-Daten gelegt wird. Hierzu müssen Sie in den *Einstellungen* (Rubrik *Erweitert*) die Option *Beim Hinzufügen zur Mediathek Dateien in den iTunes Medienordner kopieren* deaktivieren (Haken wegklicken).

Falls Sie nun aber – wie in unserem Fall – den Rechner wechseln und Ihre *iTunes*-Daten auf einen anderen Computer bewegen möchten, kommen Sie schnell ins Schleudern. Oder wissen Sie noch, wo sich all die vielen, verstreuten Medien befinden? Bei einigen Hundert Dateien ist fast davon auszugehen, dass man hier den Überblick verliert. Es gibt jedoch eine hervorragende Funktion, die diese Arbeit des Zusammensuchens für Sie erledigt: Der Befehl hierzu lautet *Mediathek organisieren* – zu finden unter *Ablage* bzw. *Datei | Mediathek*. Auf diese Weise werden alle Dateien, mit denen *iTunes* zu tun hat, in den *iTunes-Medienordner* kopiert und Sie können diesen komplett an einen anderen Ort bewegen. Zur Erinnerung noch einmal die Schritte in Wort und Bild:

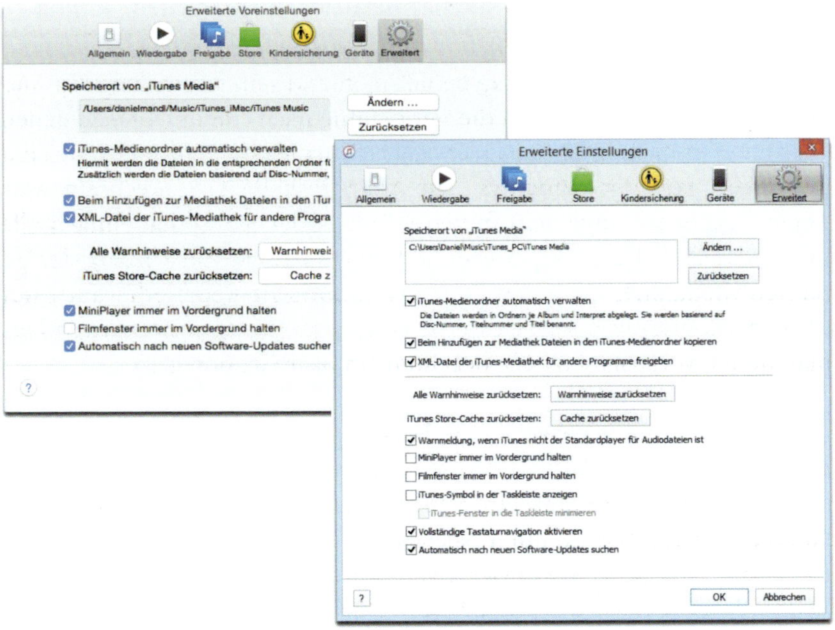

In den »iTunes«-Einstellungen legen Sie fest, wohin »iTunes« mit seinen Daten soll.

Die Mediathek organisieren: »iTunes« nimmt Ihnen viel Arbeit ab, indem das Programm selbsttätig nach allen verlinkten Daten sucht und diese unter seine Fittiche nimmt. Ein Zurück ist jedoch ausgeschlossen.

Weiterhin sollten Sie auch – falls nicht schon geschehen und inaktiv – die Option zur Neuorganisation Ihrer Dateien im Ordner *iTunes Media/ iTunes Music* aktivieren. Hierbei legt – wie schon erwähnt – *iTunes* eine eigene Struktur mit seinen Unterordnern für TV-Sendungen, Filme, Musik etc. an. Der *iTunes Music*-Ordner aus Vorversionen wird dabei ebenfalls in *iTunes Media* umbenannt.

Zur Sicherheit sollten Sie auch noch Ihre Mediathek exportieren (*Ablage* bzw. *Datei* | *Mediathek* | *Mediathek exportieren*). Diese Datei mit der Endung »xml« enthält zwar keine Medien, dafür aber die Informationen Ihrer sämtlichen Wiedergabelisten und der *iTunes*-Struktur. Sollten also alle Stricke reißen und beim Kopieren nur die Daten als solches berücksichtigt werden, so können Sie damit Ihre bislang angelegte Ordnung wiederherstellen.

Die »xml«-Datei enthält eine vollständige Auflistung Ihrer Mediathek-Struktur.

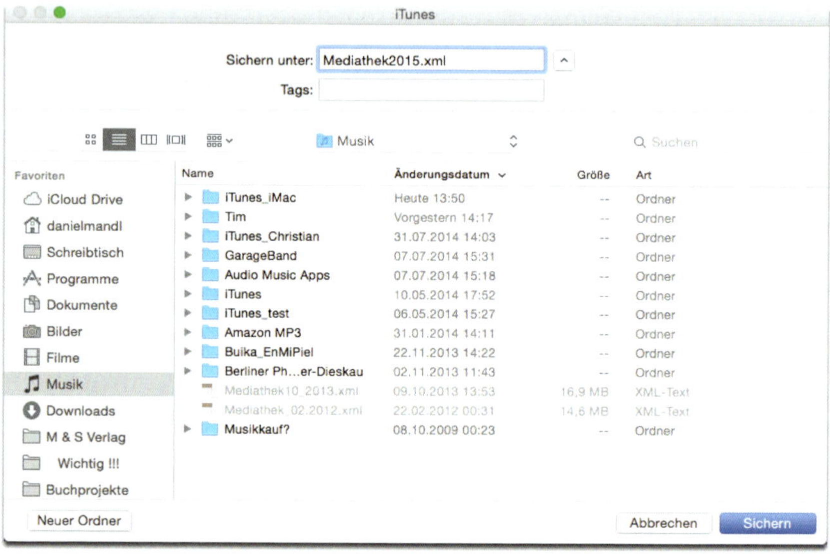

Auf dem neuen Rechner heißt es nun den bereits vorliegenden (von *iTunes* eingerichteten und noch leeren) Ordner gleichen Namens zu ersetzen. Denken Sie aber zur Sicherheit noch einmal gut nach, ob sich nicht doch vielleicht das ein oder andere Lied darin befindet, denn beim jetzigen Vorgehen werden alle Daten überschrieben.

Danach werden alle Daten des *iTunes*-Ordners kopiert und nach einem Start von *iTunes* sind alle Inhalte perfekt übernommen worden. Das heißt: nicht ganz, denn es gibt noch eine Kleinigkeit zu beachten, nämlich das Aktivieren Ihres neuen und das Deaktivieren Ihres alten Rechners (dazu später mehr). Warten Sie jedoch bis zu dem Moment, an dem wirklich alles zu Ihrer eigenen Zufriedenheit sitzt und passt.

Ist beim Kopiervorgang ein Problem aufgetreten, indem zwar alle Media-Daten in *iTunes* liegen, diese jedoch Ihre bisherige Ordnung verloren haben, so kommt die zuvor exportierte Datei *Mediathek.xml* ins Spiel. Wählen Sie dazu den Befehl *Ablage* bzw. *Datei | Mediathek | Wiedergabeliste importieren* und suchen Sie sich im *Öffnen*-Dialog den Eintrag *Mediathek.xml*. Bestätigen Sie und warten Sie ein kurzes Weilchen. Ihre Wiedergabelisten sollten nun wieder vorliegen – auch wenn Sie vielleicht dennoch selbst ein wenig Hand anlegen müssen.

Nachdem Sie nun im Umgang mit Wiedergabelisten und Ihrer Mediathek fit sind, geht es im nächsten Kapitel um die Feinheiten. So lassen sich Ihre Songs auch mit fehlenden Covern ergänzen, die Lieder bewerten, Liedtexte hinzufügen und, und, und. Auch das Suchen will gelernt sein, damit Sie immer Ihre Favoriten schnell zur Hand haben.

Die Feinheiten: Formate, Cover, Liedtexte und Internetradio

Formate innerhalb iTunes konvertieren

Egal, für welches Format Sie sich beim Import letztlich entschieden haben: Liegen Ihre Musik-Stücke in *iTunes*, so lassen sich diese auch im Nachhinein in ein anderes Format umwandeln. Dazu bestimmen Sie zuerst über die *iTunes-Einstellungen* | Rubrik *Allgemein* | *Importeinstellungen* das gewünschte Format und bestätigen mit *OK*. Zurück im *iTunes*-Fenster markieren Sie dann die betreffenden Lieder und wählen über die Menüleiste *Ablage/Datei* den Punkt *Neue Version erstellen*. Im sich öffnenden Menü heißt es nun *»gewünschtes Format«-Version erstellen* (anstatt *»gewünschtes Format«* finden Sie dort den Eintrag der zuvor festgelegten Import-Einstellung). Als Alternative lässt sich auch das Kontext-Menü bemühen, indem Sie zuerst einen (oder mehrere) Song(s) auswählen und anschließend mit gedrückter *ctrl-Taste* und Mausklick bzw. per einfachem Rechtsklick oder Zweifingertipp auf das Magic Trackpad in der aufspringenden Befehlsleiste den eben genannten Befehl ansteuern.

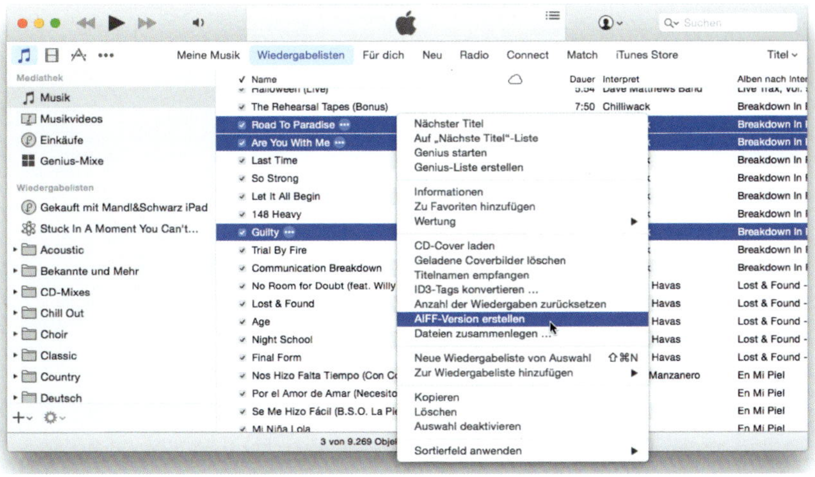

Haben Sie Ihre Hausaufgaben gemacht und ein Wunsch-Format bestimmt, so ist das Konvertieren von Musik-Stücken eine schnelle Angelegenheit.

Beim Konvertieren werden Kopien der Musik-Titel angelegt. Diese lassen sich schnell auffinden, sofern Sie in den *Darstellungsoptionen* (*Darstellung*/*Anzeige* | *Darstellungsoptionen* bzw. *cmd-J*/ *Strg-J*) bei *Spaltenanzeige* den Eintrag *Hinzugefügt* in Ihrer Titel-

Liste einblenden lassen. Wählen Sie dann diesen Spalten-Titel aus, so befinden sich die gerade umgewandelten Lieder ganz oben.

Kopiergeschützte Musik-Dateien lassen sich nicht in andere Formate umwandeln. Sollten Sie solche noch besitzen, so gibt es dennoch eine Vorgehensweise, um diese konvertieren zu können: Brennen Sie sich zuvor von diesen Dateien eine Audio-CD und importieren Sie diese erneut in *iTunes* – auf diese Weise wird der Kopierschutz aufgehoben.

Möchten Sie Musikstücke aus *iTunes* konvertieren, um diese beispielsweise für andere Zwecke zu verwenden und woanders abzulegen, so markieren Sie diejenigen und suchen bei gedrückter *Optionstaste (alt)* unter Mac bzw. *Umschalttaste* unter Windows den Befehl *Ablage/Datei* den Punkt *Neue Version erstellen* auf. Wählen Sie anschließend *In »gewünschtes Format«-konvertieren,* woraufhin sich der Dialog *Ziel für Konvertierung wählen* öffnet, in dem Sie Ihr Wunschverzeichnis angeben. Über *Öffnen* bzw. *Ordner auswählen* werden die Daten nun zur weiteren Verwendung aufbereitet.

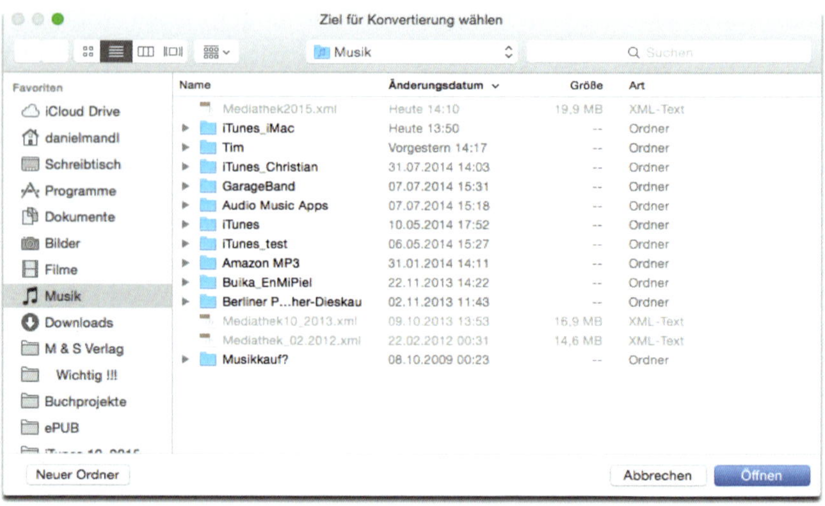

Möchten Sie Musik-Daten aus »iTunes« in ein anderes Format konvertieren, um diese an einer anderen Stelle zu deponieren, so erledigen Sie das bei gedrückter Optionstaste bzw. Umschalttaste sowie den Befehl »Ablage/Datei | Neue Arbeitskopie erstellen/Neue Version erstellen« sowie »In Format konvertieren«.

Apple weist darauf hin, dass es beim Konvertieren zwischen komprimierten Formaten (etwa *AAC* in *MP3*) zu Einbußen bei der Klangqualität kommen kann. In derartigen Fällen ist es oft besser, die Musik-Titel nochmals vom Original in *iTunes* einzuladen und dabei das gewünschte Codier-Format einzustellen.

Fehlende Cover hinzufügen

Üblicherweise besitzen alle Audio-Titel, die Sie käuflich (etwa im *iTunes Store*, bei *Amazon* etc.) erwerben, ein Cover. Beim Einladen von Audio-CDs oder Liedern, die Sie aus anderen Quellen beziehen, fehlen diese jedoch. Über den Befehl *Ablage/Datei* | *Mediathek* | *Albumcover laden* bzw. *CD-Cover laden* oder über das Kontext-Menü bei markierten Musik-Dateien wird im *iTunes Store*-Archiv nach den passenden Bildern gefahndet und sie werden auch gleich – wenn sie denn vorliegen – eingebaut. Sie müssen dabei online sein und einen *iTunes Store-Account* besitzen. Dazu müssen Sie sich im *iTunes Store* anmelden (Name, Adresse, Kreditkarten-Nummer) bzw. Ihre Daten bei vorhandenem Account eintragen. Das erledigen Sie entweder über die Menüleiste *Store* und den Befehl *Anmelden* oder zum Erstellen eines ganz neuen Accounts über *Store* | *Apple ID erstellen*. Bei letzterer Wahl landen Sie automatisch im *iTunes Store*, in dem Sie nun Schritt für Schritt Ihre persönlichen Daten eintragen.

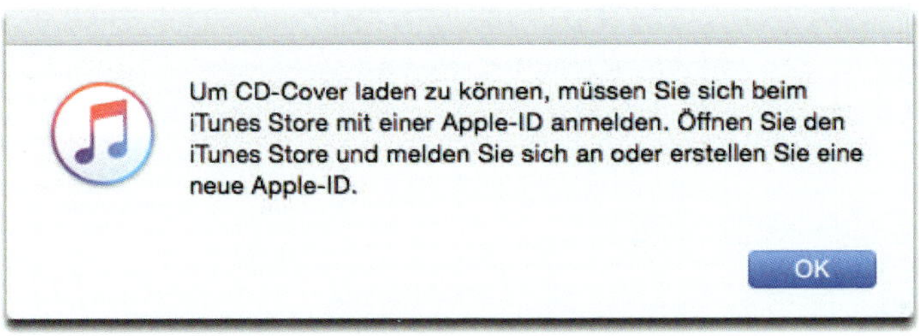

Der Dialog sagt alles: Ohne eine Anmeldung im »iTunes Store« gibt es keine Cover.

Entweder Sie tragen Ihre bereits bestehende Apple ID samt Passwort ein oder erstellen einen neuen Account.

Nach der Anmeldung wissbegierig wie eh und je: Möchten Sie die CD-Cover wirklich laden?

Falls Sie möchten, dass *iTunes* gleich beim Importieren von Liedern nach Covern sucht, dann achten Sie darauf, dass in den *iTunes-Einstellungen* | Reiter *Store*, die Option *Albumcover automatisch laden* aktiviert ist. Diese Option lässt sich nur aktivieren, sofern Sie einerseits im *iTunes Store* angemeldet sind und weiterhin Apple den Zugriff auf Ihre Mediathek gestatten (Option *Details über Ihre Mediathek mit Apple teilen*).

Möchten Sie, dass fehlende CD-Cover automatisch geladen werden, so müssen Sie zusätzlich der Forderung »Details über Ihre Mediathek mit Apple teilen« zustimmen.

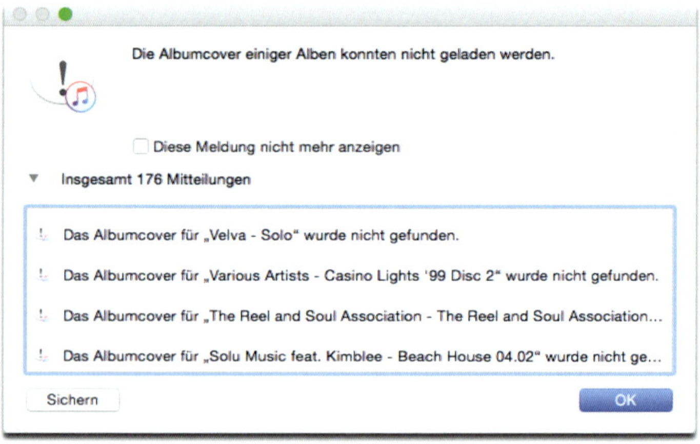

Sie erhalten eine Meldung, sollte zu den gewünschten Titeln kein CD-Cover gefunden werden. Jetzt heißt es also nach Alternativen Ausschau halten.

Bei Ihrer ersten Auswahl des Befehls *Albumcover automatisch laden* durchforstet *iTunes* sämtliche Titel Ihrer Mediathek und lädt – falls fündig geworden – fehlende Abbildungen nach. Handelt es sich jedoch um Titel, die nicht im *iTunes Store* gelistet sind, so müssen Sie Eigeninitiative ergreifen. Beispielsweise über das Internet, indem Sie auf Webseiten zugreifen, die sich auf Cover-Ansichten spezialisiert haben (etwa `coverlib.com`, `www.freecovers.net` oder `www.cdcovers.cc`). Oder Sie besuchen die großen Online-Händler oder -Plattformen wie beispielsweise *Amazon* (`www.amazon.de`), *Google* (`www.google.de` oder besser `http://images.google.de/`) oder bing (`www.bing.com`), die Ihnen ebenso hilfreich zur Seite stehen. Über das große Angebot lässt sich vielleicht der ein oder andere »Schatz« finden und somit an das Cover gelangen.

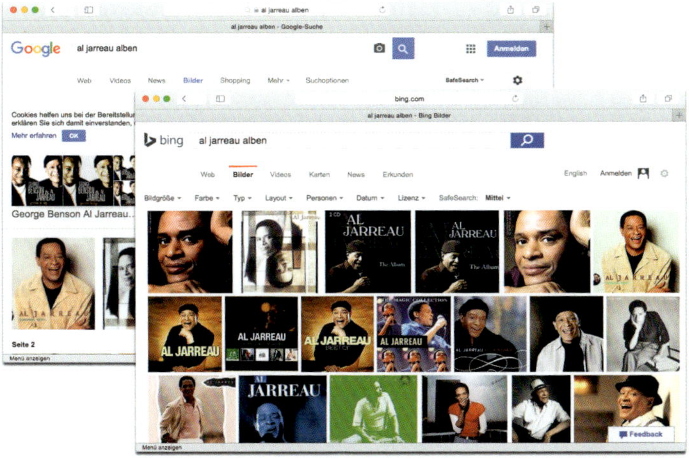

Cover über »bing« oder »Google« suchen und finden. Hilfreiche Bilder brauchen Sie nur auf den Schreibtisch zu ziehen und später in »iTunes« einzubauen.

Denken Sie unbedingt daran, dass die meisten Abbildungen einem Copyright unterliegen. Verwenden Sie bitte die Bilder nur privat. Oftmals muss es auch gar nicht das Original-Cover sein – ein eigener Entwurf oder auch ein persönliches Bild kann ebenso seinen Zweck erfüllen – gerade wenn es sich um ein Geschenk oder persönliche Wiedergabelisten handelt.

Liegt Ihnen nun ein Bild vor, so markieren Sie alle dazugehörigen Musik-Titel bzw. das komplette Album und wählen *Ablage/Datei | Informationen (cmd-I/Strg-I)*. Bestätigen Sie eventuell noch den Dialog zum Bearbeiten mehrerer Bilder mit *Objekte bearbeiten*. Klicken Sie anschließend auf den Reiter *Cover* und Sie können per *Drag & Drop* in den freien Bereich oder über den Button *Coverbild hinzufügen* ein Bild einbauen.

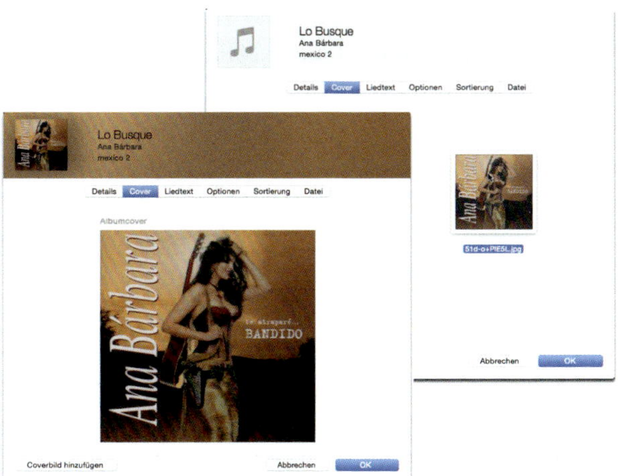

Cover-Bilder einladen über die »Informationen«: einfach ein Bild mit der Maus packen und in das freie Feld ziehen und loslassen.

Handelt es sich um eine Wiedergabeliste, so können Sie nach dem Aufrufen auch wieder auf die kleine Cover-Vorschau klicken und sich – unabhängig von den Titel-Coverbildern – aus den verschiedenen Angeboten des sich zeigenden Dialogs (*Standard, Letzte, Kamera, Andere)* bedienen.

Wiedergabelisten können Sie entweder über den Informationen-Dialog oder alternativ per Klick auf den Cover-Platzhalter mit Bildern bestücken.

Als Bild-Formate eignen sich JPEG (.jpg), PNG (.png), GIF (.gif), TIFF (.tif) und Photoshop (.psd). Im Zweifel schauen Sie immer auf die Endung (das sogenannte Suffix) oder versuchen es einfach einmal.

Entfernen können Sie Cover natürlich auch. Markieren Sie das Album oder den Titel und wählen Sie dann wieder *Ablage/Datei | Informationen* bzw. *cmd-I/Strg-I*. Im auftauchenden Dialog gehen Sie dann entweder zum Reiter *Cover*, klicken auf die Cover-Abbildung und drücken die *Entfernen*-Taste.

Manchmal kann es vorkommen, dass in Ihrer Alben-Liste innerhalb von *iTunes* ein Album sozusagen auseinandergerissen erscheint und die dazugehörige Abbildung zwei- oder sogar dreifach aufgelistet wird. Dies liegt meist an sich unterscheidenden *ID3*-Tags, die Sie über die *Informationen (cmd-I/Strg-I)* anpassen können. Markieren Sie dazu ein Album und sehen Sie in den *Informationen* unter *Infos* nach, wie die einzelnen Felder (Interpret, Album-Interpret, Album etc.) ausgefüllt sind. Schauen Sie sich danach das Duplikat an und gleichen Sie die Felder an. In unserem Beispiel war schlicht der Interpreten-Name unterschiedlich eingetragen. Nachdem dieser nun vereinheitlicht wurde, wurden die entsprechenden Songs zusammengefasst und wieder als ein einzelnes Album geführt.

Liegen sich unterscheidende Eintragungen in den Informationen vor, so geht »iTunes« davon aus, dass es sich um zwei verschiedene Alben handelt.

Cover drucken

Und wenn Sie nun schon eine Menge an Arbeit in die Cover-Gestaltung investieren, so sollten diese Abbildungen neben der digitalen Version auch Ihre gebrannte Audio-, MP3- oder Daten-CD/DVD zieren. Markieren Sie folglich das gewünschte Album oder die *Wiedergabeliste* und wählen Sie *Ablage/Datei* | *Drucken* bzw. *cmd-P/Strg-P*. Im auftauchenden Dialog erhalten Sie nun mehrere Möglichkeiten, Ihr Cover, die Titellisten oder Albenlisten zu gestalten. Durch das kleine Vorschau-Fenster können Sie zum einen genau beobachten, wie sich das Ergebnis Ihrer Einstellungen auswirkt, zum anderen erhalten Sie zu allen Einstellungen eine genaue Erklärung unterhalb des Popup-Menüs.

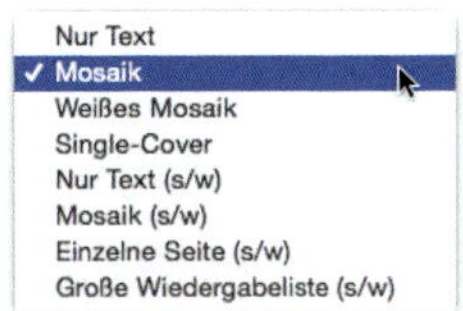

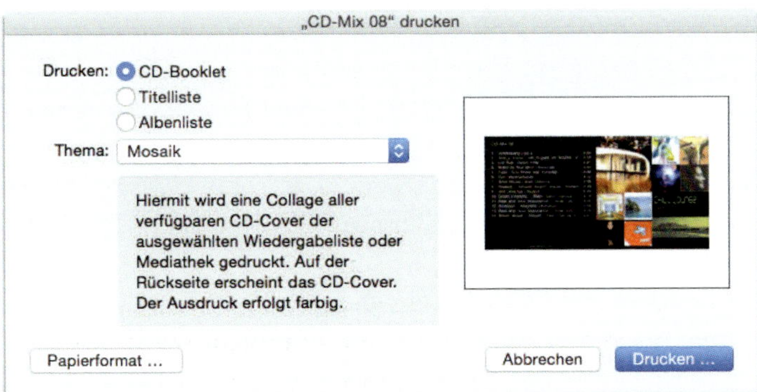

Der »Drucken«-Dialog erklärt zu allen Vorlage-Möglichkeiten die nötigen Details.

Ob CD-Booklet, Titelliste oder Albenliste – es stehen Ihnen Dutzende an Varianten zur Verfügung.

Bei einigen Einstellungen können Sie weiterhin über *Papierformat.../Seite einrichten...* (Button links unten) die *Ausrichtung* von quer auf hochkant oder umgekehrt neu justieren oder die *Größe* verändern. Nun müssen Sie nur noch Ihren Drucker anwerfen und den Druck-Befehl starten, um ein ansprechendes Cover für Ihre CDs/DVDs zu erhalten.

Möchten Sie neben den gedruckten Covern/Listen auf Papier auch das digitale Pendant dazu, so brauchen Sie unter *OS X* nur im *Drucken-Dialog* links unten auf den Button *PDF* zu klicken. Aus der auftauchenden Optionen-Liste wählen Sie nun *Als PDF sichern*, vergeben daraufhin einen Namen und legen den Speicher-Ort fest. Über *Sichern* erhalten Sie ein *PDF*, welches Sie gerne auch per E-Mail versenden oder bzw. *iBooks* (ab *OS X Mavericks* und höher) verwalten können.

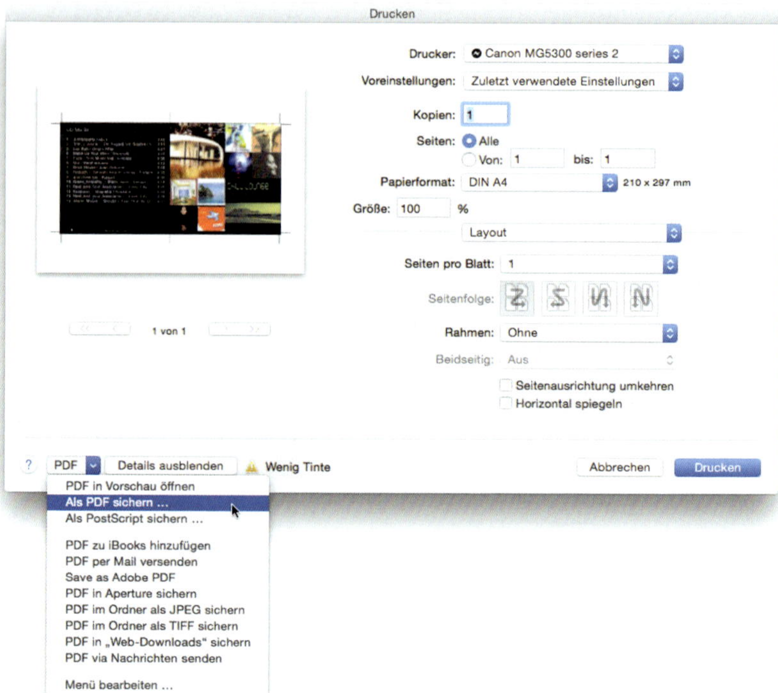

Die Vorgehensweise zum Erstellen eines Covers oder einer Titel-Liste als PDF: Wählen Sie »Ablage | Drucken«, danach suchen Sie das entsprechende Thema und bestätigen den Drucken-Befehl. Danach erfolgt über den »PDF«-Knopf die PDF-Erstellung.

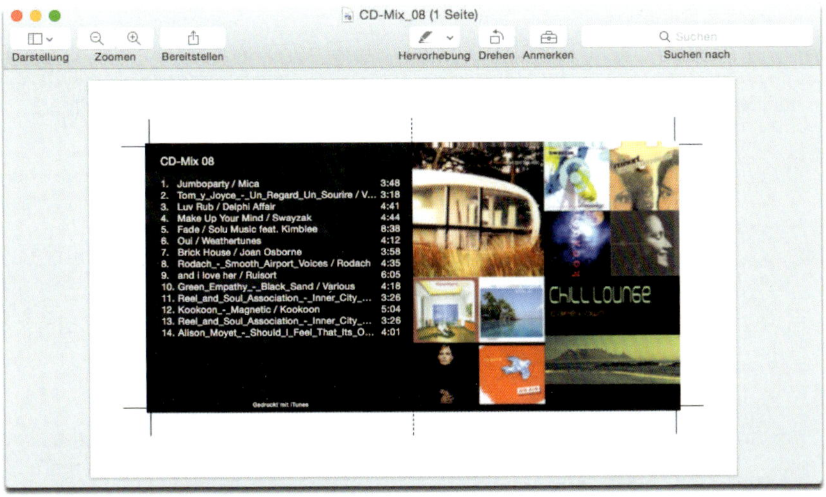

Das fertige PDF – geöffnet mit dem Apple-eigenen Programm »Vorschau«. PDFs lassen sich nun ebenso drucken bzw. auch archivieren.

Lieder bewerten

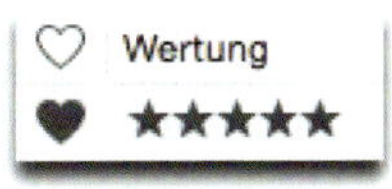

In *iTunes* lassen sich Ihre Lieder auf zweierlei Art und Weise auszeichnen: entweder mit einer Art Punktesystem (Sterne) oder als *Favorit* (Herz-Symbol). Die *Sterne*-Wertung dient in erster Linie Ihrem persönlichen Geschmack, hat aber neben der rein optischen Wirkung auch eine wirklich nützliche Funktion, können Sie doch über eine *intelligente Wiedergabeliste* Ihre Highlights automatisch zusammenstellen lassen. Hierzu wählen Sie im Dialog zur intelligenten Wiedergabeliste als Kriterien einfach »Wertung | ist | fünf Sterne«.

Die Vergabe der Sterne ist in der Tat recht simpel und wie immer auf verschiedenen Wegen zu erreichen. Ist beispielsweise in der *Listen*-Ansicht Titel ein Song angeklickt, so rufen Sie das Kontextmenü auf und darüber den Befehl *Wertung* – klicken Sie anschließend auf die gewünschte Anzahl an Sternen. Oder Sie wählen über die *Darstellungsoptionen (cmd-J/ Strg-J)* bei *Spaltenanzeige* den Punkt *Wertung*, so dass eine weitere Spalte gleichen Namens eingeblendet wird. Bewegen Sie nun Ihren Mauszeiger in diesen Bereich, so zeigen sich kleine Punkte, die auf Klick hin zu Sternen werden. Alternativ klappt hier auch das Darüberwischen bei gedrückter Maustaste.

Es regnet Sterne: Über das Kontextmenü lässt sich schnell eine Wertung abgeben, welche ganz nebenbei auch die Funktion des besseren Wiederauffindens über eine intelligente Wiedergabeliste erfüllt.

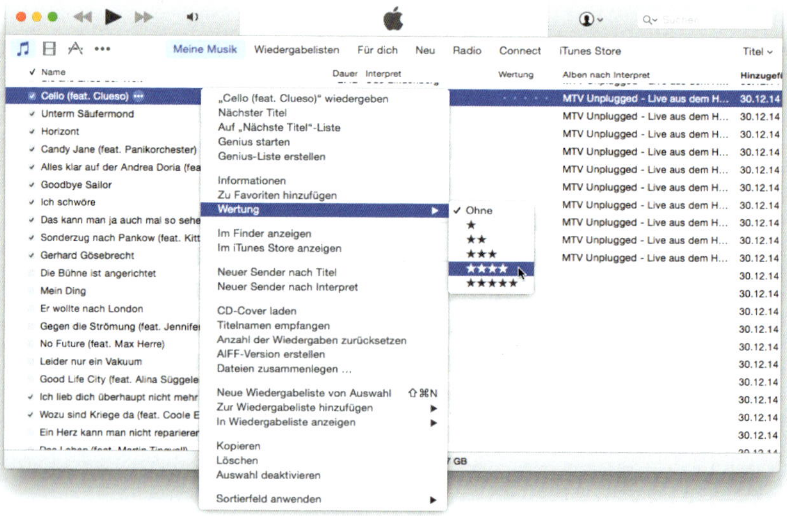

Arbeiten Sie hingegen in der *Alben-*, *Interpreten-* oder *Genres*-Ansicht, so wird nach Auswahl des entsprechenden Albums/Interpreten/Genres der Titel-Inhalt aufgeführt. Bewegen Sie nun den Mauszeiger auf einen Titel, so tauchen auch dort die kleinen Punkte auf, die sozusagen als Platzhalter für die Sterne dienen. Ziehen Sie nun bei gedrückter Maustaste darüber bzw. klicken Sie auf diese Punkte, so beginnt der Sterne-Regen. Werden dabei mehrere Titel eines Albums ausgezeichnet, so wird der Durchschnittswert als Albumwertung mit angezeigt.

Sobald sich der Mauszeiger über einem Titel befindet, erscheinen die zugehörigen Punkte zur Vergabe von Sternen.

Anstatt der Einzeltitel lässt sich auch ein Album oder Interpret insgesamt bewerten. Klicken Sie dazu auf ein Album, so dass dessen Inhalt aufgeführt wird. Danach bewegen Sie die Maus rechts neben den Interpretennamen und schon zeigen sich die Symbole für die Wertung. Das funktioniert auch bei der *Interpretenliste* so-

wie der *Genre*-Kategorie so. Bedenken müssen Sie dabei nur, dass auf diese Weise alle zugehörigen Titel mit dieser Wertung ausgezeichnet werden.

Eine weitere Methode ist auch das Aufrufen des *Informationen*-Dialogs *(cmd-I/Strg-I)*. Über den Reiter *Details* stoßen Sie dort ebenso auf das Eingabefeld *Wertung*.

Eine Bewertung mit Sternen lässt sich im Übrigen für alle Medien, also auch Filme, Hörbücher, Podcasts usw. anwenden.

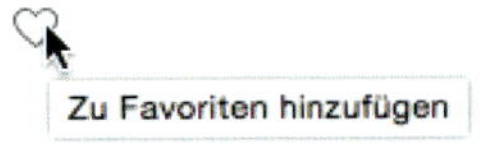

Die Auszeichnung als *Favorit* besteht im Großen und Ganzen in der gleichen Vorgehensweise, nur dass hier ein einziger Klick genügt. Auch für als Favoriten bestimmte Songs können Sie somit eine intelligente Wiedergabeliste bauen, die auf Knopfdruck hin Ihre Lieblingslieder parat hält. Favoriten haben jedoch ein weiteres Alleinstellungsmerkmal, in das Sie jedoch nur als *Apple Music*-Abonnent kommen. Werden Songs, Interpreten oder auch ganze Alben per Herz-Symbol (was im Grunde nichts anderem als dem üblichen »Gefällt mir«-Button entspricht) ausgezeichnet, so teilen Sie letztlich Apple mit, dass Ihnen diese Art von Musik am meisten zusagt. Hierauf wird sozusagen reagiert, indem Ihnen in der Abteilung *Für Dich* ähnliche gestrickte Interpreten präsentiert werden. Diese Musik lässt sich dann per Stream oder eben auch als Download zum offline Hören konsumieren. Mehr zum *Apple Music*-Angebot gibt es in einem gesonderten Kapitel weiter hinten im Buch.

Über »Für Dich« werden Ihnen Interpreten angeboten, die zum Streamen oder als Download über »Apple Music« gedacht sind. Zeichnen Sie innerhalb Ihrer persönlichen Musik-Mediathek einzelne Songs oder Alben als Favoriten mit dem Herz-Symbol aus, so wird dieser Musikstil beim »Für Dich«-Angebot berücksichtigt.

Die Eingabe von Liedtexten

iTunes gibt Ihnen auch die Möglichkeit, Liedtexte einzupflegen. Wählen Sie in *iTunes* einen Song an, so lassen sich über die *Informationen* (*Ablage/Datei | Informationen* bzw. *cmd-I/Strg-I)* und darin über den Reiter *Liedtext* genau diese wichtigen Zeilen eingeben. Zum einen können Sie diese natürlich Buchstabe für Buchstabe hineinschreiben, zum anderen aber auch – besitzen Sie bereits eine Datei mit den Texten – diese per Copy & Paste (kopieren und einfügen) einbauen.

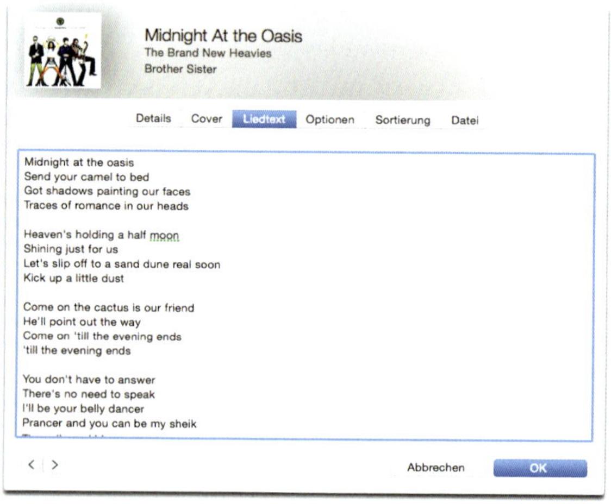

Für viele Musik-Liebhaber unentbehrlich – die zugehörigen Liedtexte.

Das Manko an Texten aller Art ist zum einen die Verfügbarkeit (woher nehmen?), zum anderen auch das Copyright. Schon viele Fanseiten haben Bekanntschaft mit Anwälten der Musik-Industrie gemacht, die mit ihren hochpreisigen Abmahnungen das Unterlassen von Text-Veröffentlichungen fordern. Das dies nicht unbedingt ein glorreicher Dienst am Kunden (den Fans) ist, leuchtet eigentlich ein.

Und dennoch sollten Sie nicht aufgeben: Denn auch weiterhin gibt es Webseiten, die Ihnen die Songtexte Ihrer Lieblings-Interpreten zur Verfügung stellen. Einige davon sind beispielsweise:

www.lyricsfreak.com	www.elyrics.net
www.lyricsmania.com	www.songtexte.com
www.chartlyrics.com	www.songtext-archiv.de
www.lyriks.at	www.blub.at
www.magistrix.de	www.golyr.de

www.volksliederarchiv.de/liedtexte.html

Haben Sie sich nun einen Text ausgesucht, so markieren Sie ihn im Browser mit gedrückter Maustaste und wählen dann *Bearbeiten | Kopieren (cmd-C/Strg-C)*. Dann klicken Sie in das *Liedtexte*-Feld in den *Musik-Informationen* und wählen in *iTunes* den Befehl *Bearbeiten | Einsetzen (cmd-V/Strg-V)*. Der Text wird nun aus der Zwischenablage in das Dialog-Fenster kopiert. Fertig.

Besitzen Sie ein Mobilgerät von Apple (iPad, iPhone, iPod), so können Sie dieses sozusagen als Karaoke-Maschine verwenden. Spielt nun ein Song auf iPad, iPhone oder iPod touch, so tippen Sie als Erstes auf die Leiste mit den Abspiel-Buttons sowie der Anzeige des aktuellen Titels bzw. ziehen diese nach oben, so dass das Album-Cover groß angezeigt wird. Ein Tipp auf das Cover zaubert nun die Liedtexte hervor. Bei älteren iPods wie dem iPod classic wiederum lassen sich die Lyrics über mehrmaliges Drücken der Mitteltaste darstellen.

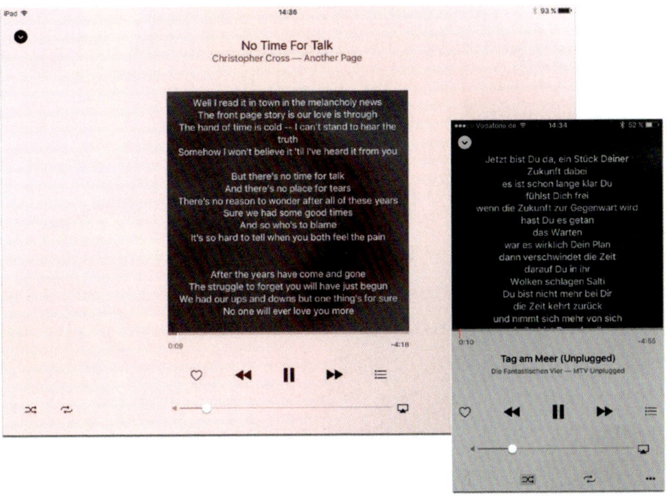

Mitgrölen erwünscht: Über den Tipp auf das Cover lassen sich auch iPad, iPhone & Co. etwaige in »iTunes« eingepflegte Liedtexte anzeigen.

Eine weitere Datenbank zum Abfragen von Liedtexten finden Sie über die Webseite `www.genius.com`. Die Besonderheit hierbei ist, dass es dazu auch eine *iOS*-App namens *Genius – Song Lyrics + Wissensprojekt* gibt, über die Sie 1,7 Millionen Texte abfragen können. Der Clou ist weiterhin, dass diese App über *My Music* Ihre Songs einblendet und automatisch die zugehörigen Lyrics anzeigen kann. Sofern Sie keinen eigenen Account dort anlegen möchten, tippen Sie im Begrüßungsdialog einfach auf *take me to the app* und schon kann es losgehen.

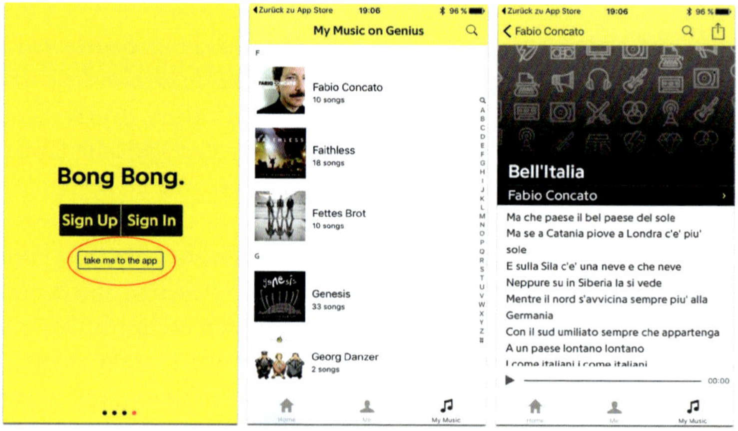

Über den »iOS«-App Store können Sie die App »Genius – Song Lyrics + Wissensprojekt« kostenfrei laden. Darüber können Sie sich zu Ihren auf dem Mobilgerät befindlichen Songs die Texte abrufen und sofort miträllern.

Nach Interpreten und Songs suchen

Je größer die Musik-Sammlung, desto schwieriger wird das Auffinden einzelner Songs. Apple hat dafür in *iTunes* rechts oben das *Suchen*-Feld eingerichtet. Wenn Ihnen also die visuelle bzw. manuelle Suche zu mühsam erscheint, können Sie dort direkt ein Stichwort (etwa den Namen einer Musik-Gruppe oder den Teil eines Musik-Titels) eintragen. *iTunes* sucht dann für Sie und wird auch fündig, sofern sich etwas ähnlich Klingendes in dem Repertoire befindet. Und während Sie über die Tastatur die Buchstaben tippen, wird *iTunes* schon aktiv und bietet schon einmal erste Ergebnisse an.

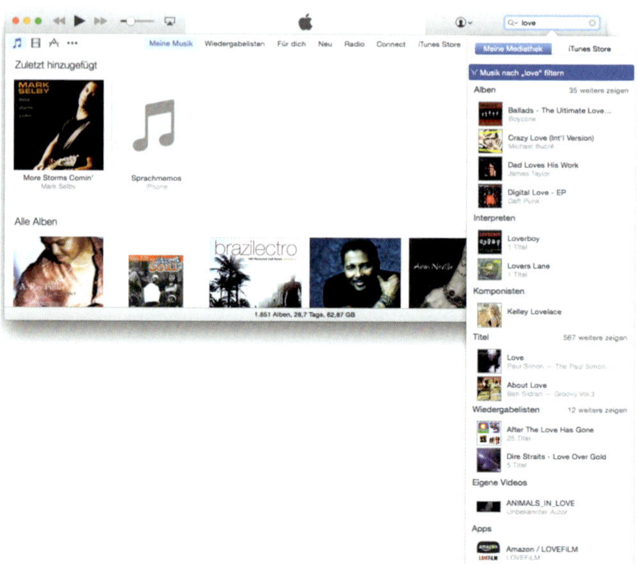

Eingabe im Suchen-Feld: Die ersten Ergebnisse lassen nicht lange auf sich warten.

Unterteilt in die verschiedenen Kategorien wie Interpreten, Alben, Titel oder Wiedergabelisten, aber auch Videos, Apps, Hörbücher etc., werden erste Übereinstimmungen mit dem Suchbegriff eingeblendet. Ist das Gesuchte bereits dabei, so müssen Sie einfach nur auf den Eintrag klicken und Sie sind am Ziel. Werden mehr als die eingeblendeten Einträge gefunden, so können Sie auch auf *»X« weitere zeigen* klicken und sich die zusätzlichen Funde ansehen. Betätigen Sie hingegen die *Entertaste*, so werden alle gefundenen Einträge im großen Vorschaufenster angezeigt.

Möchten Sie die Suche schon von vorneherein einschränken, so klicken Sie zuerst auf das kleine Lupensymbol im Suchenfeld und entfernen den Eintrag *Gesamte Mediathek*. Damit werden bei erfolgreicher Suche auch nur die Ergebnisse angezeigt – und zwar ohne den Kontext der restlichen Mediathek. Weiterhin lässt sich über den Filter die Ergebnisvielfalt weiter reduzieren, indem Sie beispielsweise nur nach dem *Komponisten* oder *Interpreten* (unabhängig vom Titelnamen) suchen lassen.

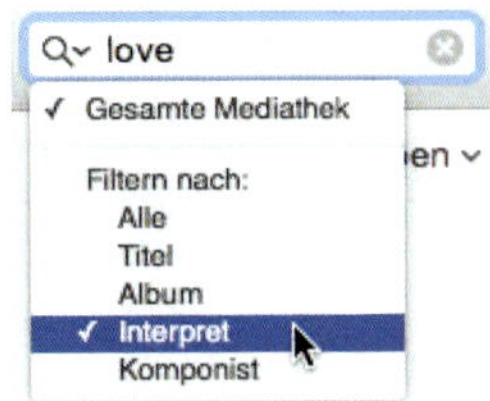

Als weitere Variante zum Suchen bietet sich auch wieder der *Spaltenbrowser* an, wobei dieser nur innerhalb der Listen-Ansicht Titel funktioniert. Mit Wahl des Befehls *Darstellung/Anzeige | Spaltenbrowser | Spaltenbrowser einblenden (cmd-B/Strg-Umschalttaste-B)* teilt sich das Übersichtsfenster und stellt zusätzliche Leisten wie *Genres, Interpreten* oder *Alben* zur Verfügung, wobei diese über das Kontextmenü weiter angepasst werden können (etwa mit *Komponisten* und *Werke)*. Somit gestaltet sich die meist reichlich mit Musik-Titeln gefüllte *Mediathek* übersichtlicher: Ein Klick auf beispielsweise *Interpreten* listet nun rechts davon die entsprechenden Alben auf. Ein weiterer Klick auf das für Sie interessante Album führt dann die dazugehörigen Titel auf.

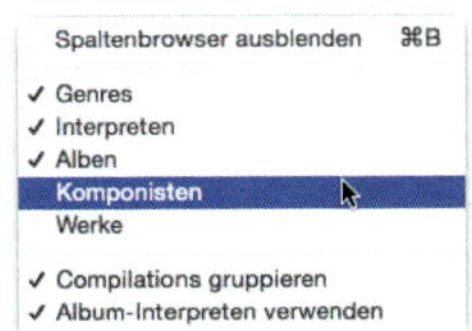

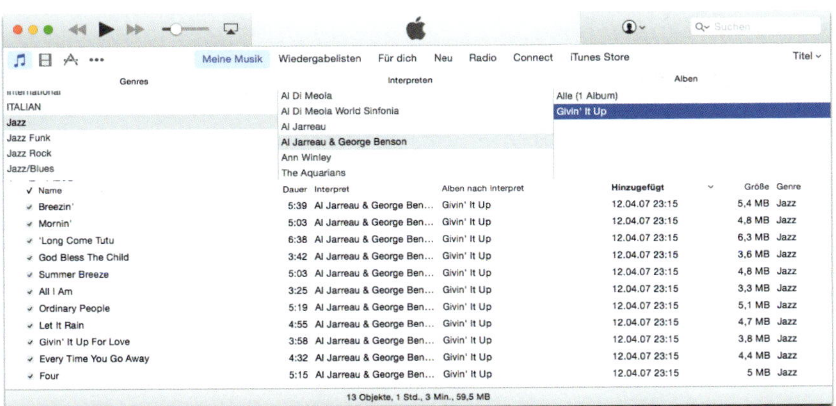

Auch eine Möglichkeit zum Wiederfinden – der Spaltenbrowser.

Wenn Sie den Original-Schauplatz eines Liedes in Erfahrung bringen möchten, so markieren Sie den Song und wählen unter *OS X* aus dem *Ablage*-Menü den Befehl *Im Finder anzeigen (cmd-Umschalttaste-R)*. Unter Windows finden Sie den Befehl über *Datei | In Windows Explorer anzeigen (Strg-Umschalttaste-R)*. Es öffnet sich ein Ordner mit der entsprechenden Original-Datei. Bevorzugen Sie eher die schriftliche Variante, so öffnen Sie bei markiertem Lied den *Informationen*-Dialog *(cmd-I/Strg-I)* und dort den Reiter *Datei*. Ganz unten bei *Speicherort* steht der genaue *Pfad*.

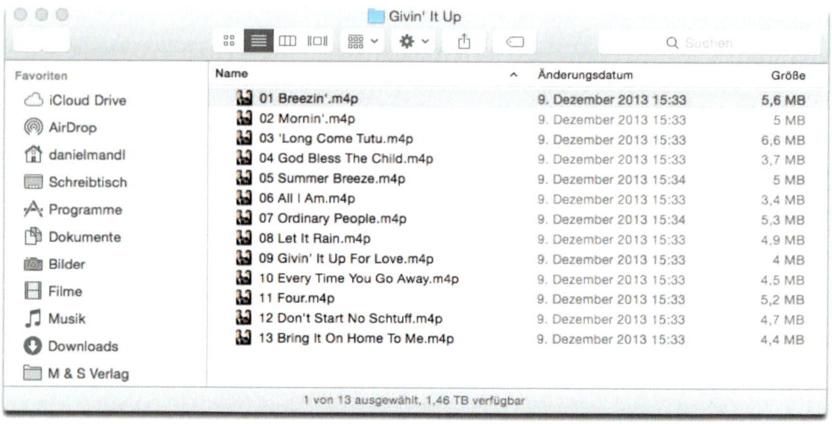

Wenn's mal wieder schnell gehen soll – in weniger als einer Sekunde zum Original.

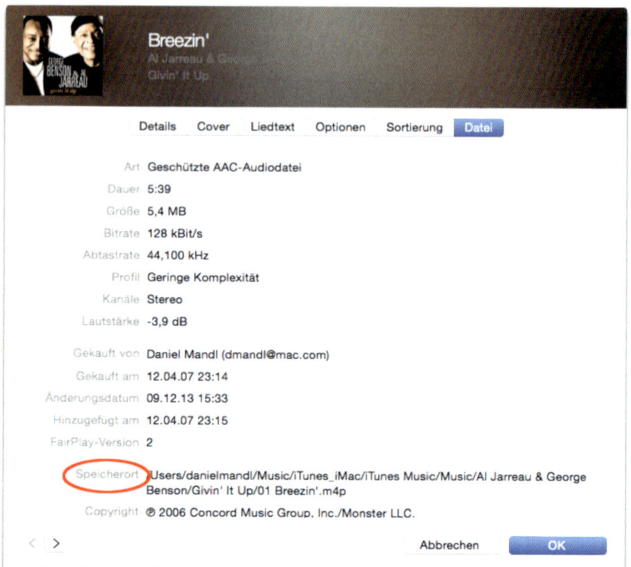

Für Pfad-Finder – genaue Ortsangabe in den Informationen.

Und wenn wir schon beim Suchen sind: Platzt Ihre Musik-Sammlung aus allen Nähten und möchten Sie daher einmal nach doppelten Einträgen fahnden, um wieder ein wenig Ordnung in Ihren Bestand zu bringen, so wählen Sie einfach *Darstellung/Anzeige | Doppelte Objekte einblenden*. Dabei sollten Sie aber gut aufpassen, denn oftmals liegen zwar gleiche Titel vor, diese jedoch in unterschiedlichen Alben. Und werfen Sie auch immer einen Blick auf die Spiellänge, denn manchmal gibt es auch verschiedene Interpretationen vom gleichen Lied.

Derselbe Songtitel vom gleichen Interpreten liegt gleich vier Mal in der Mediathek – allerdings auf vier verschiedene Musik-Alben verteilt.

Noch genauer lässt sich vorgehen, wenn Sie beim Aufrufen von *Darstellung/Anzeige | Doppelte Objekte einblenden* zuvor die *Optionstaste (alt)* auf dem Mac bzw. die *Umschalttaste* unter Windows) drücken. Somit wird aus *Doppelte Objekte einblenden* der Befehl *Exakte Duplikate einblenden*, der neben Interpret und Titel nun auch die Kategorie *Album* berücksichtigt. Aber auch in diesem Fall seien Sie nicht zu vorschnell mit dem Löschen, sondern schauen Sie im Zweifel in den *Informationen* (*cmd-I/Strg-I* – Rubrik *Übersicht*) nach, ob es sich wirklich um denselben Speicherort handelt. Alternativ können Sie sich die Original-Daten der angemahnten Titel auch im *Finder* bzw. im *Windows Explorer* anzeigen lassen, indem Sie über das Kontextmenü die Befehle *Im Finder anzeigen/In Windows Explorer zeigen* aufrufen. Liegen zwei übereinstimmende Titel im selben Verzeichnis, so können Sie beruhigt einen davon entfernen.

Über »Exakte Duplikate einblenden« werden nur jene doppelten Titel aufgeführt, die auch im selben Album vorkommen. Überprüfen Sie aber dennoch den Speicher-Ort – etwa über das Kontextmenü und die Befehle »Informationen« bzw. »Im Finder anzeigen«/»In Windows Explorer zeigen«.

Nicht gefundene Titel aufspüren

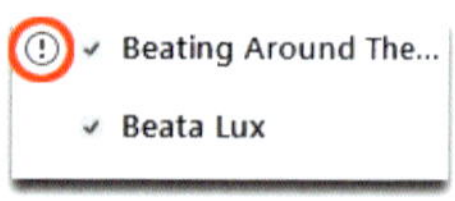

Auch das gibt es: Sie möchten einen Titel wiedergeben und stattdessen kommt eine Fehlermeldung, dass der betreffende Titel nicht gefunden werden konnte. Weiterhin trägt der Titel nun das Symbol mit einem Ausrufezeichen, was darauf hindeutet, dass die Original-Datei nicht mehr an seinem angestammten Platz liegt.

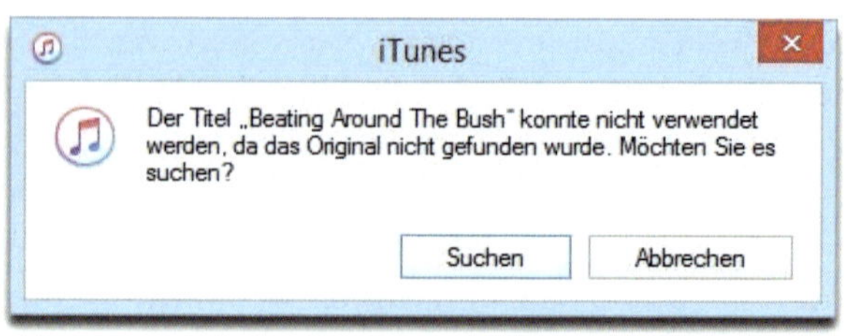

iTunes kann den Titel nicht abspielen, da er die Datei nicht findet. Gleichzeitig bietet der Dialog die Möglichkeit der Suche an.

Im erscheinenden Dialog klicken Sie nun auf *Suchen* und weisen den Titel erneut zu – natürlich immer vorausgesetzt, Sie wissen, wo er liegt. Oftmals wurde er einfach »übersehen«, so dass er weiterhin im *iTunes Media*-Ordner (und dort unter *Music* im entsprechenden Interpreten-Ordner) liegt und erneut zugewiesen werden kann. Im Zweifel können Sie im *Öffnen*-Dialog sowohl unter Mac als auch Windows den Titel im rechts oben liegenden Suchenfeld eintragen und darüber nachforschen. Falls alle Stricke reißen, heißt es wohl den Titel erneut zu importieren.

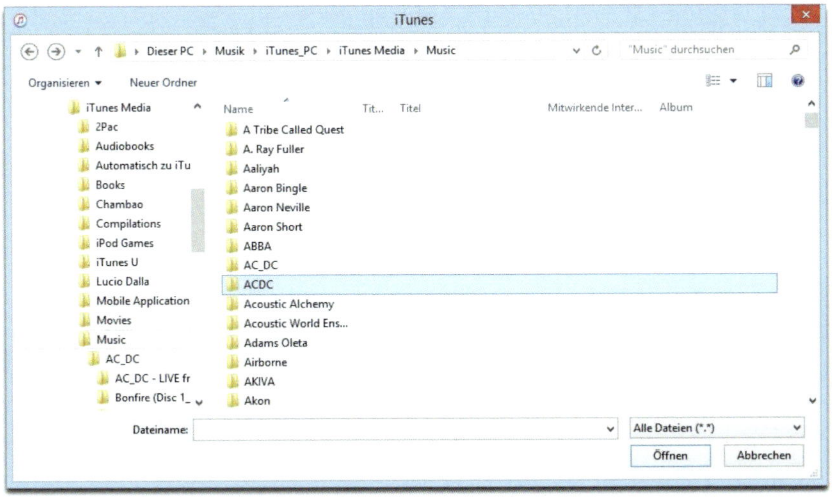

Über den Pfad »Musik/iTunes/iTunes Media/Music« stoßen Sie auf alle Interpreten-Einträge Ihrer Musik-Mediathek. Schauen Sie am besten zuerst dort einmal nach.

Sobald Sie einen Titel zuweisen, fragt *iTunes* nach, ob an diesem Ort auch nach anderen fehlenden Dateien gesucht werden soll. Dies können Sie über *Dateien suchen* bestätigen, da auf diese Weise meist auch die anderen Titel ergänzt werden.

iTunes fürs Auge – Visuelle Effekte

Die *Visuellen Effekte* sind zwar eher was fürs Auge, da diese auf die Hörqualität selbst keinen Einfluss nehmen, Sie sollten diesen aber auf jeden Fall einen Besuch abstatten. Wählen Sie dazu bei laufender Musik über das Menü *Darstellung/Anzeige* den Befehl *Visuelle Effekte einblenden (cmd-T/Strg-T)*. Hierauf verschwindet das Übersichtsfenster von *iTunes* und stellt stattdessen ein farbenfrohes Lichtspektakel dar. Auf Wunsch klappt das auch bildschirmfüllend, indem Sie über *Darstellung/Anzeige* den Befehl *Vollbildmodus ein/Vollbildschirm* wählen bzw. *cmd-ctrl-F/Strg-Umschalttaste-F* auf der Tastatur drücken.

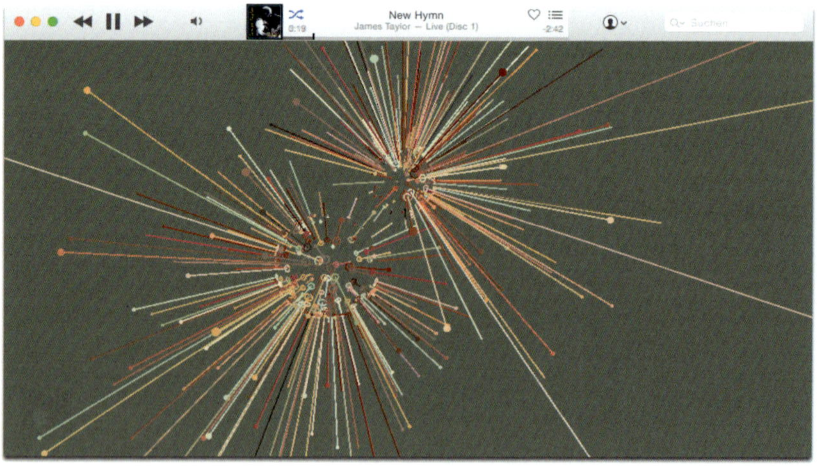

Alles so schön bunt hier: Ein Feuerwerk an Farben hüpft zum Takt der Musik.

Die *OS X*-Version von *iTunes* ist bei den visuellen Effekten ein wenig bevorteilt worden, bietet sie doch neben *iTunes Visualizer* und *iTunes Classic Visualizer* noch die Effekte *Stix*, *Drehbank* und *Gelee*. Letztere sind allerdings nicht so nach unserem Geschmack, so dass wir uns ganz klar für den *iTunes Visualizer* als Favoriten festlegen.

Bei der Einstellung *iTunes Classic Visualizer* können Sie das Aussehen der Effekte bzw. die Feineinstellungen zur Bildrate, die Anzeige von Titelinformationen etc. beeinflussen, indem Sie den Buchstaben »H« bzw. *Umschalttaste-?/Strg-?* auf der Tastatur drücken.

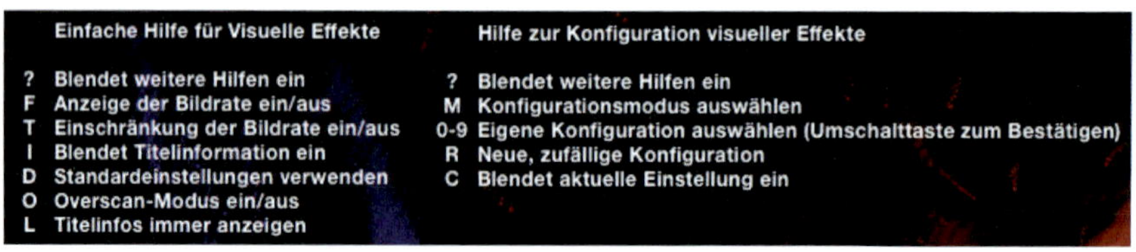

Für alle, die gerne ein wenig Abwechslung brauchen – und »iTunes« bietet eine Menge davon.

Die Option *Videos wiedergeben* bezieht sich in diesem Kontext auf Wiedergabelisten. Sollte sich darin ein Musikvideo befinden, so wird dieses statt der visuellen Effekte abgespielt. Folgt darauf wieder ein Musikstück, so schalten sich die Effekte erneut ein.

Radio hören über »iTunes«

iTunes bietet Ihnen mittlerweile zwei Möglichkeiten an, auf Radio-Sender zuzugreifen. Die erste Variante kennen Sie vielleicht schon aus vorhergehenden *iTunes*-Versionen, indem Sie über die Medien-Auswahl die Kategorie *Internetradio* auswählen und sich daraufhin eine lange Liste an Einträgen mit diversen Musikrichtungen wie Blues, Country, Jazz usw. zeigt. Klicken Sie nun auf das kleine Dreieck links neben den Musik-Stilen, so wird eine Reihe von Radio-Sendern eingeblendet. Doppelklicken Sie nun einen dieser Sender, so können Sie nach wenigen Sekunden Musik hören.

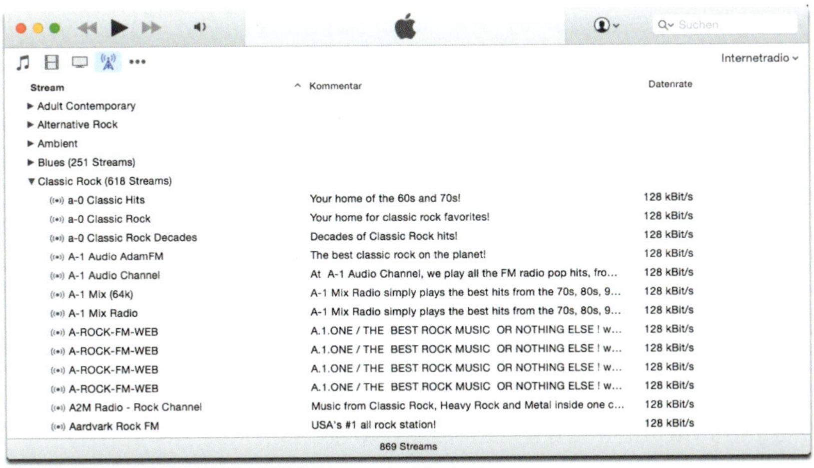

Nebenbei dem Radio lauschen bringt oftmals ein wenig Abwechslung in den Alltag. Für die arbeitende Bevölkerung: Lassen Sie sich aber nicht erwischen …

Die Funktion *Radio* setzt eine schnelle Internet-Leitung voraus, um mit den jeweiligen Radio-Stationen Kontakt aufnehmen zu können, wobei die Musik in Echtzeit auf Ihren Rechner übertragen wird. Während also der Sender seinen Inhalt wiedergibt, versucht *iTunes* immer eine Verbindung mit der Radiostation aufrecht zu erhalten und neue Musik nachzuladen. Bei langsameren Internet-Zugängen und gleichzeitiger Sender-Auswahl mit hoher *Datenrate* kann es folglich zu Abbrüchen des Stream kommen. Versuchen Sie es in solchen Fällen einfach mal mit einer Radio-Station mit geringerer Datenrate.

Sollte bei Ihnen die Datenrate nicht mitangezeigt werden, so rufen Sie über die Menüleiste *Darstellung/Anzeige* die *Darstellungsoptionen (cmd-J/Strg-J)* auf und aktivieren Sie über Spaltenanzeige die Option *Datenrate*. Alternativ klappt das auch über das Kon-

text-Menü per Rechtsklick auf die Spalten-Titel. Die angegebene *Datenrate* (z. B. 128 kBit/s) zeigt dabei die Wiedergabe-Qualität an – je höher diese ist, desto besser.

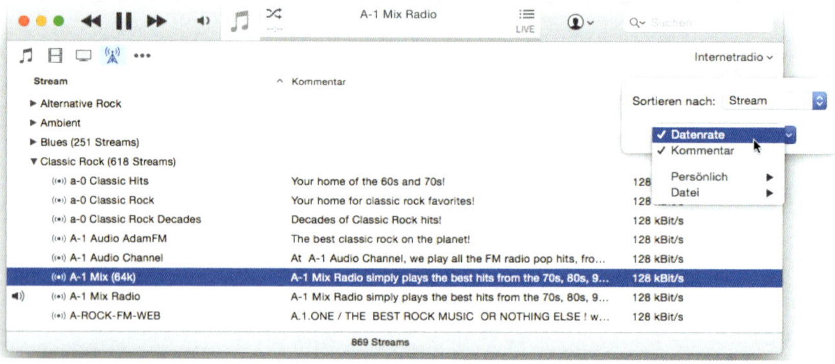

Über die »Darstellungsoptionen« und darin über »Spaltenanzeige« lässt sich die »Datenrate« einblenden.

Auf die in *iTunes* angebotenen Radio-Stationen sind Sie selbstverständlich nicht beschränkt – gerade dann, wenn Sie lieber deutschsprachige Sender hören möchten. Über Webseiten wie `www.radio.de`, `www.mikesradioworld.com`, `www.liveradio.de`, oder `www.apfelwiki.de/Main/DeutscheRadiostreams` lassen sich Hunderte weiterer Sender finden, die sich jedoch meist nur über die Browser-Oberfläche oder per eigener App (für *iOS*-Geräte) wiedergeben lassen.

Sofern Sie einen Radio-Dienst bei den von Apple zur Verfügung gestellten Sendern gefunden haben, der Ihnen besonders gut gefällt, sollten Sie ihn in einer Wiedergabeliste speichern. Dies aus einem einfachen Grund: Da sich das Angebot an Radiostationen stets ändert, kann es passieren, dass auf einmal Ihr Lieblingssender aus der Radio-Liste gestrichen wird. Schalten Sie dazu um in Ihre Wiedergabelisten um und legen Sie eine neue namens *Internetradio* an. Zurück bei Ihren Radiosendern packen Sie nun den gewünschten Radio-Stream mit der Maus und bewegen ihn leicht nach rechts oder links. Daraufhin blendet *iTunes* linker Hand die Wiedergabelisten-Rubrik ein. Ziehen Sie nun den Radio-Stream auf die Wiedergabeliste *Internetradio* und der Eintrag ist auch für den späteren Gebrauch gesichert.

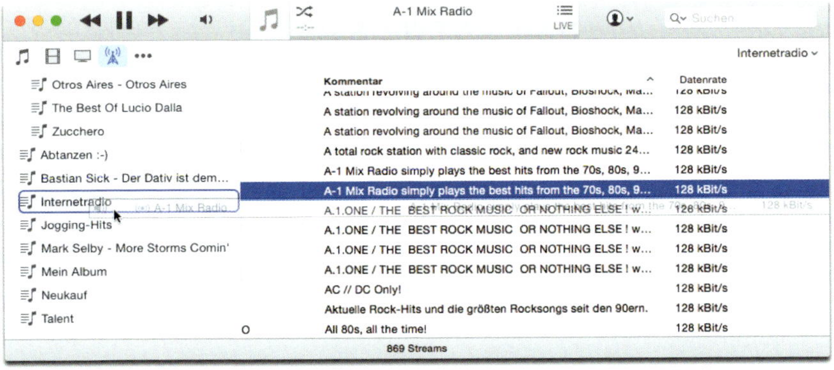

Ein Radio-Sender wird in die Wiedergabeliste verfrachtet.

Die zweite Möglichkeit zum Hören von Radio entstand über Apples Streaming-Dienst *Apple Music*, der kostenpflichtig den Zugriff auf sämtliche Musik, die es im *iTunes Store* zu finden gibt, ermöglicht. Hierbei wurde der Radiodienst *Beats 1* vorgestellt, der ununterbrochen aus seinen Studios in Los Angeles, New York und London sendet. Verantwortlich für Musikauswahl, Interviews und Gastmoderatoren sind dabei von Apple eingekaufte Experten wie der weltberühmte und ausgezeichnete DJ Zane Lowe und sein Team. Daneben gibt es viele weitere Sender, die sich ganz gezielt einzelnen Musik-Genres widmen. Der Haken dabei ist nur, dass bislang – bis auf *Beats 1* – darauf nur jene Zugriff haben, die sich ein *Apple Music*-Abonnement gönnen.

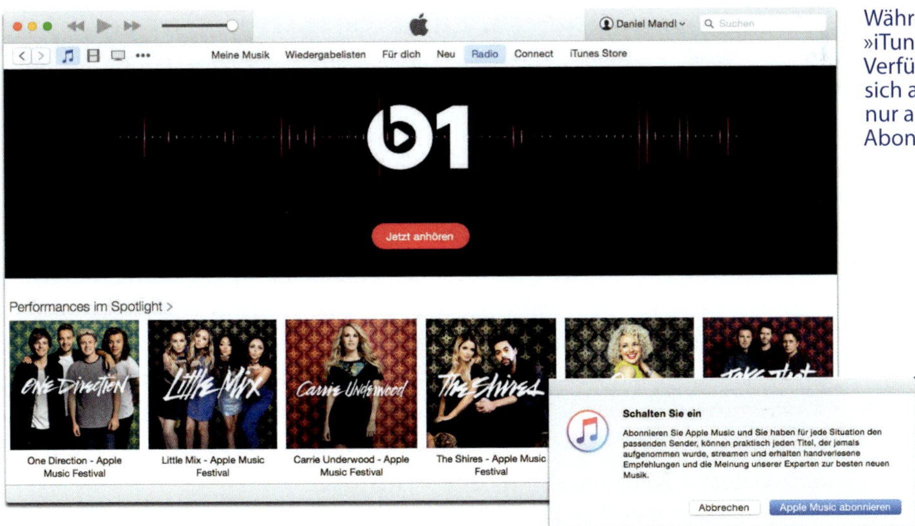

Während »Beats 1« allen »iTunes«-Nutzern zur Verfügung steht, lassen sich alternative Sender nur als »Apple Musik«-Abonnement genießen.

Apple Music-Abonnenten können – sofern ein Sender läuft – über den Klick auf das _Favoriten_-Symbol (das »Herz«) Apple zeigen, welche Titel ihnen besonders gut gefallen. Letzteres hilft dann dem DJ, sich auf den Geschmack seiner Nutzer einzustellen. Weiterhin hilft Ihnen der Klick auf das _Favoriten_-Symbol bei einer auf Sie zugeschnittenen Musikauswahl, die Ihnen über die Rubrik _Für Dich_ vorgeschlagen wird. Letztere Titel lassen sich dann ebenso abspielen oder auch zum Offline-Hören herunterladen.

Der Radiodienst seitens *Apple Music* ist weiterhin so clever, dass Sie sich sogar eigene Sender einrichten können. Dazu wählen Sie einfach einen Song innerhalb Ihrer Musiksammlung und wählen über die Schaltfläche *Weitere Optionen* (•••) den Eintrag *Sender starten*. Und schon beginnt die Musik zu dudeln, während gleichzeitig innerhalb der Radio-Sektion ein auf Sie zugeschnittener Sender angelegt wird. Letzterer stellt sich auf Ihren zuvor ausgesuchten Musikstil ein und spielt ähnliche Lieder. Gefällt Ihnen ein Song weniger gut, so lässt sich dieser auch überspringen.

Als »Apple Music«-Abonnent können Sie von jedem Titel aus einen »Sender starten«. Hierbei wird innerhalb der Radio-Rubrik ein Sender angelegt, der ähnlich geartete Musik abspielt.

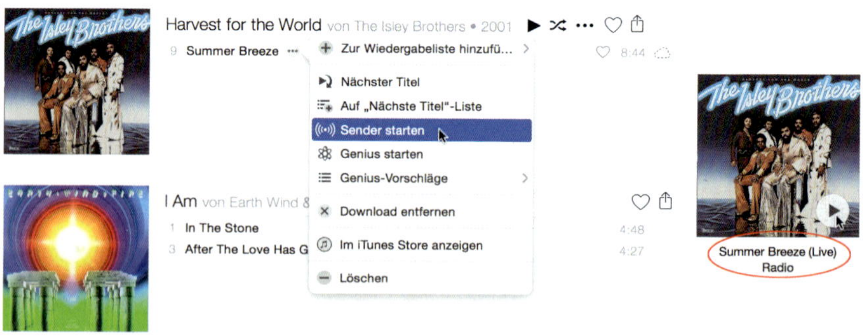

Titel wiederum, die Ihnen besonders gut gefallen, sollten Sie als solche kennzeichnen, indem Sie entweder auf den links neben den Abspielbuttons liegenden Stern klicken oder über die Schaltfläche *Weitere Optionen* (•••) den Eintrag *Mehr solche Musik spielen* auswählen. Das sich zeigende Menü hält jedoch noch weitere Offerten bereit: So können Sie beispielsweise den im Radio laufenden Song Ihrer Musiksammlung oder einer bestehenden Wiedergabeliste hinzufügen, ihn von einer Wiederholung ausschließen (*Titel nie wieder spielen*), ihn zu Ihrer *iTunes-Wunschliste* für den späteren Kauf bugsieren oder Titel bzw. Sender über soziale Netzwerke (Twitter, Facebook) oder den Link per Nachricht/E-Mail freigeben.

Das Menü »Weitere Optionen« (•••) bietet Ihnen zig Möglichkeiten, um Ihre Musiktitel zu speichern, auszuschließen oder freizugeben.

Und was *Apple Musik* innerhalb *iTunes* auf Mac oder PC beherrscht, können Sie selbstverständlich auch über Ihrer *iOS*-Geräte wie iPhone, iPad oder iPod touch bewerkstelligen. Starten Sie dazu Ihre *Musik*-App und Sie finden untenstehend den Punkt *Radio*. Oder Sie suchen sich über *Meine Musik* einen Titel aus, tippen auf das *Optionen*-Menü (•••) und darüber auf das *Radiostream*-Symbol (vergleichbar dem Befehl *Sender starten*). Und schon wird ein eigener Sender angelegt, dessen Titel Sie vorspulen oder überspringen oder auch als Favorit auszeichnen können.

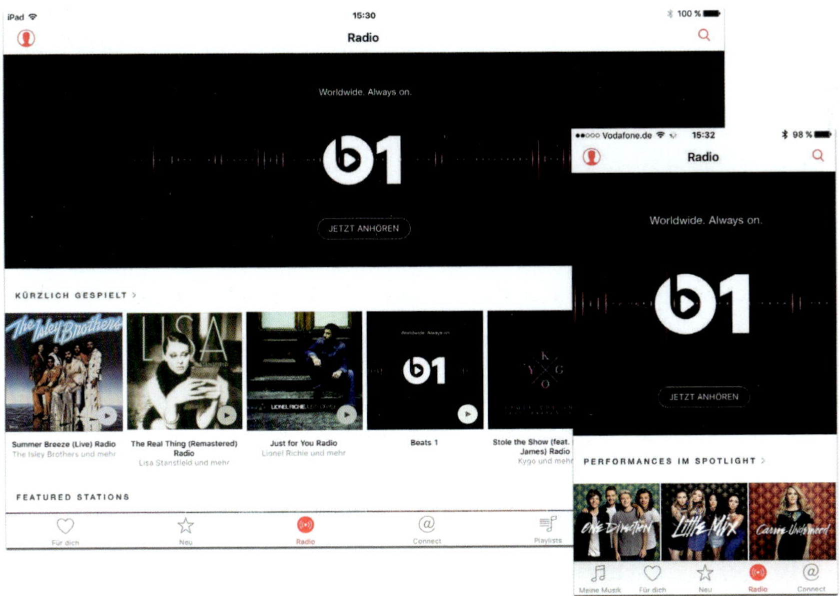

Auch auf Ihren »iOS«-Geräten wie iPhone, iPad oder iPod touch lässt sich über die Musik-App der Radiodienst finden.

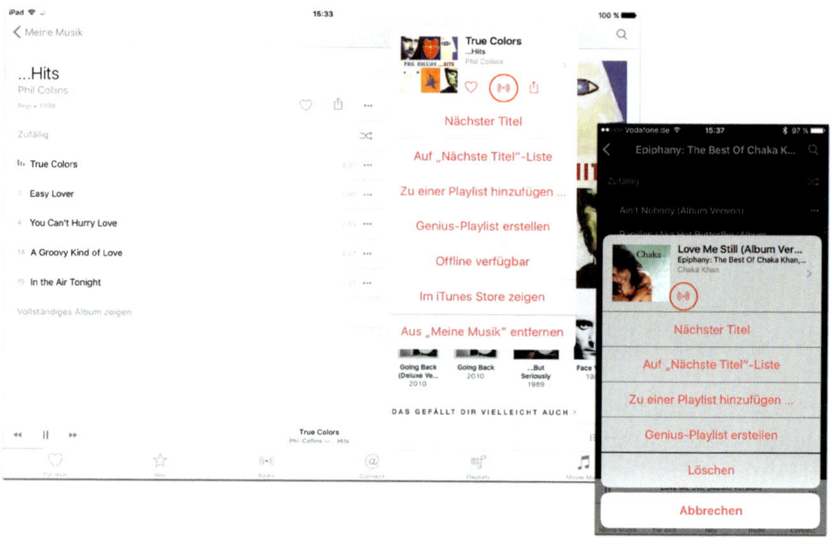

Rufen Sie einen Titel aus Ihrer »Meine Musik«-Sammlung auf und wählen über die »Optionen« (•••) den »Sender starten«-Button, spielen ähnlich geartete Lieder als Radiostream ab.

Soviel erst einmal zu *Apple Music* und seinen Radiodienst. Da *Apple Music* natürlich weitaus umfassender ist, kümmern wir uns noch ausführlich in einem gesonderten Kapitel weiter hinten im Buch darum.

Und nachdem Sie nun doch schon eine ganze Menge über *iTunes* wissen und sich vielleicht auch schon im Praktischen eingearbeitet haben, wagen wir auf den folgenden Seiten den Schritt in den *iTunes Store*. Dort finden Sie eine bald unüberschaubare Vielfalt an Medien wie Musik, Filmen, Podcasts, TV-Sendungen und, und, und. Wie das nun wieder alles funktioniert und wie Sie ganz schnell Ihr Geld loswerden können, zeigen wir Ihnen im nächsten Kapitel ...

Der »iTunes Store« – digitales Einkaufen

Ob Musik, Filme, TV-Sendungen, Podcasts, Hörbücher oder die Bildungsabteilung *iTunes U* – der *iTunes Store* erwartet Sie mit einer Fülle von Angeboten, dass man kaum noch den Überblick behalten kann. Hinzu kommt der *App Store* – über den Sie Ihre Mobil-Geräte wie iPod touch, iPhone oder iPad mit Programmen und Spielen bis zum Abwinken auffüllen können.

Die Kontaktaufnahme mit der virtuellen »Shopping Mall« *iTunes Store* ist denkbar einfach, denn Sie brauchen als Voraussetzung nur einen Online-Zugang sowie einen Account. Der Online-Zugang sollte bestenfalls über eine Breitband-Verbindung erfolgen. Haben Sie *iTunes* gestartet, so begeben Sie sich als Erstes in die gewünschte Medien-Kategorie (also Musik, Filme, TV-Sendungen etc.) und klicken dann auf den jeweiligen Eintrag *iTunes Store*.

Der »iTunes Store« erwacht zum Leben und weckt das Begehren nach Konsum.

Das Navigieren funktioniert ähnlich wie in einem Internet-Browser: Alle Eintragungen, die Sie sehen, können angeklickt werden und verweisen auf weitere Unterseiten. Über die oben stehenden Symbole springen Sie dabei *vorwärts* und *rückwärts*.

Rechter Hand finden Sie zum einen den Schnellzugriff (Rubrik *Musik/ Filme/TV auf einen Klick*) auf alle Ihre persönlichen Daten (*Account, Gekaufte Artikel*) sowie die Möglichkeit zum Einlösen oder Verschenken von Gutscheinen, zum anderen die stets aktuell gehaltenen Ratings (*Toptitel, Topalben, Top-Videos* etc.) – also welcher Song, welches Album, welche *Filme* oder welche *TV-Sendungen* am häufigsten über die *Store*-Theke gereicht wurden.

Zum Umschalten in einen anderen Medien-Store klicken Sie einfach auf die gewohnten Symbole für die entsprechenden Rubriken und Sie landen automatisch im zugehörigen *iTunes Store*. Interessant ist hierbei noch die Möglichkeit zum Vorauswählen einer bestimmten Musikrichtung, eines Film-Genres, einer TV-Kategorie oder einer Hörbuch-Rubrik etc. Diese Schnellverweise auf eine bestimmte Unterkategorie bekommen Sie, indem Sie rechter Hand unterhalb der Haupt-Kategorie auf den kleinen, nach unten zeigenden Pfeil klicken.

Eine Auswahl an Menüs mit den diversen Rubriken: Musik, Filme, TV, Podcasts, iTunes U und App Store. Bei dieser enormen Auswahl wird wohl jeder fündig.

Eine Möglichkeit zum Suchen – nach Interpreten, Alben, Musik-Gruppen, Filmen oder was auch immer – besteht über die direkte Eingabe über das rechts oben liegende Durchsuchenfeld in der Kopfzeile der *iTunes*-Benutzeroberfläche. Schreiben Sie einfach einen Begriff hinein und bestätigen Sie Ihre Anfrage – die Suchergebnisse erscheinen binnen Sekunden. Meist werden schon beim Schreiben des gesuchten Interpreten etwaige Möglichkeiten eingeblendet, sodass Sie auch darauf zurückgreifen können.

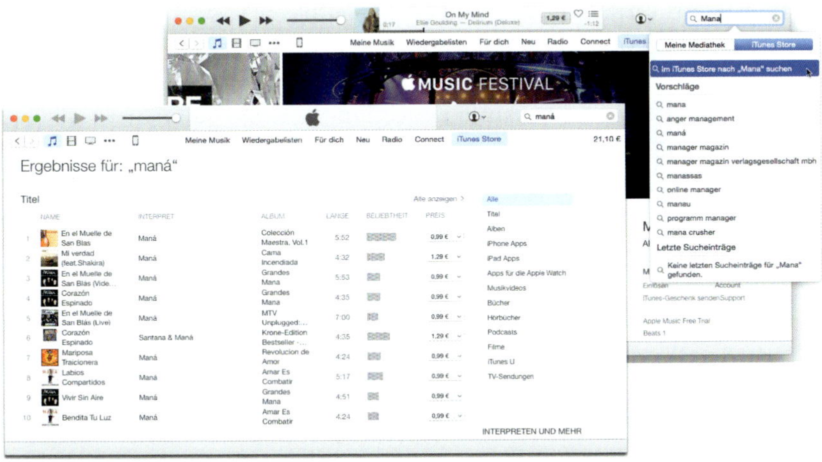

Die Ergebnisse lassen nicht lange auf sich warten – vorausgesetzt, dass »iTunes« mit dem Begriff was anfangen kann. Im Zweifel wird jedoch nachgehakt.

Aller Anfang ist jedoch eine einigermaßen gefüllte Geldbörse, denn schließlich gibt es (fast) nichts geschenkt. Spätestens dann, wenn Sie schon ein wenig im *iTunes Store* gestöbert haben und einen Kaufwunsch verspüren, müssen Sie sich im *iTunes Store* anmelden. Das erledigen Sie – wie sollte es auch anders sein – über den Klick auf *Anmelden*.

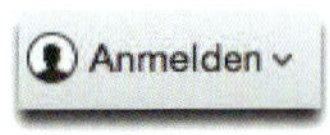

Da müssen Sie durch: Bitte anmelden …

Sofern Sie schon eine *Apple ID* besitzen, so brauchen Sie nur Ihre Daten einzugeben. Wenn nicht, heißt es Neu-Mitglied im Club der *iTunes*-Freunde zu werden und eine neue *Apple ID* zu erstellen. Klicken Sie folglich auf den gleichnamigen Button und Sie werden in wenigen Schritten zum hoffähigen Einkäufer.

Die erste Stufe ist erklommen, wenn Sie den *Allgemeinen Geschäftsbedingungen* zustimmen. Hierbei müssen Sie ganz unten stehend per Mausklick (um damit ein Häkchen zu setzen) den Eintrag *Ich habe die allgemeinen Geschäftsbedingungen gelesen und akzeptiere diese* bestätigen. Es folgen die Eingabe einer E-Mail-Adresse sowie das Festlegen eines Passworts, das aus acht Buchstaben bestehen muss, wobei mindestens eine Zahl und ein Großbuchstabe enthalten sein müssen. Ersteres fungiert als Ihre *Apple-ID*, mit der Sie sich immer anmelden werden. Weiterhin müssen Sie unter *Sicherheitsinfo* einige Fragen und Antworten festlegen, die zur Identifizierung Ihrer Person bei etwaigen Problemen benötigt werden. Des Weiteren erhalten Sie hier auch die Möglichkeit, die schon erwähnten Newsletter für Neuerscheinungen sowie allgemeine Apple-News zu abonnieren.

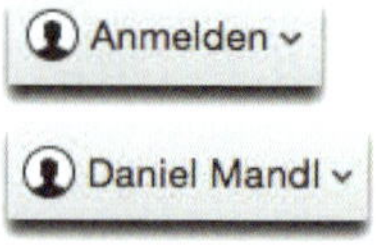

Danach heißt es dann Anschrift und – ganz wichtig – die Zahlungsmodalitäten abzuklären. Besitzen Sie eine Kreditkarte, müssen Sie deren Daten eintragen. Oder Sie nehmen *Click&Buy* in Anspruch, das als Bezahldienst das Lastschriftverfahren ermöglicht. Klicken Sie dann auf *Apple ID erstellen* und Ihr *Account* wird eingerichtet. Sie merken dies auch daran, dass nun rechts oben statt des *Anmelden*-Buttons ihre *Apple ID* steht.

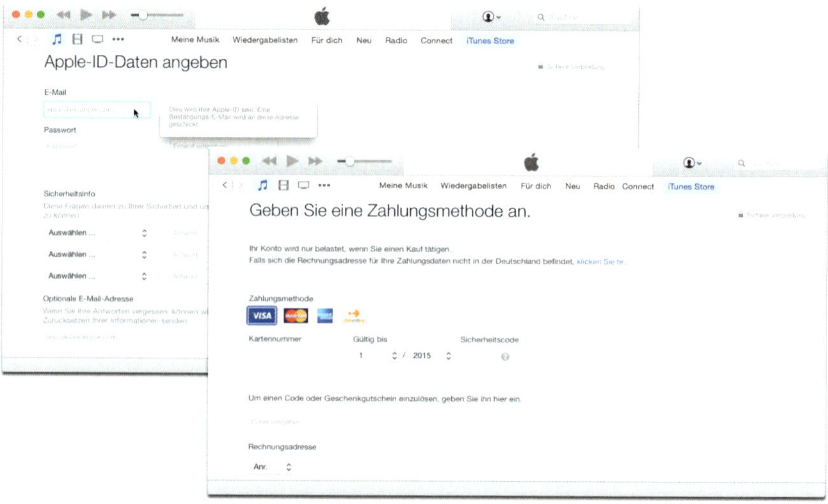

Der Anmeldeprozess zum Erstellen einer Apple ID samt Passwort sowie die Eingabe der Zahlungsmodalitäten.

Möchten Sie später einmal Ihre Daten einsehen, so klicken Sie entweder in der Rubrik *Alles auf einen Klick* auf *Account* bzw. über Ihren Anmelde-/Apple-ID-Button auf *Accountinformationen* und Sie können jederzeit Änderungen – beispielsweise eine Änderung Ihrer Kreditkartendaten – vornehmen.

Über Ihre Apple-ID bzw. die Rubrik »Alles auf einen Klick | Account« haben Sie jederzeit Zugriff auf Ihre persönlichen Daten und können darüber Änderungen vornehmen.

Sofern Sie selbst über keine Kreditkarte verfügen (sehr vernünftig!) und dennoch ein Konto einrichten möchten, so geben Sie statt der Kreditkartendaten oder sonstigen Modalitäten einfach einen Gutscheincode ein. Ein Account für Ihre minderjährigen Kinder (in diesem Fall unter 13 Jahren) lässt sich ebenso gestalten, wobei dies über die sogenannte *Familienfreigabe* klappt. Letzteres zeigen wir weiter hinten im Kapitel zur *iCloud* und zu *Apple Music*.

Gutscheincodes können Sie sich auf verschiedenen Wegen besorgen: über *Monatliche Geschenke*, E-Mail- bzw. druckbare *Geschenkgutscheine* oder *iTunes-Karten*. Die *iTunes-Karten* über 25, 50 oder gar 100 Euro können Sie direkt über Apples Webseite (`www.apple.com/de/itunes/gifts/` oder `www.apple.com/de/shop/browse/home/giftcards/itunes/gallery`) oder bei ausgesuchten Apple-Händlern erwerben. Auch Discounter oder große Warenhaus-Ketten bieten diese zwischenzeitlich an – des Öfteren sogar mit Rabatt. Den 16-stelligen Code geben Sie dann im *iTunes Store* unter der Rubrik *Alles auf einen Klick | Einlösen* ein, so dass die Summe zum Einkauf freigegeben wird.

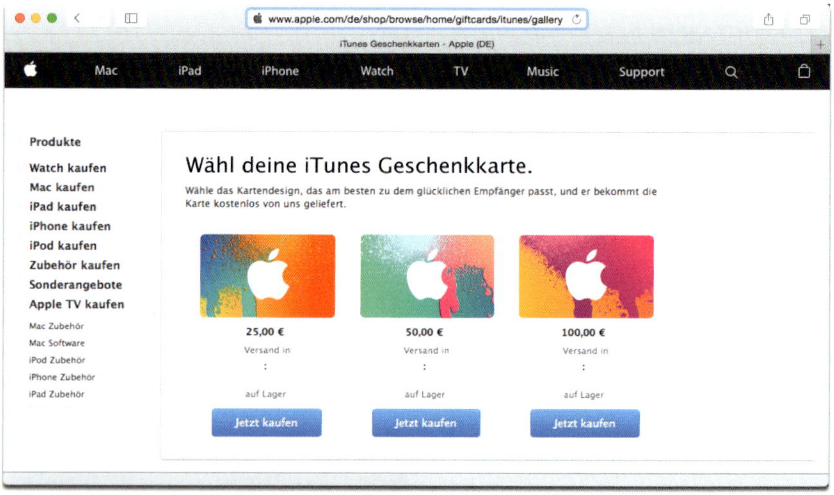

Karten lassen sich beispielsweise online über den Apple Store erwerben. Die iTunes-Karten verfügen dabei über ein Budget zwischen 25 und 100 Euro – ideal also für Kinder (und auch Eltern), die das Einteilen noch lernen sollen :-)

Falls Ihr Code auf der Geschenkkarte umrahmt ist, lässt sich dieser sogar per Kamera freischalten.

Ein ähnliches Vorgehen gilt bei den *monatlichen Geschenken* (siehe auch `www.apple.com/de/itunes/gifts/`) sowie bei den *Geschenkgutscheinen*, wobei Sie hier selbst als Käufer mit Ihrer *Apple ID* auftreten müssen. Bei Ersterem kaufen Sie sozusagen ein monatliches Budget (ähnlich einer Telefonkarte zum Abtelefonieren) zwischen 10 und 50 Euro, das der oder die Beschenkte dann einlösen kann – Apple spricht hier auch von Taschengeldkonto. Wichtig ist hierbei, dass auch dieser über einen *Account* verfügt (falls nicht, kann dieser jedoch sogleich eingerichtet werden). Bei den *Geschenkgutscheinen* (*Alles auf einen Klick | iTunes-Geschenk senden*) erwerben Sie dagegen einen richtigen Gutschein mit festgelegter Summe (ebenso zwischen 10 und 50 Euro), der dann als E-Mail oder als Papier-Ausdruck (auf dem eigenen Drucker) dem Empfänger ins Haus flattert. Sie können dabei jederzeit über *Anderes Datum* einen alternativen Termin eingeben, der jedoch innerhalb der nächsten 365 Tage liegen muss. Bei allen Varianten müssen Sie/oder der Empfänger nach Erhalt den vorliegenden Code eingeben (Rubrik *Alles auf einen Klick | Einlösen*) – der Betrag wird dann gutgeschrieben und kann über den *Apple ID*-Button eingesehen werden.

Wie wir ja alle wissen, erhalten kleine Geschenke die Freundschaft. Vielleicht kennen Sie ja den ein oder anderen (Politiker, Finanzbeamten, Steuerfahnder, hungrigen Autoren …), der sich darüber freut.

Virtuelles Shoppen per Mausklick

Nachdem nun die Formalitäten geklärt sind, heißt es sich Wünsche zu erfüllen bzw. erst einmal etwas Brauchbares zu finden. Die Navigation innerhalb des *iTunes Stores* hat sich dabei an das *iOS* (das Betriebssystem für Apples Mobilgeräte wie iPad, iPhone oder iPod touch) angeglichen. Sie scrollen also sowohl vertikal wie horizontal – wobei Sie auf dem *Magic Trackpad* mit zwei Fingern bzw. der *Magic Mouse* mit einem Finger wischen. Bevorzugen Sie noch die gute alte Maus mit Scrollrad, so müssen Sie – falls Sie kein Vierwege-Rad verwenden – zum horizontalen Scrollen die *Umschalttaste* gedrückt halten bzw. die eingeblendeten Scrollbalken ziehen.

Wie bereits erwähnt, versteckt sich hinter jedem Eintrag oder Platten-Cover ein Link, der Sie auf eine Unterseite mit den zugehörigen Informationen wie Titel, Albuminfos, etwaigen Bewertungen und Rezensionen weiterleitet. Dort finden Sie auch die typische *Andere Hörer kauften auch*-Rubrik sowie unter *Zugehörig* weitere Top-Alben und Titel des Interpreten. Neben den Musik-Titeln werden bei manchen Interpreten auch zusätzlich ein *Video* und/oder ein *Digital Booklet* angeboten, das es jedoch nur bei Kauf des gesamten Albums gibt.

Alle Alben verfügen über mannigfaltige Informationen.

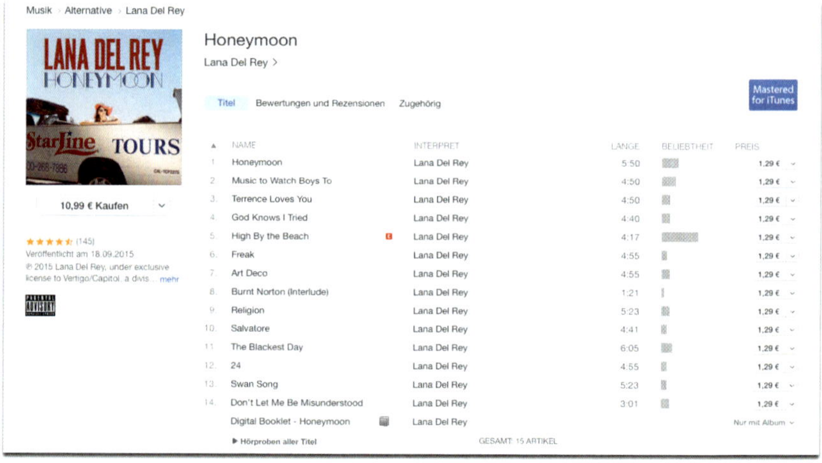

Ein weiteres Highlight im *iTunes Store* nennt sich *iTunes LP*, wobei das Kürzel »LP« wohl die gute alte Langspielplatte wieder zum Leben erwecken möchte. Und in der Tat: Es wird zwar kein haptisches Erlebnis geboten, doch erhält der Käufer Zusatzmaterial in Form von von Künstlern gestalteten Begleitinfos, animierten Songtexten (während der Musikwiedergabe), Künstlerporträts mit Bildern und, und, und. Erkennbar ist ein Album mit *iTunes LP* sowohl am Logo als auch am eingeblendeten *LP*-Icon.

iTunes LP-Alben zeichnen sich durch eine umfangreiche Ausstattung sowie eine besondere Aufbereitung aus.

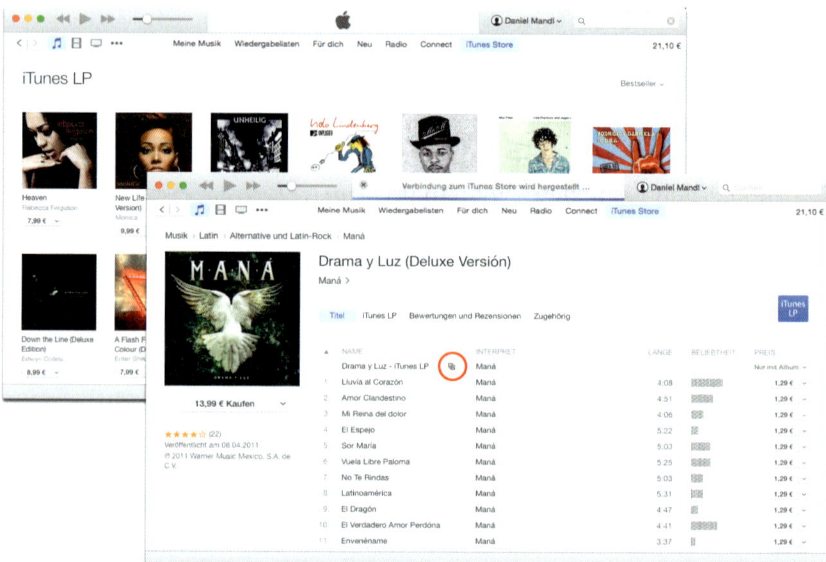

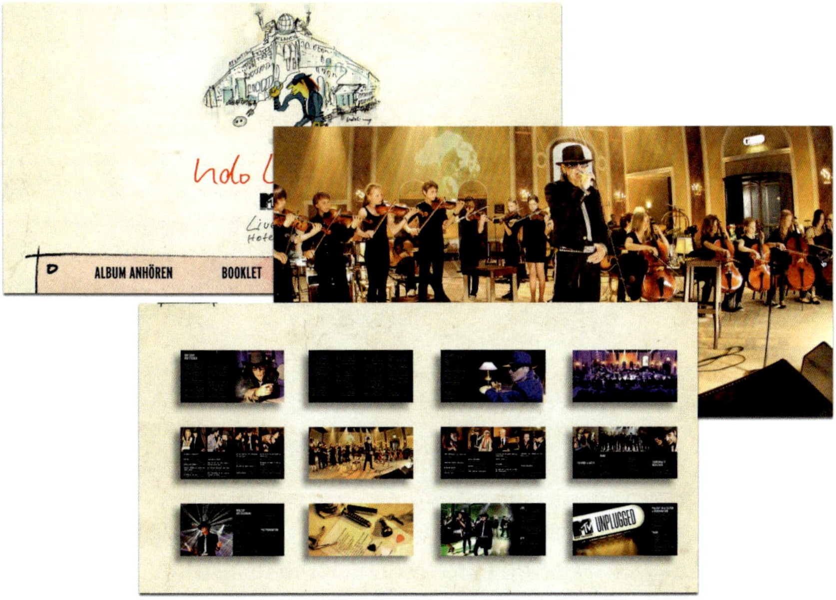

Doppelklicken Sie auf den Eintrag mit dem LP-Icon, so können Sie wie bei einer Spielfilm-DVD aus verschiedenen Rubriken wie Song-Titel, Bilder, Hintergrundinfos oder Videos auswählen.

Sofern Sie ein Album mit *iTunes LP* über einen iPod touch, ein iPhone oder ein iPad kaufen, wird nur die Musik auf die Geräte geladen. Die Extras dazu müssen Sie sich nachträglich beschaffen, indem Sie über *iTunes* auf Mac oder PC die Menüleiste *Store | Nach verfügbaren Downloads suchen* bemühen. Das gilt im Übrigen auch für die Wiedergabe: *iTunes LP* können Sie nur am Computer genießen, wenn dieser zum einen aktiviert wurde und zum Zweiten der Album-Titel von diesen Geräten aus auch in die Mediathek geladen wurde.

Das Geniale am virtuellen Shoppen im *iTunes Store* ist letztlich auch die Möglichkeit, in jedes Album reinhören zu können. Dazu bewegen Sie Ihren Mauszeiger auf einen Musik-Titel und klicken linker Hand dann auf das erscheinende Wiedergabe-Symbol klicken. Die Musik startet sogleich und wird 90 Sekunden lang abgespielt. Ist zudem ein Video mit im Angebot, so lässt sich auch dieses einsehen, und zwar ebenso 30 Sekunden lang.

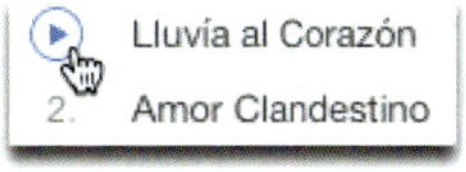

Ob Song-Titel oder Musik-Video – Probehören bzw. -sehen sollten Sie auf jeden Fall.

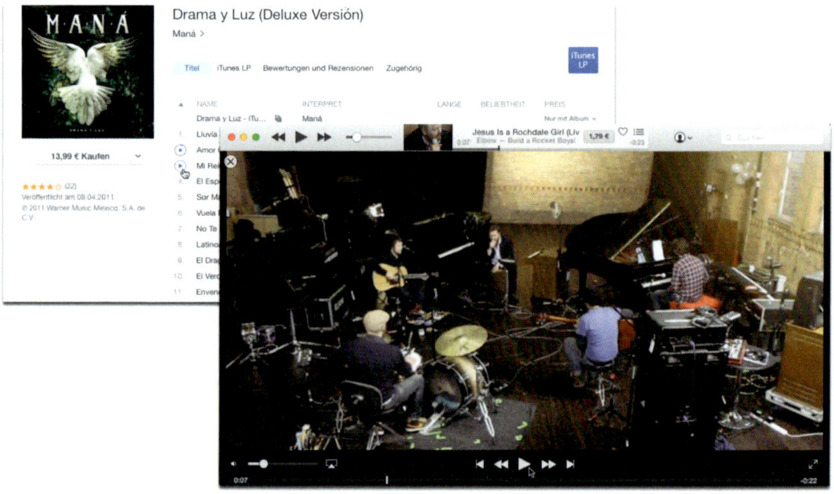

Möchten Sie jedem Titel eines Album kurz lauschen, so scrollen Sie ein wenig nach unten. Unterhalb der Titelliste finden Sie dort die Funktion *Hörproben aller Titel*, die auf Mausklick hin alle Songs brav hintereinander abspielt.

Gefällt Ihnen eine Hörprobe – egal ob Einzelsong oder ein ganzes Album –, doch Sie möchten vielleicht vor dem Kauf noch eine Nacht darüber schlafen, so lässt sich direkt in *iTunes* eine *Wunschliste* anlegen. Dazu finden Sie jeweils neben dem *Kaufen*-Button ein kleines Popup-Menü, das auf Klick hin weitere Optionen anbietet – unter anderem die Option *Zur Wunschliste hinzufügen*. Wird nun ein Lied oder ein Album in diese Wunschliste gelegt, so kann diese später über Ihre angemeldete *Apple ID* (die ebenso ein Popup-Menü anbietet) aufgerufen werden.

Sowohl einzelne Lieder als auch ganze Alben lassen sich in die Wunschliste aufnehmen.

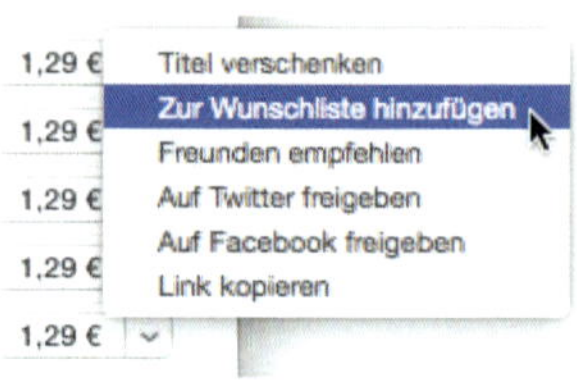

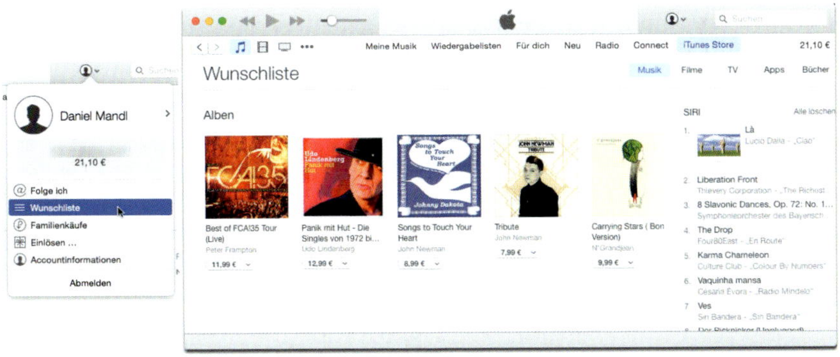

Die Wunschliste erreichen Sie schnell über Ihre Apple ID. Dort finden Sie neben Ihren ausdrücklich dort abgelegten Titeln auch einen Verlauf (»Vorschauen«) sowie von Siri per Musikerkennung identifizierte Songs.

Nur falls Sie sich wundern, warum in der Wunschliste die Rubrik *Siri* zu finden ist: Ihre Mobilgeräte bieten Ihnen unter *iOS 8/9* über *Siri* eine Musikerkennung an. Sitzen Sie beispielsweise im Café und hören ein Musikstück, das Ihnen gut gefällt, so starten Sie *Siri* und fragen einfach »Wie heißt dieser Song?«. Erkennt *Siri* das Lied, so werden Titel und Interpret genannt und – falls vorhanden – der Song auch gleich über den *iTunes Store* zum Kauf angeboten. Gleichzeitig werden diese Lieder im *iTunes Store* in Ihrer Wunschliste sozusagen als Erinnerungsstütze zwischengespeichert. Die Wunschliste finden Sie im Übrigen auf Ihren *iOS*-Geräten ebenso über die *iTunes Store*-App und dort über den Tipp auf das Listen-Symbol rechts oben. Neben der üblichen Wunschliste finden Sie auch dort den Eintrag *Siri*, der auf Tipp hin Ihnen die bislang erkannten Lieder präsentiert.

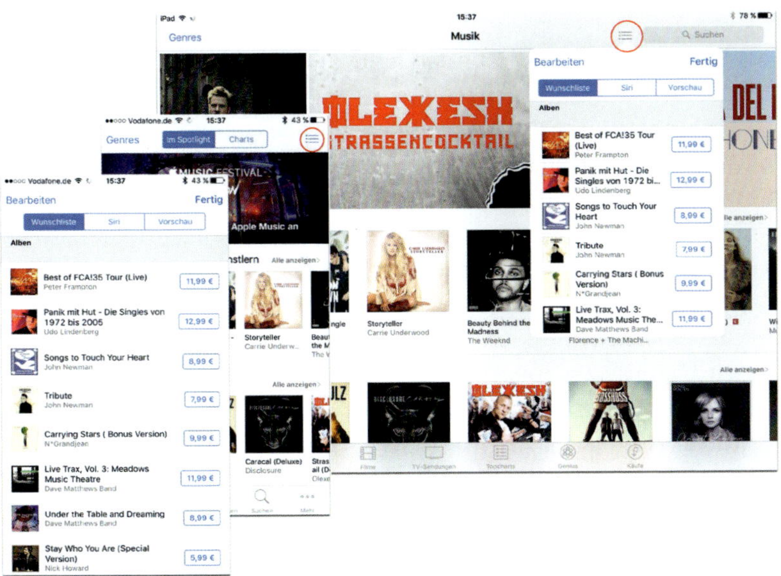

Damit Sie auch ja nicht vergessen, einzukaufen: Siri legt erkannte Lieder im iTunes Store in der Wunschliste ab.

Möchten Sie Titel wieder aus der Wunschliste entfernen, so fahren Sie einfach mit dem Mauszeiger über das Cover und klicken dann rechts oben auf das kleine *Löschen*-Symbol. Unter *iOS* wischen Sie einfach mit dem Finger von rechts nach links und bestätigen dann mit *Löschen*.

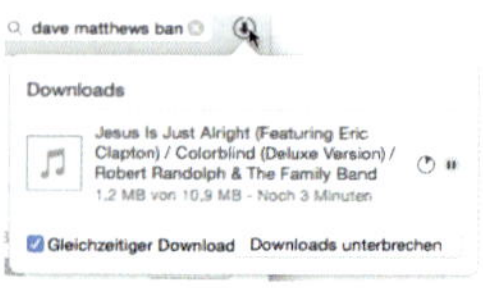

Zum Einkaufen brauchen Sie – wie soll es auch anders sein – nur auf *Kaufen* bzw. den Preis bei Einzeltiteln zu klicken. Nach der hoffentlich gut überlegten Aktion wird das Kennwort abgefragt und noch einmal vorsichtig nachgehakt, ob man denn wirklich diesen oder jenen Titel erwerben möchte. Bestätigt man wiederum mit *Kaufen*, so beginnt automatisch der Ladevorgang – ersichtlich auch am *Download*-Symbol rechts oben im *iTunes*-Fenster, das auf Klick hin den Verlauf des Herunterladens anzeigt.

Der ganz normale Einkauf: Zuerst weisen Sie sich über Ihre Apple ID sowie dem Passwort aus. Nach einer wiederholten Nachfrage und der erneuten Bestätigung über »Kaufen« beginnt der Ladezyklus.

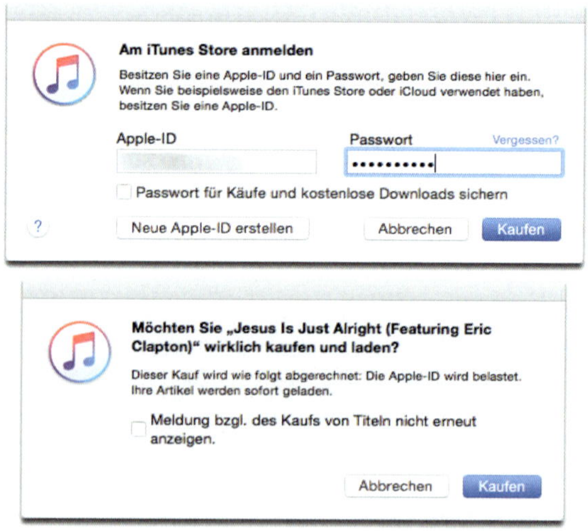

Wenn Sie einen Kauf getätigt haben, lassen sich üblicherweise die nachfolgenden Käufe über einen Zeitraum von 15 Minuten ohne weitere Passworteingabe erledigen. Das kann eine lange Zeit sein, wenn beispielsweise die Kinder anschließend am Rechner sitzen und sich schnell noch ein paar kostenpflichtige Spiele laden. Den Zeitraum zwischen Kauf und erneuter Passworteingabe zur Legitimation können Sie entweder über den ab und dann eingeblendeten Dialog bzw. jederzeit über die *iTunes-Einstellungen | Store* und dort bei den *Passworteinstellungen* ändern. Wir empfehlen grundsätzlich für jeden Kauf die Passworteingabe, da Sie so am besten geschützt sind.

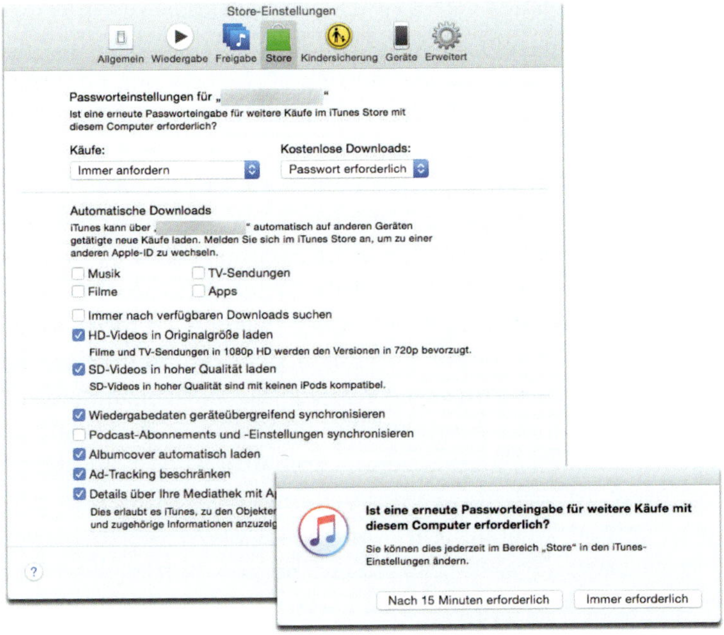

Im sich zeigenden Dialog sollten Sie den Button »Immer erforderlich« wählen. Ansonsten rufen Sie die »iTunes«-Einstellungen auf und stellen dort bei »Store« sowie den »Passworteinstellungen« bei »Käufe« die Option »Immer anfordern« ein. Auch für kostenlose Downloads lässt sich dort im Übrigen die Passworteingabe einrichten.

Alle gekauften Titel landen nun automatisch in Ihrer *Musik-Mediathek*. Gleichzeitig finden Sie alle Titel und Alben auch in der Wiedergabeliste *Einkäufe*. Zum schnelleren Wiederfinden ist es hier oftmals hilfreich, die Listen-Ansicht *Titel* und darin die Spalte *Hinzugefügt* zu verwenden. Auf diese Weise finden Sie die neu hinzugekommenen Titel immer ganz oben stehend. Diese lassen sich nun bestehenden Wiedergabelisten hinzufügen oder daraus eine neue kreieren.

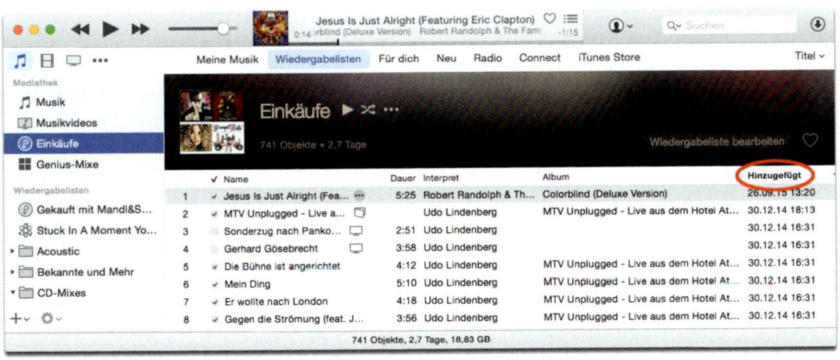

Die zuletzt geladenen Musik-Titel landen automatisch in der »Einkäufe«-Liste.

Die Rechnung erhalten Sie meist bereits am nächsten Tag per E-Mail. Heben Sie diese ruhig vorerst auf – man weiß ja nie ... Auch ist es nie verkehrt, sich von neuen Titeln eine Sicherheitskopie in Form einer Audio-CD zu brennen. Bitte denken Sie daran, dass Sie dafür erst aus den betreffenden Songs eine eigene Wiedergabeliste anlegen müssen. Das lässt sich aber auch später noch nachholen.

In seltenen Fällen kann es durchaus vorkommen, dass beim Laden der Musik-Daten der Wurm drin ist. Man erhält eine Fehlermeldung, die einem zwar keine Erklärung bietet, doch zumindest den Schweiß auf die Stirn treibt. Oder aber die Titel werden nicht vollständig oder gar fehlerhaft geladen. Hierbei können Sie sich helfen, indem Sie zum einen über die Menüleiste *Store* den Befehl *Nach verfügbaren Downloads suchen* aufrufen. Damit wird wieder der Kontakt zum *iTunes Store* hergestellt und die verbleibenden Daten werden – hoffentlich – auf den Rechner transferiert. Im Fall von Fehlermeldungen hilft Ihnen eventuell Apples Support-Dokument (`http://support.apple.com/kb/TS1424?viewlocale=de_DE&locale=de_DE`) weiter, das diverse Fehler- und Warnmeldungen auflistet.

Klappt der Download dennoch nicht bzw. haben Sie größere Probleme mit einem Artikel, so können Sie auch auf der Apple-Support-Webseite (`www.apple.com/de/support/itunes/`) in der Rubrik *Laden von Inhalten* nach Antworten suchen.

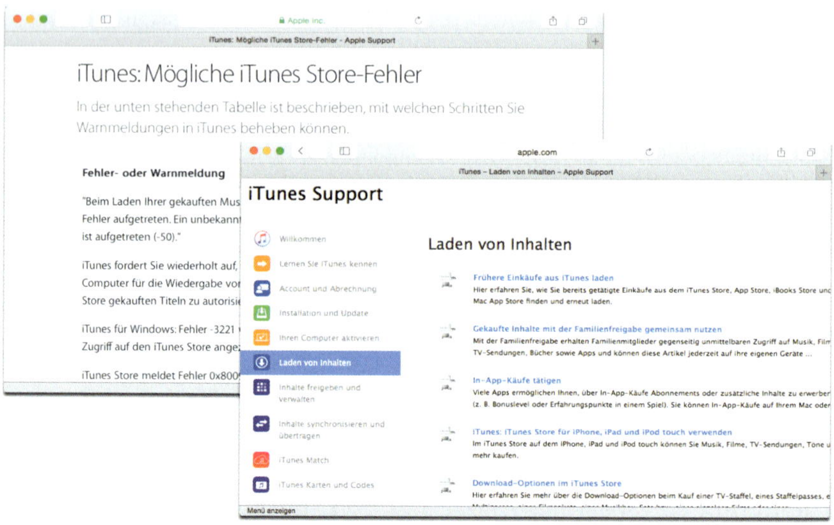

Apple bietet auf seinen iTunes-Support-Webseiten umfangreiche Lösungsvorschläge für bekannte Probleme.

Finden Sie dort keine hilfreiche Antwort auf Ihre Frage, so lässt sich auch direkt mit Apple in Kontakt treten. Das klappt zum einen über besagte Support-Webseite, indem Sie auf die untenstehende Rubrik *Support kontaktieren* klicken. Im darauf folgenden Fenster wählen Sie *iTunes Store-Support kontaktieren* und danach das entsprechende Problem. Hierauf erhalten Sie zum einen Lösungsvorschläge oder können – falls diese nicht helfen sollten – Kontakt per Telefon aufnehmen oder eine E-Mail mit der Problembeschreibung an Apple senden.

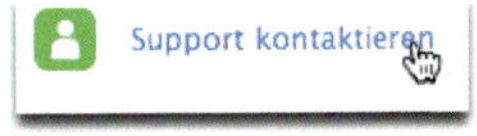

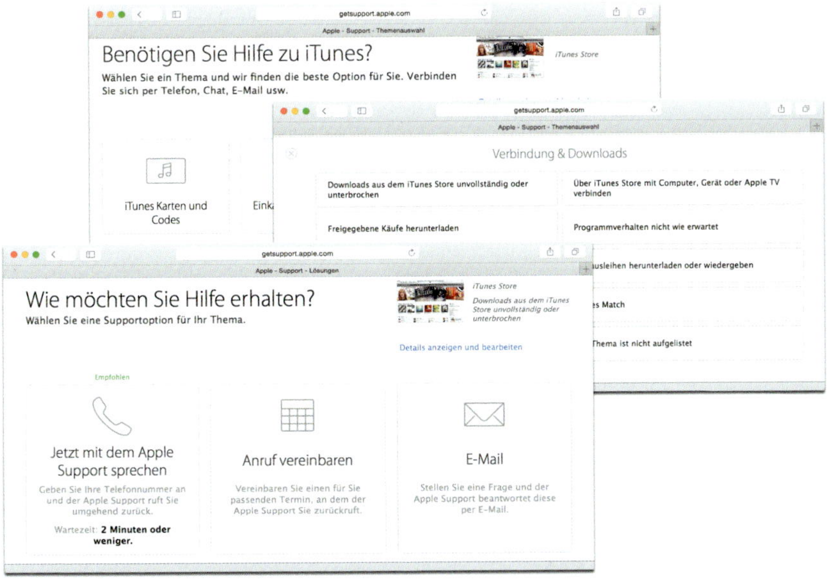

Der iTunes-Support seitens Apple: Über »Support kontaktieren« lässt sich das Problem schildern – auf Wunsch auch direkt per Telefon oder per E-Mail.

Die zweite Möglichkeit vollzieht sich direkt über den *iTunes Store*. In Ihren *Account*-Daten (im *iTunes Store* in der Rubrik *Musik auf einen Klick | Account* oder über die Menüleiste *Store | Account anzeigen*) finden Sie die Abteilung *Einkaufsstatistik*, die mit Klick auf *Alle anzeigen* Ihre letzten Käufe auflistet. Am Ende der Seite finden Sie dort den Knopf *Problem melden*, der Sie wiederum eine Seite weiter bringt. Direkt neben den Titeln taucht jetzt eben genannter Eintrag auf. Neben jenem Titel, der Probleme bereitet, sollten Sie nun auf *Problem melden* klicken. Hierbei startet der Browser und nach der Anmeldung über *Apple ID* und Kennwort lässt sich eine genaue Fehlerbeschreibung abgeben. Im Idealfall meldet sich daraufhin ein Store-Mitarbeiter und bietet eine Lösung mit ausführlicher Erläuterung an. Üblicherweise finden Sie dann (nach Über-

prüfung des Sachverhalts) über das *Store*-Menü und dem Befehl *Nach verfügbaren Downloads suchen* die korrekten Dateien.

Auch innerhalb Ihres Accounts bzw. der Einkaufsstatistik lassen sich Probleme melden.

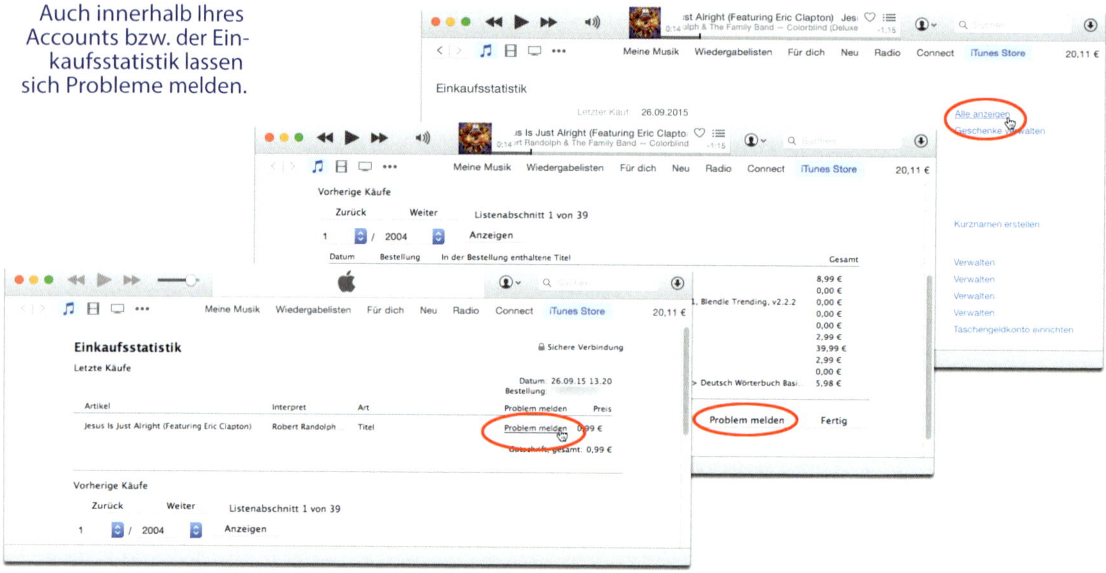

Geben Sie bei der Schilderung der Probleme eine möglichst detaillierte Beschreibung ab, damit Ihnen schnell geholfen werden kann.

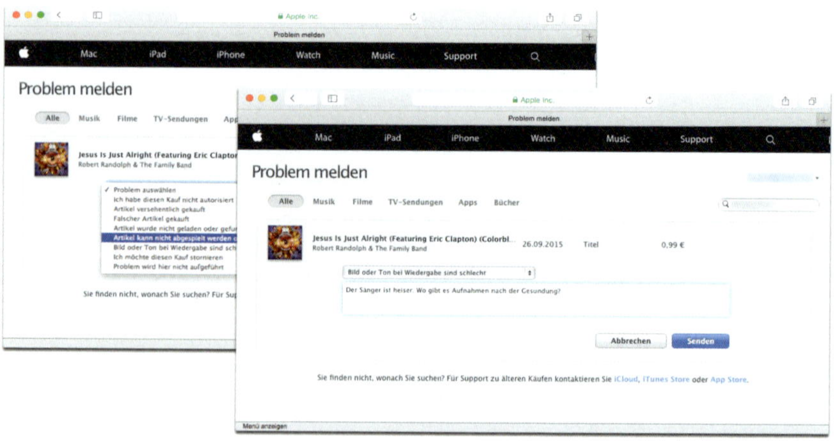

Falls Sie aus Versehen einen »falschen« Artikel (Album, Film, App etc.) gekauft haben oder der Funktionsumfang nicht der Beschreibung entspricht, so können Sie die entsprechende Ware binnen 14 Tagen zurückgeben. Dazu suchen Sie am besten die Webseite `https://reportaproblem.apple.com` auf und melden sich mit Ihrer *Apple ID* an. Tippen bzw. klicken Sie anschließend bei dem entsprechenden Artikel auf *Problem melden* und wählen

Sie eine der vorgeschlagenen Beanstandungen. Nach einer kurzen Fehlerbeschreibung tippen/klicken Sie auf *Senden* und das Geld sollte in wenigen Tagen zurückgebucht werden. Nur ganz nebenbei: Übertreiben sollten Sie es das aber nicht, da Apple hier ziemlich rigoros vorgeht …

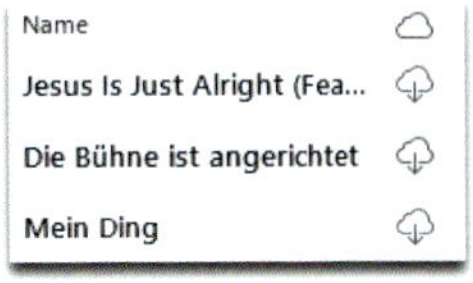

Alle Musik-Titel, die Sie über den *iTunes Store* erwerben, liegen automatisch auch in der *iCloud*, so dass Sie diese auch auf weitere Rechner laden können. Voraussetzung ist hierbei natürlich ein *iCloud-Account* und dass auch dieser Rechner mit derselben *Apple ID* angemeldet ist. Haben Sie nun in *iTunes* über die Menüleiste *Darstellung | Anzeige* die Option *Meine Musik (Alle)* aktiviert, so erscheinen neu gekaufte Titel automatisch auch in *iTunes* auf Ihren weiteren Rechnern – erkennbar am Wolken-Symbol, das auf Klick darauf auch gleichzeitig den Download erlaubt. Auch das Streamen ist möglich: Doppelklicken Sie den Titel, so spielt dieser ab, indem die notwendigen Daten über das Internet geladen werden – ein Offline-Hören ist jedoch damit nicht machbar.

Weiterhin gibt es diesen Automatismus: Sobald Sie in den *iTunes-Einstellungen (cmd-Komma/Strg-Komma)* in der Rubrik *Store* bei *Automatische Downloads* den Eintrag *Musik* aktivieren, werden alle Einkäufe, die Sie über andere Geräte (Mac, PC, iPhone, iPad oder iPod) mit derselben *Apple ID* erledigten, automatisch auf Ihren Rechner heruntergeladen.

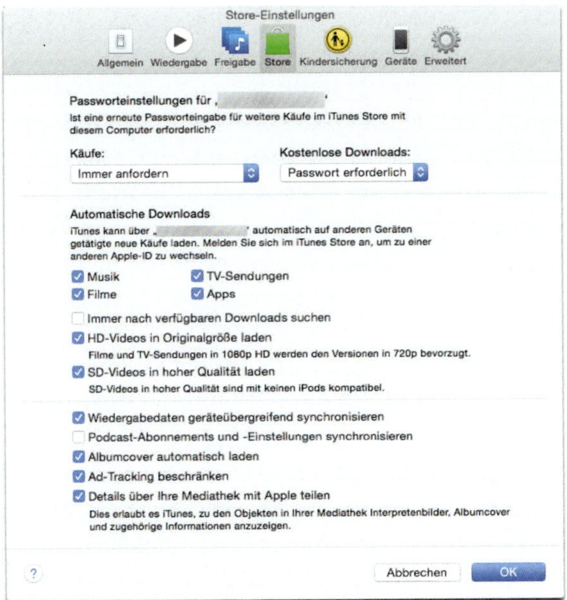

Über die »iTunes«-Einstellungen lassen sich die automatischen Downloads aktivieren. Auf diese Weise kaufen Sie auf einem Gerät die Ware, die dann wiederum voll automatisiert auf Ihre anderen Gerätschaften übertragen wird.

Wenn Sie also auf iPhone, iPad oder iPod touch (jeweils mit *iOS 6* oder neuer) unter *Einstellungen | App & iTunes Stores | Automatische Downloads* den Eintrag *Musik* aktiviert haben, so dauert es gar nicht lange und die Songs trudeln auch auf diesen Geräten ein. Ist noch dazu die Option *Mobile Daten verwenden* (unter *iOS 9*) aktiv, so kann das künftig auch über das Mobilfunknetz geschehen.

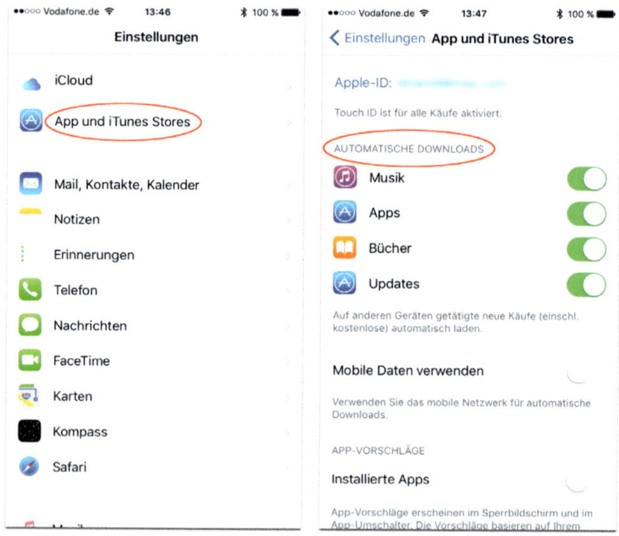

Sind beispielsweise auf dem iPhone die »Automatischen Downloads« aktiviert, so werden die auf anderen Geräten (mit derselben Apple ID) getätigten Käufe ohne Ihr Zutun heruntergeladen.

Mehr zur *iCloud* und den vielfältigen Möglichkeiten mit Apples Mobilgeräten erfahren Sie weiter hinten im Buch.

Auch wenn Apple mittlerweile keine kopiergeschützte Musik mehr verkauft, gilt dennoch die eiserne Regel, dass Sie Ihre Einkäufe nur auf fünf Computern (Mac oder PC) abspielen können, wobei iPhone, iPad, iPod oder Apple TV nicht als Computer zählen. Möchten Sie nun Ihre frisch erworbenen Songs auf eine weiteren Rechner kopieren, der zuvor noch nicht in Gebrauch war, so müssen Sie diesen erst über *Apple ID* sowie Ihr *Passwort* aktivieren (*Store | Diesen Computer autorisieren*). Im Falle des Verkaufs Ihres alten Rechners oder bei Neuinstallation Ihres Betriebssystems sollten Sie diesen *Account* auch wieder deaktivieren. Dies erledigen Sie über die Menüleiste *Store* und den Befehl *Diesen Computer deautorisieren*. Über die erneute Eingabe von *Apple ID* und *Passwort* wird der Rechner abgemeldet – ein Abspielen Ihrer Einkäufe ist danach nicht mehr möglich.

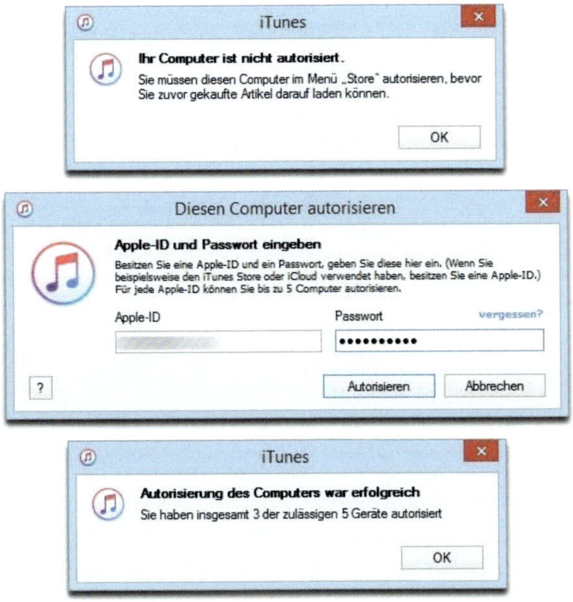

Nehmen Sie einen neuen Computer das erste Mal in Gebrauch, so müssen Sie diesen zuerst autorisieren, damit Sie Ihre bislang erworbenen Einkäufe über iTunes abspielen können.

Zum Schluss möchten wir noch daran erinnern, dass der Musikkauf nicht allein auf den *iTunes Store* beschränkt ist. Alternative Anbieter wie etwa *Amazon MP3 Downloads* (`www.amazon.de`) oder *Juke!* (`https://juke.com/de/de/music`) bieten ebenso den Musikkauf über das Internet an, so dass es überhaupt kein Problem, woanders einzukaufen, sich die Musik herunterzuladen und anschließend in die *iTunes-Mediathek* zu importieren. Auch die Preise sollten Sie unbedingt vergleichen, da diese sich von Album zu Album teils gravierend unterscheiden und mal der eine, mal der andere vorne liegt.

Musikvideos im iTunes Store

Auch *Musikvideos* hat der *iTunes Store* im Programm, zu denen es ebenso Hör- bzw. Sehproben gibt. Diese finden Sie entweder beim Durchstöbern einzelner Musik-Alben als Zusatzangebot oder direkt, indem Sie innerhalb der *Musik*-Rubrik über das Popup-Menü den entsprechenden Eintrag *Musikvideos* wählen. Dort wird Ihnen ein umfassendes Angebot offeriert.

Da kann schon mal ein Abend rumgehen, wenn man sich fasziniert durch die vielen Musikvideos klickt.

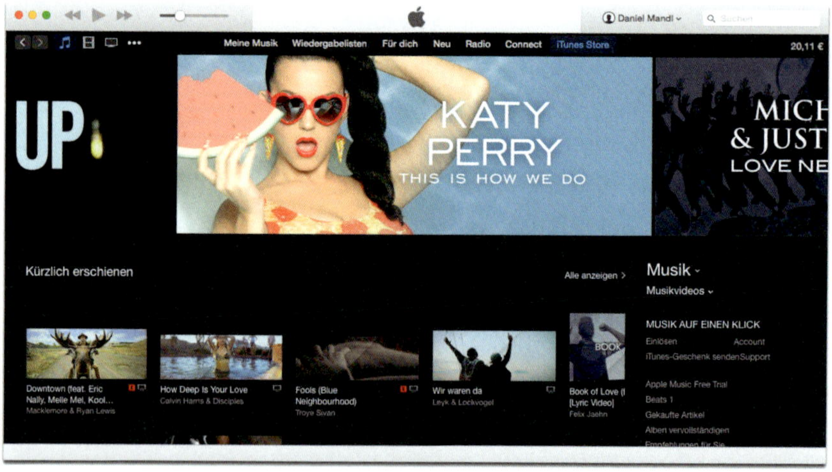

Ist ein Video in Sicht, das Ihnen zusagt, so klicken Sie auf die *Vorschau-Abbildung*, um eine Seite weiter geleitet zu werden. Dort finden Sie wieder die Benutzer-Rezensionen, die von komisch über sachlich bis hin zu ausfällig reichen, aber dennoch oft lesenswert sind. Über *Zugehörig* erhalten Sie wiederum einen Überblick über weitere Medien des Interpreten sowie Infos darüber, was andere Kunden ebenso kauften.

Falls Sie sich besonders für einen Künstler interessieren, lässt sich über *Interpreten-Info* weiteres Material (etwa den Werdegang, stilistische Einflüsse usw.) einsehen. Über das kleine *Bereitstellen-Symbol* lassen sich weiterhin sogenannte *Interpreten-Updates* einrichten. Auf diese Weise werden Sie per E-Mail mit News zu diesem Künstler versorgt. Nach einer erneuten Anfrage, ob Sie das auch wirklich wollen, wird dieser Interpret gespeichert und Sie können sich künftig auf E-Mails freuen. Möchten Sie später Ihre Entscheidung wieder rückgängig machen, so finden Sie über Ihren *Account* (Rubrik *Einstellungen*) den Eintrag *Updates einrichten*. Klicken Sie dort nebenstehend auf *Verwalten*, so öffnet sich der Dialog *Meine Updates verwalten*. Entfernen Sie nun den Checkbox-Haken neben dem Künstler und klicken Sie anschließend auf *Änderungen sichern* – Ihr E-Mail-Postfach wird nun wieder ein wenig entlastet.

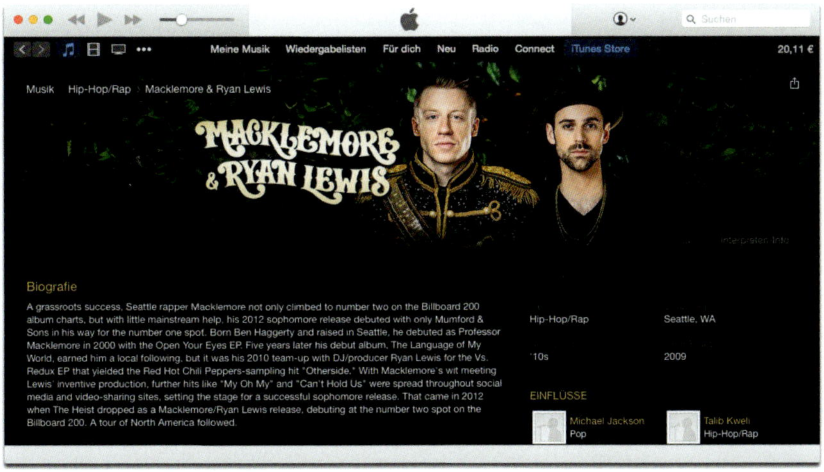

Über die Interpreten-Info lernen Sie den Werdegang der Künstler kennen.

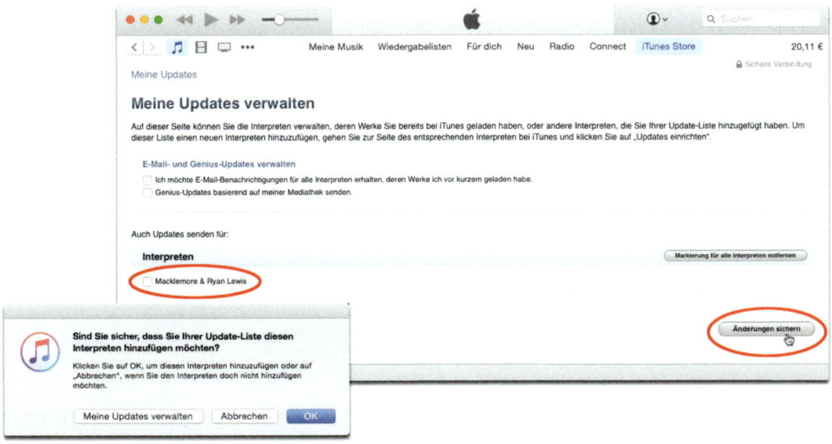

Möchten Sie bei bestimmten Künstlern weiterhin auf dem Laufenden gehalten werden, so wählen Sie das »Interpreten-Update«. Über Ihren »Account | Senden Sie mir ein Update« und dort unter »Meine Updates verwalten« lassen sich diese dann auch wieder entfernen.

Im Fall eines Musik-Albums inklusive Videos klicken Sie zum kurzen Probesehen auf das kleine *Play*-Symbol links vom Titel, bei reinen Musikvideos bewegen Sie Ihren Mauszeiger zuerst auf das Video-Cover, das nun ebenso einen *Wiedergabe*-Button anzeigt. Ein Klick darauf und nach wenigen Sekunden wird das Video abgespielt. Sie können sich somit sprichwörtlich ein Bild davon machen, was Sie wohl erwartet.

Zum Einschätzen der Qualität stehen Ihnen 30 Sekunden Zeit zur Verfügung.

Achten sollten Sie vielleicht noch auf die *Informationen* wie Dauer und Größe, deren Werte Sie meist direkt unterhalb des Vorschau-Bildes ablesen können. Über *Kaufen* wird das Video dann geladen und Sie finden Ihr Schmuckstück in der *Musik-Mediathek* (und nicht in der *Filme-Mediathek*, wie Sie es vielleicht erwartet hätten). Zudem finden Sie in der Seitenleiste der Rubrik *Wiedergabelisten* sowohl unter *Mediathek* als auch bei den *intelligenten Wiedergabelisten* (als Kriterien sind hier »*Medienart*« »*ist*« »*Musikvideo*« festgelegt) einen Eintrag namens *Musikvideos*.

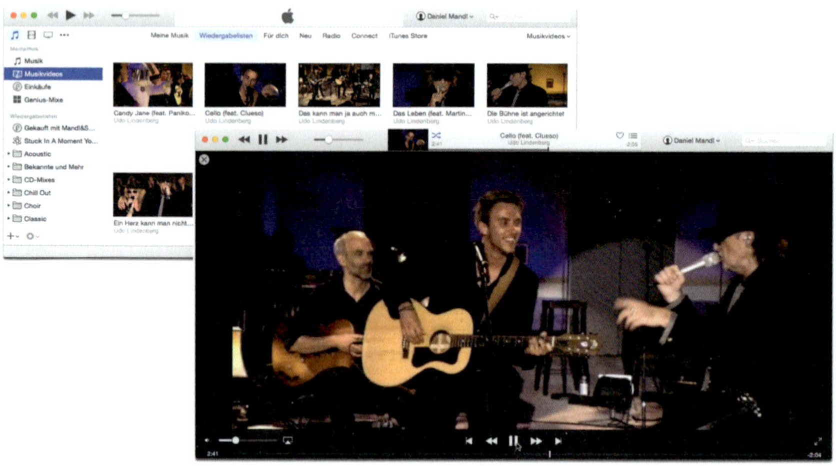

Zum Abspielen der Videos brauchen Sie diese nur doppelklicken bzw. auf das Wiedergabe-Symbol innerhalb des Vorschau-Bildes zu klicken – auf Wunsch auch gerne in der Vollbildschirm-Ansicht (cmd-ctrl-F/ Strg-Umschalttaste-F).

Besitzen Sie Musik-Filme, die Sie eigenständig in *iTunes* transferiert haben und die nicht als Musikvideo, sondern nur als reguläre Filme geführt werden, so lassen sich auch diese zum Musikvideo umfunktionieren. Suchen Sie sich also in der *Filme-Mediathek* den entsprechenden Film und markieren Sie ihn per Maus-

klick. Danach rufen Sie die *Informationen (cmd-I/Strg-I)* auf und begeben sich in die Rubrik *Optionen*. Bei *Medienart* stellen Sie nun das Auswahl-Menü auf den Eintrag *Musikvideo*. Bestätigen Sie noch mit *OK* und der Film wird künftig als Musikvideo in der *Musik-Mediathek* gelistet.

Über die »Informationen« und dort in der Rubrik »Optionen | Medienart« lassen sich Filme in Musikvideos umwandeln.

Apple weist im Übrigen darauf hin, dass Musikvideos und Filme, die auf CD/DVD gebrannt werden, nicht über einen herkömmlichen DVD-Player wiedergegeben werden können. Es bleibt Ihnen also nichts weiter übrig, als eine Daten-CD oder -DVD (zumindest als Sicherheitskopie) anzufertigen. Wird danach die CD/DVD ins Laufwerk geschoben, so startet sie in *iTunes*. Die Daten darauf können nun in *iTunes* oder auch mit dem *QuickTime-Player* abgespielt werden.

Das Übertragen der *Musikvideos* auf iPod, iPhone, iPad oder Apple TV zeigen wir ein wenig später, wenn wir uns diesem Thema widmen.

Die Videothek ist Tag und Nacht geöffnet

Neben dem umfangreichen Musik-Angebot bietet Ihnen der *iTunes Store* in der *Filme*-Rubrik auch zahlreiche *Videos* zum Kauf als auch zum Verleih. Zur besseren Orientierung stehen Ihnen auch dort die üblichen Kategorien wie *Top-Filme, Neu und beachtenswert, Filme in HD* etc. zur Verfügung. Weiterhin bleibt es natürlich Ihnen überlassen, schon im Vorfeld eine Suche nach Genres wie *Comedy, Action und Abenteuer, Dokumentarfilme* usw. einzuschränken.

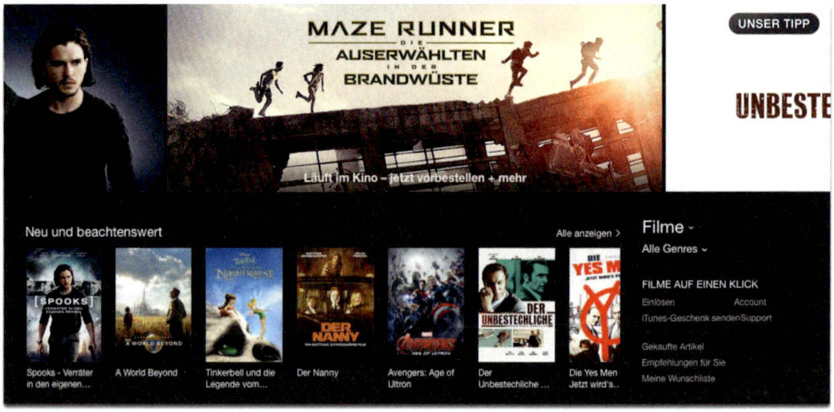

Das Filme-Paradies ist eröffnet.

Sofern Sie nun also Lust auf einen packenden Filme-Abend bekommen, so suchen Sie sich Ihr Wunschvideo und entscheiden, ob Sie diesen in *HD* (*High Definition*) oder *SD* (*Standard Definition*) genießen möchten. Hierbei sollten Sie immer die Download-Größe im Hinterkopf behalten, die Sie aus den Informationen ablesen können. Die Größe im *HD*-Bereich liegt in etwa bei vier Gigabyte aufwärts, während sich *SD* im Bereich zwischen einem und drei Gigabyte abspielt.

Da Apple seine Filme im HD-Bereich in zwei verschiedenen Größen (falls verfügbar in *1080p* sowie *720p*) anbietet, können Sie im Vorfeld festlegen, welche der beiden Formate Sie bevorzugen. Sie richten dies über die *iTunes-Einstellungen* in der Abteilung *Store* ein. Aktivieren Sie dazu die Option *HD-Videos in Originalgröße laden*. Bedenken Sie jedoch hierbei, dass Filme und Fernsehsendungen in *1080p HD* nur auf einem Mac oder PC mit *iTunes*, auf einem iPad mit Retina Display, auf dem iPhone (ab Version 5) oder über Apple TV (ab 3. Generation) angesehen werden können.

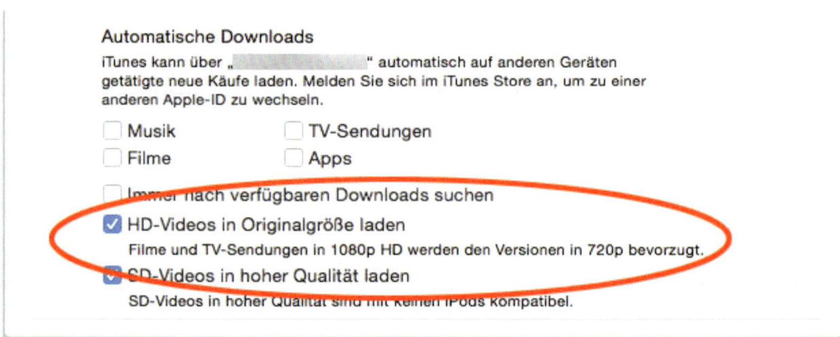

Sofern Sie gerne die bestmögliche Qualität bevorzugen, aktivieren Sie den Eintrag »HD-Videos in Originalgröße laden«.

Sind Sie nun im *Store* fündig geworden, so klicken Sie im Fall der Ausleih-Variante auf *Leihen bzw. HD leihen*. Sind Sie noch nicht im *iTunes Store* angemeldet, so müssen Sie sich wieder mit *Apple-ID* samt Passwort identifizieren und los geht's mit dem Download.

Apple fragt zur Sicherheit noch einmal nach, ob Sie den Film auch wirklich leihen möchten, und nach der Identifizierung über *Apple-ID* und Passwort startet der Download – hoffentlich mit einem schnellen Online-Zugang im Rücken, denn im Gigabyte-Bereich sind andere Techniken wie Modem und ISDN hoffnungslos überfordert. Das Herunterladen können Sie im Übrigen verfolgen, sofern Sie wieder auf den kleinen *Download*-Button rechts oben klicken bzw. über die Menüleiste *Fenster* den Eintrag *Fenster Aktivität* wählen.

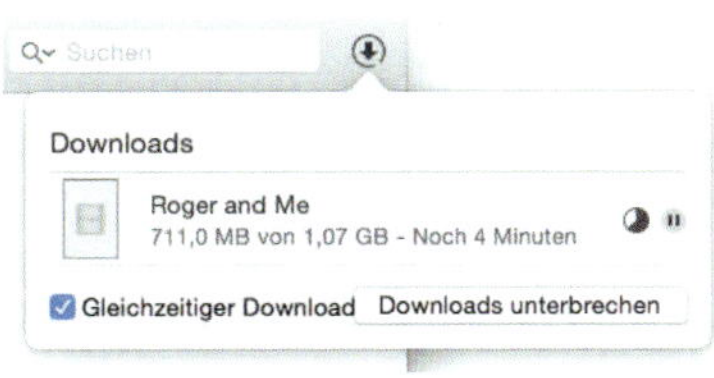

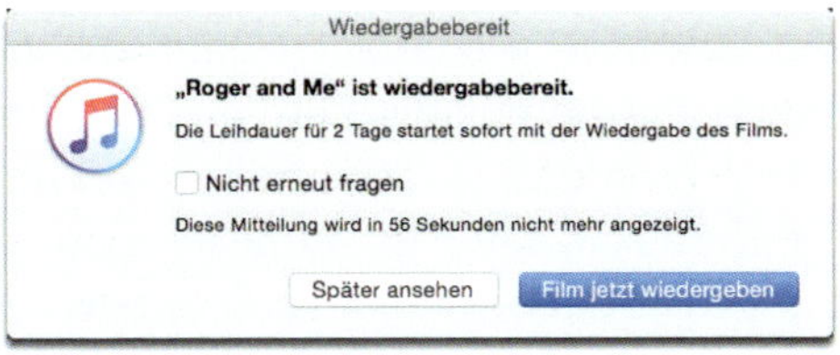

Nach einer schnell zu beantwortenden Nachfrage beginnt auch schon der Ladevorgang, den Sie über den Download-Dialog überwachen können. Per eingeblendetem Dialog lässt sich der Film auch sofort wiedergeben, wobei dann auch gleich der Countdown (48 Stunden) zu ticken beginnt.

Apple ist, was das Thema »Filme« angeht, ziemlich rigide, denn dort besteht immer noch ein Kopierschutz. Sie müssen daher Ihren Computer zum Ausleihen aktivieren. Ist das noch nicht geschehen, so werden Sie automatisch mit einem Dialog konfrontiert. Dann heißt es also die Menüleiste *Store* anzusteuern und darüber den Befehl *Diesen Computer autorisieren* zu wählen. Erst danach erfolgt die Erlaubnis zum Leihen von Filmen.

Wie schon geschrieben lassen sich insgesamt fünf Computer aktivieren. Kommt ein Sechster hinzu, dann muss zuvor ein Rechner wieder abgemeldet werden (Menü *Store* | *Diesen Computer deautorisieren*). Apple ist jedoch einmal im Jahr großzügig und erlaubt es Ihnen, alle Rechner auf einmal zu deaktivieren (weil Sie beispielsweise zwei Rechner nicht mehr besitzen und bei diesen die Abmeldung schlicht vergaßen). Diese Prozedur erledigen Sie direkt über den *iTunes Store* | *Alles auf einen Klick* | *Account*. Ist der Dialog aufgerufen, so finden Sie dort den Punkt *Computeraktivierungen*, der bei fünf aktivierten Rechnern einen *Alle deaktivieren*-Button aufweist.

Wenn Sie mit der Vielzahl an aktivierten Computer einmal durcheinander kommen sollten, so können Sie sich über »Alle deaktivieren« wieder Klarheit verschaffen.

Als Voraussetzung zum Ausleihen behalten Sie bitte immer folgende Konditionen im Hinterkopf: Die Filme lassen sich grundsätzlich 30 Tage lang leihen. Sobald sich der Film nun auf Ihrer Festplatte befindet und Sie auf *Wiedergabe* klicken, beginnt die virtuelle Uhr zu ticken und Sie haben 48 Stunden Zeit, den Film fertig anzuschauen. In dieser Zeit können Sie den Film so oft ansehen, wie Sie möchten. Nach Ablauf der Frist ist Schluss mit lustig und der Film verschwindet aus Ihrer *iTunes-Mediathek*. Den Film können Sie weiterhin über Ihren Rechner auch auf Ihren iPod touch, iPod classic, iPod nano (3. Generation oder neuer), Ihr iPhone oder Ihr iPad transferieren bzw. per Apple TV direkt auf den Fernseher übertragen – nach dem Transfer verschwindet der Film jedoch vom Rechner.

Mit anderen Worten: Der Film befindet sich immer nur auf einem Gerät – sobald Sie ihn verschieben, verschwindet er aus der ursprünglichen Mediathek. Und noch etwas: Filme, die Sie direkt über Apple TV ausleihen, lassen sich nur darüber abspielen – die Weitergabe an andere Geräte ist in diesem Fall nicht möglich. Apple weist jedoch darauf hin, dass über diesen Weg die bestmögliche Videoqualität (HD-Qualität) erreicht wird.

Leihfilme können Sie auch direkt über Ihr iPhone (ab Version 4), über iPad, iPod touch (4. Generation und neuer) oder Apple TV erwerben und auf das jeweilige Gerät übertragen. Der Nachteil dabei ist jedoch, dass der Film nur auf diesem Gerät wiedergegeben werden kann – eine Übertragung auf ein anderes Gerät ist nicht möglich. Denken Sie bitte daran und leihen Sie – sofern möglich – immer über Ihren Computer, da Sie darüber am flexibelsten agieren können.

Ist der Ladevorgang beendet, finden Sie Ihren Film in der *Filme*-Mediathek unter der Rubrik *Ausgeliehen*. Unterhalb der Cover-Abbildung finden Sie neben dem Film-Titel auch eine Art Zeituhr, die Sie stets auf dem Laufenden hält, wie es um Ihren Filmgenuss bestellt ist. Klicken Sie hingegen auf das Cover, so erhalten Sie wieder weitere Informationen wie Filminhalt, Darsteller, Laufzeit und, und, und.

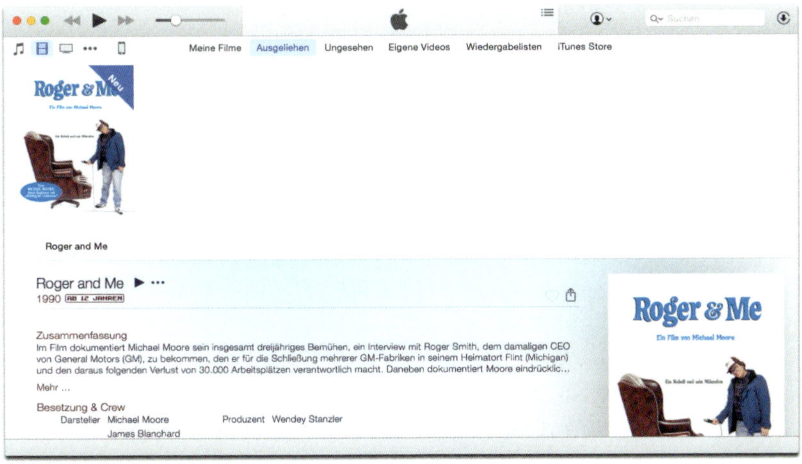

Die Rubrik »Ausgeliehen«: Mit einfachem Mausklick auf das Cover lässt sich eine (meist) ausführliche Kurzbeschreibung über den Film-Inhalt ansehen.

Der Kauf eines Filmes spielt sich im Großen und Ganzen genauso ab: Sie suchen sich Ihren Wunsch-Film, schauen bitte unbedingt zuvor den *Trailer* an (damit Sie auch wissen, ob es zum Lachen oder zum Weinen ist) und klicken dann auf *HD kaufen* bzw. *Kaufen*. Der Film wird geladen und befindet sich dann in der *Filme*-Mediathek unter *Meine Filme*.

Was sich bei Musik-Alben als überlegenswerter Zusatz *iTunes LP* nennt, heißt bei Filmen *iTunes Extras*. Auch in diesem Fall wird Mehrwert in Form von Film-Fotos, Interviews, ein Blick hinter die Kulissen, nicht verwendeten Szenen oder ein *Make of* geboten. Auch hier gilt das Gleiche wie bei *iTunes LP*: Die Zusatz-Informationen können nur am Computer bzw. über Apple TV wiedergegeben werden. Dazu müssen Sie einfach nur auf das *iTunes Extras*-Symbol klicken.

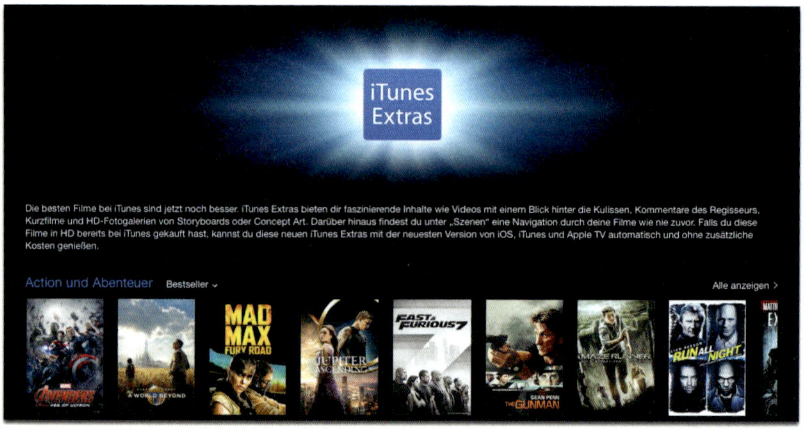

iTunes Extras: Die Filme mit dem besonderen Extra gibt es jedoch nur als Kauffilm.

So viel also zur Bequemlichkeit des virtuellen Shoppens, wobei Sie immer bedenken müssen, dass der Film zwar Ihr Eigentum ist, Sie diesen aber dennoch nicht auf eine DVD brennen können, um ihn beispielsweise am heimischen DVD-Player anzusehen (eine reine Sicherungskopie ist möglich, aber eben nur als Daten-DVD). Ein Abspielen ist daher nur über *iTunes*, Apple TV, iPhone, iPad oder einen iPod (der natürlich videotauglich sein muss) möglich. Schuld daran ist (neben Apple und den entsprechenden Film-Konzernen) das Format, denn der Film wird als geschützte *MPEG-4*-Videodatei auf den Rechner geladen, die ein Vervielfältigen als Video-DVD sowie ein Umkonvertieren in ein anderes Format verhindert. Auch das Abspielen auf verschiedenen Rechnern gelingt nur, wenn diese zuvor auf den Benutzer-Account des Käufers aktiviert werden. Das geschieht automatisch, wenn Sie den Film das erste Mal ansehen möchten.

Das Betrachten selbst ist dann ein Kinderspiel – entweder im *iTunes*-Fenster oder bildschirmfüllend. Bewegen Sie Ihren Mauszeiger, so taucht wieder eine Navigationsleiste auf, über die Sie zum einen die Sprache festlegen als auch über den direkten Weg die diversen Kapitel anspringen können.

Mehr über den Transfer von Filmen auf iPod, iPhone & Co finden Sie weiter hinten im Buch.

Über *Filme in der Cloud* können Sie sich Kaufvideos – auch wenn Sie Ihren Film von einem Gerät entfernt haben – jederzeit wieder herunterladen. Sie finden diese auf Ihren Mobilgeräten über die

Videos-App – die entsprechenden Filme tragen dabei ein Wolken-Symbol. Ein Tipp darauf öffnet die Übersicht, wo sich auch die Schaltfläche zum Download befindet. Apple weist weiterhin darauf hin, dass einige Filme, die als HD-Version gekauft wurden, nicht in der Cloud bereitstehen. Diese werden jedoch sowohl als HD- als auch als SD-Version geladen, damit Sie sie per Synchronisierung auf Ihre kompatiblen iPod- und *iOS*-Geräte übertragen können.

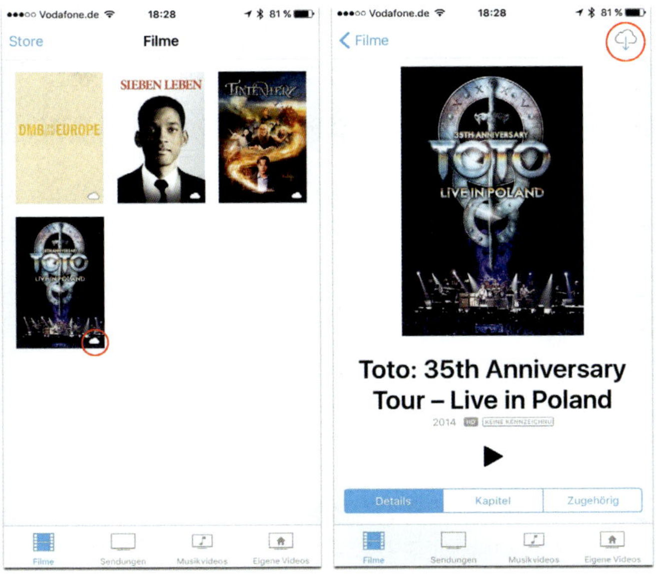

Über Filme in der Cloud lassen sich einmal gekaufte Filme jederzeit und von überall auf alle Ihre Geräte herunterladen.

TV-Sendungen… – damit Ihnen nicht langweilig wird

Als Fernsehfreak werden Sie sich sofort heimisch fühlen, denn die Rubrik *TV* wartet mit zig Shows und Folgen auf. Ob Comedy, Arztserien, Dramen oder Premieren – es ist wohl für alle Bedürfnisse etwas dabei. Sie können dabei eine gesamte Staffel (bestehend aus mehreren Folgen) oder einzelne Episoden kaufen. Die Vorgehensweise zum Erwerb ist wie üblich gleich geblieben: Klicken Sie auf ein Cover, so wird der besagte Titel mitsamt Inhaltsangabe, Bewertungen und Rezensionen und allerlei zusätzlichen Gimmicks angezeigt. Ein Klick auf das *Wiedergabe*-Symbol beim Überfahren des Vorschau-Bildes einer Folge startet wiederum die 30-sekündige Vorschau.

Der Video-Abend ist gerettet, denn der verwöhnte TV-Konsument kommt hier voll und ganz auf seine Kosten.

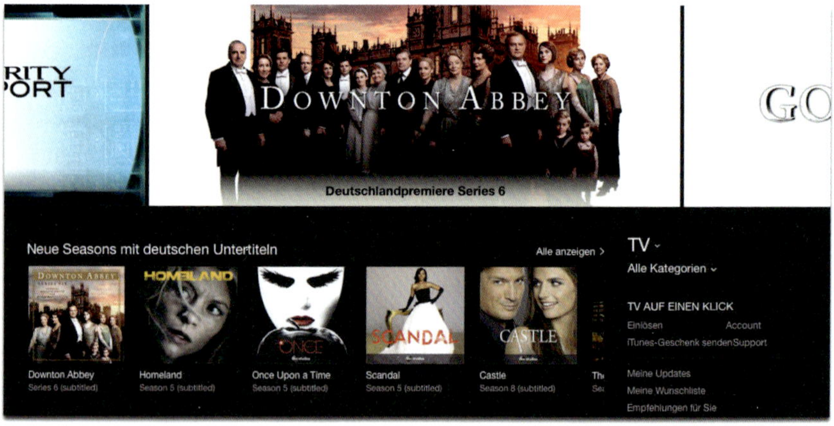

Ob gesamte Staffel oder Einzelfolge – alles da, was man so braucht.

Als Besonderheit weist der *iTunes Store* bei einigen TV-Sendungen den sogenannten *Staffelpass* aus. Hierbei erwerben Sie sowohl aktuelle (die sofort geladen werden) als auch künftige Folgen (die automatisch nachgeladen werden bzw. über die Menüleiste *Store* | *Nach verfügbaren Downloads suchen* zur Verfügung stehen). Sie müssen nur im Hinterkopf behalten, dass Sie nicht aus Versehen eine weitere Folge dieser Staffel kaufen, denn ansonsten klingelt bei Apple erneut die Kasse und Sie müssen wiederholt bezahlen.

Weiterhin existiert auch ein *Multi-Pass*, über den Sie eine bestimmte Zahl an Episoden kaufen. Letzteres bezieht sich dabei nicht auf Sendungen, die üblicherweise als Staffeln erscheinen. Von Interesse ist hierbei auch die in den *iTunes-Einstellungen* | Rubrik *Store* vorhandene Option *Immer nach verfügbaren Downloads suchen*, die genau auf diese Art des Sendungen-Kaufs zugeschnitten sind.

Wenn Sie eine TV-Sendung in HD-Qualität kaufen, wird diese – falls nicht für die Cloud verfügbar – sowohl in HD- (High Definition) als auch in SD-Größe (Standard Definition) auf den Rechner übertragen. Möchten Sie die Sendung später auf ein mobiles Gerät wie iPhone, iPod, iPad oder Apple TV transferieren, so erkennt *iTunes* das zu synchronisierende Gerät und überträgt automatisch die korrekte Auflösung. Betrachten Sie hingegen hauptsächlich auf dem Computer Ihre TV-Sendungen, so stellen Sie in den *iTunes-Einstellungen* | Rubrik *Wiedergabe* bei *Bevorzugte Videoversion* die gewünschte Größe – *Standard Definition, High Definition (720p) oder High Definition (1080p)* – ein.

Gefällt Ihnen nun die Auswahl und Sie sind sich auch ganz sicher, dass Sie hier zuschlagen wollen, dann klicken Sie wieder auf die entsprechenden Buttons Staffelpass kaufen, *HD kaufen* bzw. *Kaufen* (bei einzelnen *Folgen*). Bitte denken Sie daran, dass die herunterzuladenden Dateien meist mehrere Hundert Megabyte bis zu einigen Gigabyte schwer sind und eine schnelle Datenleitung daher Pflicht ist. Den Verlauf des Ladens können Sie wieder im *Download*-Fenster beobachten und die Sendung schließlich und letztendlich in der *TV-Sendungen*-Mediathek bewundern.

Unsere Fernseh-Abteilung mit enormen zwei Sendungen. Als passionierte Nicht-Fernseher schaffen wir es einfach kaum, weitere hinzuzukaufen.

Auch bei TV-Sendungen gilt die Devise, dass Inhalte nicht als Video-DVD, sondern nur als Sicherheitskopie gebrannt werden können.

Podcasts – Unterhaltung zum Nulltarif

Podcasts sind im Grunde Audio-Dateien, die sowohl von Institutionen wie Medienhäusern als auch von Privatpersonen und kleineren Sendern zur Verfügung gestellt werden. Man könnte sie auch mit Radiosendungen der Neuzeit vergleichen, die auf der Festplatte landen und unabhängig von festgelegten Zeiten angehört werden können. Diese Art der Unterhaltung ist kostenlos und der *iTunes Store* bietet Ihnen eine Auswahl aus zig Tausenden Podcasts an.

Tausende von Podcasts warten nur darauf, endlich Gehör zu finden.

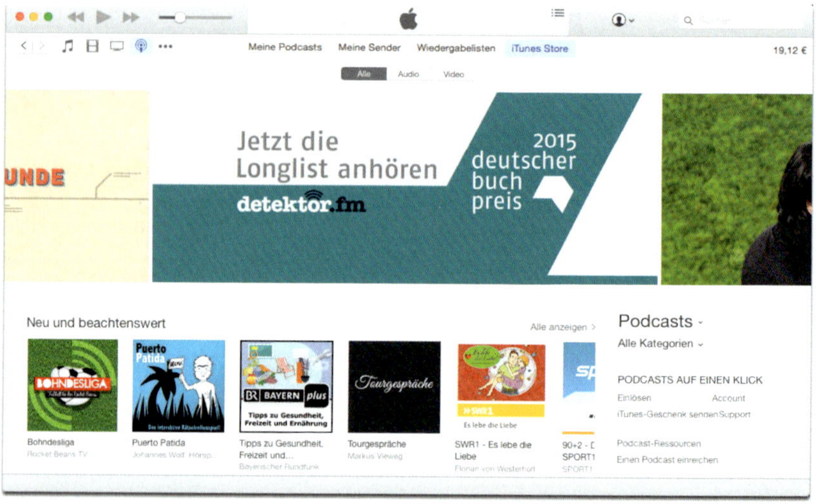

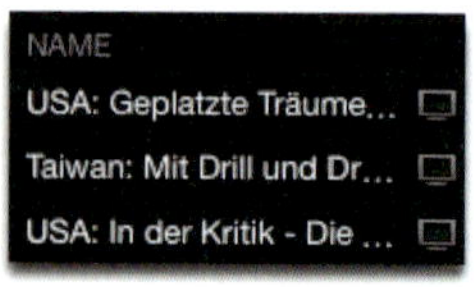

Neben den reinen Audio-Podcasts gibt es auch *Video-Podcasts*, die zusätzlich zur auditiven Seite auch ein visuelles Erlebnis versprechen. Diese erkennen Sie am kleinen *Video*-Symbol, das rechts neben dem Titelnamen in der Liste angezeigt wird. Die meisten Podcasts (Audio wie Video) sind zudem fortlaufende Dokumentationen, welche als sogenannte *Folgen* veröffentlicht werden.

Das Prozedere zum Herunterladen ist wieder mal rasch erklärt. Am Anfang steht die Suche nach Ihren Wunsch-Kandidaten, die über *Kategorien*, die Eingabe eines Such-Begriffes oder über die Hauptseiten-Highlights (Neu und beachtenswert, Neues aus der Technik, Topaktuell etc.) erfolgt. Sie sollten auch immer einen Blick auf die *Top-Charts* werfen, also jene Beiträge, die am häufigsten geladen werden. Oben stehend können Sie weiterhin zwischen *Audio* und *Video* unterscheiden.

Möchten Sie tiefer gehendere Informationen zu einer Podcast-Folge, so achten Sie bitte auf das kleine Info-Symbol, das auf Mausklick hin weitere Einzelheiten über den Inhalt anbietet.

Wenn der Podcast-Titel zu wenig über den Inhalt verrät, hilft oftmals der Klick auf das Info-Symbol.

Einmal aufgerufen lassen sich nun entweder einzelne Folgen (auf *Laden* klicken) zum Download bestimmen, der Podcast insgesamt abonnieren (per Klick auf *Abonnieren*) oder direkt – per Klick auf das *Wiedergabe*-Symbol – in *iTunes* anhören bzw. ansehen.

Beim *Abonnieren* wird der Beitrag in der Abteilung *Podcasts* abgelegt und gleichzeitig die aktuelle *Folge* geladen. Hierzu müssen Sie sich allerdings zuerst einschreiben (den Podcast *abonnieren*). Nach dem Laden finden Sie dann Ihre Auswahl vor, wobei Sie frühere Episoden auch noch nachträglich laden können (mit Klick auf den Punkt *Feed*). Alle künftigen *Podcasts* werden von nun an automatisch bezogen. Sofern Sie also mit dem Internet verbunden sind und *iTunes* starten, wird der entsprechende Server abgefragt. Liegt eine neue Folge vor, so beginnt der Download von ganz allein.

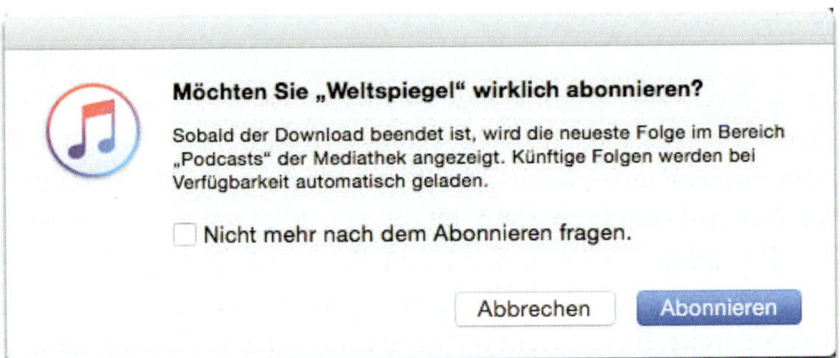

Zuerst müssen Sie virtuell unterzeichnen, dass Sie den Podcast auch wirklich abonnieren möchten.

Die einzelnen Podcasts stehen zur Begutachtung bereit. Beiträge, die noch nicht abgespielt wurden, erkennen Sie am blauen Punkt bzw. neben dem Podcast an der Anzahl der ungesehenen Beiträge.

Auch das Abonnieren können Sie nachholen, sofern Sie zu einem Thema nur eine Folge geladen haben. Hierzu klicken Sie in der *Meine Podcasts*-Abteilung auf das Zahnrad-Symbol für die *Podcast-Einstellungen* und legen den Schalter bei *Abonniert* von *Aus* auf *Ein*. Ab sofort werden alle neue Folgen automatisch geladen, ältere Beiträge lassen sich wieder über den Punkt *Feed* nachordern.

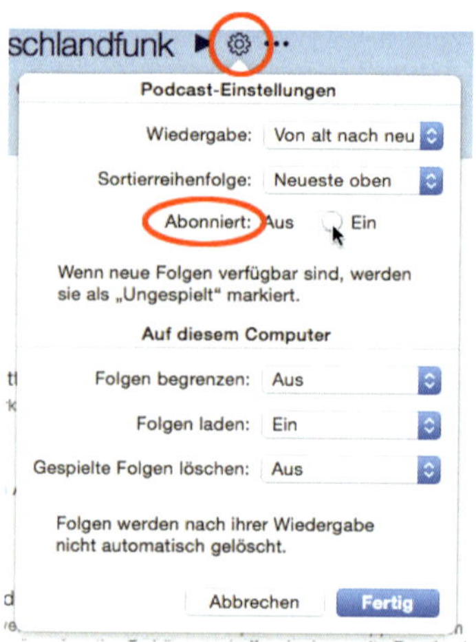

Die Podcast-Einstellungen ermöglichen zum Beispiel, dass sich einmal abgespielte Folgen automatisch löschen lassen – Nachschub gibt es schließlich genug..

Möchten Sie ein Abonnement beenden, so erledigen Sie das ebenso über die *Podcast-Einstellungen*, indem Sie bei *Abonniert* den Regler auf *Aus* ziehen – es werden künftig keine neuen Folgen mehr geladen. Auch das Löschen ist simpel, indem Sie bei markiertem Podcast einfach die *Entfernen*-Taste betätigen – nach einer weiteren Bestätigung lässt sich dieser nun in den Papierkorb befördern.

Im Dialog *Podcast-Einstellungen* steuern Sie weiterhin die Reihenfolge der Wiedergabe sowie die Organisation der einzelnen Folgen. So können Sie etwa die Anzahl der Folgen begrenzen (sowohl was die Stückzahlen als auch den zeitlichen Rahmen betrifft), das Laden der Folgen ausschalten (und somit bei einem Abonnement grundsätzlich manuell den Download anwerfen) sowie das automatische Löschen nach 24 Stunden bereits gespielter Folgen veranlassen.

Wichtige Folgen, die Sie auf jeden Fall behalten wollen, sollten Sie jedoch vorsichtshalber immer sichern. Das erledigen Sie bei dem jeweiligen Beitrag über das Symbol *Weitere Optionen* (•••) sowie dem Befehl *Folge sichern*. Letztere Abhandlungen lassen sich dann bei *Meine Podcasts* in der Rubrik *Gesichert* aufrufen. Dort lassen sie sich dann im Übrigen auch wieder löschen, indem Sie über das Symbol *Weitere Optionen* (•••) den Befehl *Aus »Gesicherte Folgen« entfernen* wählen.

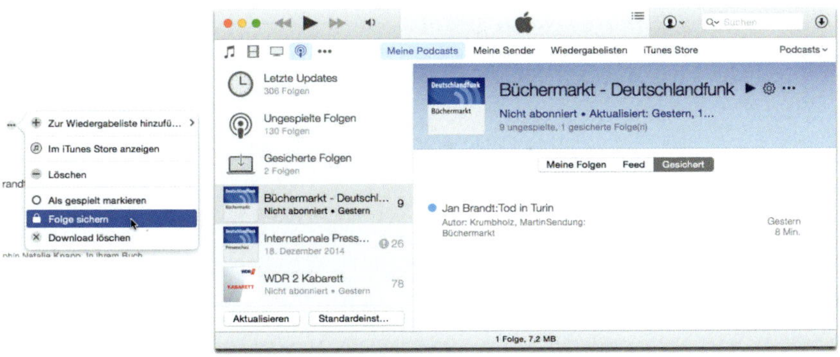

Podcast-Folgen, die Ihnen am Herzen liegen, lassen sich vor dem Löschen schützen, indem Sie sie sichern.

Sofern das Thema »Podcasts« Ihre Leidenschaft geweckt hat und Sie vielleicht selbst an der Erstellung eines solchen Interesse haben, so sollten Sie unbedingt einen Blick innerhalb des *iTunes Store* auf die Rubrik *Podcasts auf einen Klick* und dort auf *Erstellen von Podcasts* werfen. Sie werden dabei über Ihren Internet-Browser auf Apples Webseiten (`www.apple.com/de/itunes/podcasts/specs.html`) umgeleitet, die eine umfassende Einführung bieten.

Apple bietet Ihnen zum Thema »Erstellen von Podcasts« umfassende Informationen.

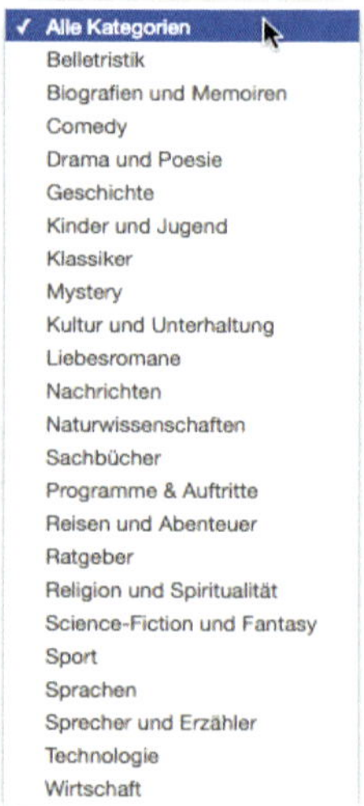

Digitale Bücher zum Lesen und Hören

Schalten Sie innerhalb *iTunes* in die *Hörbücher*-Abteilung, so finden Sie im zugehörigen *iTunes Store* sowohl Bücher zum regulären Lesen als auch Hörbücher. Sie müssen also schon immer genau hinsehen bzw. lesen, bevor Sie vielleicht unbedarft den *Kaufen*-Button drücken. Weiterhin zu bedenken ist, dass Sie zwar Hörbücher über *iTunes* auf dem Mac/PC genießen können, nicht jedoch den Großteil der »normalen« Bücher. Diese werden ab *OS X 10.9 Mavericks* (oder höher) nun in der eigenständigen App *iBooks* untergebracht, die wie die *iOS*-Variante (für iPad, iPhone oder iPod touch) zum Verwalten und Lesen digitaler Bücher dient und gleichzeitig den *iBooks Store* beinhaltet. Auf dem PC gekaufte Bücher lassen sich ebenso in *iTunes* nicht lesen – diese müssen Sie zuvor auf ein *iOS*-Gerät laden.

Über »iTunes« lassen sich sowohl Hörbücher als auch Bücher zum Lesen kaufen. Für Letztere müssen Sie jedoch ein iOS-Gerät oder einen Mac mit OS X Mavericks (und höher) besitzen.

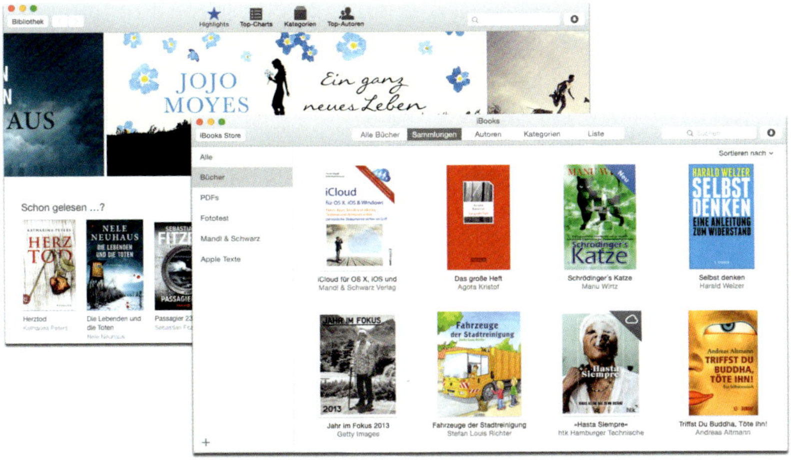

Die App »iBooks« gibt es momentan exklusiv für OS X-Nutzer ab der Version 10.9.

Interessieren Sie sich für ein Hörbuch, so stoßen Sie neben Hörbüchern auch auf Audiomagazine und gesprochene Zeitungs- und Zeitschriftenartikel, die die verschiedensten Themen-Gebiete abdecken. Unterteilt in zig Kategorien wie beispielsweise *Belletristik*, *Comedy*, *Sprachen*, *Ratgeber*, *Sprecher und Erzähler* und viele weitere mehr lässt sich dort hervorragend stöbern und dabei auch Neues entdecken.

Haben Sie einen Titel gefunden, der Sie im wahrsten Sinne des Wortes anspricht, so klicken Sie wieder auf die Vorschau-Abbildung und Sie gelangen zu den Details. Dort wird wie eh und je eine Beschreibung wiedergegeben, Sie stoßen auf die Benutzer-Rezensionen oder können sich alle Hörbücher des Interpreten anzeigen lassen. Wichtig ist weiterhin der *Vorschau*-Button, der eine Hörprobe von bis zu 90 Sekunden zum Besten gibt. Letzteres besitzt unseres Erachtens einen hohen Stellenwert, gefällt doch nicht jede Stimme, so dass das Vorlesen auch zur Belastung werden kann.

Hörbuch

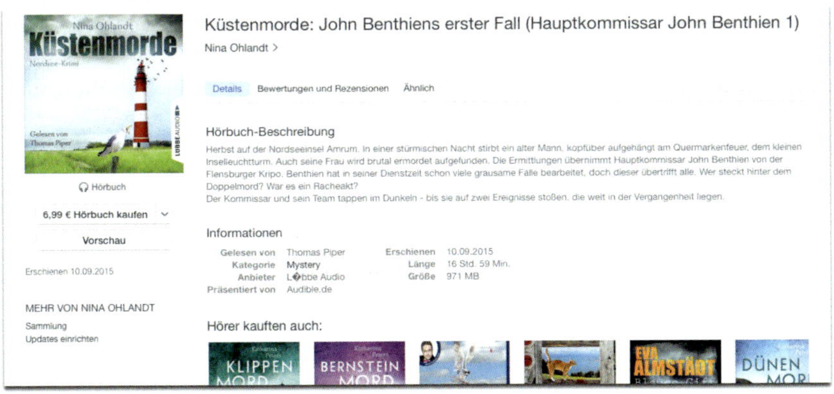

Achten Sie auch immer auf die Informationen wie »Gelesen von«, die Länge des Hörbuches sowie die Größe.

Der Einkauf – mal wieder – dürfte mittlerweile schon Routine für Sie sein. Einfach auf *Hörbuch kaufen* drücken und die Sache nimmt ihren Lauf. Die Artikel finden Sie dann in Ihrer *Hörbücher-Mediathek*. Mit einem Doppelklick auf den Hörbuch-Titel beginnt die Reise ins »gesprochene Land«. Übrigens: Selbst wenn Sie vorzeitig Ihren Hörbeitrag beenden, merkt sich *iTunes* diese Stelle und Sie können später genau da wieder einsteigen, wo Sie Ihre Audio-Sitzung unterbrachen.

Gekaufte Hörbücher finden Sie in der Bücher-Mediathek in den Abteilungen »Hörbücher«, »Autoren« sowie »Liste«.

Neben dem *iTunes Store* lassen sich Hörbücher auch direkt über die Webseite `www.audible.de` laden, wozu Sie einen Benutzer-Account anlegen müssen. Nach dem Einkauf finden Sie Ihre Bücher in der persönlichen Online-Bibliothek, über die Sie die Hörbuch-Datei auch herunterladen und über den Befehl *Zur Mediathek hinzufügen* in *iTunes* integrieren können.

Bei Hörbüchern handelt es sich um Dateien, die mit einem Kopierschutz versehen sind. Das heißt, Sie können diese Dateien auf bis zu fünf Computern abspielen. Es gilt also wie eh und je das eiserne Gesetz, dass Sie – sollten Sie Ihren Rechner weitergeben oder sonst wie aus dem Verkehr ziehen – zuvor auf diesem Rechner wieder den *Account deaktivieren (Store | Diesen Computer deautorisieren)*. Das Reglement von *Audible* ist sogar noch strenger: Bücher, die Sie dort erworben haben, lassen sich nur auf drei Computern gleichzeitig wiedergeben. Nehmen Sie einen Rechnerwechsel vor, so bedeutet es für Sie, einen der bisherigen Accounts zu deaktivieren. Dies erledigen Sie in *iTunes* über *Store | Audible-Account deautorisieren*.

Um zu erkennen, welche Bücher wo erstanden wurden, brauchen Sie sich nur die Endungen der Dateien ansehen. Markieren Sie dazu ein Hörbuch und wählen Sie *Ablage/Datei | Informationen (cmd-I/Strg-I)*. Während im *iTunes Store* gekaufte Dateien die Endung ».m4b« aufweisen, tragen die *Audible*-Hörbücher die Endungen ».aa« oder ».aax«.

Möchten Sie ein Hörbuch auf CD brennen, so müssen Sie zuvor eine Wiedergabeliste davon anlegen. Dazu markieren Sie den Hörbuch-Titel und wählen *Ablage/Datei | Neu | Neue Wiedergabeliste aus Auswahl (cmd-Umschalttaste-N/Strg-Umschalttaste-N)*. Ist die *Wiedergabeliste* dann ausgewählt, so geben Sie über das Kontext-Menü oder über das Menü *Ablage/Datei* den Befehl zum Brennen (*Wiedergabeliste auf Medium brennen*). Auch hier gilt wieder, dass die Titel nur als Audio-CDs (bei *Audible* haben Sie nur einen Versuch!) gebrannt werden können (wenn nötig auch mehrere, wenn die Kapazität einer CD nicht ausreicht) – die Erstellung einer MP3-CD ist nicht gestattet.

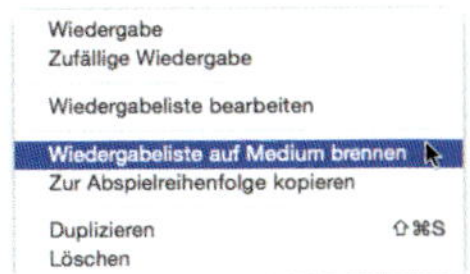

Selbstverständlich lassen sich auch bereits vorhandene Hörbücher auf CD/DVD in *iTunes* importieren. Gehen Sie am besten vor dem Einlegen der CD/DVD online, so dass *iTunes* bei der *Gracenote*-Datenbank eine Titel-Abfrage starten kann. Ebenso wie bei Musik-CDs werden Sie dann gefragt, ob Sie den Inhalt importieren möchten – klicken Sie im Dialog auf *Ja*. *iTunes* beginnt dann augenblicklich mit dem Import.

Meist werden die Titel in die *Musik*-Mediathek importiert und dort abgelegt. Um diese nun in die Hörbuch-Abteilung zu bugsieren, markieren Sie die entsprechenden Titel und rufen dann über das *Ablage-/Datei*-Menü die *Informationen* auf. Über den Reiter *Optionen* stellen Sie dann bei *Medienart* den Eintrag *Hörbuch* ein – die Titel sollten nun allesamt in die Hörbücher-Mediathek verschoben werden.

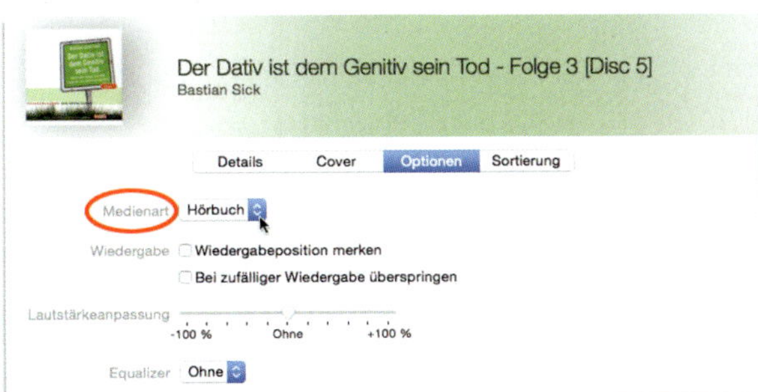

Das Zuordnen der gewünschten Medienart wird über die »iTunes-Einstellungen | Reiter Optionen« erledigt.

Bevorzugen Sie statt Hörbüchern hingegen eher Bücher zum Lesen, so bedeutet der Einkauf bzw. auch das Lesen kostenloser Werke im Grunde dieselbe Schrittfolge: Sie klicken auf ein Cover und erhalten so einen ersten Einblick ins Geschehen: Beschreibung, Kundenbewertungen, Seitenumfang, Größe und, und, und. Ein Klick auf *Buch kaufen* bzw. *Laden* (bei kostenlosen Büchern) und es ward Ihres …

Der virtuelle Buchladen um die Ecke versorgt Sie schon einmal mit den wichtigsten Infos.

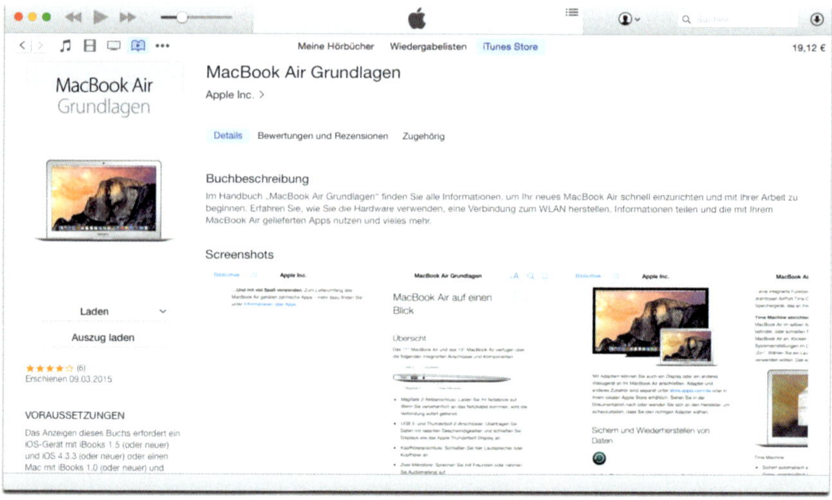

Bücher stellen meist die Möglichkeit zur Verfügung, einen Auszug zu laden, um so schon einmal ein wenig hineinschmökern zu können. Klicken Sie in *iTunes* auf *Auszug laden*, so können Sie entscheiden, ob die Leseprobe in der Mac-App *iBooks* angezeigt (*iBooks öffnen)* oder direkt an ein Mobilgerät (*Auszug senden)* geschickt werden soll. Bei letzterer Variante müssen Sie darauf achten, dass Sie auf Ihrem *iOS*-Gerät in den *Einstellungen* unter *App und iTunes Store* bei *Automatische Downloads* die Option Bücher aktiviert haben.

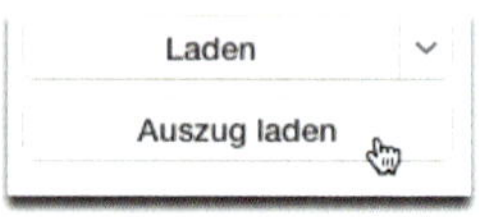

OS X-Anwender (ab 10.9 Mavericks) haben die Qual der Wahl: entweder auf ein Mobilgerät senden oder direkt in »iBooks« öffnen.

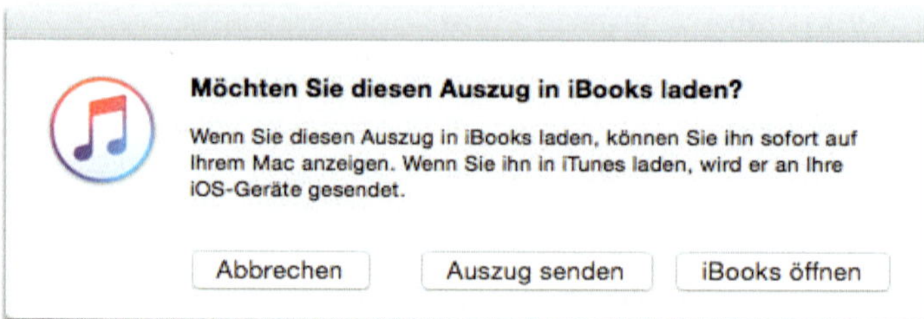

Das Lesen auf iPad, iPhone oder iPod touch selbst ist ziemlich simpel. Öffnen Sie *iBooks* und tippen Sie auf ein Buch. Üblicherweise landen Sie zunächst im Inhaltsverzeichnis. Dort können Sie nun gezielt ein Kapitel anspringen oder eben Seite für Seite vor- und zurückblättern, indem Sie von links nach rechts oder umgekehrt mit dem Finger wischen. Befinden sich Bilder in den Texten, so lassen sich diese per Doppeltipp vergrößern und meist auf einer separaten Seite bewundern. Als weitere Komfortmerkmale können Sie beispielsweise die Textgröße oder Schriftart anpassen, auf einen Nachtmodus (zum Strom sparen und heimlich unter der Bettdecke lesen) bzw. auf Sepia farbenes Papier (für die Romantiker unter Ihnen) umschalten oder auch Lesezeichen anlegen.

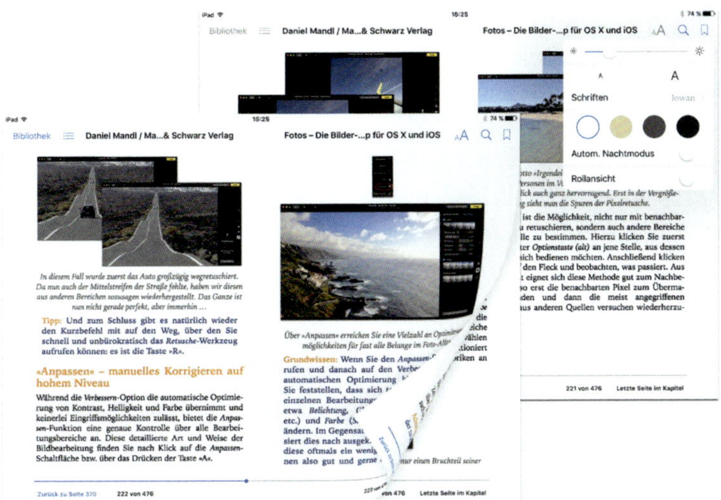

»iBooks« bietet eine Menge Komfort zum bequemen Lesen auf Couch und im Bett.

Sofern Sie in den *Einstellungen | iBooks* (auf iPad, iPhone und iPod touch) die Option *Lesezeichen synchronisieren* einschalten, lassen sich gesetzte Lesezeichen auch auf andere *iOS*-Geräte bzw. *iBooks* auf dem Mac (unter *OS X 10.9 Mavericks)* automatisch übertragen. Voraussetzung ist jedoch, dass auch auf diesen anderen Mobilgeräten die *Lesezeichensynchronisierung* bzw. unter *OS X* in den *iBooks-Einstellungen | Allgemein* die Option *Sync: Lesezeichen, Markierungen und Sammlungen auf Geräten synchronisieren* aktiviert wurde. Beim Schließen eines Buches werden die vorgenommenen Einstellungen gespeichert und anschließend synchronisiert. Das klappt im Übrigen nicht nur bei den *Lesezeichen*, sondern sogar für Ihr gesamtes Buch-Repertoire, falls Sie auch *Sammlungen synchronisieren* eingeschaltet haben.

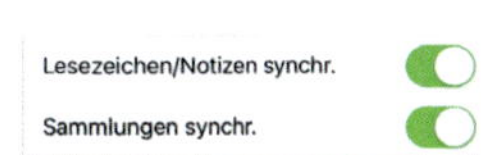

Bücher (*eBooks*), die Sie über den *iTunes Store/iBook Store* erwerben (sowohl über iPad, iPhone & Co. als auch über *iTunes* auf Mac/PC), liegen meist im *EPUB*-Format (*EPUB* steht für *electronic publication*) vor. Diese lassen sich ohne spezielle Programme nicht so einfach auf dem Computer öffnen, da sie hauptsächlich zum Betrachten auf iPod touch, iPhone oder iPad gedacht sind. Einzig die *iBooks*-App unter *OS X (10.9 Mavericks* und höher) ist dazu von Haus aus in der Lage.

Wie dem auch sei: Sind Sie mit der Leseprobe zufrieden und möchten Sie sich das Buch letztlich kaufen, so klicken Sie in *iTunes* (wieder zurück am Mac oder PC) auf *Buch kaufen* bzw. *Laden* und das Werk wird nach einer weiteren Nachfrage heruntergeladen. Sie finden es dann in der *Bücher*-Mediathek (auf dem PC) bzw. unter *OS X* in *iBooks*, im Falle des *Automatischen Downloads* auch auf Ihrem Mobilgerät.

Wie Sie (Hör-)Bücher von *iTunes* aus auf iPad, iPhone & Co. laden oder auch PDF-Dateien in *iTunes* bugsieren und organisieren, erfahren Sie im nächsten Kapitel. Dort kümmern wir uns um den Abgleich von Apples Mobilgeräten mit den *iTunes*-Inhalten.

Wie schon bei der Musik gibt es natürlich auch im Buch-Sektor Konkurrenz – als Beispiel sei nur *Kindle*, der *eBook-Reader* von Amazon genannt. *Kindle eBooks* können Sie zwar nicht über *iTunes* bekommen, dafür jedoch die *Kindle*-App, die Sie im *App Store* kostenlos laden und auf iPad, iPhone und iPod touch installieren können. Auch für den PC sowie den Mac gibt es eine Version, die Sie entweder über die Amazon-Webseite bzw. über den Mac App Store (für Mac) laden können. Danach lässt sich auf der Amazon-Webseite (egal, ob über Mobilgerät oder Computer) die Rubrik *Kindle eBooks* aufrufen und Sie suchen sich einen interessanten Titel aus. Klicken oder tippen Sie den gewünschten Titel an und legen Sie ihn in den Einkaufswagen. Danach melden Sie sich an und wählen anschließend das Gerät Ihrer Wahl, auf dem Sie das eBook lesen möchten.

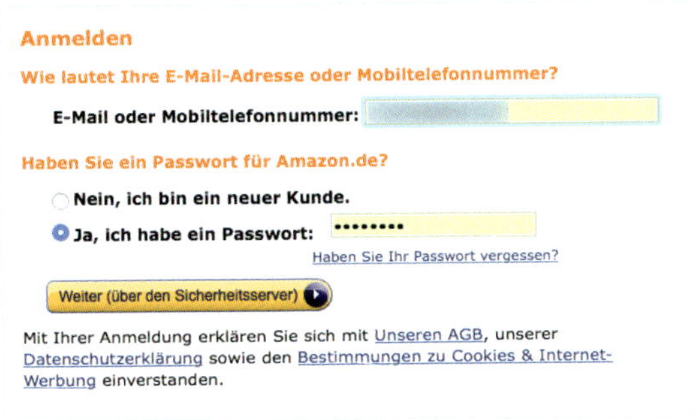

Nach der Wahl eines gewünschten Titels und dem Legen in den Einkaufskorb erfolgt zuerst die Anmeldung. Danach bestimmen Sie das Gerät, auf dem der Titel landen soll.

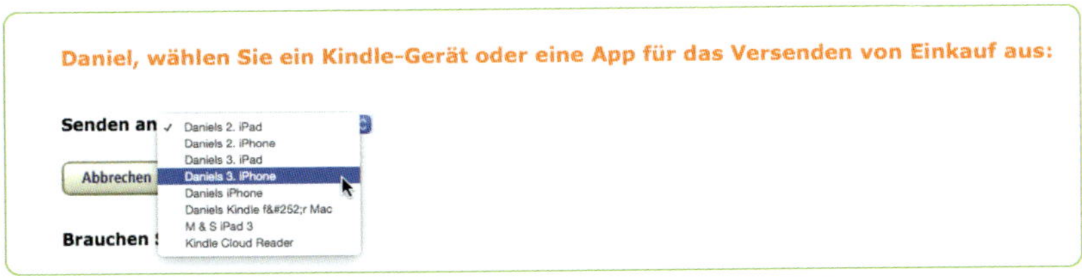

Über *Weiter* erfolgt die Bestätigung, dass der Titel nun verfügbar ist. Starten Sie anschließend die *Kindle*-App auf Ihrem Mobilgerät oder Computer, so erscheint der Titel und wird augenblicklich heruntergeladen. Tippen Sie ihn an und Sie können mit dem Lesen beginnen.

Es gibt auch eine Welt neben Apple – ob die besser ist, ist zwar fraglich, aber zumindest gibt es Alternativen ….

Der App Store – Programme und Unterhaltung für iPad, iPhone & iPod touch

Seit Juli 2008 gibt es nun schon den *App Store* für Apples mobile Geräte und mittlerweile tummeln sich dort über eine Million Apps. Und wenn wir vom *App Store* reden, ist ausschließlich der Store für die *iOS*-Mobilgeräte gemeint. Mac-Anwender finden auf ihren Computern weiterhin den *Mac App Store*, der wiederum exklusiv Programme für die Macintosh-Rechner anbietet. Bitte nicht verwechseln.

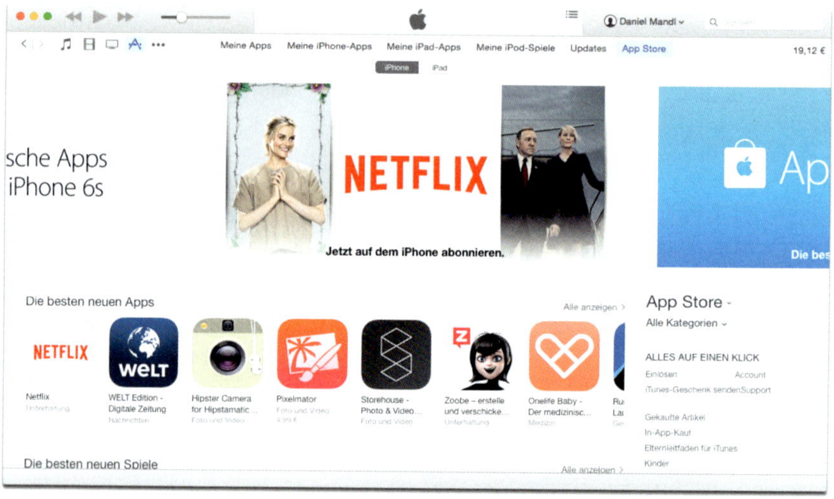

Der App Store lässt sich je nach Mobil-Gerät in Abteilungen für iPad und iPhone/iPod touch getrennt aufrufen.

Der Aufbau des *App Store* folgt ansonsten den üblichen Gesetzmäßigkeiten. Unterteilt in *Kategorien* (etwa Gesundheit & Fitness, Lifestyle, Nachrichten usw.) und *Top-Apps* (gekauft oder gratis) lässt sich schon einmal die Vielfalt ein wenig einschränken. Wird auf ein App-Cover geklickt, geht's eine Seite weiter und man findet zur Software ausreichende Informationen: Beschreibung des Programms (wenn Sie auf … *Mehr* klicken), Screenshots der Benutzeroberfläche, Sprachen und Systemvoraussetzungen. Aus unserer Sicht sehr nützlich sind in diesem Fall auch die *Bewertungen & Rezensionen*, da hier sozusagen aus der Praxis berichtet wird und man schon einmal den Sinn und Nutzen des ins Auge gefassten Programmes überdenken kann.

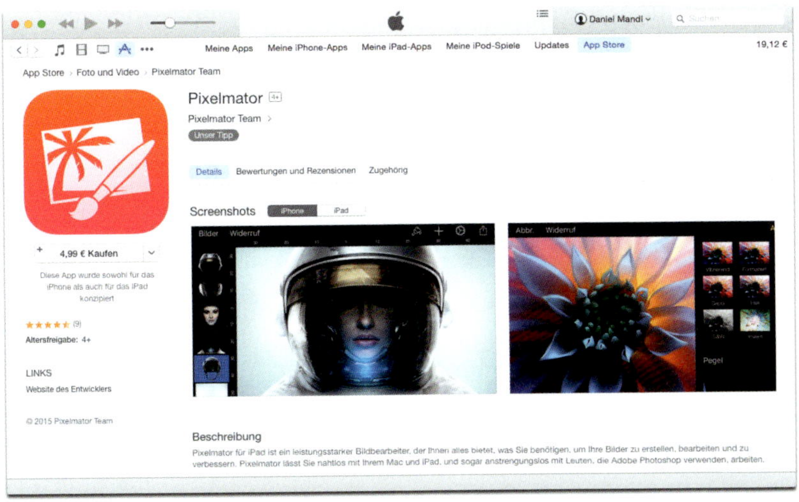

Ausführliche Beschreibungen sowie Beispielabbildungen erklären die Funktionsvielfalt und helfen bei der Konfiguration der Softwaretitel.

Wenn Sie sich vor dem Kauf über weitere Raffinessen erkundigen möchten, so sollten Sie auf jeden Fall den Besuch auf der Webseite des Software-Entwicklers in Erwägung ziehen. Sie finden die zugehörigen Webadressen sowie den Support-Bereich der Entwickler meist auf der Detail-Seite zur entsprechenden App.

Bei allen Programmen finden Sie unterhalb des Programm-Logos eine Altersfreigabe in Form einer Zahl (zum Beispiel »4+«). Diese Art der Bewertung kümmert sich um Leib und Seele der spielenden oder anwendenden Nutzer. So gibt die »4+« etwa Entwarnung (kein anstößiges Material), die »9+« deutet leichte Anzüglichkeiten an und ist daher für Kinder unter 9 Jahren nicht geeignet, die »12+« ist nichts für Kinder unter 12 (extreme Darstellungen von Cartoon-, virtueller oder reeller Gewalt, gelegentliche Darstellung von anzüglichem Inhalt). Den Hauptpreis zieht jedoch die »17+« (Achtung, jetzt wird's interessant) mit häufig verwendeten und extrem anstößigen wie unflätigen Begriffen, schreckenerregendem und anzüglichem Inhalt sowie Darstellungen von sexuellen Aktivtäten, Nacktheit, Alkohol, Drogen usw. Diese Aufstellung soll nur der Information dienen – nicht, dass Sie jetzt auf die Idee kommen und nur mehr nach »17+«-Apps suchen.

Haben Sie sich mit einer Anwendung angefreundet, heißt es entweder auf *Laden* oder auf *Kaufen* zu klicken. Danach müssen Sie sich wieder identifizieren und der Download beginnt. Ihre heruntergeladenen Anwendungen finden Sie dann in der Mediathek in der *Apps*-Abteilung mit den Rubriken *Meine Apps, Meine iPhone-Apps, Meine iPad-Apps* oder *Meine iPod-Spiele.*

Streng nach iPod/iPhone/iPad-Generation unterteilt: Die Software-Titel im App-Ressort.

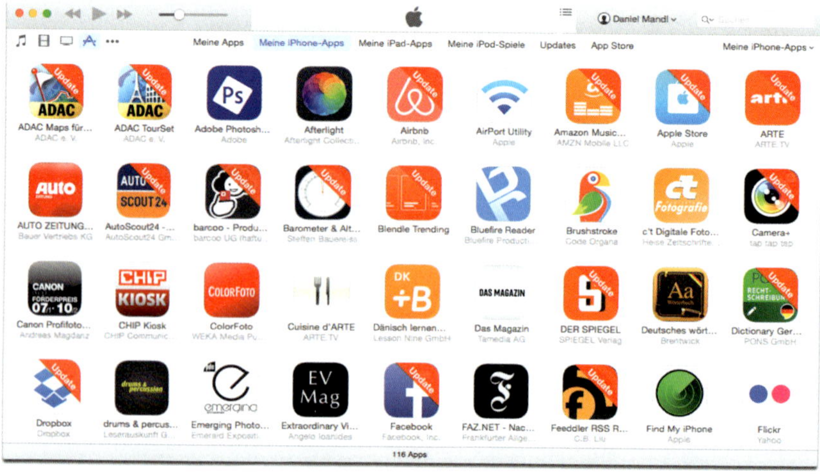

Sämtliche Apps, die Sie über die Monate oder Jahre anhäufen, werden über den *App Store* gespeichert, so dass die Liste der Einkäufe ebenso mit der Zeit länger und länger wird. Auch Apps, die Sie vielleicht nur mal kurz ausprobieren wollen und danach wieder gelöscht haben, werden stets mit angezeigt. Aufräumen lässt sich hier über *iTunes* auf Mac und PC folgendermaßen: Zum einen lassen sich Apps innerhalb der Rubriken *Meine Apps, Meine iPhone-Apps* und *Meine iPad-Apps* löschen und somit ausblenden. Überlegen Sie es sich später doch noch mal, so lassen sich diese über Ihre Account-Seite (*Alles auf einen Klick | Account*) und dort über *iTunes in der Cloud | Ausgeblendete gekaufte Artikel* wieder einblenden. Weiterhin finden Sie im *App Store* über *Alles auf einen Klick* die Abteilung *Gekaufte Artikel*, worin sich Ihre bislang erworbenen, aber nicht mehr auf dem Gerät befindlichen Apps zeigen.

Wie Sie die Anwendungen nun auf iPad, iPhone und iPod kommen, erklären wir im nächsten Kapitel.

iTunes U – für Schüler, Studenten oder einfach nur Wissbegierige

Sind Sie im Bildungssektor tätig, Student bzw. Schüler oder einfach nur neugierig, dann sollten Sie sich auf jeden Fall mit *iTunes U* auseinandersetzen. Die Umgangssprache in *iTunes U* ist meist Englisch, was Sie jedoch nicht davon abhalten sollte, sich dort einmal ausgiebig umzuschauen. Darüber haben Sie Zugriff auf Tausende von Materialien in Form von Kursen, Audio- und Video-Vorträgen. Für iPad, iPhone und iPod touch steht *iTunes U* zudem als eigene App zur Verfügung.

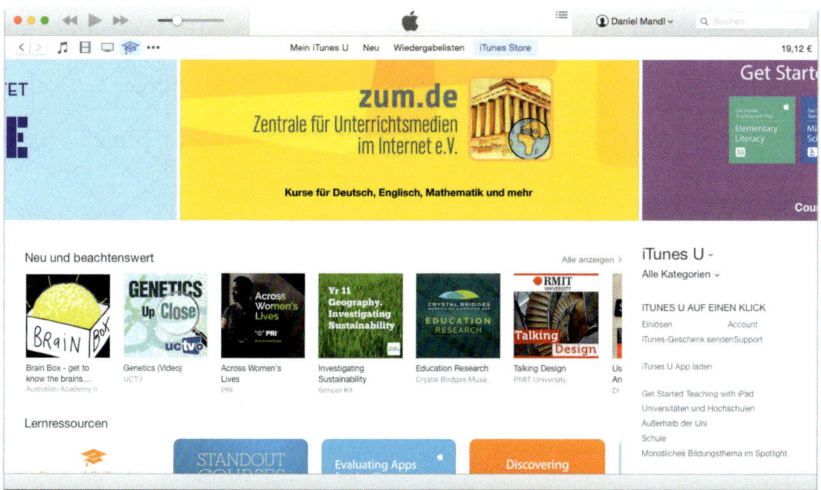

Jetzt wird's akademisch: Aus aller Welt lassen sich Beiträge von Universitäten, Museen und öffentlichen Institutionen finden.

Der Vorteil ist klar: Damit können Interessierte zu jeder Zeit und von überall aus auf Wissen zugreifen – mobiles Lernen ist daher angesagt. Und genauso, wie Sie beispielsweise ein Hörbuch erwerben, lassen sich die Beiträge in dieser Sparte herunterladen (meist kostenlos). Selektieren Sie über Kategorien vor oder stöbern Sie einfach wie ein Entdecker durch die umfassende Auswahl. Oder Sie wählen gezielt eine Uni oder eine bestimmte Hochschule, um deren Angebot in Erfahrung zu bringen. Dazu wählen Sie unter *iTunes U auf einen Klick* den Eintrag *Universitäten und Hochschulen, Außerhalb der Uni* oder *Schule*.

Es lässt sich auch gezielt nach Kurs-Angeboten bestimmter Universitäten, Bildungseinrichtungen oder Schulen suchen – falls gewünscht auch innerhalb nur eines Landes.

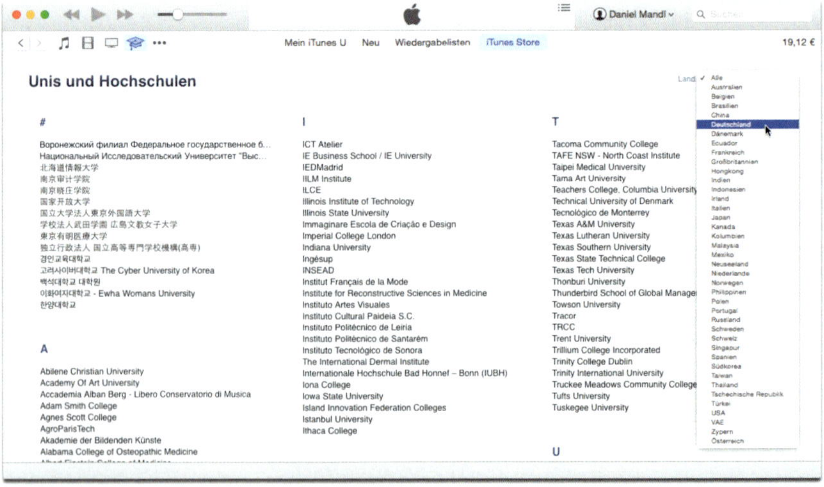

Auch Deutschland ist mit einigen Bildungseinrichtungen dabei.

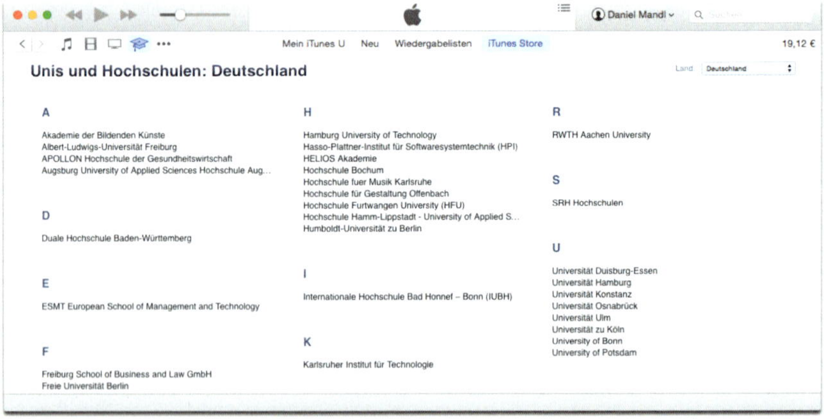

Jeder Tipp auf einen Beitrag eröffnet weiterführende Informationen in Form einer umfassenden Beschreibung, der Kursinhalte sowie etwaiger Kundenwertungen. Auch bei den angebotenen Medien haben Sie wieder die Möglichkeit, Vorschauen einzusehen. Über die entsprechenden Buttons lassen sich dann einzelne Lektionen (etwa PDF-Dokumente), Filme oder Hör-Beiträge in die *iTunes*-Mediathek laden. Manche Kurse lassen sich auch abonnieren, so dass Sie automatisch mit weiterem Lernmaterial versorgt werden.

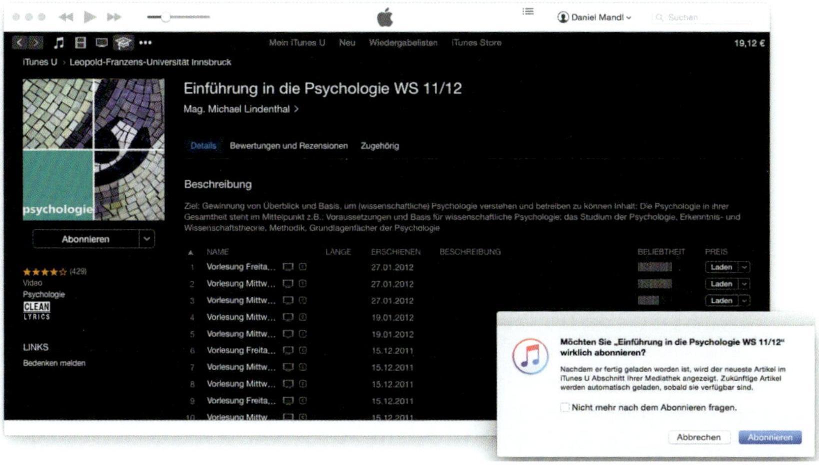

Sofern Sie ein Themenfeld abonnieren, erhalten Sie den aktuellsten Beitrag sofort, während die künftigen Kurse automatisch geladen werden. Ältere Abhandlungen können Sie ebenso nachträglich holen.

Ihre Inhalte finden Sie in *iTunes* wieder in der entsprechenden Mediathek, die sich – wie soll es auch anders sein – *iTunes U* nennt. Die Bedienung gleicht der Podcast-Verwaltung, indem Sie Beiträge per Doppelklick starten bzw. ältere Folgen über *Alte Inhalte* nachladen können. Über die *Einstellungen* lassen sich wieder Sortier- wie Abspielreihenfolge festlegen sowie das Behalten sowie Löschen einzelner Titel organisieren.

Wider den bösen Buben – die Kindersicherung

Kommen wir zum Schluss dieses Kapitels noch auf die *Kindersicherung* in den *iTunes-Einstellungen* zu sprechen, über die Sie Inhalte, auf die Kinder keinen Zugang erhalten sollen, ausschalten können. Gesperrte Quellen tauchen hierbei nicht in *iTunes* auf und verführen daher erst gar nicht zum Ausprobieren. Deaktivieren lassen sich zum Beispiel diverse Quellen wie *Podcasts, Internetradio, iTunes Store* oder *Freigegebene Mediatheken*, wobei *iTunes U* explizit davon ausgenommen werden kann.

Werden nun einzelne Punkte aktiviert, so verschwinden die entsprechenden Inhalte aus *iTunes*. Sinn macht das Ganze aber nur, wenn Sie gleichzeitig auf das Schloss-Symbol links unten klicken und dieses damit vor Manipulationen schützen. Auf diese Weise können in der *Kindersicherung* nur Änderungen vorgenommen werden, wenn das Administrator-Kennwort eingegeben wird.

Podcasts, Radio, iTunes Store oder die Nutzung freigegebener Mediatheken lassen sich innerhalb iTunes deaktivieren, indem diese Quellen erst gar nicht angezeigt werden.

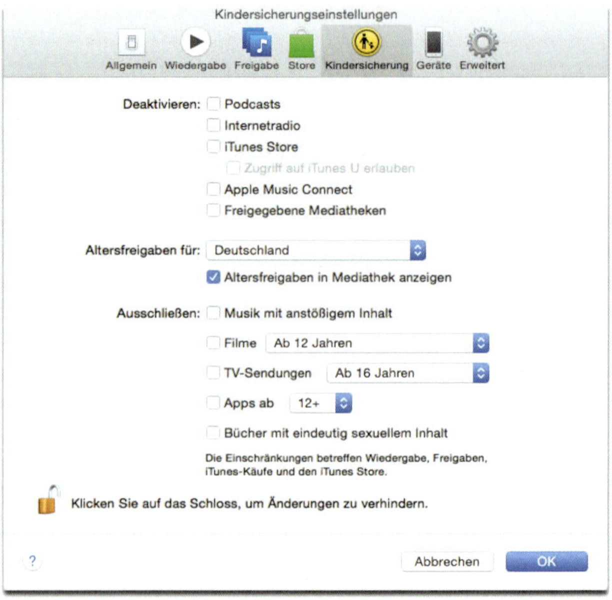

Stellen Sie unter *Altersfreigaben* den Eintrag auf Ihr Heimatland (etwa *Deutschland)* ein, so lassen sich verschiedene Medien automatisch auf das Alter von Kindern beschränken. Dies gilt unter anderem für *Filme*, *TV-Sendungen*, *Apps* und *Bücher*. Die Option *Musik mit anstößigem Inhalt* bezieht sich auf Artikel, die mit »Explicit« ausgezeichnet sind – diese lassen sich im *iTunes Store* nicht mehr durchsuchen, kaufen oder abonnieren. Befinden sich hingegen schon derlei Titel in der eigenen Mediathek, so werden diese ohne Einschränkung abgespielt.

Ähnlich der *Kindersicherung* in *iTunes* (auf Mac und PC) können Sie auch ein *iOS*-Gerät so einrichten, dass manche Inhalte draußen bleiben – und zwar über die *Einstellungen | Allgemein | Einschränkungen*. Zum Aktivieren der Einschränkungen legen Sie als Erstes einen vierstelligen Sicherheitscode an, der die Abteilung *Einschränkungen* vor unberechtigtem Zugriff schützen soll (dieser darf sich ruhig von Ihrer normalen Code-Sperre unterscheiden). Während Sie unter *Erlauben* festlegen können, welche Apps der Nutzer verwenden darf, können Sie unter *Zulässiger Inhalt* für einzelne Medien (Filme, Musik, Sendungen etc.) im *App*- und *iTunes Store* sowie für den Webseiten-Zugriff über *Safari* Einschränkungen vornehmen. Im Falle der *Altersfreigabe* gelten die weiter oben beschriebenen Einteilungen wie »4+«, »9+«, »12+« sowie »17+«. Liegt nun eine Altersbeschränkung beispielsweise für Apps vor, so lassen

sich nur jene Programme und Spiele erwerben, die der Altersfreigabe entsprechen – beim Rest fehlen die *Laden-* und *App kaufen*-Buttons. Und bei dieser Gelegenheit sollten Sie auch gleich die sogenannten *In-App-Käufe* deaktivieren, die oftmals in verlockend kostenfreien Spielen rasend schnell den Geldbeutel leeren können.

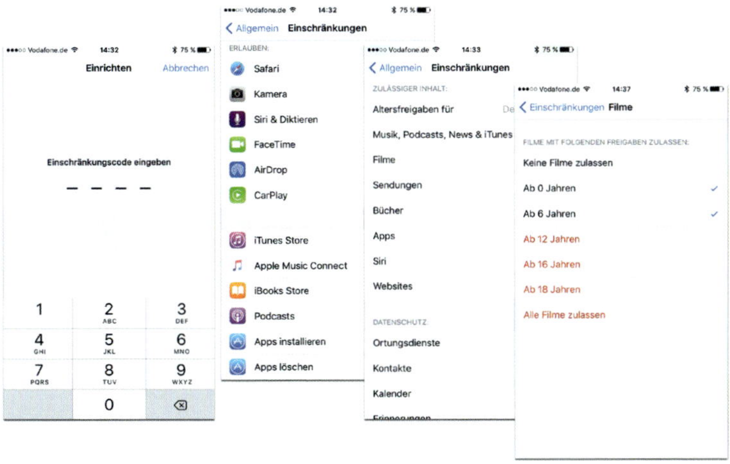

Über die »Einschränkungen« und dort beispielsweise über die »Altersbeschränkungen« lassen sich Apps und Medien filtern, die nicht zum Alter des Sprösslings passen.

Last, but not least: Die beste Kontrolle besteht immer noch darin, dass Eltern zusammen mit ihren Kindern auf Internet- oder *iTunes*-Pirsch gehen. Stößt man auf Inhalte, die die Neugierde entfachen, so sollte man darüber reden – auch wenn es ein wenig peinlich wird. Und falls Sie wirklich keine Lösung wissen, so suchen Sie doch in *iTunes U* nach schlauen Antworten, denn dort herrschen die weisen Geister …

Die Familienfreigabe zum Teilen von Inhalten und als Kontrollinstanz

Ab *OS X Yosemite* und *iOS 8* führte Apple die *Familienfreigabe* ein, die bis zu sechs Personen (mit jeweils eigener *Apple ID)* über einen zahlenden Account laufen lässt. Auch *iTunes*-Inhalte, *iBooks*- und *App Store*-Einkäufe lassen sich hierbei teilen. Diese Einrichtung eignet sich in erster Linie für jene, die (minderjährige) Kinder haben, um etwaige Einkäufe zu kontrollieren bzw. Sie diese Käufe genehmigen lassen können. Bezahlt wird grundsätzlich über das Kreditkartenkonto des Familienoberhauptes, was bei Ihnen sicherlich erst mal Fluchtgedanken aufkommen lässt. Aber keine Angst – ruinieren lassen müssen Sie sich nicht, wenn Sie die nachfolgenden Schritte beherzigen.

Auf Windows-Geräten ist die *Familienfreigabe* nicht möglich, da hier die Apple-eigenen Schutzmechanismen nicht greifen. Am Mac können Sie sie über die Systemeinstellung *iCloud* bzw. auf iPad oder iPhone über die *Einstellungen | iCloud* und den Punkt *Familienfreigabe einrichten* aktivieren.

Über die Systemeinstellung »iCloud« sowie den Button »Familienfreigabe einrichten« geben Sie den Startschuss.

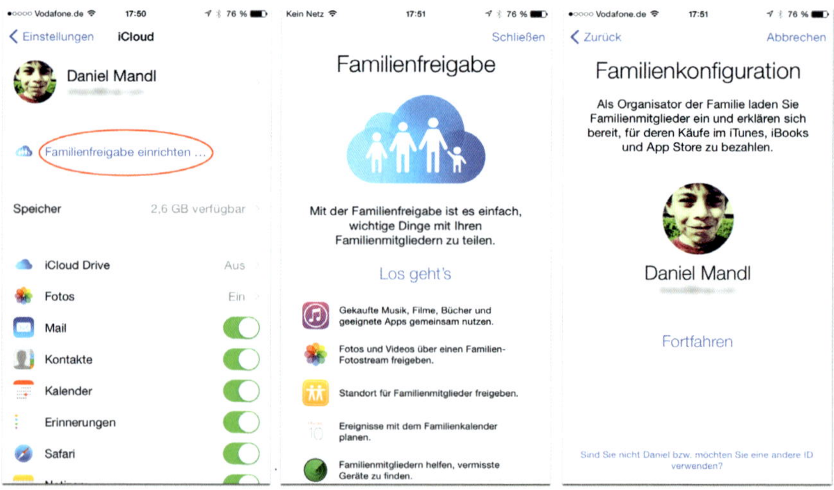

Auf iOS-Geräten erfolgt das Einrichten über die »Einstellungen | iCloud« sowie »Familienfreigabe einrichten«.

Ein wichtiges Merkmal innerhalb der *Familienfreigabe* ist die Kontrolle, was speziell für Kinder unter 13 Jahren gilt. Über die *Familienfreigabe* lässt sich dazu eine *Apple ID* extra für Kinder einrichten. Hierzu klicken Sie in der Systemeinstellung *iCloud* (Mac) zuerst auf *Familie verwalten* und anschließend auf *Familienmitglied hinzufügen* bzw. auf die unter der Mitglieder-Liste liegende *Plus*-Taste. Im erscheinenden Dialog wählen Sie dann die Option *Erstellen Sie eine Apple-ID für ein Kind, das keinen*

Account hat und klicken auf *Fortfahren*. Auf *iOS*-Geräten finden Sie die Option *Apple ID für ein Kind erstellen* über *Einstellungen | iCloud | Familie* und dort unten stehend.

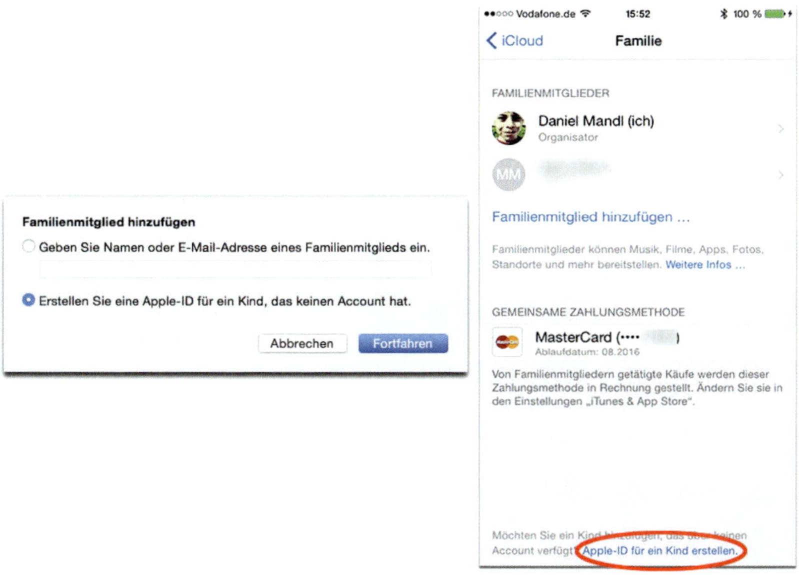

Über die Option »Erstellen Sie eine Apple-ID für ein Kind, das keinen Account hat« (OS X) bzw. »Apple ID für ein Kind erstellen« können Sie für unter 13-jährige eine Apple ID anlegen, die automatisch als Familienmitglied geführt wird und zudem eine Kaufanfrage beinhaltet.

Danach heißt es wieder Daten einzutragen, indem Sie das Geburtsdatum, den Namen, die Festlegung der E-Mail-Adresse für die *Apple ID* samt Passwort sowie drei Sicherheitsfragen (Wer war …, Wie heißt … etc.) angeben. Den Abschluss bilden dann noch die Optionen zur *Standortfreigabe* sowie einer *Kaufanfrage*. Zu Letzterer raten wir auf jeden Fall, da somit jeder Kauf erst von Ihnen über eine Genehmigungsfrage erlaubt werden muss. Das schützt Sie vor ausufernden Kreditkarten-Belastungen, führt wahrscheinlich aber auch unweigerlich zu überbordenden Diskussionen (die jedoch »wenigstens« nur Ihre Zeit kosten).

Die Spezial-Option *Kaufanfrage* zum Versenden einer Kaufgenehmigung funktioniert nur bei Personen bis zum 18. Lebensjahr. Über dieses Alter hinaus gelten alle Familienmitglieder als Erwachsene, die stattdessen jedoch als *Elternteil/Erziehungsberechtigter* ausgezeichnet werden können. All diese Optionen finden Sie auf dem *iOS*-Gerät über die *Einstellungen | iCloud | Familie* sowie die Auswahl der entsprechenden Personen bzw. unter *OS X*, indem Sie die entsprechende Person innerhalb der Systemeinstellung *iCloud* über *Familie verwalten* in der Seitenleiste auswählen.

Unabhängig von der Kinder-*Apple-ID* lassen sich auch so weitere Kandidaten über *Familienmitglied hinzufügen* bzw. den Klick in die *Plus*-Taste bestimmen oder einladen. Tragen Sie dazu die entsprechende *Apple ID* ein und tippen Sie auf *Fortfahren*. Anschließend können Sie entweder eine Einladung an die entsprechende *Apple ID* senden oder – falls bekannt – gleich selbst das Kennwort eintragen. Teilweise müssen Sie auch über die erneute Eingabe Ihres Kreditkarten-Sicherheitscodes Ihre Identität als Familienoberhaupt bestätigen.

Im Falle einer *Kaufanfrage* funktioniert das folgendermaßen: Tippt ein Kind den *Preis*- bzw. *Laden*-Button, so taucht über die *Familienfreigabe* der Hinweis auf, dass er dazu die Erlaubnis seines Erziehungsberechtigten einholen muss. Sobald nun auf *Einholen* getippt wird, bimmelt es auf den Geräten der Eltern und diese können entscheiden, ob sie das erlauben oder ablehnen. Auch diese Entscheidung wird wieder kommuniziert.

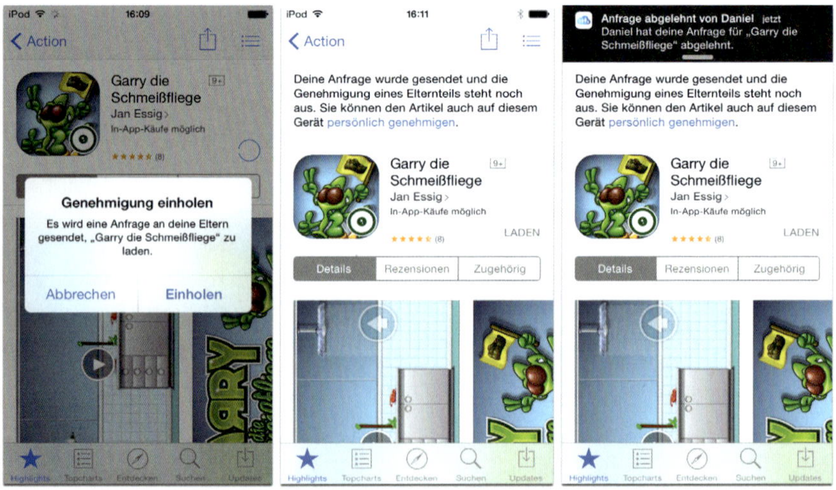

Aus der Sicht des Kindes: Zuerst muss eine Genehmigung eingeholt werden. Die Wartezeit, bis jemand antwortet, kann sich natürlich unendlich lang hinziehen. Kommt dann letztlich noch eine Absage, so frustriert das vielleicht – und das gibt spätestens beim Abendessen so richtig Ärger …

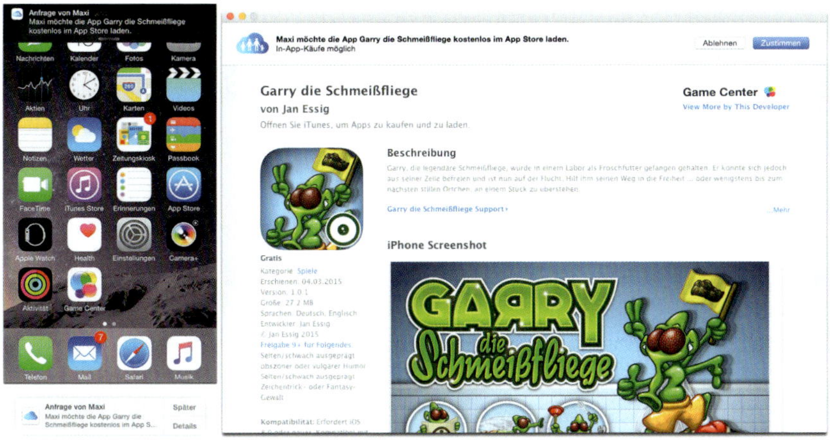

Die Eltern: Bei einem versuchten Kauf des Kindes muss dieses eine Erlaubnis einholen. Diese bekommen innerhalb von Sekunden die Anfrage auf den Mac oder ihr iOS-Gerät zugesandt und können sich nun positiv wie negativ entscheiden.

Ein weiterer Vorteil der *Familienfreigabe* ist das gemeinsame Nutzen von erworbenen Apps, Büchern und Musik. Aus Kundensicht spart das Geld oder auch den Aufwand, die Dinge nicht immer auf »normalen« Wegen hin- und herzukopieren. So können Familienmitglieder über *iTunes Store*, *(Mac) App Store* oder *iBooks* jeweils über die Abteilungen *Käufe (iOS)* bzw. *Einkäufe (OS X)* sowohl auf die eigenen als auch über die freigegebenen Medien der anderen Familienmitglieder zugreifen und diese auf ihre Geräte laden.

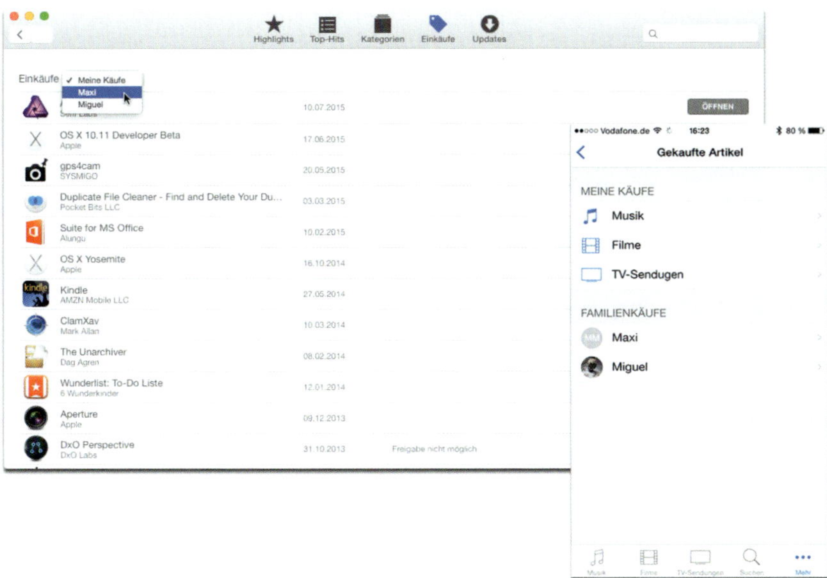

Da jedes Familienmitglied sozusagen verpflichtet wird, seine Käufe innerhalb des Familienzirkels freizugeben, kann man über die jeweiligen »Käufe«-Abteilungen die Medien der anderen auf sein Gerät laden.

Insgesamt eignet sich die *Familienfreigabe* als solide Verteilplattform im geschützten Rahmen. Dabei muss (per *Ausblenden*-Funktion) nicht alles innerhalb der Familie sichtbar sein. Gerade für minderjährige Mitglieder können Sie so eine Art »Rest-Kontrolle« (mittels der eigens aktivierten *Kaufanfrage)* ausüben.

iCloud bietet sehr viel mehr, als wir in diesem Kapitel beschreiben konnten. Wie Sie Ihre Dokumente gerade bei einem umfangreicheren Gerätepark sicher im Griff haben, erfahren Sie in unserer druckfrischen Anleitung zum Thema. Das Buch bzw. das günstigere eBook (PDF/ePUB) erhalten Sie hier: `www.mandl-schwarz.com/15/icloud`

Für Mac, Windows und iOS-Geräte: Eine Leseprobe zu unserem iCloud-Buch finden Sie auf unserer Webseite.

Und nachdem Sie nun wissen, wie Sie Medien aus den verschiedensten Quellen innerhalb *iTunes* laden und auch teilen können, heißt es nun im nächsten Kapitel, Ihre Inhalte auf die unterschiedlichsten Mobilgeräte zu transferieren. Das ist im Großen und Ganzen ein einfacher und schneller Akt – ja wenn da nicht die vielen Optionen wären, die manchmal doch ein wenig missverständlich sind.

iPod, iPhone, iPad & iTunes – das perfekte Gespann

Egal, welches *Mobilgerät* Sie letztlich besitzen – die Zusammenarbeit bzw. der Abgleich funktioniert meist ohne Probleme. Aber wie für alle Neuanschaffungen gilt auch hier: Sind *iPad*, *iPod* oder *iPhone* frisch ausgepackt und aufgeladen, sollten Sie sich auf jeden Fall erst einmal mit dem Gerät vertraut machen. So kennen Sie sich dann schon einmal mit der Bedienung aus, wie Sie es einschalten, zurücksetzen oder mit Hilfe des Displays bzw. ClickWheel navigieren.

Haben Sie Ihr Gerät schließlich konfiguriert, steht irgendwann der erste Kontakt mit *iTunes* an. Sobald Sie das Mobilgerät mit dem Rechner verbinden, startet *iTunes* und heißt Sie herzlich willkommen. Über *Fortfahren* lässt sich nun entweder ein Backup zurück auf das Gerät kopieren oder es geht direkt zur ersten Synchronisation.

Wie aufregend – es geht los … Sofern Sie Ihren Gerätepark erneuern, greifen Sie im Nu auf die bisherigen Medien zu.

Sobald ein Mobilgerät zum Synchronisieren in *iTunes* erkannt wird, erscheint dieses als kleines Symbol rechts neben den Zeichen für die Medien-Rubriken. Sind mehrere Geräte angeschlossen, so wird die Anzahl angezeigt. Mit einem Klick darauf lässt sich nun jeweils das gewünschte Gerät auswählen.

Auf das gewünschte Gerät lässt sich über das zugehörige Symbol schnell zugreifen.

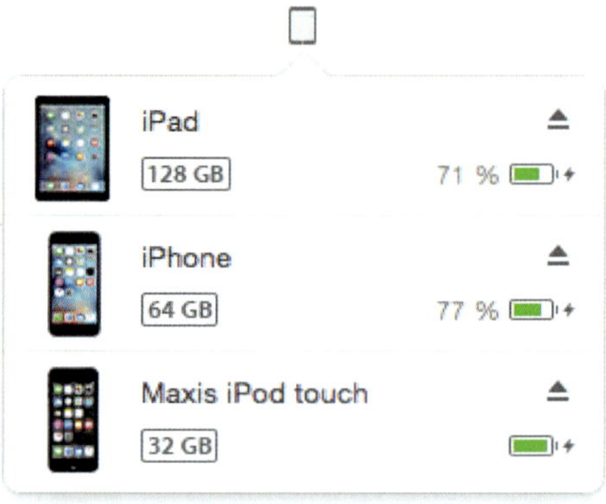

Je nach Mobilgerät finden Sie bis zu zwölf Kategorien (Musik, Filme, Podcasts usw.) vor, die wir uns nun im Anschluss einmal genauer ansehen möchten.

Übersicht – die wichtigsten Kenndaten

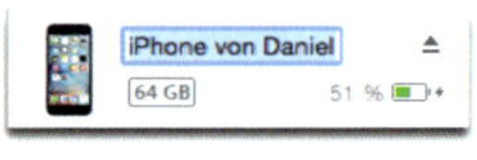

Zunächst landen Sie nach dem Verbinden in der Rubrik *Übersicht*. Werfen Sie daher als Erstes einen Blick auf den neben dem Gerätebild eingeblendeten Namen. Dieser setzt sich meist aus dem Gerät sowie Ihrem Benutzernamen zusammen, kann jedoch jederzeit per Mausklick und Überschreiben angepasst werden.

Weiterhin können Sie in der Übersicht die wichtigsten Kenndaten zu Ihrem Gerät wie Kapazität, Telefonnummer und Seriennummer ablesen. Klicken Sie auf die Einträge *Telefonnummer* oder *Seriennummer*, so lassen sich damit weitere Infos einsehen, darunter die *UDID* (*Unique Device Identification Number*), die *ECID (Exclusive Chip ID* bzw. *Electronic Chip ID)*, die *MEID (Mobile Equipment Identifier)*, die *IMEI (International Mobile Station Equipment Identity)*, die *ICCID (Integrated Circuit Card-ID)* sowie den genauen Produkttyp Ihres Gerätes. Diese Nummern dienen meist zur Identifizierung Ihres Gerätes oder der Mobilfunkkarte und müssen Sie eigentlich nicht weiter interessieren. Es ist nur gut zu wissen, wie Sie an diese Nummern kommen, falls Sie einmal darauf zurückgreifen müssen.

Nur zum Nachdenken: Da die Buchstaben- und Ziffern-Kombination der *UDID* für jedes Gerät einmalig ist und letztlich der eindeutigen Identifizierung dient, lässt sich darüber ein genaues Nutzerprofil (was Sie einkaufen, welche Webseiten Sie besuchen und was Sie sonst noch so alles auf Ihren Geräten anstellen) bzw. auch ein Bewegungsprotokoll (wo Sie beispielsweise überall mit Ihrem iPhone waren) anfertigen. Die *UDID* ist eigentlich für App-Entwickler gedacht, doch lässt sich diese Kennnummer nur zu gut auch für andere Zwecke (etwa gezielte Werbung) missbrauchen.

Mobilgeräte mit veralteter Software lassen sich – eine bestehende Online-Verbindung vorausgesetzt – ebenso auf Vordermann bringen. Dazu werfen Sie einen Blick auf die angezeigte Software-Version. Je nach Aktualität können Sie auf *Nach Update suchen* bzw. *Update/Aktualisieren* klicken.

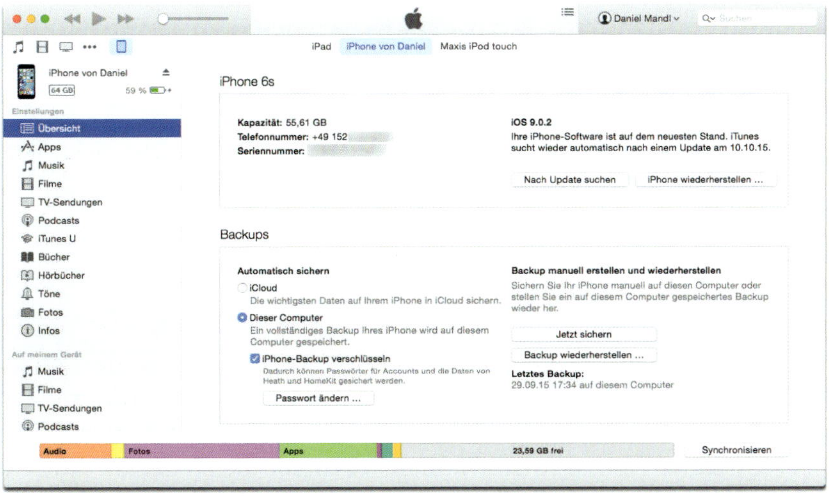

Sie können direkt über »iTunes« nach neuer Software suchen lassen.

Sobald Ihr Mobilgerät mit *iTunes* in Kontakt tritt, werden die Daten eingelesen und normalerweise auch die aktuell vorliegende Softwareversion überprüft. Wird dabei festgestellt, dass diese veraltet ist und eine neuere Variante vorliegt, erscheint ein Dialog, der Sie darauf hinweist und zugleich anbietet, diese *zu laden* bzw. *zu laden und zu aktualisieren*. Wir raten natürlich zu Letzterem, ist doch damit Ihr Gerät immer auf dem neuesten Stand. Voraussetzung hierbei ist jedoch, dass Sie in den *iTunes-Einstellungen* in der Rubrik *Erweitert* die unten stehende Option *Automatisch nach neuen Software-Updates suchen* aktiviert haben.

»iTunes« macht Sie darauf aufmerksam, sollte eine aktuellere Version der Geräte-Software vorliegen. Diese kann dann auch sogleich geladen und installiert werden.

Bei iPad, iPhone und iPod touch lassen sich Updates auch direkt über das Gerät vornehmen. Dazu finden Sie über die »Einstellungen | Allgemein« den Punkt »Softwareaktualisierung«.

Wenn Sie auf iPad, iPhone oder iPod touch in den *Einstellungen | App & iTunes Store* bei *Automatische Downloads* die Rubrik *Updates* aktivieren, so werden anstehende Aktualisierungen automatisch im Hintergrund geladen.

Neben den Buttons *Nach Update suchen* bzw. *Update/Aktualisieren* finden Sie in direkter Nachbarschaft den Button zum *Wiederherstellen*. Diesen Schritt sollten Sie nur angehen, wenn Ihr Gerät wirklich Probleme bereitet (beispielsweise ständig hängen bleibt oder sich stets der Akku rasend schnell entlädt), Sie ihn künftig an einem Rechner mit anderem Betriebssystem betreiben oder vielleicht weiterverkaufen möchten, da hierbei alle Daten auf dem Gerät gelöscht werden und er auf die Werkseinstellungen zurückgesetzt wird – Sie bekommen in diesem Sinne Ihr Mobilgerät als »Neuware« zurück.

Apple kündigt es an: Alle Daten werden rigoros gelöscht. Wenn Sie danach Ihren iPod an Mac oder PC anschließen, müssen Sie alle Daten erneut übertragen.

Verwenden Sie auf iPad, iPhone oder iPod touch die *iCloud*-Funktion *iPhone/iPad suchen*, so müssen Sie diese zuvor über die *Einstellungen | iCloud | Mein iPhone suchen*) deaktivieren.

Das Zurücksetzen Ihres *iOS*-Gerätes auf die Werkseinstellungen können Sie auch direkt über das Gerät vornehmen, und zwar über die *Einstellungen | Allgemein | Zurücksetzen | Inhalte & Einstellungen löschen.*

Ein weiterer wichtiger Punkt zur Datensicherheit betrifft die Möglichkeit des Backups. Sie haben dabei die Wahl, ob Sie dieses automatische Sichern über die *iCloud* (betrifft nur iPhone, iPad sowie iPod touch) oder lieber beim Verbinden Ihres Mobilgerätes mit *iTunes* über den Computer erledigen möchten. Ersteres macht Sie unabhängig von *iTunes*, wobei Sie zum einen eine schnelle Datenleitung benötigen und zum anderen die läppischen fünf Gigabyte kostenloser *iCloud*-Speicherplatz schnell aufgebraucht sind.

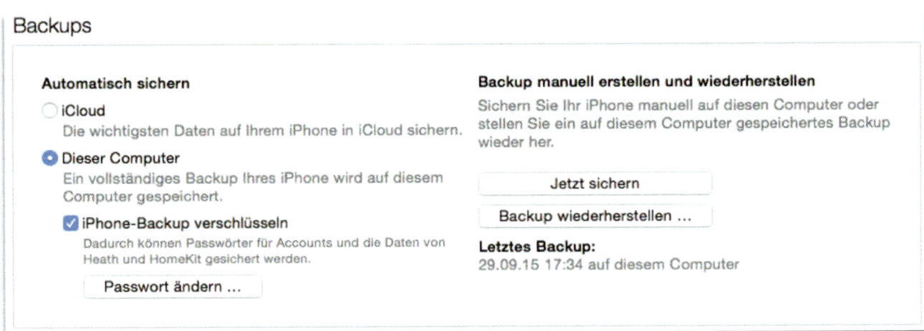

Sie haben die Wahl: Soll ein Backup Ihres iPhone, iPad oder iPod touch in die iCloud erfolgen oder lieber auf dem Computer abgelegt werden.

In den Geräte-Einstellungen zu iPad, iPhone oder iPod touch lässt sich über *Einstellungen | iCloud | Backup* ebenso das *iCloud-Backup* aktivieren. Über die *iCloud*-Rubrik *| Speicher | Speicher*

verwalten können Sie Ihre Backups einsehen, wie viel diese an Speichervolumen verbrauchen. Tippen Sie noch dazu auf eines Ihrer *iCloud*-Backups, so lassen sich die einzelnen Speicher-Posten überprüfen und gegebenenfalls vom Backup ausschließen. Auf diese Weise lässt sich das Datenvolumen für ein *iCloud-Backup* reduzieren.

50GB	0,99 € pro Monat
200GB	2,99 € pro Monat
1TB	9,99 € pro Monat

Nur für den Fall der Fälle, dass Sie mit den kostenlosen fünf Gigabyte an *iCloud*-Speicher nicht auskommen: Über die Mobilgeräte-*Einstellungen* | *iCloud* | *Speicher* lässt sich über *Mehr Speicher kaufen* Ihr Kontingent ein wenig aufrüsten. Kostenpunkt: 50 Gigabyte gibt es für 0,99 Euro im Monat, 200 GB kosten 2,99 Euro im Monat und 1 Terabyte 9,99 Euro monatlich. Auf Mac und PC lässt sich der Speicher über die Systemeinstellungen/Systemsteuerung *iCloud* und dort unter *Verwalten* (OS X)/*Speicher* (Windows) | *Mehr Speicher kaufen* erweitern.

Auch das ist möglich: Das Backup – sofern es auf dem Computer stattfindet – kann verschlüsselt werden. Sobald Sie die Checkbox bei *Lokales Backup verschlüsseln* aktivieren, müssen Sie in einem gesonderten Dialogfeld ein Kennwort vergeben. Über *Kennwort festlegen* erfolgt anschließend die Verschlüsselung des bereits erfolgten Backups. Möchten Sie später ein Neugerät aus diesem Backup wiederherstellen, so ist das künftig nur über die Eingabe des Kennworts möglich. Auf diese Weise lässt sich die missbräuchliche Verwendung Ihrer Backup-Daten verhindern.

Ein weiterer Vorteil der Verschlüsselung ist die Tatsache, dass auf diesem Wege zusätzlich auch Ihre Accountkennwörter mit gesichert werden. So müssen Sie diese beim etwaigen Wiederherstellen Ihres Mobilgerätes nicht erneut eingeben.

Die Verschlüsselung Ihres Backups ist in wenigen Sekunden erledigt.

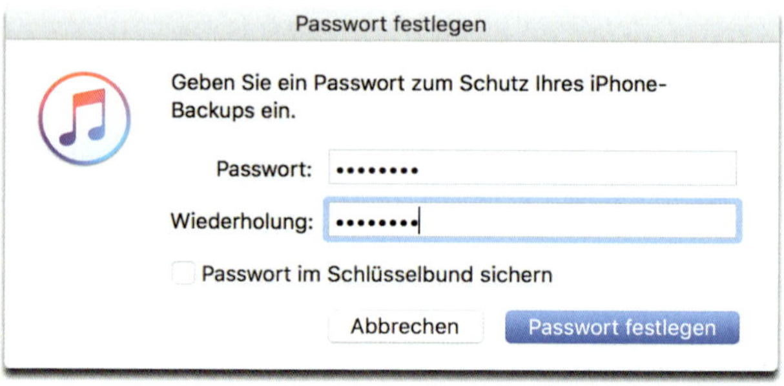

Rückgängig machen lässt sich diese Verschlüsselung natürlich ebenso einfach: Entfernen Sie den Haken bei *Lokales Backup verschlüsseln* und Sie werden erneut aufgefordert, das Kennwort zu benennen. Einmal eingetragen und bestätigt und die Verschlüsselung wird wieder revidiert.

Neben dem automatischen Backup können Sie jederzeit auch manuell speichern, indem Sie auf *Jetzt sichern* klicken. Dies sollten Sie immer dann in Anspruch nehmen, falls Sie über eine Synchronisierung wichtige Daten auf das Mobilgerät transferiert haben und diese in einem Backup extra sichern möchten.

Die lokalen Backups auf Ihrem Computer finden Sie unter *OS X* über den Speicherpfad *Benutzer/»Benutzername«/Library/Application Support/MobileSync/Backup*, unter *Windows 7, 8* und *10* über *\Benutzer\»Benutzername«\AppData\Roaming\Apple Computer\MobileSync\Backup*. Möchten Sie darauf zugreifen, müssen Sie jedoch einen kleinen Umweg in Kauf nehmen, da sowohl unter *OS X* als auch unter Windows die entsprechenden Ordner unsichtbar gehalten werden. Unter *OS X* drücken Sie die *Optionstaste* und rufen dann über den *Finder | Gehe zu* den Punkt *Library* auf. Unter *Windows 7, 8* oder *10* begeben Sie sich zur *Systemsteuerung | Darstellung und Anpassung* und rufen darüber die *Ordneroptionen* (7/8) bzw. *Explorer-Optionen* (10) auf. Über den Reiter *Ansicht* suchen Sie sich die Option *Versteckte Dateien und Ordner* und aktivieren den Punkt *Ausgeblendete Dateien, Ordner und Laufwerke anzeigen.*

In der Rubrik *Übersicht* finden Sie unten stehend die Optionen, die sich von Gerät zu Gerät unterscheiden können. So würde beispielsweise automatisch *iTunes* gestartet, sobald Sie Ihr Mobilgerät mit dem Computer verbinden. Möchten Sie dies verhindern, so entfernen Sie den Haken beim ersten Eintrag (*iTunes öffnen, wenn dieser iPod/dieses iPad angeschlossen wird* bzw. *Automatisch synchronisieren, wenn dieses iPhone verbunden ist*).

Die Optionen weisen zum Teil – je nach Mobilgerät – unterschiedliche Einstellungen auf.

iPod touch, iPad sowie iPhone lassen sich zudem auch drahtlos (also ohne Verbindungskabel am Computer) abgleichen. Bevor Sie jedoch eine Synchronisierung per WLAN durchführen können, müssen Sie Ihr Gerät zuvor ein Mal mit dem Rechner per Kabel verbinden, sodass es erkannt wird. Danach aktivieren Sie in der *Übersicht* bei den Optionen den Punkt *Mit diesem iPad/iPhone/iPod über WLAN synchronisieren* und klicken anschließend rechts unten auf *Anwenden*, damit die Einstellungen übernommen werden. Starten Sie wenig später Ihr *iTunes*, so wird – auch ohne Kabel-Verbindung – Ihr Gerät angezeigt und Sie können einen Abgleich inklusive Backup durchführen.

So schön diese drahtlose Welt auch erscheint – wesentlich schneller klappt das Synchronisieren auf jeden Fall über den Anschluss per Kabel. Dies sollten Sie immer dann im Hinterkopf behalten, wenn Ihr Backup schon recht groß ist oder Sie eine Menge Daten auf das Mobilgerät übertragen möchten.

Eine Synchronisierung lässt sich im Übrigen auch vom Mobilgerät aus erledigen. Rufen Sie dazu die *Einstellungen | Allgemein* auf und tippen Sie auf *iTunes-WLAN-Sync*. Apple rät dazu, zuvor das jeweilige Gerät an das Stromnetz anzuschließen.

Der Punkt *Nur markierte Titel und Videos synchronisieren* (bzw. *Nur markierte Titel synchronisieren* beim iPod shuffle) bezieht sich auf die kleinen Markierungsfelder vor den Musik-Titeln, Videos, Hörbüchern und Co. Befinden sich in den Kästchen keine Haken, so werden diese Medien bei der Synchronisierung übergangen. *SD-Videos bevorzugen* spielt bei Vorliegen eines Videos im SD- (*Standard Definition*) sowie HD-Format (*High Definition*) die kleinere SD-Variante auf das Gerät. Hierbei sparen Sie oftmals mehrere Hundert Megabyte an Speicherplatz, auch wenn sich das Video in vielleicht nicht ganz so guter Qualität zeigt.

Über *Titel mit höherer Datenrate konvertieren* können Sie ebenso das Übertragungsvolumen reduzieren, falls Ihr Mobilgerät über wenig Speicherplatz verfügt (etwa ein iPod shuffle mit nur zwei GB) bzw. Sie grundsätzlich mit Platzproblemen zu kämpfen haben. Da im *iTunes Store* gekaufte Musik als *iTunes Plus (AAC)* mit einer Datenrate von 256 kBit/s übertragen wird, besitzt ein etwa fünf Minuten dauerndes Lied meist eine Größe von circa 10 Megabyte. Heruntergerechnet auf eine Datenrate von 128 kBit/s beträgt die Datengröße somit nur mehr knapp fünf

Megabyte. Verwenden Sie stattdessen Musik mit noch höherer Datenrate bzw. liegen Ihre Lieder im *AIFF*-Format, so können Sie noch weitaus aus mehr Megabytes einsparen. Als Auswahl zum Herunterrechnen stehen Ihnen 128 kBit/s, 192 kBit/s sowie 256 kBit/s zur Verfügung.

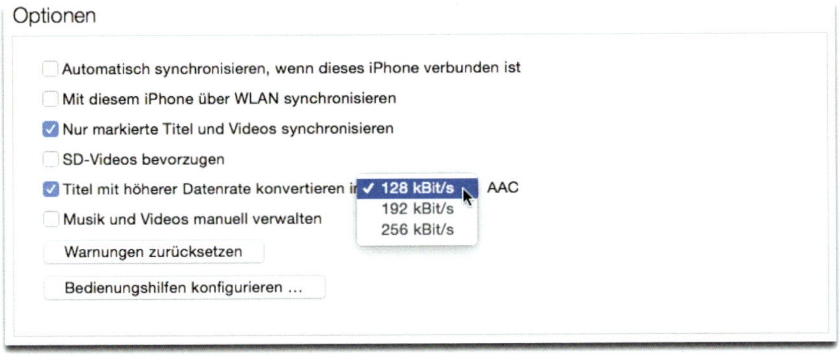

Falls Sie sich mit Platzproblemen herumärgern, ist das Konvertieren Ihrer Musik in eine niedrigere Datenrate oftmals nicht verkehrt.

Und bedenken Sie bitte auch: Falls Sie Ihre Musik hauptsächlich über eine Highend-Stereoanlage genießen, so kann die Datenrate nicht hoch genug sein. Mit günstigen Kopfhörern über den iPod shuffle macht das jedoch keinen Sinn, da diese Qualität sowieso nicht in Ihren Ohren ankommt.

Über *Musik und Videos manuell verwalten* (bzw. nur *Musik* bzw. *Videos manuell verwalten*) schalten Sie den automatischen Abgleich ab. Auf den ersten Blick rührt sich erst einmal nichts, auf den zweiten sehen Sie sich nun aber veranlasst, alles selbst zu organisieren, was bei umfangreichen Daten-Beständen zum Geduldsspiel werden kann. Sie müssen also sowohl Musik, Hörbücher, Podcasts als auch Ihre Videos etc. künftig selbsttätig aus der *iTunes*-Mediathek auswählen und Ihr Mobilgerät damit füttern. Dies klappt über die Seitenleiste und dort über die angezeigten Medien-Kategorien unter *Auf meinem Gerät*. Klicken Sie zuerst auf die gewünschte Kategorie und danach auf *Wiedergabeliste bearbeiten* – sie landen darüber automatisch in der zugehörigen Mediathek und können so die gewünschten Titel auswählen. Über *Fertig* ist der manuelle Prozess abgeschlossen und Sie müssen dies nun für alle anderen Medien (Musik, Film etc.) wiederholen.

Das manuelle Übertragen ist mit allerlei Arbeit verbunden und lohnt sich eigentlich nur bei Mobilgeräten mit niedriger Speicherkapazität.

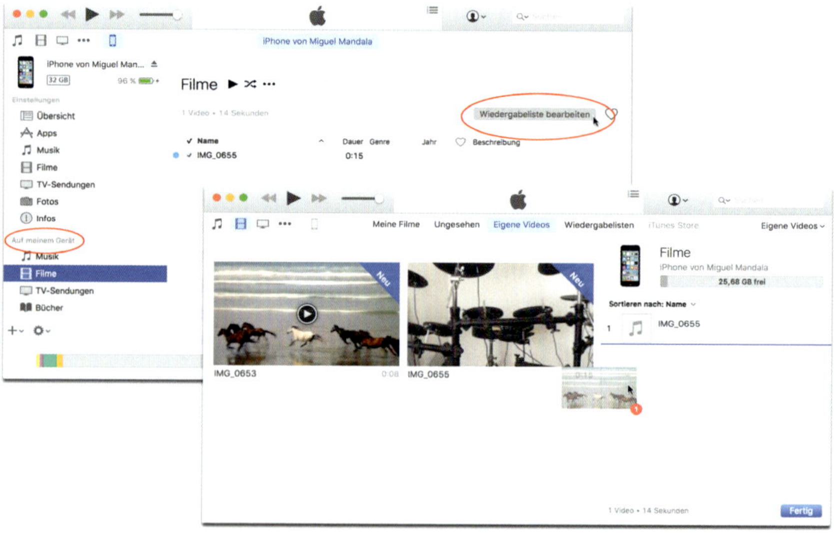

Bei Verwendung mehrerer Mobilgeräte auf Ihrem Rechner merkt sich *iTunes* im Übrigen die Einstellungen. Es ist somit kein Problem, einen *iPod touch* automatisch zu synchronisieren, während Sie ein älteres *iPod shuffle*-Modell manuell verwalten.

Verfügen Sie über einen iPod mit großer Kapazität (etwa den iPod classic), bietet es sich an, diesen als mobile Festplatte zu verwenden. Bitte beachten Sie hierbei, dass diese Funktion leider nicht auf iPad, iPod touch und iPhone möglich ist. Die Option *Verwendung als Volume aktivieren* finden Sie in der *iPod-Übersicht*. Wird diese nun eingeschaltet, so zeigt sich auf Ihrem Schreibtisch/in der Seitenleiste des *OS X*-Fensters ein *iPod*-Icon (Mac) bzw. im *Windows Explorer* bei *Dieser PC* (Windows) der *Wechseldatenträger*. Markieren Sie es (in der Seitenleiste) oder doppelklicken Sie es (auf dem Schreibtisch/als Wechseldatenträger), so öffnet sich das zugehörige Fenster und Sie könnten – je nach freiem Speicherplatz – fleißig Daten darauf kopieren. Packen Sie einfach einen Ordner mit Arbeits-Dateien oder eine Bilder-Sammlung und ziehen Sie diese in das Fenster – der Kopier-Vorgang beginnt sogleich.

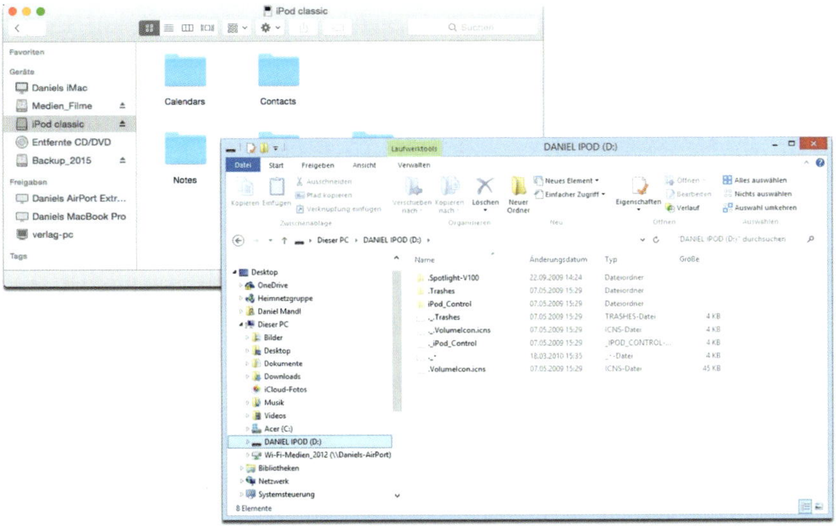

Manche iPod-Modelle (classic, shuffle, nano) lassen sich auch als Festplatte betreiben, um beispielsweise Daten zu transportieren.

Sofern die Inhalte der *iTunes-Mediathek* die Speicher-Kapazität der Mobilgeräte übersteigt und Sie selbst weder Lust noch Zeit dazu haben, eine Auswahl an Medien zu treffen, so denken Sie wieder an die *Automatisch füllen*-Option. Bei iPod shuffle sowie iPod nano lässt sich zudem über den Button *Einstellungen* mit einem Regler bestimmen, wie viel Speicherplatz dabei für Musik bzw. für den Wechseldatenträger (Volume) verwendet werden soll. Auch bestimmen Sie dort im Falle des automatischen Füllens die Optionen, ob zum einen Objekte mit höherer Wertung öfter ausgewählt, ob Objekte zufällig ausgewählt und ob jedes Mal die bereits auf dem iPod befindlichen Objekte ersetzt werden sollen. Auf iPad, iPod touch sowie iPhone haben Sie derlei Einstellungen nicht – Sie bekommen jedoch zumindest die Option *Freien Speicherplatz automatisch mit Titeln füllen* geboten.

Der iPod shuffle bietet in seinen Optionen weiterhin den Punkt *Maximale Lautstärke begrenzen*, worüber Sie im Zweifel die *Wiedergabe-Lautstärke* herabsetzen und durch Mausklick auf das *Schloss*-Symbol vor Veränderung schützen können (über ein eigens vergebenes Passwort).

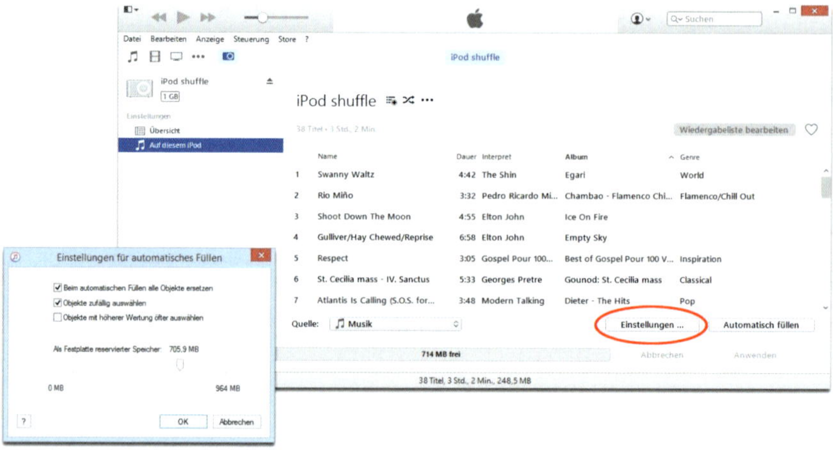

Bei iPod shuffle sowie iPod nano können Sie über »Automatisch füllen« iTunes die Auswahl der gewünschten Medien überlassen. Über die »Einstellungen« lassen sich weiterhin die Einteilung der Kapazität regeln sowie beim »Automatisch füllen« die Vorgehensweise bestimmen.

Bei den Mobilgeräten wie iPod nano, iPod touch, iPhone oder iPad lassen sich weiterhin unterstützende Maßnahmen für diverse Handicaps (Einschränkungen im Sehen oder Hören) ergreifen. Dies erledigen Sie über die *Optionen* bei *Bedienungshilfen konfigurieren*. So lassen sich darüber *VoiceOver* oder das *Zoomen* einschalten, die *Farben umkehren* oder *Erweiterte Untertitel* (falls vorhanden) anzeigen. All diese Möglichkeiten stehen jedoch auch über das jeweilige Gerät zur Verfügung, indem Sie dort in die *Einstellungen* gehen und unter *Allgemein* den Punkt *Bedienungshilfen* einsehen.

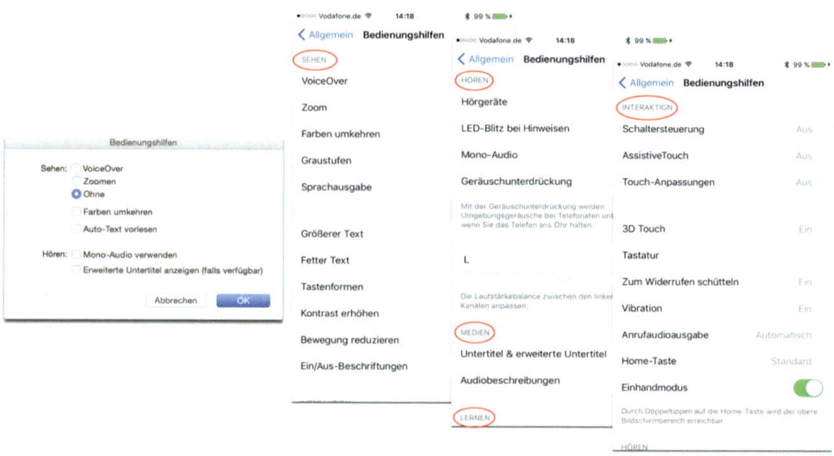

Über »Bedienungshilfen konfigurieren« lassen sich verschiedene Optionen über »iTunes« aktivieren, die Sie im Falle etwaiger Behinderungen im Hören oder Sehen unterstützen. Alternativ finden Sie auch auf den »iOS«-Geräten eine Fülle an unterstützenden Angeboten.

Optisch gut gelungen ist bei allen Mobilgeräten die *Kapazitäts*-Anzeige am unteren Rand des *iTunes*-Fensters. Fahren Sie dabei mit der Maus über die einzelnen Teilbereiche wie Apps, Musik, Fotos usw., so blendet ein kleiner Dialog Anzahl sowie verbrauchten Speicherplatz ein. Die Verteilung erfolgt dabei wie folgt: *Audio* (Musik-Titel, Hörbücher etc.), *Video* (Filme, Musikvideos, TV-Sendungen), *Fotos* (Bilder aus *Fotos/iPhoto/Aperture/Photoshop Elements*, dem Benutzer-Bilderordner oder Cover-Bilder), *Apps* (Software aus dem *App Store*, *Spiele*), *Dokumente & Daten* (aus den diversen Apps) und *Andere* (digitale eBooks oder Zeitschriften aus dem *iBook Store*, Kontakte, Kalender, Podcasts). Rechts davon liegen noch die Knöpfe *Abbrechen* und *Anwenden* bzw. nur *Synchronisieren*. Ersterer macht getätigte Einstellungen rückgängig, während der Zweite nach Änderungen innerhalb der Medien-Reiter eine sofortige Aktualisierung (erneuter Abgleich) des Mobilgerätes anwirft.

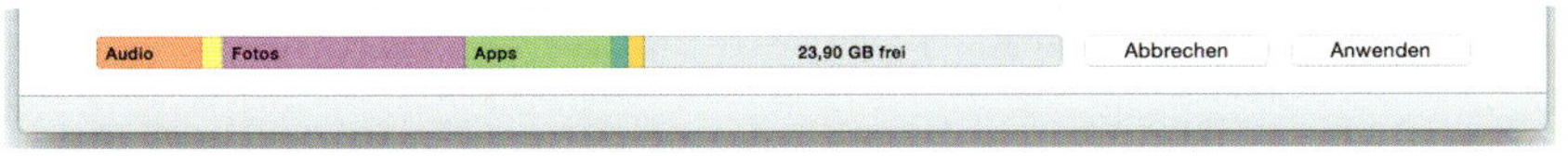

Die Kapazitäts-Anzeige zeigt die Verteilung der Medien-Arten sowie den freien Speicherplatz an.

Einstellungen für die »Musik«-Synchronisierung

Dieser Bereich steht allen iPods, iPhones und iPads zur Verfügung, denn dort findet der Musik-Abgleich statt. Sobald die Funktion *Musik synchronisieren* aktiviert wird, können Sie zwischen den Optionen *Die ganze Mediathek* sowie *Ausgewählte Wiedergabelisten, Interpreten, Alben und Genres* wählen. Weiterhin lassen sich *Musikvideos* und *Sprachmemos einbeziehen* sowie bei ausgewählten Wiedergabelisten der restliche *freie Speicherplatz automatisch mit Titeln füllen.*

Im Falle der vollständigen Mediathek werden nach dem Anschließen des Mobilgerätes an den Rechner automatisch alle Lieder und angelegten Wiedergabelisten übertragen. Sind seit dem letzten Abgleich neue Lieder hinzugekommen oder wurde die ein oder andere Wiedergabeliste verändert, so werden auch diese berücksichtigt.

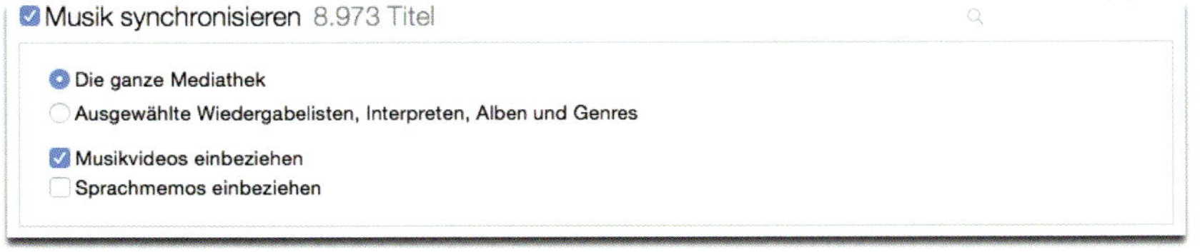

Die Option »Die ganze Musikmediathek« überträgt den gesamten Bestand.

Falls Sie es bevorzugen, nur bestimmte Wiedergabelisten zu übertragen und abzugleichen, so wählen Sie die Option *Ausgewählte Wiedergabelisten, Interpreten, Alben und Genres*. Dabei wird ein weiterer Bereich freigeschaltet und Sie können nun bei den gewünschten Listen einen Haken setzen. In diesem Fall werden nur die von Ihnen ausgesuchten Angaben übertragen und synchronisiert.

Im Falle von »Ausgewählte Wiedergabelisten, Interpreten, Alben und Genres« zählen einzig Ihre Vorlieben – die Synchronisierung berücksichtigt dies. Viel Spaß beim Klicken.

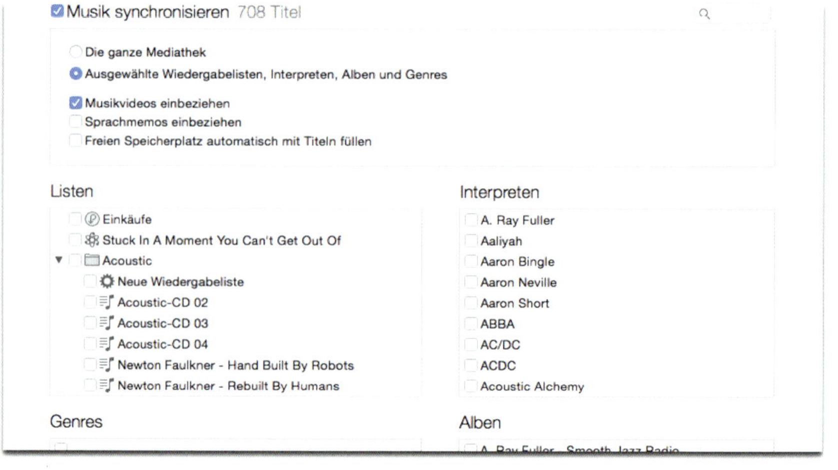

Mit gedrückter *Befehlstaste (cmd)* beim Mac oder *Steuerungstaste (Strg)* unter Windows und Mausklick auf einen Eintrag lassen sich alle Checkboxen auf einmal aktivieren oder deaktivieren. Je nachdem, wo Sie mehr klicken müssen (an- oder wegklicken) lässt sich so schon mal ein wenig Zeit sparen. Und denken Sie auch an Ihre spezielle Wiedergabeliste für die *Apple Watch*, falls sich diese in Ihrem Besitz befindet.

Weiterhin lassen sich beim Abgleich auch die *Musikvideos* einbeziehen bzw. der noch übrig bleibende Speicherplatz automatisch mit Titeln füllen. Ist Ihre *iTunes-Mediathek* größer als das Fassungsvermögen des iPod-/iPhone-/iPad-Speichers, so erhalten Sie eine Warnmeldung. Als Lösung des Dilemmas klicken Sie nun entweder die Option *Ausgewählte Wiedergabelisten, Interpreten, Alben und Genres* an und markieren selbstständig so viele Musiktitel, bis der Speicherplatz gefüllt ist (werfen Sie dazu immer auch einen Blick auf den blauen Audio-Balken in der Kapazitätsanzeige, der den aktuellen Status wiedergibt). Oder Sie nehmen den Komfort des automatischen Füllens in Anspruch.

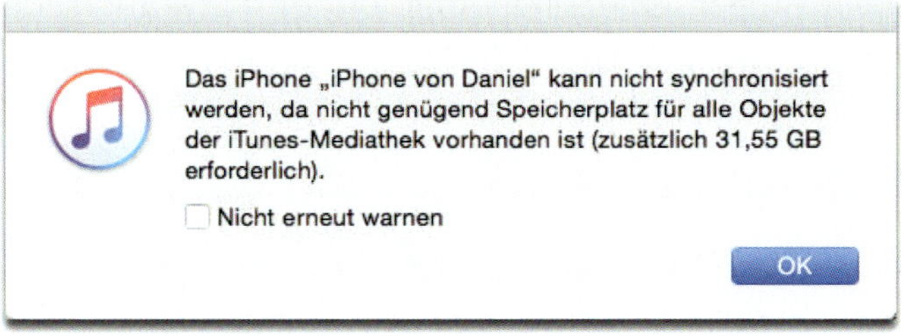

Wegen Überfüllung geschlossen – Sie können also entweder manuell vorgehen oder das Füllen der Software »iTunes« überlassen.

Musikvideos, die Sie im *iTunes Store* erworben haben, finden sich im gleichnamigen Menü auf dem iPod (*Videos -> Musikvideos*), während sich alle anderen in der *Filme*-Rubrik tummeln. Auf dem iPhone, dem iPod touch sowie dem iPad liegen die Musikvideos in der Video-App.

Besitzen Sie einen iPod/ein iPhone, mit dem Sie Sprachmemos (mit der gleichnamigen App) aufzeichnen können, so werden diese gesprochenen Beiträge beim regulären Abgleich mit *iTunes* in die Musik-Mediathek gelegt. Gleichzeitig finden Sie auch eine Wiedergabeliste namens *Sprachmemos*, die alle Ihre Eingaben auflistet. Falls Sie noch dazu die zugehörigen *Informationen (cmd-I/Strg-I)* aufrufen, lässt sich in der Rubrik *Optionen* unter *Medienart* der Eintrag *Sprachmemo* erkennen.

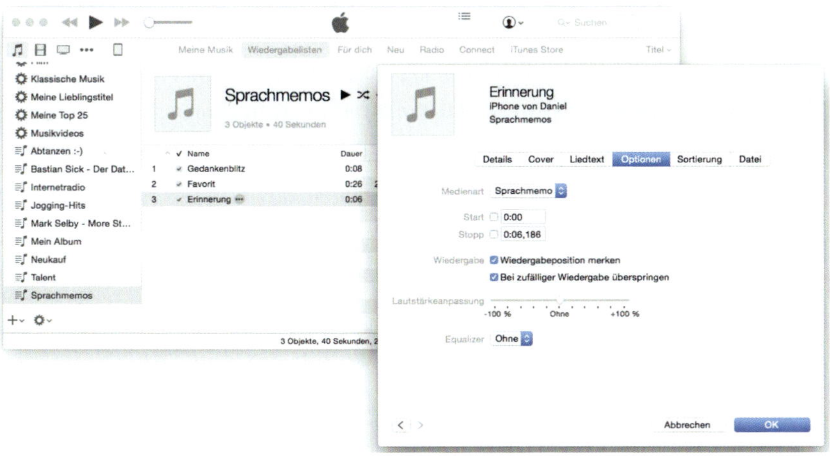

1, 2, 3 … bitte sprechen: Manche Mobilgeräte (etwa iPod touch oder iPhone) taugen auch als Diktiergerät bzw. zum Festhalten wichtiger Gedanken. Der Übertrag der Sprachdatei erfolgt beim Synchronisieren zwischen Gerät und »iTunes«.

Wenn Sie oft mit Sprachmemos arbeiten, so bietet es sich an, in der Mediathek in der Listen-Ansicht die Spalte *Hinzugefügt* (über die *Darstellungsoptionen*) einzublenden. So kann die Datei schneller gefunden werden, da Sie meist ganz oben angezeigt wird.

Bitte berücksichtigen Sie, dass ein Abgleich der *iTunes*-Bestände (Musik, Video, Foto) immer nur vom Rechner aus auf das Mobilgerät funktioniert. Einzig vom Mobilgerät im *iTunes Store* gekaufte Artikel, Podcasts aus der *Podcasts*-App sowie digitale Bücher und zuvor kopierte PDFs innerhalb der *iBooks*-App lassen sich auf den Rechner transferieren, der jedoch wiederum (mit der eigenen Apple ID) freigeschaltet sein muss. Das passiert entweder automatisch bzw. nach Nachfrage beim Klicken auf *Synchronisieren/Anwenden* oder manuell über die Menüleiste *Ablage/Datei | Geräte | Einkäufe von »Mobilgerät« übertragen.* Der einfache Zugriff auf die vielen Musik-Titel ist von Apple nicht vorgesehen.

Einzig im »iTunes Store« gekaufte Artikel lassen sich vom Mobilgerät auf den Computer übertragen.

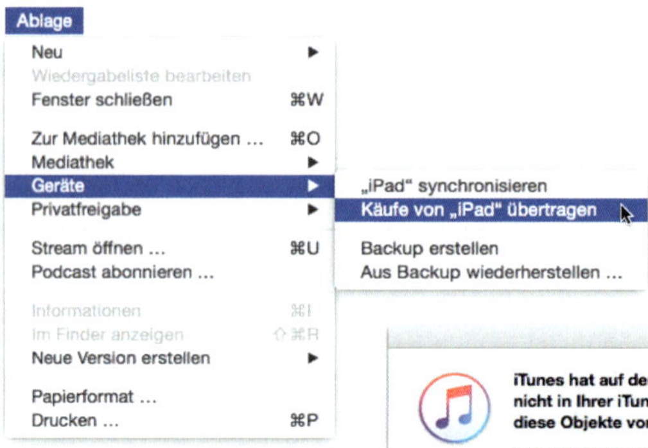

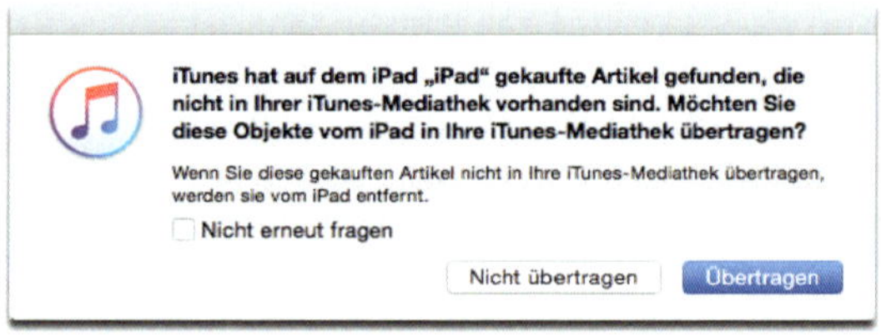

Verbinden Sie ein Mobilgerät ab *iOS 7* mit einem Rechner, der zuvor noch keinen Kontakt zu diesem Gerät hatte, so müssen Sie zuerst diesen Geräten den beidseitigen Zugriff erlauben.

Bevor ein Datenabgleich passieren darf, müssen sich Rechner und Mobilgerät erst das Vertrauen aussprechen. Dazu muss beispielsweise das iPhone zuerst entsperrt werden, um an den zugehörigen Dialog gelangen zu können. Das ist zwar alles ein wenig umständlich, dient aber letztlich der Sicherheit.

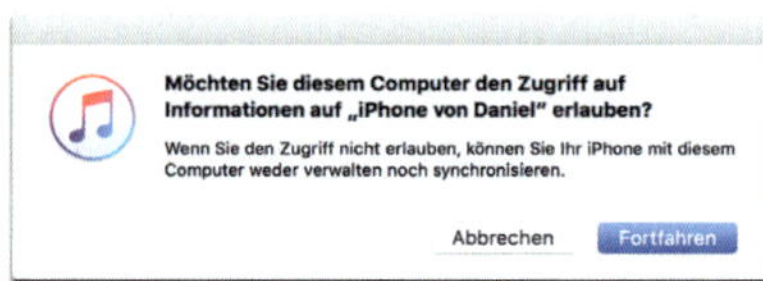

Wird ein Gerät mit dem Computer verbunden, das zuvor über einen Rechner/eine Mediathek mit anderer *Apple ID* synchronisiert wurde, so lässt sich dieser nicht so ohne Weiteres auf dem aktuellen PC abgleichen. Wenn Sie also nicht möchten, dass Ihr iPod/iPhone/iPad mit völlig neuen Daten überspielt wird, so klicken Sie in der auftauchenden Warnmeldung auf *Abbrechen*. Klicken Sie hingegen auf *Entfernen & Synchronisieren*, so bekommen Sie Zugriff auf den Inhalt der aktuell geöffneten *iTunes-Mediathek* – über *Anwenden* und einer weiteren Warnmeldung (bitte dann auf *Löschen & Sync* klicken) werden die bisherigen Daten auf dem Gerät gelöscht.

Wurde das Mobilgerät mit einer anderen Mediathek bereits synchronisiert, so erscheint ein Warndialog, falls Sie einen Abgleich über eine weitere vornehmen möchten.

Filme und TV-Sendungen übertragen

So leid es uns tut – die Reiter *Filme* und *Fernsehsendungen* tauchen erst gar nicht auf, ist Ihr Mobilgerät (iPod) schon etwas älter bzw. von Apple nicht dazu bestimmt. Die anderen können sich jedoch freuen, denn der Abgleich ist kinderleicht. Wie üblich können Sie sich entscheiden, ob Sie etwa *alle Filme*, die noch *nicht angesehenen* oder nur *ausgewählte Filme* berücksichtigen möchten. Haben Sie nach einer Aktualisierung bereits Änderungen in Ihren Einstellungen vorgenommen, so klicken Sie auf den *Anwenden*-Button rechts unten und der Abgleich erfolgt erneut.

Die Filme-Abteilung lässt Sie aus umfangreichen Einstellungen wählen. Sie finden dort sowohl selbst gesammelte als auch geliehene Filme.

Wünschen Sie lieber ein manuelles Verwalten, so entfernen Sie den Haken bei »Automatisch einbeziehen«. Es werden so alle Filme eingeblendet und Sie können ganz nach eigenem Gutdünken vorgehen.

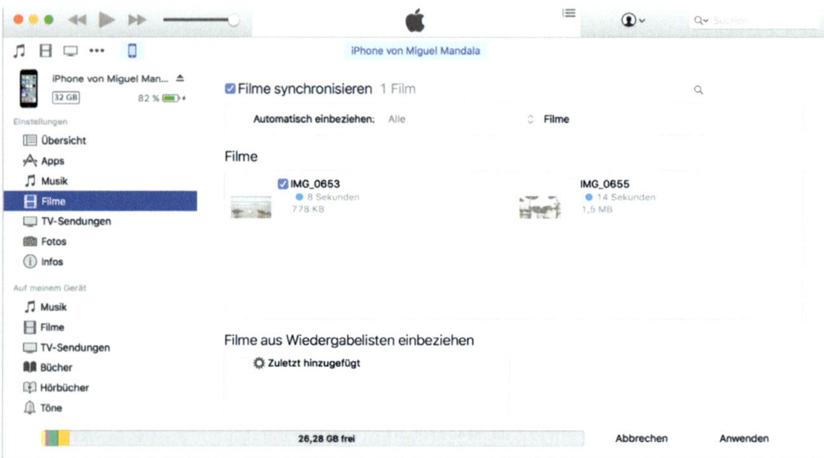

Während Sie in *iTunes* bei der Wiedergabe von Filmen sehr flexibel sind, da das Programm mit den meisten Film-Formaten zurechtkommt, stellen iPad, iPod oder iPhone besondere Ansprüche bei der Format-Wahl. Sie brauchen dazu aber keine technischen Handbücher auswendig lernen. Bei nicht verwendbarem Film-Material erhalten Sie eine Fehlermeldung mit einer genauen Auflistung jener Filme, die nicht mit dem jeweiligen Mobilgerät synchronisiert werden können.

»iTunes« verweigert den Übertrag auf das iPhone.

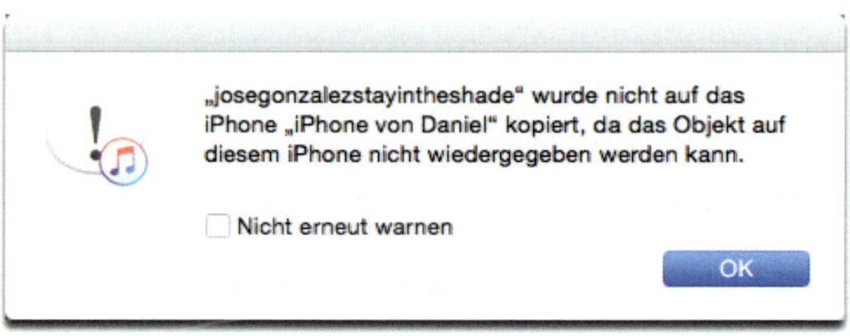

Die Lösung dieses Problems ist jedoch denkbar einfach: Markieren Sie in der *Filme*-Mediathek jene monierten Videos und wählen Sie dann im *Ablage/Datei*-Menü den Befehl *Neue Version erstellen* – danach bestimmen Sie *Version für iPod oder iPhone erstellen* bzw. *Version für iPad oder Apple TV erstellen*. Hierbei werden die Filme auf die korrekte Größe skaliert und als MPEG 4-Videodatei (Video-Codec: H.264) exportiert. Das Ganze dauert je nach Länge der Filme einige Minuten, die sich dann unter gleichem Namen in der Filme-Rubrik wiederfinden.

Erst nach dem Konvertiervorgang über »Ablage/Datei | Neue Version erstellen | Version für iPod oder iPhone erstellen« bzw. »Version für iPad oder Apple TV erstellen« klappt der Transfer.

Was für die Filme gilt, ist selbstverständlich auch auf *TV-Sendungen* anzuwenden. Wie üblich lässt sich die Auswahl einschränken (*Alle ungesehenen*, *Alle*, *Die 3 neuesten* usw.), so dass Sie nicht Gefahr laufen, in einer TV-Flut unterzugehen. Bei Staffeln, die aus mehreren Folgen bestehen, lassen sich weiterhin einzelne Episoden auswählen. Drücken Sie auf *Synchronisieren* bzw. bei nachträglichen Änderungen auf *Anwenden* und die Sache nimmt ihren Lauf.

Eine Besonderheit weisen *ausgeliehene Filme* auf, da diese vor dem Übertrag auf iPad, iPod & Co. erst in eine spezielle Liste transferiert werden müssen. Hierzu wählen Sie den gewünschten Film aus und klicken dann auf den Button *Bewegen*. Beim Synchronisieren wird der Film dann auf das entsprechende Mobilgerät transferiert, verschwindet allerdings gleichzeitig aus *iTunes*.

Überlegen Sie es sich später noch einmal (weil Ihnen vielleicht das iPod-Display doch ein wenig zu mickrig zum Filme schauen erscheint), so schließen Sie das Gerät wieder an und rufen die Rubrik *Filme* auf. Der *Bewegen*-Pfeil schaut nun in die andere Richtung, so dass Sie den ausgeliehenen Film wieder nach *iTunes* bewegen können. Der Film wird dann wieder vom Mobilgerät entfernt.

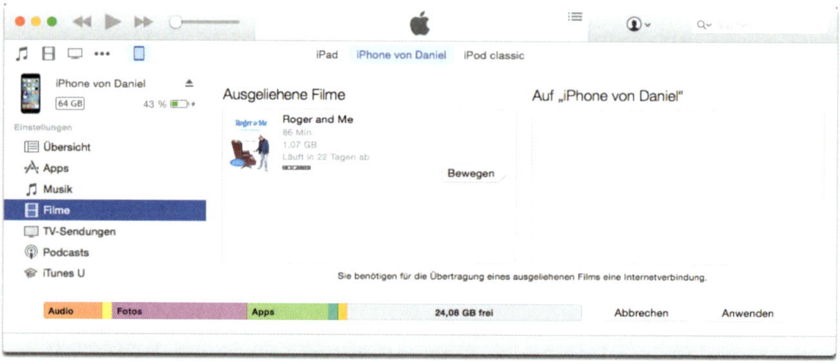

Bevor ein Leih-Video auf iPod, iPhone oder iPad übertragen werden kann, muss es in die entsprechende Liste bewegt werden.

Filme, die Sie über Ihren iPod nano (5. Generation) bzw. iPod touch/iPhone/iPad aufzeichnen, werden unter *OS X* über die Programme *Fotos* (auf Wunsch auch *iPhoto* oder *Aperture)* oder *iMovie* importiert. Diese Filme brauchen Sie dann nur doppelzuklicken, um sie abzuspielen. Möchten Sie die Filme lieber in *iTunes* verwalten, so wählen Sie *Ablage | Zur Mediathek hinzufügen* und scrollen im erscheinenden *Öffnen*-Dialog so weit nach unten, bis sich der Eintrag *Medien* zeigt. Klicken Sie dort auf *Filme*, so lassen sich diese aus den Programmen *Fotos, iPhoto, iMovie* etc. anzeigen sowie importieren.

Unter OS X lassen sich über Mobilgeräte aufgenommene Filme sowohl über »Fotos« als auch über »iMovie« importieren.

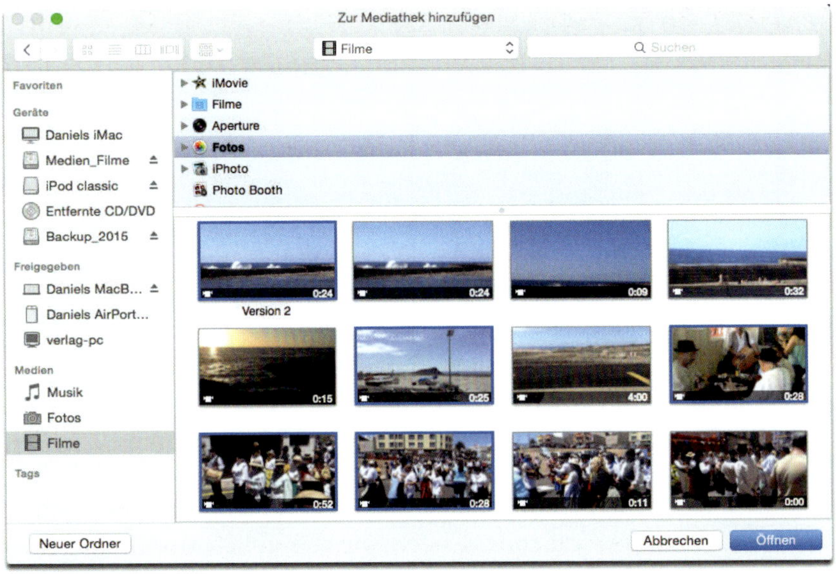

Zum Transferieren dieser Videos zu »iTunes« wählen Sie »Ablage | Zur Mediathek hinzufügen« und suchen die Medien-Quelle »Filme« auf.

Unter *Windows 7/Vista* können Sie nach Anschluss des iPod/iPhone/iPad die *automatische Wiedergabe* in Anspruch nehmen. Unter *Windows 8* erscheint nach Anschluss eines Mobilgerätes rechts oben eine kurze Bestätigung, dass das Gerät erkannt wurde. Sind Sie schnell, so klicken Sie darauf und Sie bekommen wie unter *Windows 7* verschiedene Offerten angeboten – darunter *Fotos und Videos importieren* oder *Gerät zum Anzeigen der Dateien öffnen*. Unter *Windows 10* öffnen Sie hierzu das *Info-Center*, um auf die Optionen der *Automatischen Wiedergabe* zu stoßen. Alternativ starten Sie den *Windows Explorer*. Über den Eintrag *Computer/Dieser PC* sollte nun Ihr Mobilgerät angezeigt werden. Entweder Sie greifen nun manuell auf den Ordner *DCIM* (der die Bild- und Film-Daten beinhaltet) zu oder wählen per Rechtsklick auf Ihr Gerät aus dem Kontextmenü die Option *Bilder und Videos importieren*.

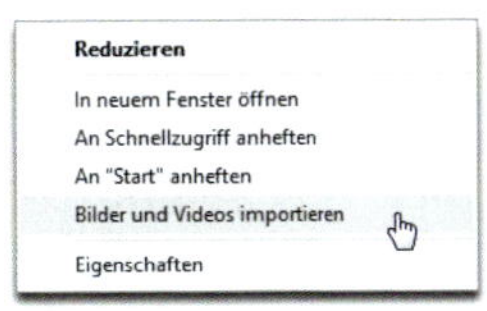

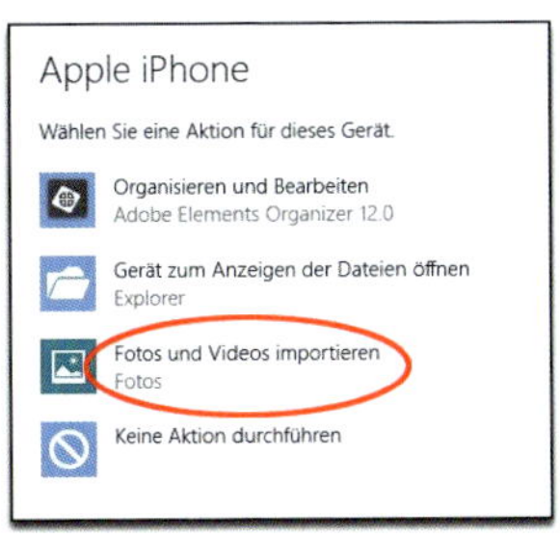

Windows gewährt Ihnen mehrere Möglichkeiten zum Import von Bildern und Videos von iPod touch, iPhone und iPad.

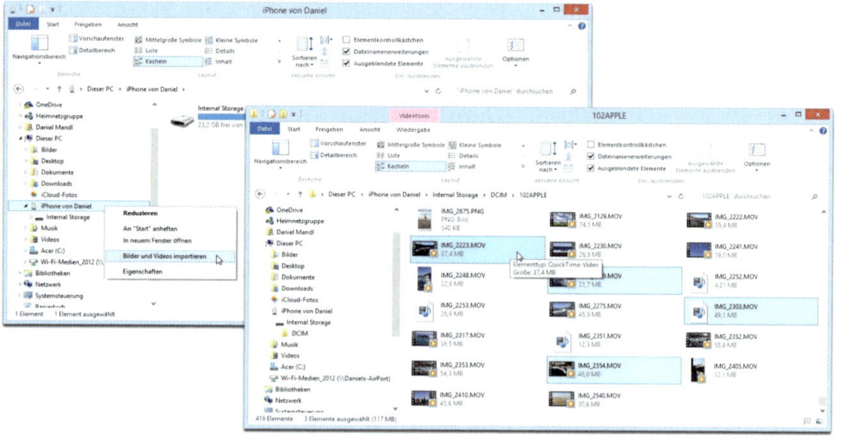

Über den »Windows Explorer« können Sie unter Windows 8 Ihre Medien vom Mobilgerät importieren. Das daraufhin erscheinende Dialogfeld »Bilder und Videos importieren« sowie die »Weiteren Optionen« ermöglichen Ihnen zudem Speicherorte zu definieren, die Daten umzubenennen sowie das Löschen der Videos/Bilder direkt auf dem Gerät vorzunehmen.

Sofern Sie gefragt werden, ob Ihre Bilder/Videos nach dem Import gelöscht werden sollen, raten wir wie üblich zum Behalten der Medien, denn vielleicht möchten Sie den Inhalt später noch auf ein anderes Gerät kopieren. Und Sie wissen ja: Was weg ist, ist auch wirklich weg!

»Podcasts« zum Hören, Sehen und Staunen

Sie kennen ja mittlerweile das Spielchen: Ist die entsprechende Rubrik aktiviert, so heißt es sich zuerst zu entscheiden, ob Sie grundsätzlich *alle* Folgen oder nur bestimmte mit sich herumtragen wollen. Zur besseren Bestimmung stehen Ihnen wie üblich verschiedene Kriterien zum Einschränken zur Verfügung.

Im Gegensatz zu einer automatischen Bestimmung der Titel lässt sich eine Begrenzung auch manuell einrichten, indem Sie nur jene Folgen aktivieren, die Ihnen im Moment wichtig erscheinen. Klicken Sie auf den Button *Anwenden*, wird sogleich eine erneute Synchronisierung gestartet.

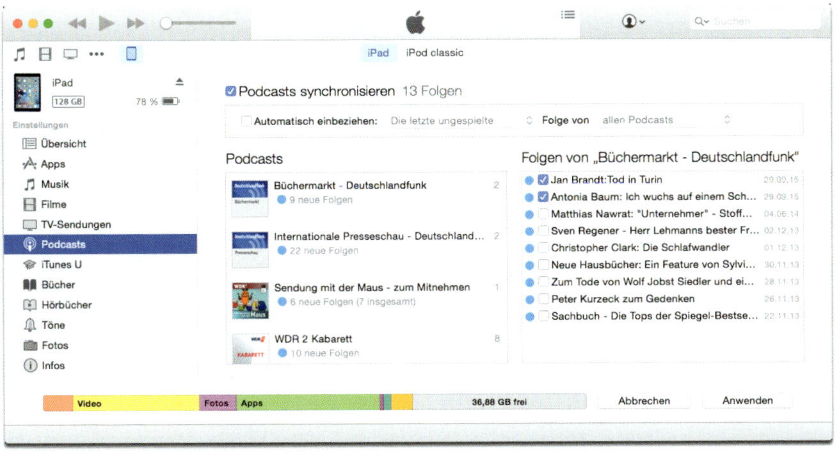

Die Möglichkeit, sich zu beschränken, ist gerade bei Speicherplatz-Mangel eine wichtige Einrichtung. Wählen Sie daher Ihre Lieblings-Podcasts aus – der Rest bleibt außen vor.

»Fotos« zum Präsentieren

Voraussetzung ist selbstverständlich ein Mobilgerät, das mit der Bilddarstellung zurechtkommt (also alle iPods mit Farb-Display ab Oktober 2004, iPod touch, iPad und iPhone sowieso). Beim Abgleich kommuniziert *iTunes* unter *OS X* mit den Programmen *Fotos, iPhoto* bzw. *Aperture* oder einem gewählten Bilder-Ordner (Option: *Ordner auswählen…*). Unter Windows greift *iTunes* standardmäßig auf den Bilder-Ordner (*Eigene Bilder*) in Ihrem Benutzer-Account zurück, auf Wunsch lassen sich jedoch ebenso andere Ordner wählen. Wenn Sie ein Programm wie *Photoshop Elements* oder *Photoshop Album* verwenden, können Sie auch dieses auswählen und auf die dort gesammelten Bilder zurückgreifen. Die Fotos werden dabei nicht in der vollen Auflösung übertragen, sondern heruntergerechnet – und zwar auf die jeweils mögliche Pixeldarstellung der verschiedenen Display-Größen.

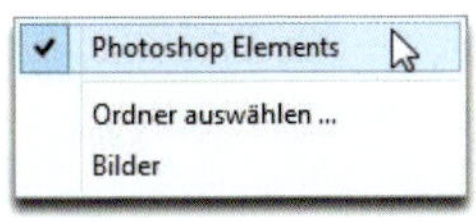

Berücksichtigen Sie bitte, dass sowohl das Kopieren von Bildern auf das Mobilgerät als auch das umgekehrte Importieren von Fotos auf den Computer nur per Kabelverbindung (über Lightning/Dock Connector auf USB-Kabel) möglich ist.

Die Bilder können kommen – bei ausreichender Speicherkapazität und auf Wunsch bis zu einigen Tausend.

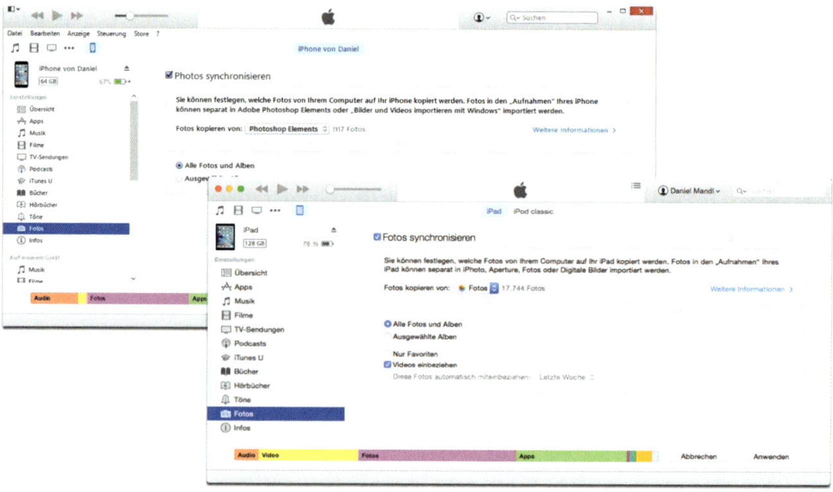

Wie bei den anderen Medien-Rubriken lässt sich auch bei *Fotos* der gesammelte Fotobestand übertragen oder eine Auswahl zusammenstellen. Die Option *Alle Fotos und Alben* übernimmt dabei den Gesamt-Transfer, während *Ausgewählte Alben* eine Zusammenstellung erlaubt. Letztere Einstellung bietet wieder Beschränkungen an (nur Mac), indem Sie etwa Fotos nach bestimmten Zeit-Intervallen automatisch übertragen lassen oder nur *Favoriten* auswählen. Auch Videos – sofern sich diese im ausgewählten Programm oder Ordner befinden – werden berücksichtigt, indem Sie zusätzlich die Option *Videos einbeziehen* aktivieren.

Wenn Sie in »Fotos« fleißig Alben angelegt haben, so lassen sich diese separat auswählen. Auch über Photoshop Elements (Windows) lassen sich diverse Alben bestimmen.

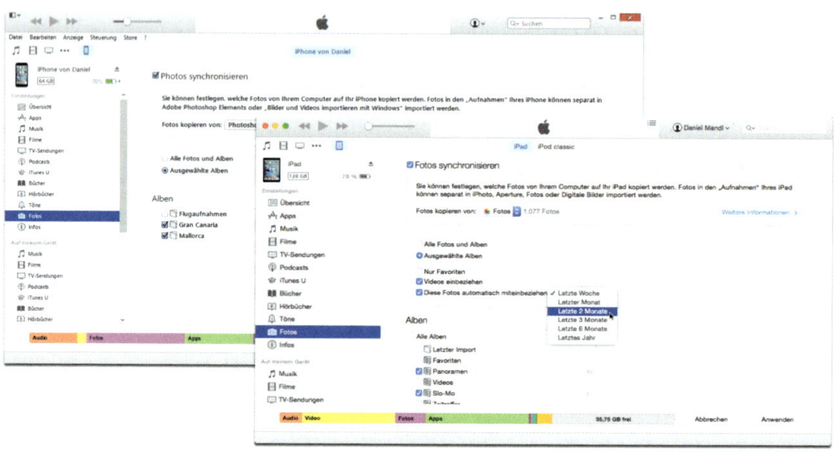

Die Option *Fotos mit voller Auflösung einbeziehen* betrifft nur jene iPod-Modelle, die sich auch als Volume/externe Festplatte nutzen lassen, also etwa iPod classic oder iPod nano. Hierüber können Sie Ihre Bilder in Original-Größe auf den iPod-Speicher transferieren und somit auch hochwertige Bilder auf einen anderen Rechner übertragen. Doppelklicken Sie später Ihren iPod-Ordner auf dem Schreibtisch bzw. als Wechseldatenträger unter Windows, so befindet sich innerhalb des Ordners *Photos* ein weiterer namens *Full Resolution* (übersetzt: volle Auflösung). Darin liegen nun Ihre Original-Bilder.

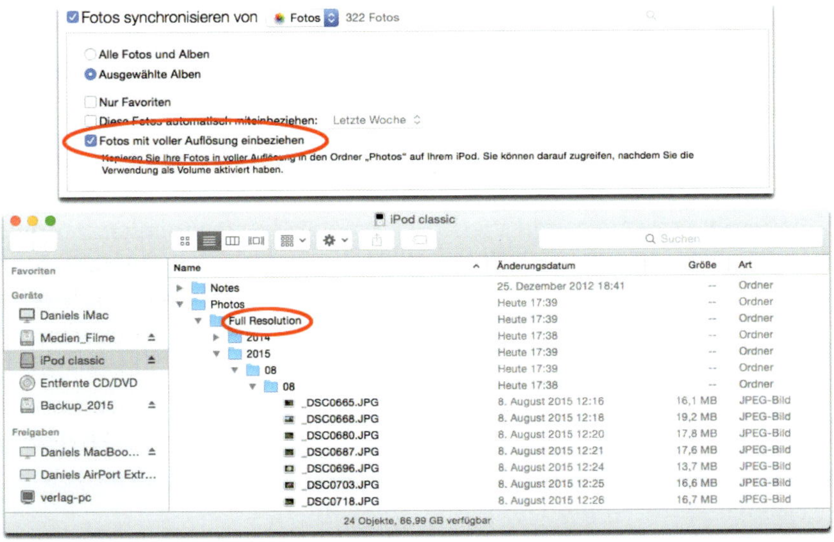

iPods, die auch als externe Festplatte verwendet werden können, ermöglichen das Transportieren der Bilder in voller Auflösung.

Die umgekehrte Richtung – also Bilder von iPod, iPhone oder iPad auf den Rechner zu transferieren – klappt eingeschränkt ebenso. Da sowohl iPhone, iPad sowie der aktuelle iPod touch auch als Digitalkamera fungieren, ist es in diesem Fall ein Leichtes, seine Bilder zu übertragen, wobei hier ausschließlich der Ordner *Aufnahmen* der *Fotos*-App berücksichtigt wird. Verbinden Sie dazu das iPhone/iPad/iPod touch per Kabel an den Rechner und warten Sie ein Sekündchen. Im Falle von *OS X* startet nun das Programm *Fotos* (bzw. *iPhoto*, *Aperture*, *Vorschau* oder *Digitale Bilder* – je nach Wunsch) und listet sämtliche Fotos auf. Per Klick auf *Alle neuen Fotos importieren* werden daraufhin die Bilder übertragen. Für eine Auswahl markieren Sie einfach die gewünschten Bilder und klicken stattdessen auf *Ausgewählte importieren*.

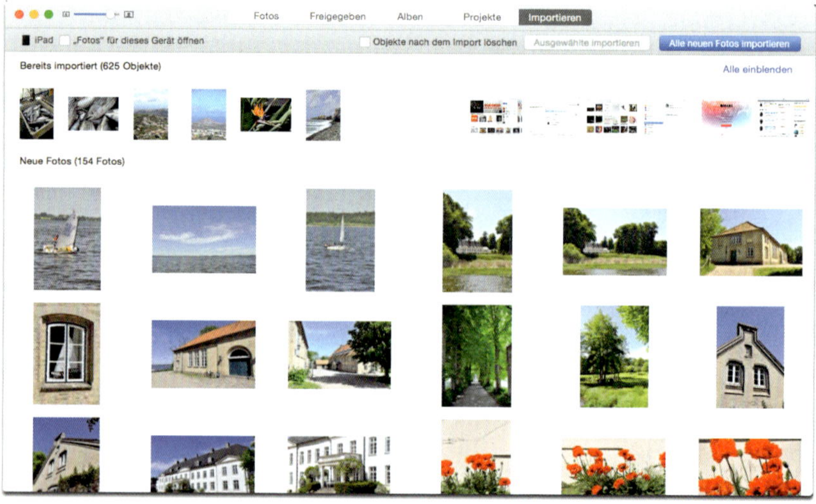

»Fotos« listet die Bilder – im Beispiel vom iPad – auf und bietet den Import an.

Wenn Sie unter *OS X* sowie *iOS* die *iCloud*-Funktion *Mein Fotostream* verwenden, so werden alle Bilder, die Sie mit Ihrem Mobilgerät anfertigen und die im Ordner *Aufnahmen* laden, automatisch in die *iCloud* geladen und von dort aus auf alle Geräte verteilt. Auf dem Mac aktivieren Sie hierzu im Programm *Fotos* über die *Einstellungen* | *iCloud* die Option *Mein Fotostream*, unter *iOS* geschieht das über die *Eintellungen* | *iCloud* | *Fotos* | *Mein Fotostream*. Die jeweils übertragenen Bilder finden Sie dann innerhalb *Fotos* in der Rubrik *Alben* unter *Mein Fotostream* sowie *Alle Fotos*. Und selbstverständlich wird es auch in den Ansichten *Jahre, Sammlungen* und *Momente* aufgeführt.

Das Ganze klappt natürlich auch vom Mac aus: Importieren Sie Bilder in *Fotos*, so werden diese automatisch ebenso in das Album *Mein Fotostream* bugsiert und in die *iCloud* geladen. Wenig später befinden sich diese dann auch auf den *iOS*-Geräten.

Unter *Windows 7/Vista* erscheint der Dialog *Automatische Wiedergabe* und bietet Ihnen ebenso als Option den Bild-Import an – und zwar als Import in einen Bilder-Ordner, in die *Windows Live-Fotogalerie*, in ein gewünschtes Programm wie etwa *Photoshop Elements* oder zum manuellen Kopieren über den *Windows-Explorer*. Unter *Windows 8/10* klappt das alles im Grunde genauso.

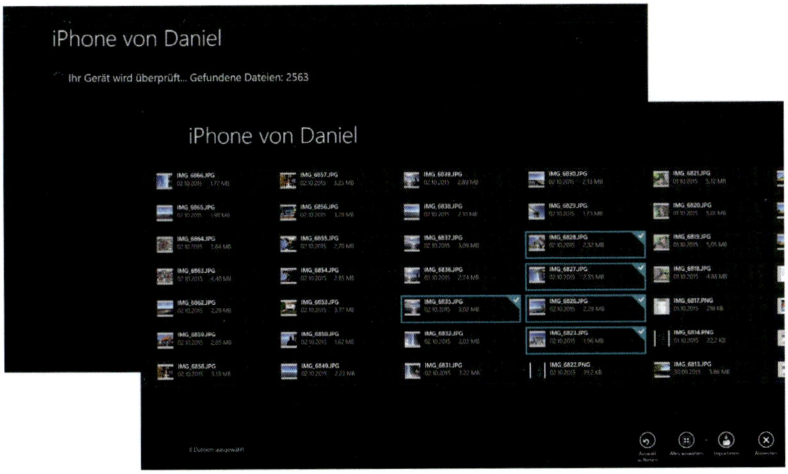

Unter Windows können Sie über die »Automatische Wiedergabe« eine Aktion auswählen (beispielsweise »Fotos und Videos importieren«) bzw. Bilder direkt über die gewünschte Anwendung (etwa Photoshop Elements) importieren.

iTunes U – Bildung mobil

Auch der Bereich »Weiterbildung« erhält selbstverständlich seinen eigenen Reiter. Wenn Sie sich also fleißig mit Fachlektüre und Fortbildungsvideos versorgt haben, so lassen sich diese Medien ebenso leicht auf iPod, iPhone und iPad transferieren. Sie können also auch unterwegs in Bus und Bahn Ihren Horizont erweitern.

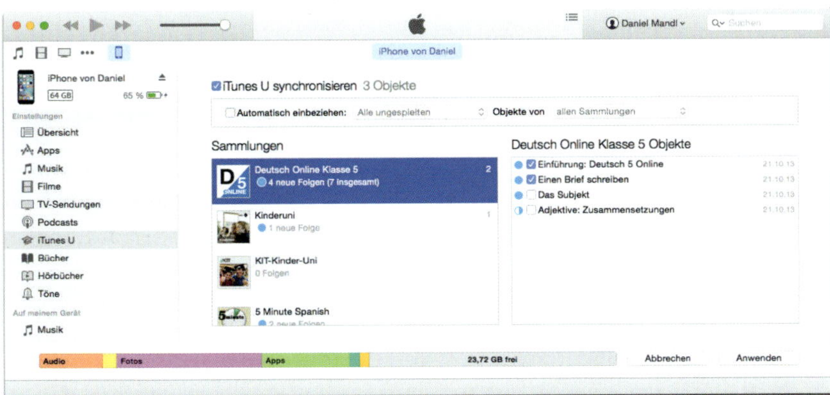

Die »iTunes U«-Oberfläche: Markieren Sie die gewünschten Medien und der Abgleich kann beginnen.

Wie soll es auch anders sein: Entweder alle oder nur bestimmte Teile Ihrer Wissenssammlung lassen sich laden (beim iPod shuffle natürlich nur Audio-Beiträge). Definieren Sie dazu wieder über die Menüs die entsprechenden Zeitfenster (*Alle, Alle ungespielten, Die 3 neuesten* etc. aus *allen* bzw. nur aus *ausgewählten Sammlungen*).

Infos – Kontakte und Kalender fürs Office

Über *Infos* lassen sich unter *OS X* alle auf dem Rechner versammelten Adressen aus dem Programm *Kontakte* sowie *Ereignisse* und *Geburtstage* aus *Kalender* synchronisieren. Weiterhin zählen zur Kategorie *Kalender* in diesem Sinne auch Erinnerungen und Aufgaben, die Sie innerhalb der App *Erinnerungen* (inklusive selbst erstellter Listen) angelegt haben.

Verwenden Sie die *iCloud* zum Abgleich, so ist *Infos* standardmäßig deaktiviert. Letzteres dürfte klar sein, dann in diesem Fall werden alle Geräte, die unter derselben *Apple ID* laufen, vollautomatisch synchronisiert. Geben Sie also einen neuen Kontakt auf dem iPhone ein, so findet sich diese Adresse wenig später auch auf dem Mac, dem iPad oder was auch immer. Dasselbe gilt – wie schon oben erwähnt – für Ereignisse, Aufgaben, Erinnerungen und so weiter.

Nutzer, die wiederum Apples *iCloud* meiden bzw. zusätzlich oder stattdessen *Kontakte, Kalender* und *Erinnerungen* lokal auf dem Mac anlegen, können einen Abgleich dieser diversen Daten damit über *iTunes* vornehmen. Weiterhin lassen sich über die *Infos*-Abteilung auch *Yahoo!*- sowie *Google*-Kalender auswählen, falls Sie darüber Ihre Termine einpflegen. Beim ersten Abgleich werden dabei sämtliche vorliegenden Einträge auf das Mobilgerät kopiert, danach ist eine gezielte Auswahl von Kontakt-Gruppen oder ausgewählten Kalendern möglich.

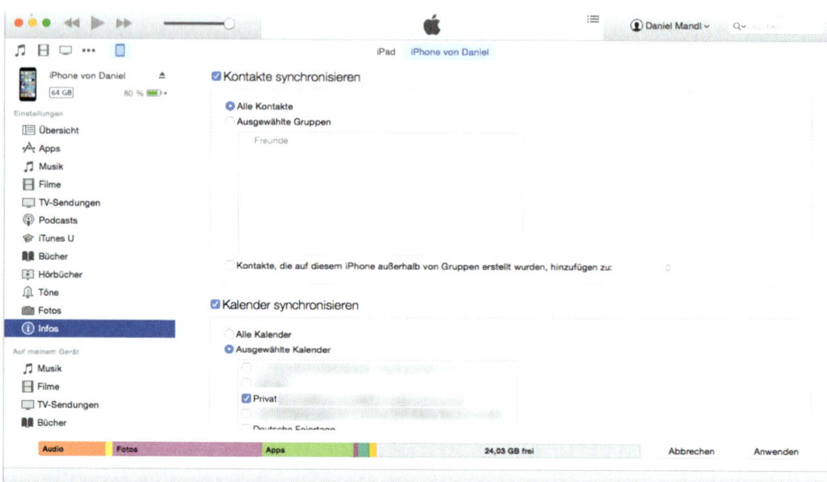

Nach dem Transfer aller lokalen Adressen sowie den verschiedenen Kalendern und Erinnerungslisten können in einem zweiten Durchlauf gezielt einzelne Einträge ausgewählt werden.

Unter Windows stehen Ihnen über *Infos* die Windows-Kontakte bzw. bei installiertem *Microsoft Outlook* (*2003* oder neuer) neben den *Outlook*-Kontakten auch die Kalender-Informationen zum Austausch zur Verfügung. Bei iPad, iPod touch sowie iPhone werden neben Adressen und Kalendern weitere Funktionen aufgetischt. So lassen sich etwa *Yahoo!*-Adressbuchkontakte, *Google*-Kontakte, *Outlook*- oder *Windows*-Kontakte synchronisieren oder Mail-Accounts sowie Ihre *Safari-/Internet Explorer*-Lesezeichen übernehmen. Unter *Erweitert* können Sie zudem all diese Informationen beim ersten Mal von einem aktuell gehaltenen Computer ersetzen lassen. Geben Sie dann nachträglich etwa Kontakte oder Aufgaben über Ihren iPod touch oder Ihr iPad/iPhone ein, so werden diese Einträge beim nächsten Abgleich übertragen und eingepflegt.

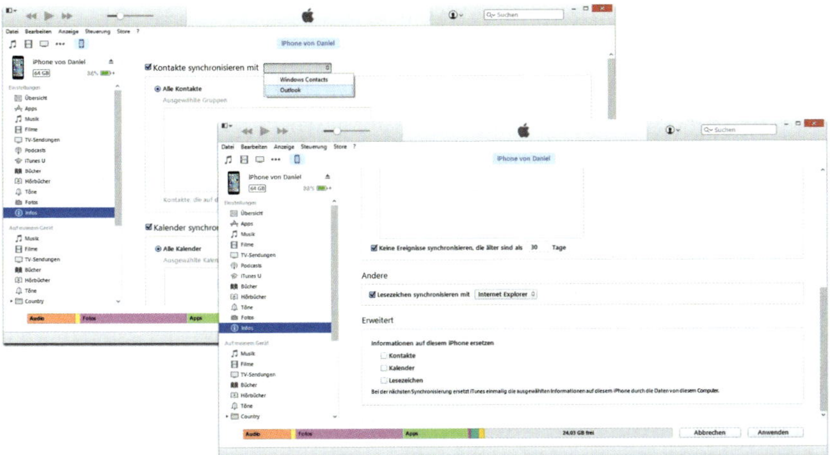

Ihr iPad, iPod touch oder auch das iPhone lassen sich auch unter Windows manuell abgleichen.

Sollte es bei den Windows-Anwendern zu Problemen in Bezug auf das Synchronisieren von Kontakten und Kalendern kommen, so möchten wir gerne auf das Apple Support-Dokument unter `https://support.apple.com/de-de/HT203300` **verweisen, was zahlreiche Hilfestellungen anbietet.**

Es sei noch hinzugefügt, dass unter Windows selbstverständlich ebenso die *iCloud* zur Verfügung steht. Windows-Nutzer erhalten die *iCloud*-Erweiterung über das Programm *Apple Software Update* angeboten, sobald Sie *iTunes* auf dem Rechner installiert haben. Nach dem Download sowie der anschließenden Installation steht diese über die Programm-Auswahl zur Verfügung.

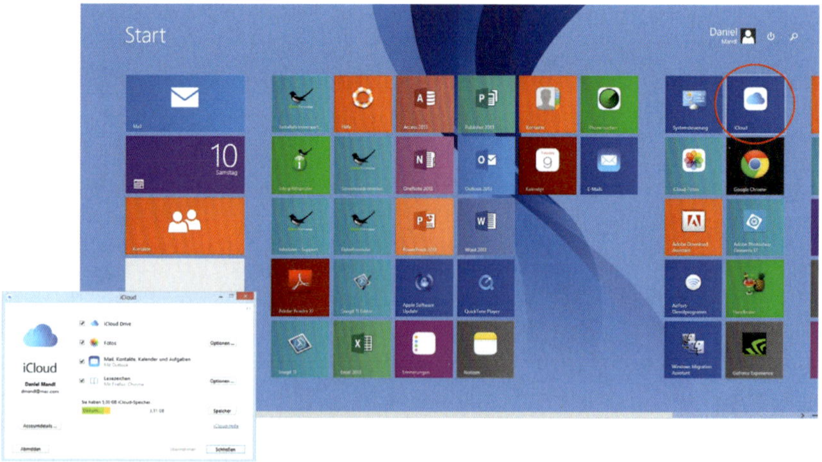

Nach der Installation finden Sie die »iCloud«-Einstellungen über die Programm-Auswahl. Beim ersten Start müssen Sie sich zuerst anmelden.

Die Programme- und Spiele-Abteilung

Ihre Programme für iPad, iPhone oder iPod touch lassen sich über den Reiter *Apps* einsehen und verwalten. Für ältere iPods – etwa den iPod classic – existiert zwar der Reiter *Spiele*, doch ist dieser anscheinend ohne Funktionalität (obwohl wir mal das Spiel *Tetris* dafür kauften …). Möchten Sie also ab und mal ein kleines Spielchen wagen oder ein Dienstprogramm auf das Mobilgerät übertragen, das Sie sich über *iTunes* im *App Store* besorgt haben, so gelingt das in dieser Abteilung.

Apps für iPad, iPod touch und iPhone bedeuten einen deutlichen Mehrwert für das Gerät.

Apps lassen sich sehr komfortabel und flexibel auf Ihr mobiles Gerät bringen. Bei sehr vielen Anwendungen können Sie nun schon im Voraus ein wenig sortieren, indem Sie aus dem oben liegenden Popup-Menü Kategorien wie *Nach Art sortieren*, *Nach Hinzufügungsdatum sortieren* etc. auswählen. Über die Buttons *Entfernen* bzw. *Installieren* lassen sich nun die einzelnen Apps zum Transfer auf das Mobilgerät bestimmen (aus *Installieren* wird dann *Wird installiert*) bzw. eben wieder herunternehmen (aus *Entfernen* wird dann *Wird entfernt*) – die Veränderungen erfolgen dann nach dem Klick auf *Synchronisieren* bzw. *Anwenden*.

Alternativ lassen sich Apps auch per Drag & Drop (also packen, bewegen und loslassen) an eine ganz bestimmte, von Ihnen gewünschte Stelle auf dem *Home-Bildschirm* platzieren. Dazu ergreifen Sie die gewünschte App und ziehen diese auf jenen Bildschirm, auf dem das Programm installiert werden soll. Der Bildschirm zeigt sich in vergrößerter Darstellung, so dass Sie Ihre App ganz gezielt an einer bestimmten Stelle loslassen können.

Apps lassen sich direkt aus der Liste auf einen Bildschirm ziehen.

Und was im Kleinen funktioniert, das klappt natürlich auch im Großen. Möchten Sie einzelne Bildschirme tauschen, so packen Sie sie mit der Maus und ziehen Sie sie an eine andere Stelle. Bei vorherrschendem Platzmangel erzeugen Sie über das Plus-Symbol weitere Screens.

Möchten Sie hingegen einzelne Apps von einem auf einen anderen Bildschirm bewegen, so führen Sie als Erstes einen Doppelklick auf den betreffenden Quellen-Bildschirm aus. Dieser wird nun vergrößert wiedergegeben und Sie können die Wunsch-App mit Leichtigkeit ergreifen und woanders wieder ablegen. Fahren Sie mit der Maus über Apps, die Sie selbst installiert haben, so erscheint der *Löschen*-Button zum augenblicklichen Entfernen.

Haben Sie bereits Ordner auf den *Home*-Bildschirmen angelegt, so lassen sich diese innerhalb von *iTunes* per Doppelklick öffnen und umbenennen. Sie können auch die darin liegenden Apps verschieben, aus den Ordnern herausziehen und separat auf einem anderen *Home*-Bildschirm ablegen oder andere Apps diesem Ordner neu zuweisen.

Ein Doppelklick auf einen Ordner öffnet diesen. Apps lassen sich nun einfach umstellen oder von dort herausziehen. Auch ein vollständiger Home-Bildschirm lässt sich an eine andere Stelle verschieben.

Ist weiterhin die unterhalb der App-Liste liegende Option *Neue Apps automatisch installieren* aktiviert, so werden alle zukünftig über *iTunes* geladenen Programme und Spiele automatisch beim Synchronisieren auf das jeweilige Mobilgerät geladen.

Sofern Sie noch mehr Komfort wünschen: Es lassen sich sowohl *Musik-Titel*, *Apps* als auch *Bücher*, die Sie über Mac, PC oder einem anderen *iOS*-Gerät erworben haben, automatisch auf Ihr Mobilgerät laden, sofern Sie in den *Einstellungen | App & iTunes Store* bei *Automatische Downloads* die jeweiligen Rubriken aktivieren. Kommen weitere Apps mit Apple-fremden Inhalten dazu, so lassen sich auch diese – vorausgesetzt, der Entwickler sieht dies so vor – automatisch laden. Dasselbe erledigen Sie auf Mac und

PC über die *iTunes-Einstellungen | Store* sowie ab *10.9 Mavericks* zusätzlich über die *iBooks-Einstellungen | Store*. Ab diesem Zeitpunkt werden alle Einkäufe – egal, ob auf *iOS*-Gerät, Mac oder PC getätigt – vollautomatisch auf die anderen Geräte übertragen.

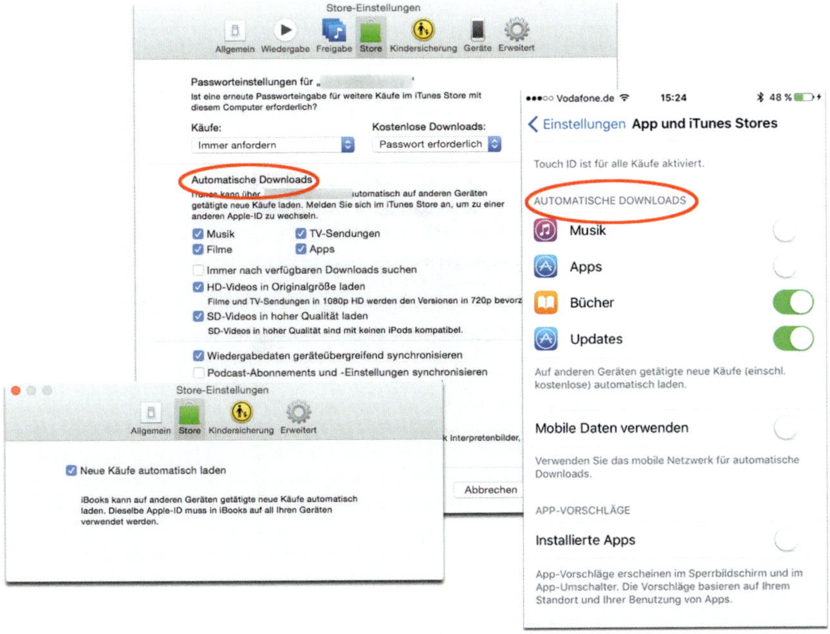

»Automatische Downloads« ermöglichen das selbstständige Herunterladen von gekaufter Musik, Apps und Büchern.

Unterhalb der Apps-Abteilung finden Sie die *Dateifreigabe (OS X)* bzw. *Freigabe (Windows)*. Dort werden jene Apps aufgeführt, über die sich Dokumente zwischen Computer und iPad/iPhone/iPod touch austauschen lassen. Vom Rechner auf das Mobilgerät bewegen Sie Daten, indem Sie zuerst die gewünschte App auswählen (etwa *Pages*, *Keynote* oder *iMovie*) und dann das entsprechende Dokument (z. B. *Microsoft Word-/Excel-/PowerPoint*-Dokumente für die *iOS*-Apps *Pages*, *Numbers* oder *Keynote* oder *PDF*-Dokumente für die App *GoodReader*) in das rechts liegende Feld kopieren (per *Drag & Drop* oder über den Befehl *Hinzufügen*). Befindet sich die Datei in der Liste, so starten Sie nun die entsprechende App und tippen auf das Symbol zum *Hinzufügen neuer Dokumente* – es erscheint der jeweilige Dialog zum Kopieren von *iTunes*. Per Fingertipp erfolgt anschließend der Import auf das Mobilgerät.

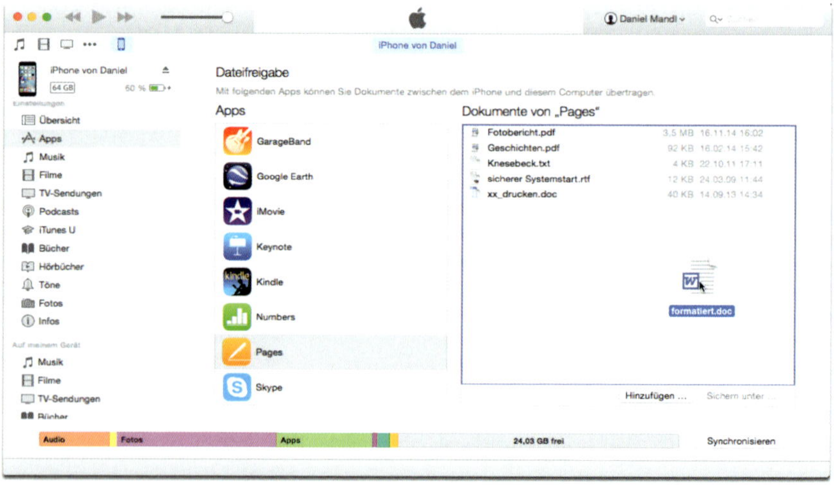

Über die Rubrik »Apps« lassen sich für bestimmte Programme Dokumente bereitlegen, die auf das Mobilgerät übertragen werden sollen.

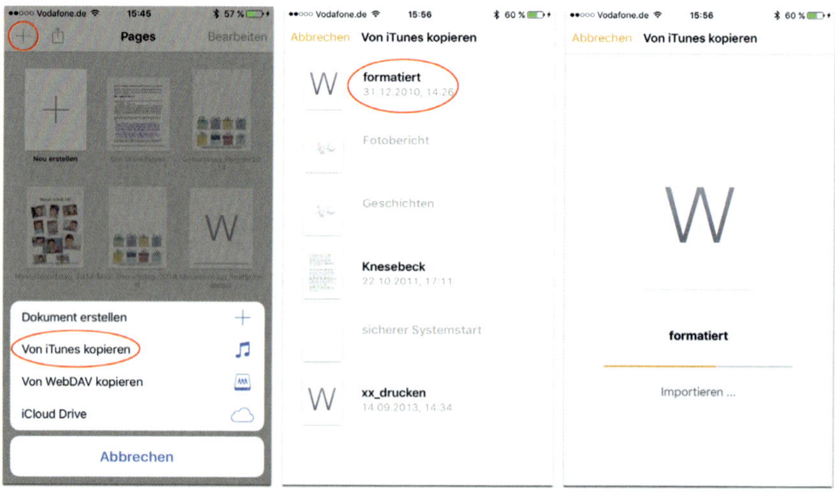

Über das jeweilige Programm auf dem Mobilgerät lässt sich über die »Hinzufügen«-Taste die Anwendung »iTunes« wählen, die daraufhin die Dokumente zum Import zur Verfügung stellt.

Und selbstverständlich funktioniert das Ganze auch andersherum: Zuerst starten Sie die gewünschte App und tippen dann – etwa in *Pages* – auf das *Bereitstellen*-Symbol. Über *Kopie senden* tippen Sie anschließend das Dokument an und nachfolgend auf *iTunes*. Der nächste Bildschirm bietet Ihnen nun noch die Wahl des Formates (Original, *PDF*, *ePub* oder ein zum Austausch mit *Microsoft Office* geeignetes wie *PowerPoint*, *Word* oder *Excel*) an und schon geht's auf die Reise Richtung Mac oder PC. Über *iTunes* lässt sich nun das Dokument sichern und weiterbearbeiten.

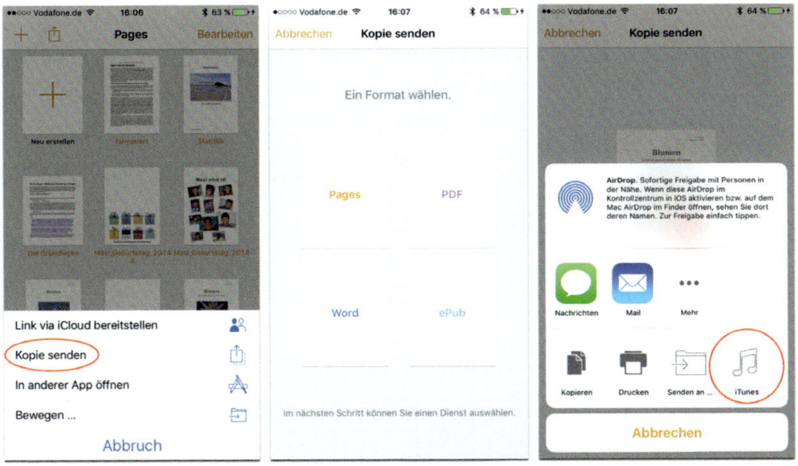

Umgekehrt geht's auch: Bestimmen Sie etwa auf dem iPhone ein Pages-Dokument und transferieren Sie es zu »iTunes«.

Wir empfehlen zum Datenaustausch statt ein wenig kompliziert über *iTunes* eher die Ablage von Dokumenten über die *iCloud Drive*. Hierbei handelt es sich sozusagen um einen rein virtuellen Speicherbereich, auf den Sie von überall aus zugreifen und in den Sie Dateien jeglicher Formate legen können. Einzige Beschränkung ist hierbei die Dateigröße, die 15 Gigabyte nicht überschreiten darf. Als Voraussetzung benötigen Sie für Mobilgeräte mindestens *iOS 8*, für den Mac *OS X Yosemite* und für den PC *Windows 7/8/10* mit der *iCloud für Windows 4.0*-Erweiterung. Weiterhin müssen natürlich sämtliche Geräte, über die Sie Daten tauschen möchten, mit derselben *Apple ID* angemeldet sein.

Die *iCloud Drive* aktivieren Sie entweder beim Konfigurieren Ihres jeweiligen Gerätes oder über *iOS* über die *Einstellungen | iCloud | iCloud Drive*, beim Mac über die Systemeinstellungen *iCloud* und auf dem PC über die *iCloud für Windows*-Erweiterung (ab Version 4). Unter *OS X* und *Windows* finden Sie dazu im *Finder* bzw. im *Windows Explorer* einen separaten Eintrag namens *iCloud Drive*. Hierüber lassen sich Ihre Dokumente einfach verwalten, öffnen und in Ordnern unterbringen. Letztere werden von Programmen, die *iCloud Drive* unterstützen, automatisch angelegt. Bearbeiten Sie nun eine Datei und speichern diese in die *iCloud Drive*, so wird dieses Dokument automatisch mit all Ihren anderen Geräten abgeglichen und somit aktualisiert. Ab *iOS 9* gibt es auch auf *iOS*-Geräten eine eigene *iCloud Drive*-App, die auf Fingertipp hin die jeweils dort abgelegten Dokumente aufzeigt.

Möchten Sie eine Datei über Ihr *iOS*-Gerät öffnen, so starten Sie die jeweilige App (etwa *Pages, Keynote* oder *Numbers*). Als Erstes stoßen Sie dabei auf alle Dokumente, die Sie auf dem jeweiligen Gerät bislang erstellt haben bzw. die sich im Programm-eigenen Ordner innerhalb der *iCloud Drive* befinden. Dokumente wiederum, die zwar in der *iCloud Drive* liegen, sich aber außerhalb des Programm-eigenen Ordners befinden, öffnen Sie über den Fingertipp auf das Plus-Symbol oben links sowie der Option *iCloud Drive*. So können Sie über den Datei-Browser auf alle weiteren Ordner sowie Inhalte zugreifen. Allerdings werden nur jene Formate aktiv geschaltet, die das jeweilige Programm auch öffnen kann.

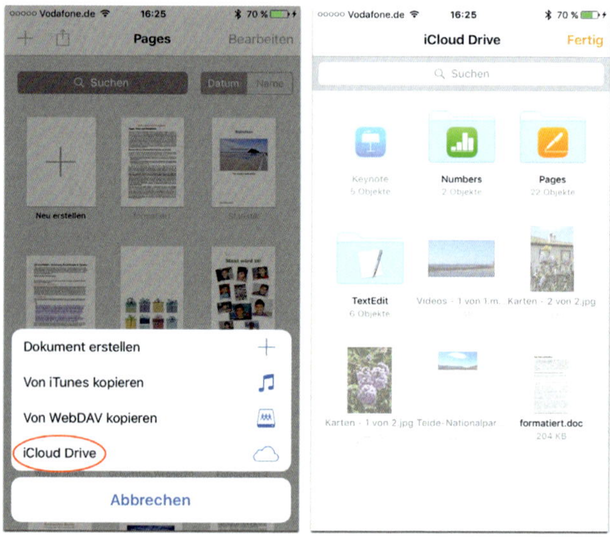

Der Zugriff auf »iCloud Drive«-Inhalte erfolgt über die Plus-Schaltfläche sowie die Option »iCloud Drive«.

Bücher zum Hören, Lesen und Staunen

Auch Bücher (sowohl Hörbücher als auch eBooks) besitzen eine eigene Abteilung zum Abgleich. Und wie gewohnt lässt sich eine Eingrenzung treffen, welche Medien Sie auf das Gerät bringen möchten. Zur Wahl stehen etwa die Filter *Nach Titel sortieren, Nach Autor sortieren* oder *Nach Datum sortieren*. Oder Sie lassen sich nur bestimmte Formate anzeigen, indem Sie aus dem Popup-Menü *Nur Bücher* oder *Nur PDF-Dateien* anzeigen lassen.

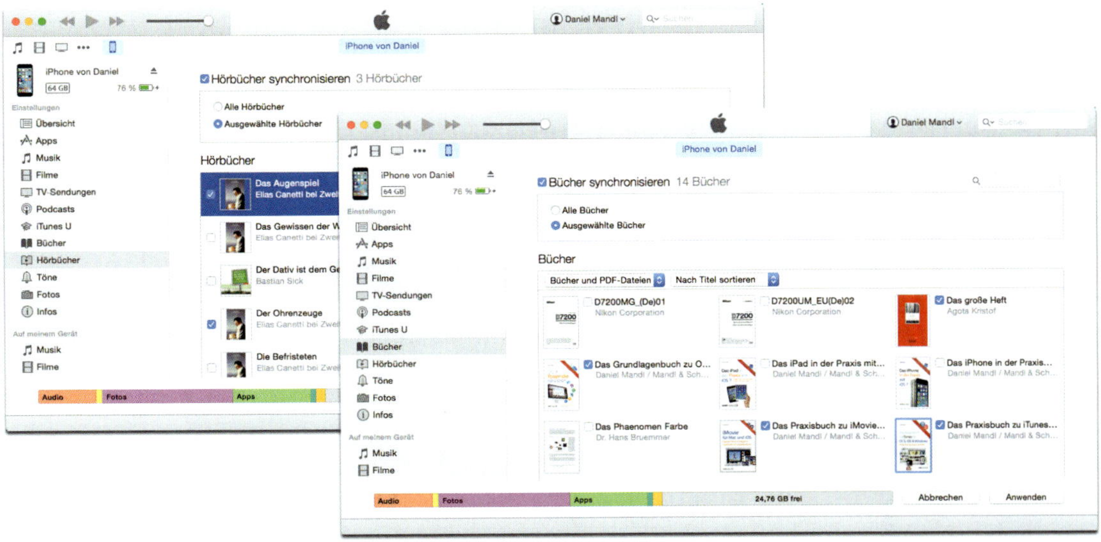

Falls Sie möchten, können Sie auch PDF-Dokumente, die sich in irgendwelchen Ordnern auf Ihrer Festplatte verstecken, zu *iTunes* transferieren. Da ab *OS X 10.9 Mavericks* die *iBooks*-App zum Verwalten und Horten für Bücher und PDF-Dokumente sozusagen Pflicht wird, müssen Sie diese zuerst in das Programm *iBooks* importieren – entweder per Drag & Drop oder über *Ablage | Zur Bibliothek hinzufügen*. Ab diesem Zeitpunkt stehen diese dann auch innerhalb von *iTunes* zum Übertrag auf Ihre Mobilgeräte zur Verfügung.

Während iPod shuffle, iPod nano und iPod classic nur mit Hörbüchern etwas anfangen können, bieten iPhone, iPod touch und das iPad das gesamte Repertoire an.

Im Gegensatz zu PDFs liegen *eBooks* im *ePUB*-Format (*ePUB* steht für *electronic publication*) vor. Diese sind nur zum Betrachten auf Mac (ab *10.9 Mavericks* über die *iBooks*-App), iPod touch, iPhone oder iPad gedacht, wobei hier das Format seine Glanzstunde erlebt. So ist zum einen eine dynamische Anpassung möglich, sofern Sie beispielsweise den Bildschirm drehen oder die Schrift vergrößern – die Darstellung gleicht sich immer den geforderten Bedingungen an. Weiterhin lässt sich mittlerweile vieles animieren (nicht nur das Umblättern). Per Doppeltipp auf ein Bild wird dieses zum Beispiel vergrößert dargestellt und man kann es auf dem Bildschirm hin und her bewegen.

Während PDF-Dateien statisch sind und nur von Seite zu Seite gewischt werden …

… beeindrucken eBooks im ePUB-Format mit einem tollen Blätter-Effekt sowie allerlei Anpassungsmöglichkeiten.

Als zusätzliches Komfortmerkmal finden Sie innerhalb der *iBooks*-App (*OS X* und *iOS*) oben stehend weitere Symbole, um beispielsweise die Textgröße oder Schriftart anzupassen. Bevorzugen Sie sepiafarbenes Papier, so ist auch das möglich, sogar auf einen automatischen Nachtmodus brauchen Sie nicht zu verzichten. Auch eine Suchfunktion steht parat, wenn Sie nach einem bestimmten Begriff fahnden oder schnell mal eine Seitenzahl aufrufen möchten. Die Suche nach einem Begriff lässt sich weiterhin auch auf eine Internet-Recherche oder auf Wikipedia ausdehnen. Ganz rechts außen befindet sich dann noch das Symbol zum Anlegen von *Lesezeichen*. Damit können Sie Seiten kennzeichnen, die Sie für besonders wichtig halten und auf die Sie noch einmal zurückgreifen möchten. Ihre *Lesezeichen* finden Sie später über das links oben stehende *Listen*-Symbol.

Manche Bücher bieten auch das farbige Markieren von Textstellen an. Hierbei doppeltippen Sie auf ein Wort und wählen anschließend über die Aktivpunkte den entsprechenden Bereich aus. Über die Option *Markieren* lässt sich nun beispielsweise eine Farbe festlegen, die markierte Stelle unterstreichen oder gar eine Notiz hinzufügen.

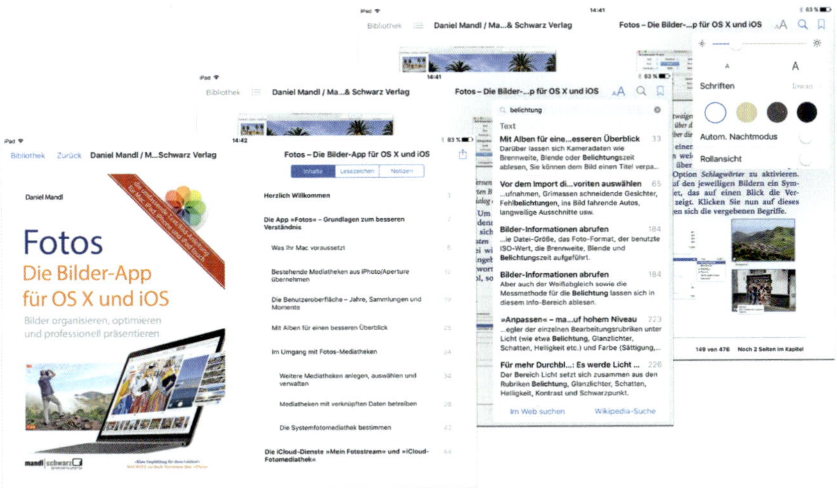

Die »iBooks«-App bietet Ihnen neben einer Anpassung von Schriftgröße und Aussehen auch eine komfortable Suchenfunktion sowie den schnellen Zugriff auf Lesezeichen, das Inhaltsverzeichnis sowie Ihre Notizen.

Wieder zurück in *iTunes* können Sie nun über *Ausgewählte Bücher* sowie dem Aktivieren der Checkboxen jene Artikel bestimmen, die Sie gerne auf Ihrem Mobilgerät hätten. Das Gleiche gilt natürlich auch für Ihre Hörbücher, wobei sich dort auch nur einzelne Abschnitte auswählen lassen.

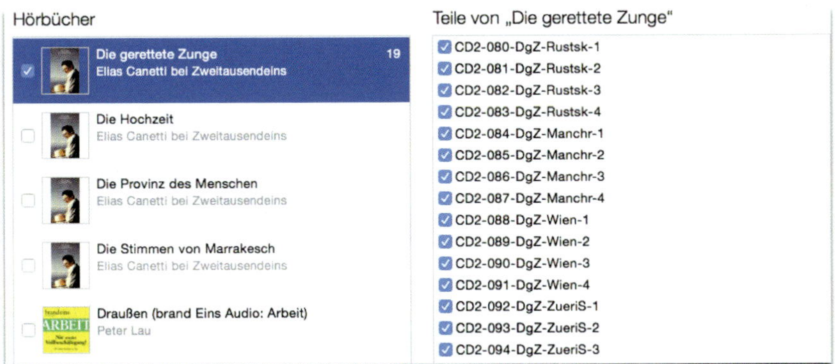

Hörbücher lassen sich – sofern Sie aus vielen verschiedenen Beiträgen bestehen – ganz gezielt zum Transfer bestimmen.

Nach der Synchronisierung finden Sie Ihre Bücher sowie Hörbücher (erkennbar am Kopfhörer-Symbol auf dem Cover) auf den Mobilgeräten innerhalb *iBooks*. Um ein wenig Ordnung ins Chaos zu bringen, tippen Sie dort zuerst auf den Eintrag *Meine Bücher* und wählen anschließend über den oben stehenden Auswahl-Dialog die Rubrik *Hörbücher*. iPod nano sowie der iPod classic weisen ebenso einen *Hörbücher*-Eintrag auf, während man sich beim iPod shuffle wohl oder übel bis zum gewünschten Titel durchklicken muss.

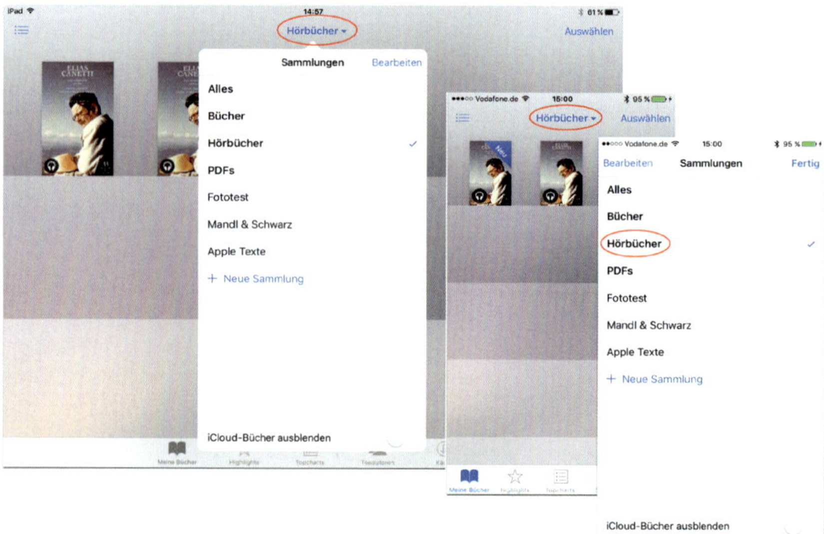

Die Hörbücher-Welt auf iPad (links) sowie iPod touch/iPhone (rechts) über die »iBooks«-App.

Klingeltöne für Handy & Co.

Egal, wo Sie sich aufhalten – irgendjemand verrät sich garantiert als Handy-/Smartphone-Besitzer. Und je ausgefallener das Gebimmel, desto stolzer hebt sich sein Haupt aus der Menge. Und ja, wenn es denn unbedingt sein muss, so können Sie auch im *iTunes Store* Dutzende davon käuflich erwerben – allerdings nicht über den Computer, sondern stattdessen nur über ein *iOS*-Gerät (iPad, iPhone 3GS oder neuer oder iPod touch 4. Generation oder neuer). Begeben Sie sich dort in den *iTunes Store* und Sie finden auf dem iPad oben stehend über *Genres* bzw. auf iPhone/iPod touch über *Mehr* die zugehörige Rubrik *Töne*. Tja, und dann stehen Sie vor lauter winzig kurzen Tonschnippsels, die für 99 Cent »I am your father« hauchen oder fauchen wie ein Löwe. Und damit Sie erst gar nicht auf den Gedanken kommen, sich mit derlei Schund zu versorgen, möchten wir Ihnen im Folgenden eine kurze Anleitung für das eigene Erstellen mit auf den Weg geben, die sowohl von Windows- als auch von Mac-Anwendern rasch umgesetzt werden kann.

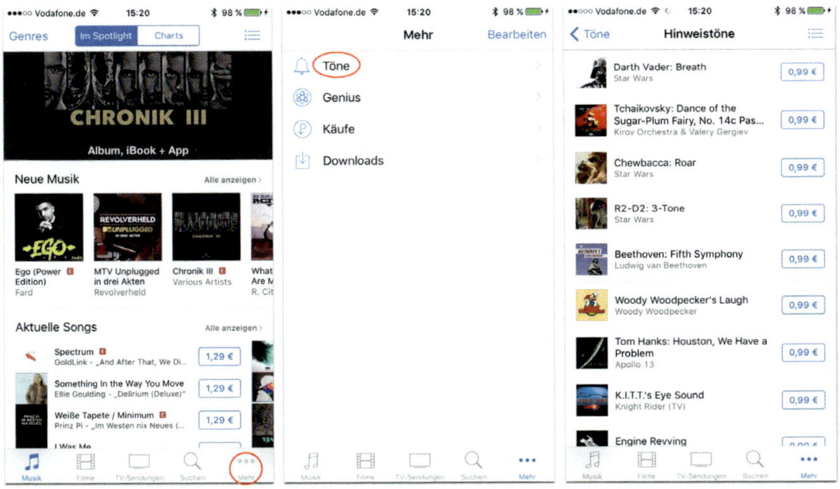

Auf iPhone und iPod touch stoßen Sie im »iTunes Store« über »Mehr | Töne« auf die betreffende Auswahl (siehe Abbildung), auf dem iPad gehen Sie dazu über die »Genres«-Auswahl. Insgesamt sind die angebotenen Klingeltöne weniger berauschend, kosten aber dennoch soviel wie ein vollständiger Song.

Sofern Sie über die *iOS*-App *GarageBand* verfügen, können Sie Ihre Klingeltöne auch selbst erstellen – beispielsweise aus Ihren Lieblingsliedern. Nach der Auswahl eines *Instrumentes* (egal welches) stellen Sie die Ansicht zuerst um auf die Anzeige der *Tonspuren*. Anschließend tippen Sie auf die *Loop*-Schaltfläche und wählen dort die Rubrik *Musik*, worüber Sie auf Ihre *Musik*-Mediathek zurückgreifen können. Zum Importieren legen Sie einfach einen Finger auf den betreffenden Song und ziehen diesen auf die Arbeitsfläche. Tippen Sie ihn an, so lässt er sich über das Verschieben der Seitenränder kürzen – über die oben liegenden Abspieltasten hören Sie sich am besten immer den jeweiligen Ausschnitt an. Gehen Sie anschließend über *Meine Songs* zurück zu Ihrer Auswahl und tippen Sie auf *Auswählen*. Markieren Sie nun den entsprechenden Song und über die *Bereitstellen*-Taste lässt sich die Option *Klingelton* verwenden. Vergeben Sie einen Titel und über *Export* kann dieser nun direkt der entsprechenden Aufgabe zugewiesen werden.

Sobald Sie einen Song in »GarageBand« erstellt bzw. aus Ihrer Musik-Mediathek importiert, aufbereitet und gesichert haben, lässt sich dieser auch als Klingelton exportieren und zuweisen.

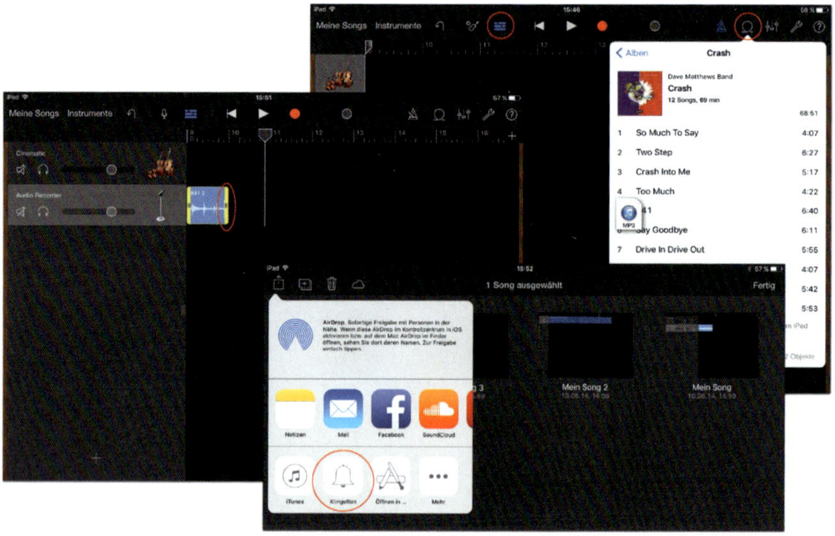

Auf Mac oder PC suchen Sie sich hingegen einen (nicht kopiergeschützten) Song und beachten beim Durchhören genau jene Stelle, die Sie gerne als Klingelton hätten und die nicht länger als etwa 30 Sekunden dauert – und vor allem: merken Sie sich die exakten Zeiten, wann dieser Bereich beginnt und wann er endet. Danach rufen Sie bei markierter Datei die *Informationen (cmd-I/Strg-I)* auf und dort den Reiter *Optionen*. Bei *Starten bei* sowie *Stoppen bei* schreiben Sie nun die Anfangs- wie End-Zeiten ein (etwa 0:25 – 0:45) und bestätigen mit *OK*. Danach konvertieren Sie das Lied in das *AAC*-Format, indem Sie zuvor in den *iTunes-Einstellungen* | Reiter *Allgemein* | *Importeinstellungen* den *AAC-Codierer* auswählen und wieder die Dialoge bestätigen (auf *OK* klicken).

Zuerst bestimmen Sie die Start- und End-Zeiten und stellen in den Import-Einstellungen den AAC-Codierer ein.

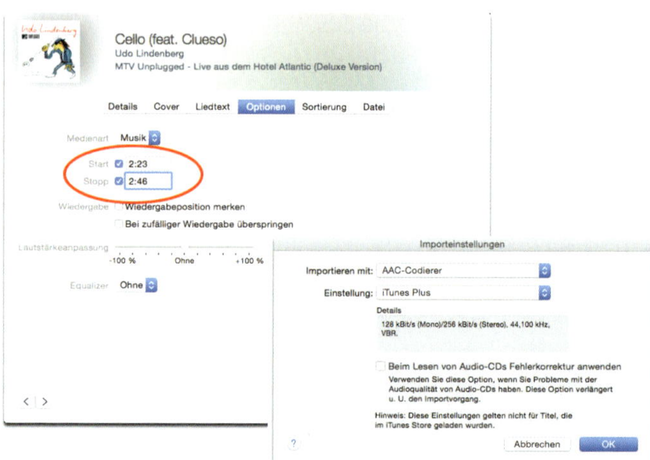

Über das Kontext-Menü (Rechtsklick auf die entsprechende Musik-Datei) wählen Sie nun die Option *AAC-Version erstellen* (die konvertierte Datei liegt ganz oben, wenn Sie in der Titel-Ansicht den Reiter *Hinzugefügt* auswählen). Das Lied packen Sie nun mit der Maus und ziehen es einfach auf den *Desktop* (Schreibtisch). Nun heißt es das bestehende Suffix (die Endung) zu ändern, und zwar von ».m4a» in ».m4r«.

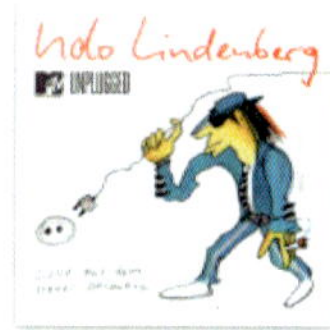

18 Cello (feat. Clueso) 1.m4a

Sollte bei Ihnen keine Endung eingeblendet werden, so markieren Sie unter *OS X* die Datei und wählen im *Finder* die *Informationen (cmd-I)*. Dort finden Sie in der Abteilung *Name & Suffix* die Optionen *Suffix ausblenden*. Entfernen Sie dort einfach den Haken. Unter *Windows Vista/Windows 7/8/10* rufen Sie hingegen die *Systemsteuerung* auf und wählen über *Darstellung und Anpassung* die *Ordneroptionen/Explorer-Optionen*. Über den Reiter *Ansicht* und die erweiterten Einstellungen suchen Sie nach dem Eintrag *Erweiterungen bei bekannten Dateitypen ausblenden* und entfernen ebenso den Haken – bei beiden Varianten sollte nun die Endung erscheinen.

Nach dem Umbenennen werden unter beiden Betriebssystem-Versionen die Änderungen angemahnt, aber da bleiben Sie bitte cool und bestehen auf Ihr Tun. Ist das vollbracht, so heißt es zuerst die »alte« (und gekürzte – nicht das Original) Musik-Datei aus *iTunes* zu entfernen (Option *In den Papierkorb bewegen)* und danach die neu geschaffene in die *Mediathek* zu befördern. Und – oh Wunder – Ihr Lied ist nun in der Rubrik *Töne* zu finden und kann auf ein iPhone transferiert werden. Ihren Originalsong müssen Sie nun wieder auf die reguläre Abspielzeit ändern (*Informationen* | Reiter *Optionen* und bei *Starten bei* und *Stoppen bei* die Haken entfernen) und die Welt ist wieder in Ordnung.

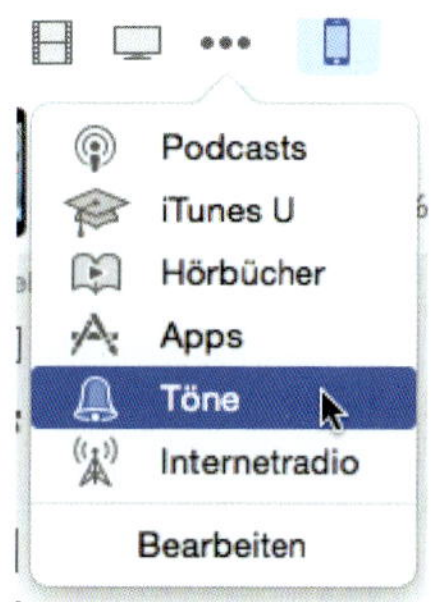

Sowohl Windows als auch OS X monieren das händische Eingreifen. In diesem Fall setzen Sie sich jedoch darüber hinweg.

Der Klingelton befindet sich nach der Konvertierung in der Rubrik »Töne« und kann nun auf das Mobilgerät übertragen werden.

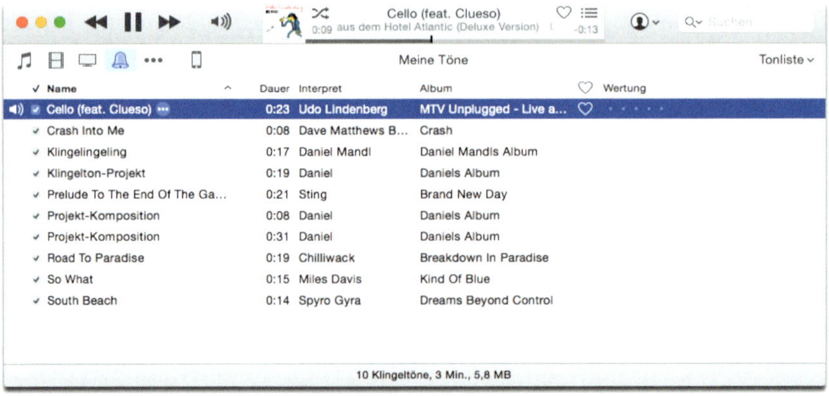

Nachdem Sie nun alle Abteilungen kennengelernt haben, können Sie in Ruhe Ihre Auswahl an Medien treffen. Sofern alles zufriedenstellend bestimmt und ausgewählt ist, klicken Sie auf *Synchronisieren/Anwenden* und die Daten werden auf Ihr Mobilgerät übertragen.

Im nächsten Kapitel dreht sich alles um die *iCloud*, *iTunes Match* und vor allem *Apple Music*, dem neuen Streamingdienst. Über Letzteren lässt sich auf das gesamte Repertoire seitens des *iTunes Store* zugreifen und Sie können bis in alle Ewigkeit dasitzen und hören, hören und nochmals hören. Welche Fallstricke dennoch zu beachten sind und es zu überwinden gilt bzw. was der ganze Spaß kostet, erfahren Sie auf den folgenden Seiten.

Apple Music und iTunes Match – so geht's

Wie bereits erwähnt, liegen alle Artikel, die Sie über einen Store erwerben, in der *iCloud* und können somit jederzeit – auch nach einem absichtlichen oder versehentlichen Löschen – auch nachträglich wieder auf den Mac, den PC oder ein *iOS*-Gerät geladen werden.

Im Falle von Musik, um die es in diesem Kapitel hauptsächlich geht, lassen sich die jeweiligen Alben zum einen über *iTunes* auf Mac und PC wiederherstellen. Hierzu begeben Sie sich in den *iTunes Store* und über *Alles auf einen Klick | Gekaufte Artikel* finden Sie Ihre Alben bzw. Titel zum erneuten Download. Wieder in *iTunes* vorliegend, können Sie nun Ihre *iOS*-Geräte über das Verbinden via USB oder per WLAN synchronisieren und so die Musik wieder auf das Gerät kopieren.

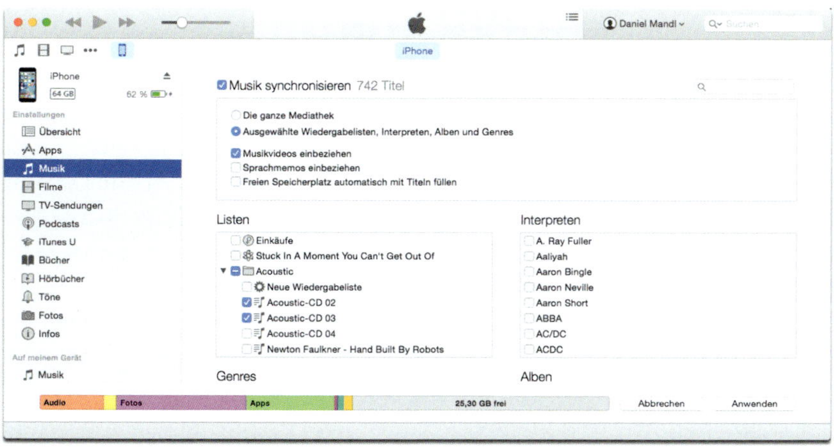

Das Kopieren von Musik über den Abgleich von iOS-Geräten mit »iTunes« verläuft meist relativ unkompliziert. Markieren Sie die gewünschten Alben oder Interpreten und über »Anwenden« startet der Abgleich.

Weiterhin finden Sie auf Ihren *iOS*-Geräten – sobald Sie sich bei der *iCloud* angemeldet haben – neben den »klassisch« über *iTunes* kopierten Musikstücken automatisch auch jene vor, die in der *iCloud* gespeichert sind. Diese liegen hierbei nicht als Datei auf dem *iOS*-Gerät, sondern werden eben nur als Eintrag angezeigt. Und dennoch können Sie sie abspielen, indem Sie sie entweder streamen (dazu einfach den Song starten) oder eben nachträglich herunterladen.

Falls diese bei Ihnen nicht erscheinen bzw. Sie die Titel lieber ausblenden möchten, so klappt das unter *iOS 9* über die Liste zum Auswählen der verschiedenen Darstellungen und darüber über den Schalter bei *Nur Offline-Musik*. Im aktivierten Zustand wird dabei nur jene Musik aufgelistet, die sich auch wirklich auf dem Gerät befindet, ausgeschaltet werden auch die Songs eingeblendet, die sich in der *iCloud* befinden.

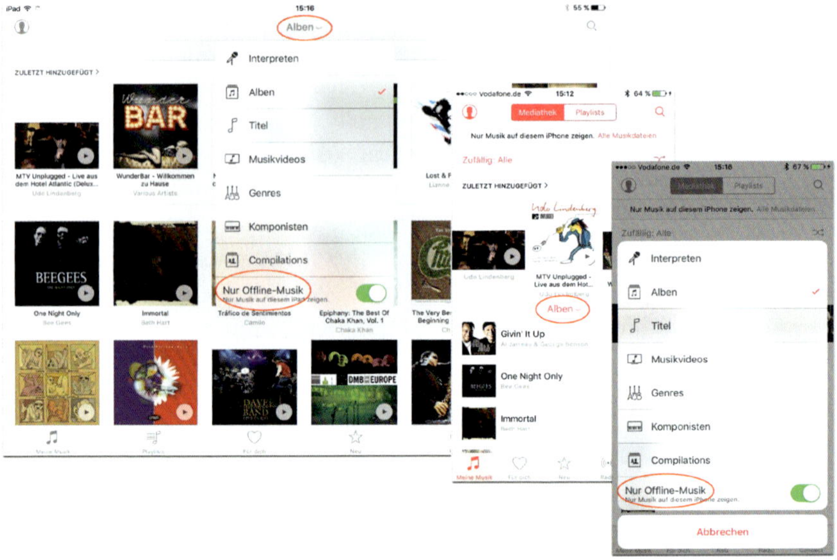

Möchten Sie die in der Musik-Mediathek angezeigten iCloud-Käufe ausblenden, so erledigen Sie das über das Umlegen des Schalters bei »Nur Offline-Musik«.

Bislang zeigte ein Wolken-Symbol an, dass sich der jeweilige Musiktitel oder das Album nicht auf dem *iOS*-Gerät, sondern nur in der *iCloud* befindet. Jetzt erkennen Sie dies zumindest in der Alben-Ansicht am kleinen Geräte-Symbol, indem Sie auf den Titel des Albums tippen (tippen Sie stattdessen auf das Cover-Symbol, so starten Sie die Wiedergabe des Albums). Alternativ können Sie das auch herausfinden, indem Sie auf *Mehr* (siehe die drei kleinen Punkte – •••) tippen; das nachfolgende Menü bietet dann die Option *Offline verfügbar* an. Darüber lässt sich das Stück oder auch das gesamte Album auf das Gerät laden. Ist der Song auf dem Gerät endlich gespeichert, lässt er sich über *Download entfernen* auch wieder löschen.

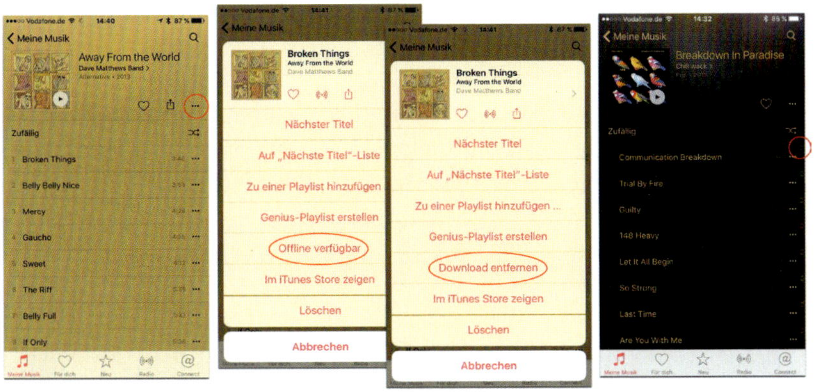

Titel, die in der iCloud liegen, lassen sich über »Offline verfügbar« nachträglich auf das Gerät kopieren. Einmal heruntergeladen ändert sich der Befehl in »Download entfernen«. Titel wiederum, die sich bereits auf dem Gerät befinden, erkennen Sie an dem kleinen Geräte-Symbol (rechts).

Auf Mac und PC können Sie sich ebenso Ihre *iTunes*-Einkäufe anzeigen oder ausblenden lassen. Dies gelingt über die Menüleiste *Darstellung* sowie über die Befehle *Meine Musik (Alle)* bzw. *Nur Offline-Musik*. Letztere Befehle zeigen sich jedoch nur, falls Sie am *iTunes Store* angemeldet sind. Per Klick auf das Wolken-Symbol mit dem Abwärtspfeil lassen sich nun diese Songs auf den Rechner laden und auch offline anhören.

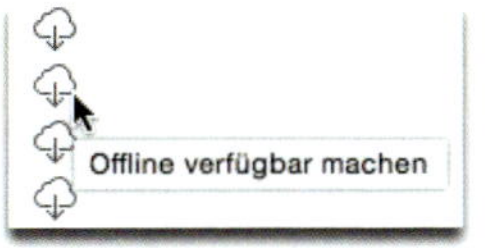

In iTunes für Mac und PC gibt es noch das gute alte Wolken-Symbol, sobald Sie sich über »Darstellung | Meine Musik (Alle)« auch sämtliche iCloud-Musikkäufe einblenden lassen.

Um Musik zu genießen, die sich in der *iCloud* befindet, müssen Sie diese nicht unbedingt herunterladen. Doppelklicken bzw. tippen Sie das Musikstück an, so wird es abgespielt – und zwar als Stream über das Internet. Das »Offline-Bereitstellen« sollten Sie immer dann verwenden, wenn Sie unterwegs weder auf ein WLAN noch auf Mobilfunk zurückgreifen können. In Sachen Digitalversorgung ist Deutschland durchaus noch ausbaufähig.

Denken Sie daran: Sofern Sie auf dem *iOS*-Gerät in den *Einstellungen | App & iTunes Store* unter *Automatische Downloads* die Rubrik *Musik* aktiviert haben, so werden Einkäufe, die Sie über Mac, PC oder einem anderen *iOS*-Gerät getätigt haben, selbstständig

heruntergeladen. Dieses Feature läuft bei Apple unter dem Begriff *iTunes in der Cloud.*

Apple bietet Ihnen weiterhin zwei Möglichkeiten an, Ihre gesamte Musik-Mediathek in die *iCloud* zu legen. Dies verspricht erhöhten Komfort und somit weniger Arbeit für Sie. Allerdings wird dadurch auch Ihr Geldbeutel erleichtert. Wir sprechen hier von *iTunes Match* sowie *Apple Music*, die wir uns auf den folgenden Seiten einmal ansehen möchten.

iTunes Match – die Musiksammlung in der iCloud

Der Dienst *iTunes Match* kostet 25 Euro im Jahr, worüber Sie Ihre gesamte Musik-Mediathek in die *iCloud* verlegen können. Der Vorgang erfordert nur am Anfang etwas Aufwand:

Aktivieren Sie diesen Dienst in *iTunes* auf Mac/PC über die Menüleiste *Store | iTunes Match* bzw. auf dem *iOS*-Gerät über *Einstellungen | iTunes & App Store* (nur *iOS 8)* bzw. *Einstellungen | Musik (iOS 8/iOS 9)* sowie dem Befehl *iTunes Match abonnieren.* Anschließend gleicht *iTunes* all Ihre Songs mit dem *iTunes Store* ab – und zwar auch diejenigen, die Sie selbst über Audio-CD oder Festplatte importiert haben.

Der Clou: Jene Titel, die bereits digital im *iTunes Store* vorliegen, müssen dabei nicht extra hochgeladen werden. Das vereinfacht den Kopiervorgang erheblich (sofern Sie nicht spezielle Yoga-/Himalaya-Musik horten, die Apple vielleicht noch nicht kennt).

Über »Account | iTunes Match« in iTunes auf Mac/PC bzw. auf dem »iOS«-Gerät über »Einstellungen | Musik« finden Sie die zuständige Schaltfläche, die Ihnen das Abonnieren des Dienstes für ca. € 25,– im Jahr ermöglicht.

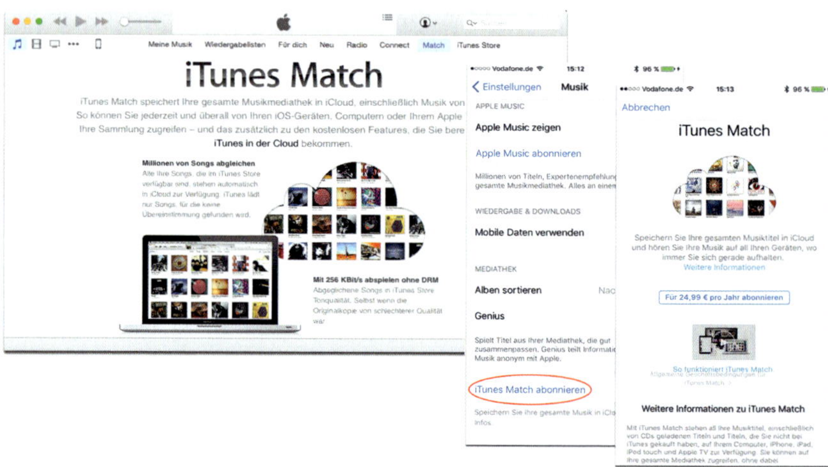

Alle Songs, die Apple bereits kennt, können Sie in *iTunes Match* fortan in hoher 256 Kbit/s AAC-Qualität nutzen, selbst wenn die Qualität des Originals auf Ihrem Rechner bislang schlechter war. Das »klingt« schon mal nicht schlecht. Der automatisierte Vergleich kann Sie aber auch im Stich lassen, wenn beispielsweise keine exakte Übereinstimmung mit Ihrem Original vorliegt und Sie stattdessen nun einen leicht abgeänderten Song angeboten bekommen. Eher kurios: Es kann auch passieren, dass vormals als mit dem *Explicit*-Logo gebrandmarkte Lieder (also jene mit – zumindest für Amerikaner – leicht verruchtem Inhalt) über *iTunes Match* ein wenig reingewaschen werden und Sie eine (meist mit Bezug auf den Text) leicht entschärfte Version erhalten. Titel im Format *ALAC*, *WAV* oder *AIFF* werden ebenso in 256 Kbit/s AAC umcodiert.

Das Abonnement *von iTunes Match* verlängert sich nach Ablauf eines Jahres. Die Verlängerung können Sie aber auch schon vorher stoppen: In *iTunes* auf Mac und PC lassen Sie sich über die Menüleiste *Store* den *Account anzeigen*. Im Bereich *iTunes in der Cloud* klicken Sie nun bei *iTunes Match* auf die Schaltfläche *Automatische Verlängerung deaktivieren*. Auf *iOS*-Geräten suchen Sie über die *Einstellungen* die Abteilung *iTunes & App Store* (bis *iOS 8)* bzw. *App & iTunes Store* (ab *iOS 9)* auf und tippen dort auf Ihre *Apple ID*. Über *Apple ID anzeigen* begeben Sie sich nun ebenso zu *iTunes in der Cloud* und legen den Schalter bei *iTunes Match-Verlängerung* um. Die Kündigung ist aber auch nach dem Jahr recht kulant kurzfristig möglich.

Über *iTunes Match* lassen sich in der *iCloud* neuerdings bis zu 100.000 Songs speichern. Und jene Lieder, die Sie im *iTunes Store* erworben haben, zählen nicht dazu. Nach erfolgreicher Übertragung müssen Sie auf allen anderen *iOS-/OS X-/Windows*-Geräten *iTunes Match* aktivieren. Danach lässt sich auf allen Geräten (bis zu zehn Stück) auf die Musik-Mediathek zugreifen. Kommen weitere Songs hinzu oder legen Sie weitere Wiedergabelisten an, so werden diese Änderungen automatisch auf allen Geräten vorgenommen (ausgenommen sind nur Wiedergabelisten mit Videos, Sprachmemos und/oder PDF-Dateien).

Ist *iTunes Match* bei Ihnen nun in Betrieb? Dann erscheinen eventuell neue Symbole, die den aktuellen *iCloud-Status* des jeweiligen Stückes anzeigen. Eine Auflistung dieser Symbole für beispielsweise »nicht qualifizierte« Titel, fehlerhafte Musikdateien, doppelte Musikstücke etc. finden Sie im Support-Dokument von Apple über die Webseite `https://support.apple.com/de-de/HT203564`.

Dies lässt sich auch über die *Darstellungsoptionen (cmd-J/Strg-J)* auf Mac und PC und dort über die Option *iCloud-Status einblenden*.

Bitte halten Sie immer im Hinterkopf: Mit *iTunes Match* – als Vorfahre des nachfolgenden *Apple Music* – werden die Songs grundsätzlich eher gestreamt. Sie müssen also immer online sein und sollten über eine Daten-Flatrate verfügen, falls Sie sich gerade mal nicht im WLAN befinden. Sobald Sie offline sind, verstummt die Musik – es sei denn, Sie haben sich die Sammlung teilweise oder auch vollständig heruntergeladen.

Apple Music bzw. iCloud-Musikmediathek

Seit Juni 2015 gibt es neben *iTunes Match* den groß angekündigten Streaming-Dienst *Apple Music*. Damit können Sie auf sämtliche im *iTunes Store* bzw. nunmehr im *Apple Musik-Katalog* verfügbaren Songs zugreifen, was ungefähr 30 Millionen Titeln entspricht. Das sollte zum Musikhören für die nächsten Lebensphasen erst mal reichen ... Zum Start des Angebots kann man sich über drei Monate hinweg kostenfrei mit Technik, Angebot und Bedienung vertraut machen.

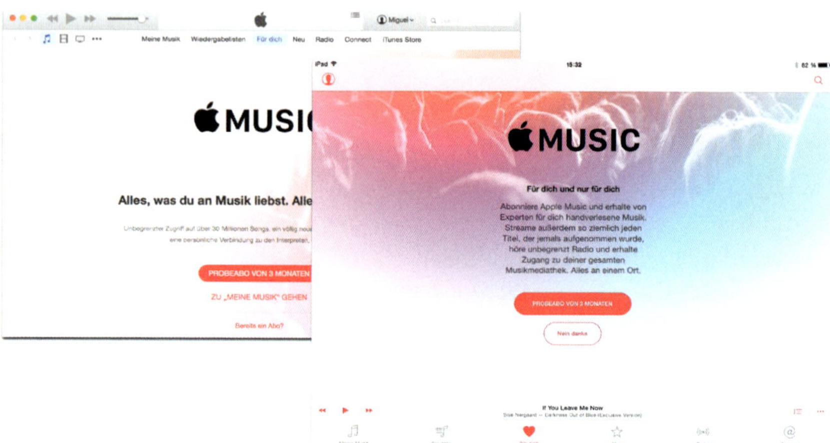

Im Bereich »Für dich« innerhalb der Musik-App unter »iOS« bzw. über »iTunes« auf Mac/PC lässt sich der Startschuss geben.

30 Millionen Lieder umsonst? Das gibt es auch beim Wettbewerb nicht. *Apple Music* können Sie – nach den derzeit drei Gratismonaten – dann als Einzelperson für € 9,99 bzw. für die ganze Familie (bis zu sechs Personen) für € 14,99 Euro pro Monat abonnieren. Dafür müssen Sie sich (auch beim unverbindlichen Austesten) im *iTunes Store* anmelden, den Lizenzbedingungen zustimmen und den Kauf letztlich bestätigen.

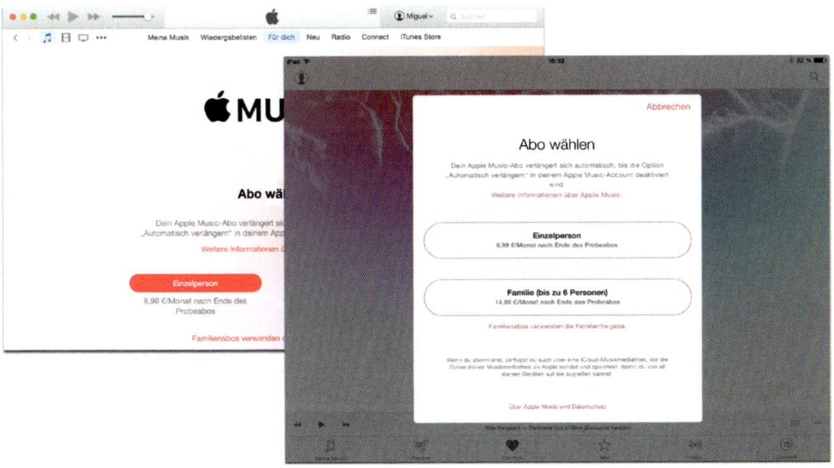

Ob als Einzelperson für €10 oder als »Gruppenabo« (wofür die Familienfreigabe notwendig ist) für € 15 – im Monat, versteht sich …

Dann geht es auch schon los. Viele bunte Kugeln mit Musikstilen buhlen um Ihre Aufmerksamkeit, die angeklickt werden wollen, um schon einmal eine erste Hauptrichtung Ihres Musikgeschmacks zu finden. Klicken bzw. tippen Sie welche an, so werden nachfolgend weitere Interpreten aufgezeigt, aus denen letztlich erste sogenannte *Playlists* (das sind von Experten vorgeschlagene Wiedergabelisten) und Alben zusammengestellt werden.

Diese Musik-Expertise ist eines der Argumente von Apple, welches *Apple Music* auszeichnet. Hier werden also nicht nur Nutzer-Algorithmen zusammengewürfelt, sondern – wie in einem guten Plattenladen – neue, ungewöhnliche Vorschläge unterbreitet.

Tippen bzw. klicken Sie auf die angezeigten Wiedergabe-Symbole, so dauert es nur ein paar Sekunden und die erste Musik trällert los. Alternativ lässt sich auch auf ein Cover klicken/tippen, um die einzelnen Songs darzustellen. Ein Tipp bzw. Doppelklick darauf startet dann ebenso das Abspielen.

Zur Einstimmung lassen sich bereits Musikstil und Interpreten zusammenstellen, die Ihnen anschließend erste Ergebnisse präsentieren.

Alben oder Playlists lassen sich entweder sofort über die Wiedergabe-Symbole starten oder – per Klick oder Fingertipp auf ein Cover – getrennt nach Songs anzeigen und starten.

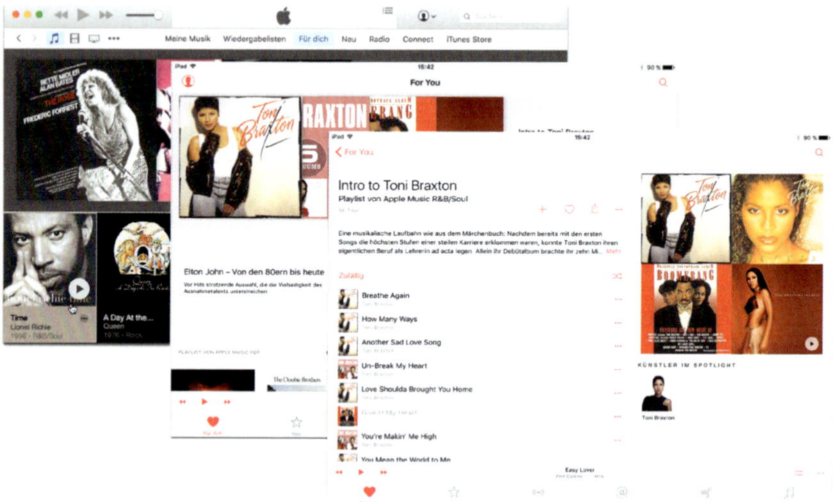

Ihre erste Auswahl des Musikstils und der Interpreten beeinflusst maßgeblich das Angebot in *Für dich*. Sie können hier aber jederzeit den Geschmacks-Kurs korrigieren bzw. den Musikstil ändern. Hierzu klicken bzw. tippen Sie auf die *Account*-Schaltfläche (das Porträt-Symbol) und bestimmen über *Künstler auswählen* dann eine neue Musikrichtung. Daraufhin ändern sich jene Alben und *Playlists*, die Ihnen die *Für dich*-Abteilung offeriert.

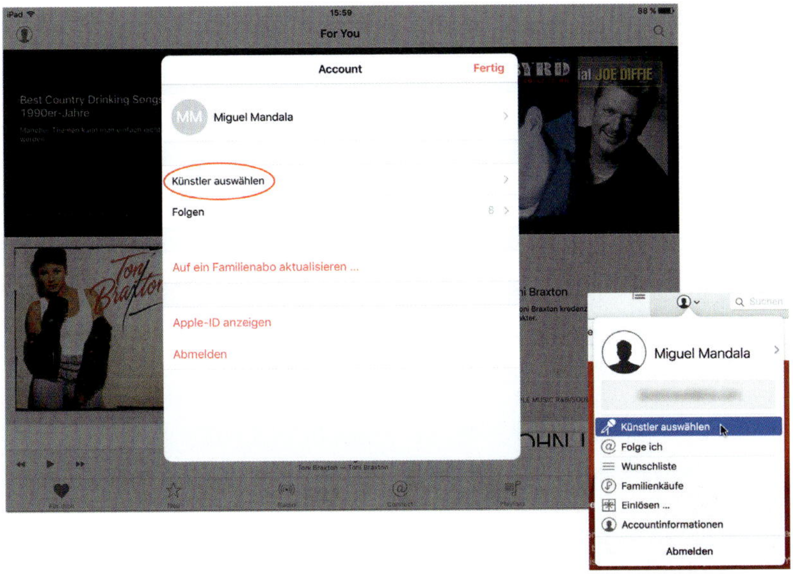

Niemand hört nur Hip Hop (oder doch?): Über die Schaltfläche zum Zugriff auf Ihren Account lassen sich alternative Stile und Interpreten bestimmen, die Ihnen neue Alben und Playlists über »Für dich« anbieten.

Sobald Ihr Kauf des *Apple Music*-Abos bestätigt ist und Sie vielleicht noch mit dem Bestimmen Ihrer ersten Favoriten beschäftigt sind, wird bereits im Hintergrund Ihre Musik-Mediathek in die *iCloud* transferiert. Das heißt eher analysiert, denn Titel, die im *Apple Music*-Katalog vorliegen, werden von dort übernommen und müssen daher nicht geladen werden. Berücksichtigt werden hierbei alle Titel, die Sie im *iTunes Store* gekauft haben sowie jene, die Sie selbst importiert haben (beispielsweise von Audio-CDs). Später kommen auch noch die Songs, Alben und *Playlists* hinzu, die Sie über *Apple Music* einladen.

Des Weiteren gelten beim Abgleich dieselben Spielregeln wie bei *iTunes Match:* Es lassen sich also bis zu 100.000 Songs in Ihrer *iCloud*-Musikmediathek speichern, wobei die im *iTunes Store* gekaufte Songs nicht mit angerechnet werden. Songs dürfen dabei bis zu 200 MB groß sein, müssen jedoch weniger als zwei Stunden Spielzeit aufweisen. Verwenden Sie Formate wie *ALAC, WAV* oder *AIFF*, so werden diese Songs vor dem Hochladen lokal in eine separate temporäre *AAC*-Datei mit 256 Kbit/s umcodiert (Ihre Originaldateien werden jedoch nicht geändert).

Das Hochladen bzw. den Abgleich bemerken Sie in *iTunes* auf Mac/PC am Aktivitäts-Symbol rechts neben dem Suchenfeld. Mit Klick darauf sehen Sie, dass Ihre Musiktitel und Coverbilder in die *iCloud* transferiert werden.

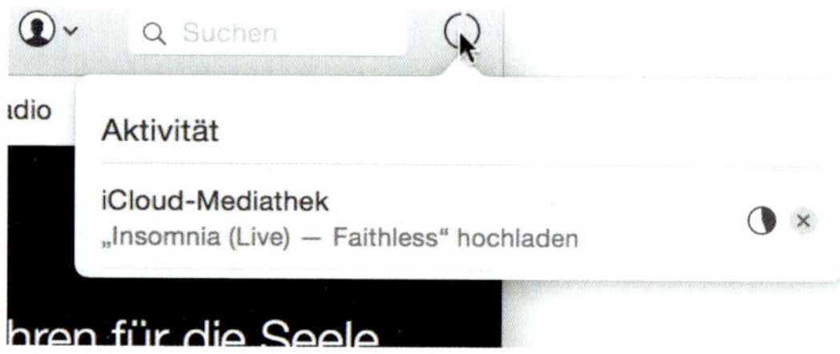

Sobald der Vertrag über Apple Music sozusagen unter »Dach und Fach« ist, wird Ihre Musik-Mediathek zur »iCloud-Musikmediathek«.

Sie müssen nun auf allen Geräten, die Sie zur Verwendung von *Apple Music* benutzen möchten, die *iCloud-Musikmediathek* aktivieren (wenn nicht schon standardmäßig eingeschaltet). Auf *iOS*-Geräten wie iPhone, iPad oder iPod touch begeben Sie sich dazu in die *Einstellungen | Musik* und schalten dort die Option *iCloud-Musikmediathek* ein. Auf Mac und PC gelingt das über die *iTunes*-Einstellungen und dort in *Allgemein* ebenso über die Option *iCloud-Musikmediathek*.

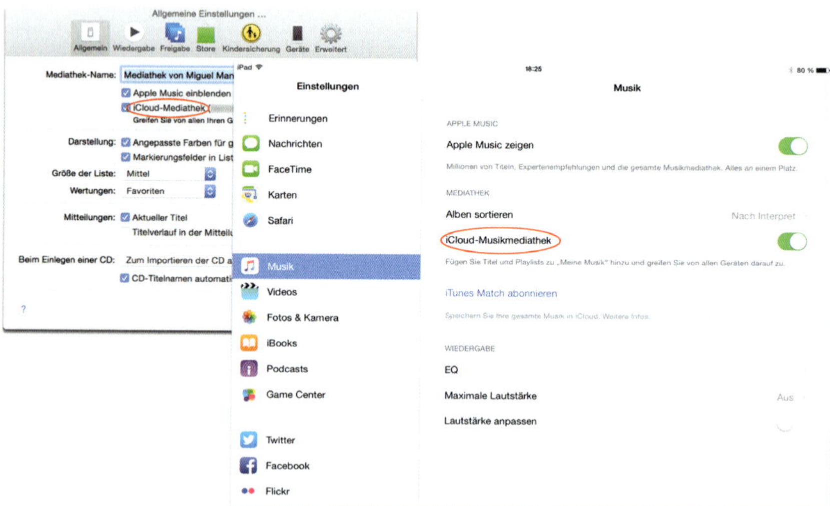

Möchten Sie auf allen Ihren Geräten denselben Musikbestand, so müssen Sie überall die »iCloud-Musikmediathek« aktivieren.

Wenn sich auf Ihren *iOS*-Geräten bereits Musik befindet, so können Sie diese entweder *Zusammenführen* oder *Ersetzen*. Ersteres behält die bislang vorhandenen Titel und integriert diese mit den Songs der *iCloud-Musikmediathek*. Die zweite Option löscht diese und tauscht sie durch die vom Mac/PC hochgeladene Mediathek aus.

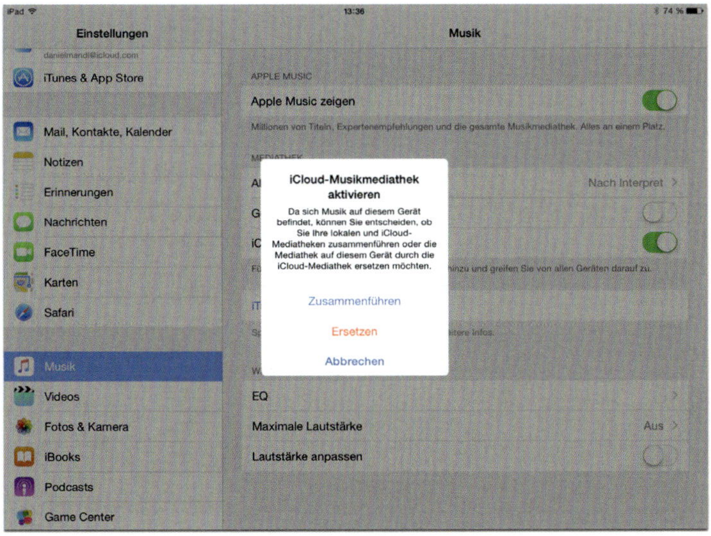

»Zusammenführen« oder »Ersetzen« – das ist hier die Frage.

Nur falls Sie sich sorgen: Das Verwenden der *iCloud-Musikmediathek* ist für den Streaming-Dienst *Apple Music* nicht zwingend vorgeschrieben. Sie können also jederzeit *Playlists* oder Alben über *Apple Music* hören – solange Sie eben nur streamen. Möchten Sie hingegen Songs oder Interpreten zu *Meine Musik* hinzufügen oder gar offline genießen, weil Ihnen später weder WLAN noch Mobilfunk zur Verfügung stehen, so müssen Sie die *iCloud-Musikmediathek* aktivieren.

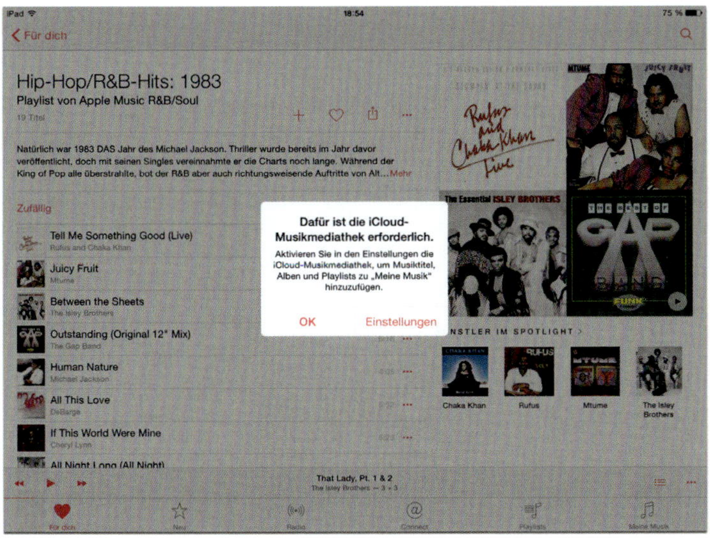

Wenn Sie Titel aus dem Apple Music-Katalog nur streamen, benötigen Sie keine »iCloud-Musikmediathek«. Erst wenn Sie diese zu »Meine Musik« hinzufügen wollen oder diese offline verfügbar haben möchten, brauchen Sie die »iCloud-Musikmediathek«.

Und dann können Sie auch schon loslegen: Recherchieren Sie über *Für dich*, *Neu* oder per Such-Eingabe (Sie können hierbei wählen zwischen den Reitern *Meine Musik* und *Apple Music* – Letzteres ist in diesem Falle nötig ist) nach einem Song, einem Album, einem Musikvideo, einem Interpreten oder auch nach einer Playlist.

Auf Mac und PC klicken Sie nun neben einem Song oder einem vollständigen Album / einer Playlist auf das Menü *Weitere Optionen* (•••) und wählen darüber *Zu »Meine Musik« hinzufügen* bzw. *Zur Wiedergabeliste hinzufügen* (bei schon bestehenden Wiedergabelisten) und schon ergänzen Sie die eigene Sammlung. Diese Songs und Alben finden Sie anschließend unter *Meine Musik*, *Playlists* erscheinen unter *Wiedergabelisten.*

Auf *iOS*-Geräten tippen Sie hingegen auf das *Plus*-Symbol zum Hinzufügen zur *Meine Musik*-Rubrik, zum Hinzufügen zu einer Wiedergabeliste tippen Sie hingegen wie unter *iTunes* auf das Symbol für *Weitere Optionen* (•••) und wählen darüber *Zu einer Playlist hinzufügen*. Hinzugefügte Songs oder Alben finden Sie dann unter *iOS* ebenso unter *Meine Musik* – *Playlists* zeigen sich in der gleichnamigen Rubrik.

Und egal, auf welchem Gerät Sie per Auswahl Ihren Musik-Fundus erweitern: Wenige Sekunden später wird dies auch auf all Ihren anderen Geräten, deren *iCloud-Musikmediathek* mit derselben *Apple ID* verknüpft ist, entsprechend nachvollzogen.

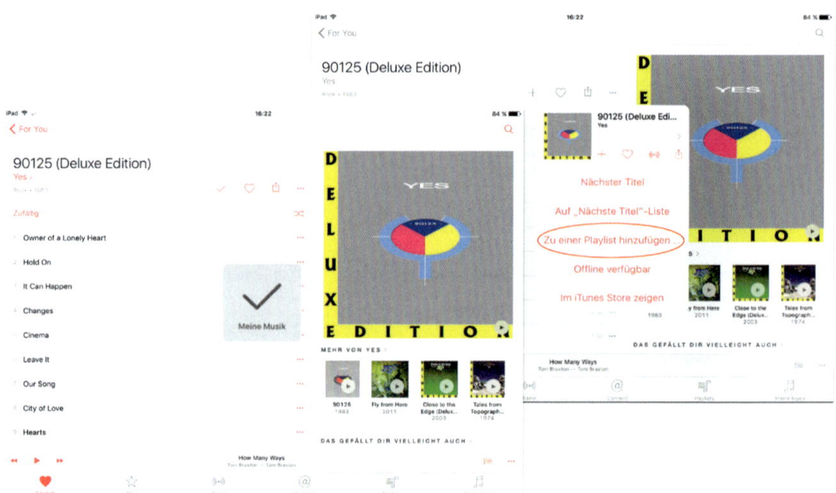

Auf »iOS«-Geräten tippen Sie auf das Plus-Symbol zum Hinzufügen zu »Meine Musik«, zum Ergänzen von Wiedergabelisten tippen Sie auf »Weitere Optionen« und wählen »Zu einer Playlist hinzufügen«.

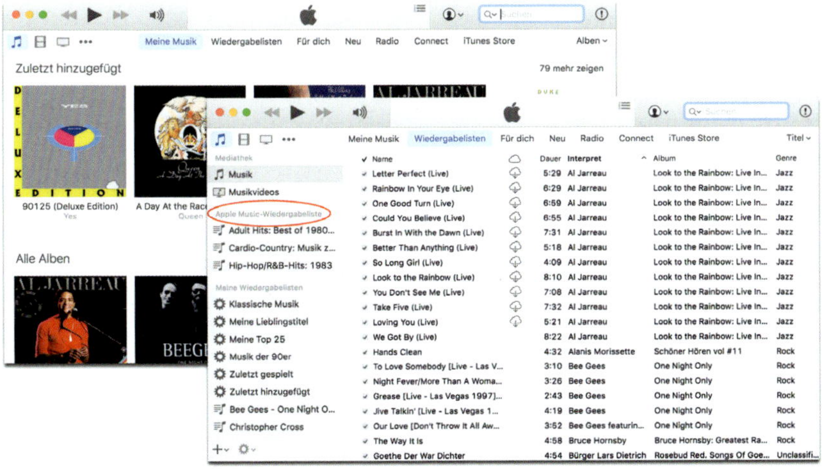

Innerhalb iTunes auf Mac/PC liegen Songs und Alben in »Meine Musik«, Playlists lassen sich über »Wiedergabelisten« finden.

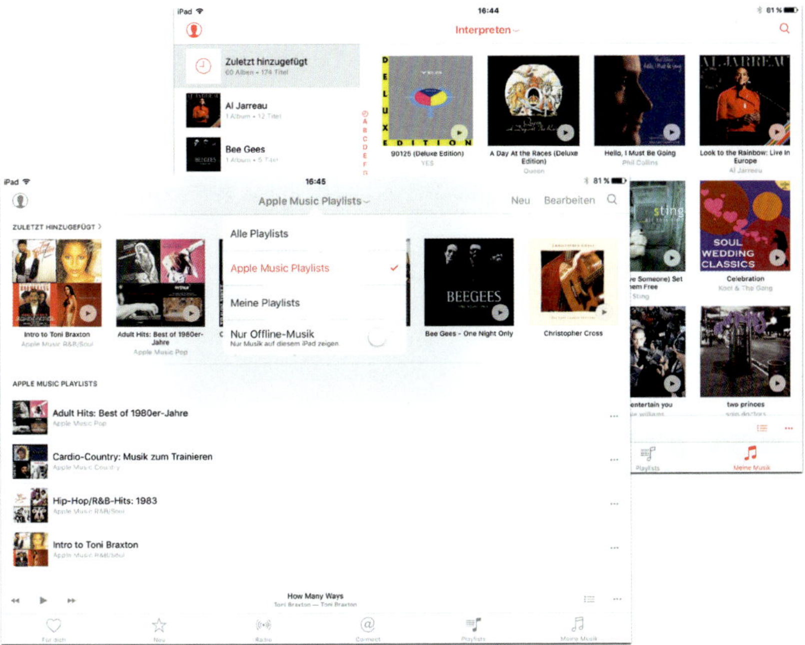

Auf iOS-Geräten ist das im Grunde genauso: Begeben Sie sich in »Meine Musik« oder »Playlists« und Sie stoßen auf Ihre Neuzugänge. In der »Playlists«-Abteilung unter »iOS« können Sie die Auswahl zudem weiter eingrenzen, indem Sie den Menüpunkt »Apple Music Playlists« auswählen.

Allen neu gesammelten Objekten ist gemeinsam, dass diese in erster Linie als Stream fungieren. Die Musik wird also über Ihre WLAN- oder Mobilfunk-Verbindung auf den Rechner übertragen und kann angehört werden. Es werden also keine Daten auf dem Gerät selbst gespeichert. Ist die Online-Übertragung nicht durchgängig machbar, weil beispielsweise eine Störung seitens des Internet-Anbieters vorliegt, so bleibt der Lautsprecher demnach stumm.

Wenn Sie also wissen, dass Sie demnächst unterwegs nicht konstant online sind bzw. Ihr Gerät über gar keine Mobilfunk-Verbindung verfügt, so sollten Sie die entsprechenden Songs zum Offline-Genuss schon vorher herunterladen.

Rufen Sie dazu Ihre *Playlist* oder ein Album auf, so dass die einzelnen Beiträge aufgeführt werden. In *iTunes* auf Mac und PC stoßen Sie dabei wieder auf das Download-Symbol (Wolke mit Abwärtspfeil), das sowohl für einzelne Songs als auch übergeordnet für das gesamte Album bzw. die Playlist verwendet werden kann. Klicken Sie darauf, so werden die Medien auf den Rechner geladen. Alternativ können Sie auch auf das Symbol mit den drei kleinen Punkten (•••) klicken und aus dem erscheinenden Menü die Option *Offline verfügbar machen* wählen.

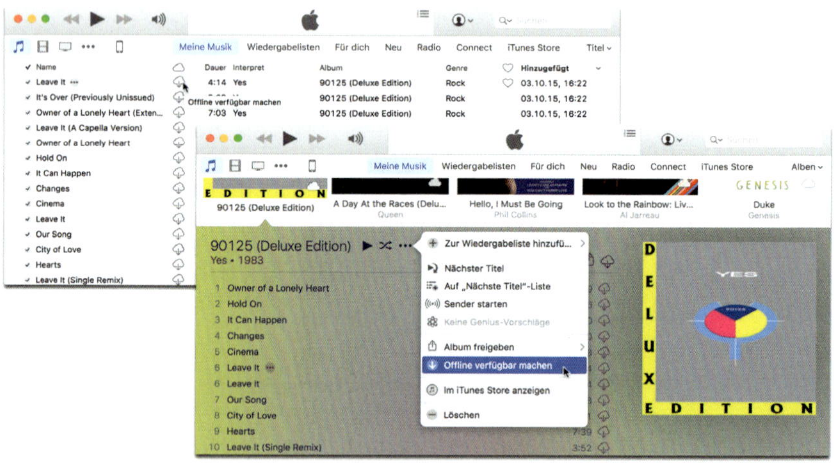

In »iTunes« finden Sie zum Download das typische iCloud-Symbol vor, das auf Klick hin die Medien auch zum Offline-Genuss in die iCloud-Musikmediathek kopiert. Alternativ klappt auch der Befehl »Offline verfügbar machen«.

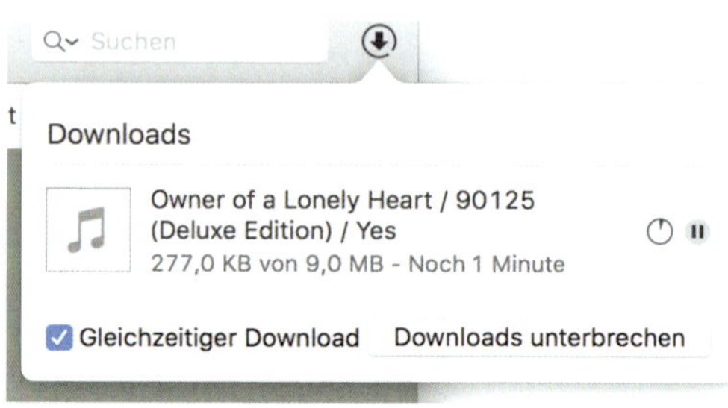

Der Download lässt sich wieder verfolgen, indem Sie rechts neben dem Suchenfeld auf das Aktivitäts-Symbol klicken.

Auf *iOS*-Geräten tippen Sie hingegen auf die drei kleinen Punkte und wählen aus dem erscheinenden Menü die Option *Offline verfügbar*. Auch in diesem Fall werden die Medien heruntergeladen und lassen sich nun auch ohne Internet-Verbindung anhören.

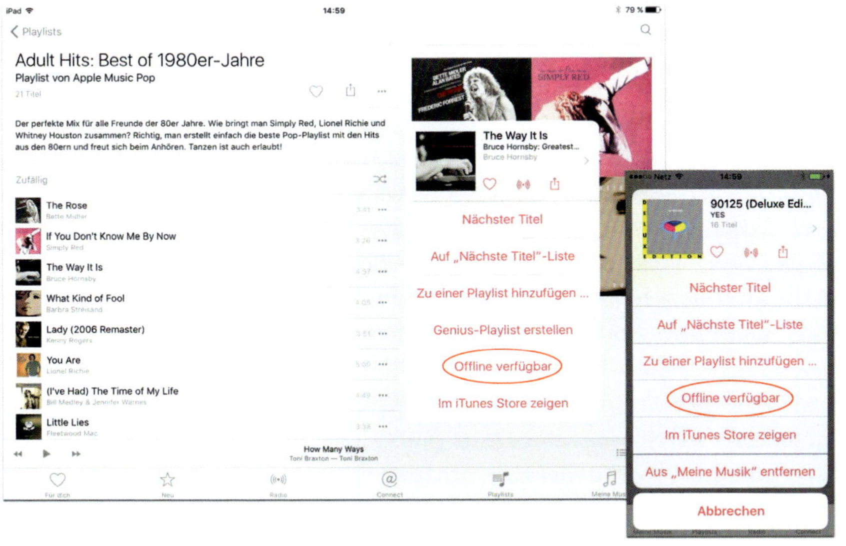

Auf iOS-Geräten wählen Sie »Offline verfügbar«, um die Medien auf iPhone, iPad oder iPod touch zu laden.

Playlists, Alben oder Songs, die Sie aus dem *Apple Music*-Katalog wählen und über *zu Meine Musik hinzufügen* bestimmen, erscheinen automatisch auf all Ihren Geräten in den entsprechenden *iCloud-Mediatheken*. Der Download bzw. das *Offline verfügbar* machen muss jedoch für jedes Gerät separat durchgeführt werden.

So, und nun können Sie also Ihre Mediathek mit Tausenden von neuen Songs und Musikvideos fluten und könnten eigentlich jauchzen vor Glück, dass für nur monatliche € 10,– oder € 15,– die ganze Welt der Musik auf Ihren Geräten Platz nimmt … Wir möchten Ihre Euphorie gar nicht schmälern, doch sollten Sie immer im Hinterkopf haben, dass Sie bei Streaming-Diensten kein Eigentum erwerben – im Gegensatz zum regulären Kauf eines Musik-Albums. Beenden Sie also irgendwann Ihr Abo, so stehen Sie – böse gesprochen – vor dem akustischen Nichts.

Apple hat als – für uns auch nachvollziehbare – Lösung vor dem unersättlichen Download wieder den *DRM*-Schutz (*DRM* steht für *Digital Rights Management*) eingeführt, der allerdings nur für Streaming sowie Downloads aus dem *Apple Music*-Katalog besteht. Denn ansonsten könnte man ja auf die Idee kommen, sich Tausende von Musikdateien herunterzuladen und nach zwei Monaten sein Abo wieder beenden. Das wäre in der Tat ein tolles Schnäppchen …

***Apple Music* führt also den Kopierschutz wieder ein: »Geliehen ist nicht gekauft.« Bitte lassen Sie sich da nicht vor Fehlschlüssen wie nachfolgend geschildert verleiten!**

Beachten Sie also bitte unbedingt: Beim Anlegen der *iCloud-Musikmediathek* wird – wie anfangs schon erwähnt – Ihre lokale *iTunes*-Mediathek genau analysiert, welche Titel Sie schon besitzen. Songs, die im *iTunes Store* vorliegen, werden nicht hochgeladen – im Gegensatz zu Liedern, die nicht im Store aufzufinden sind. Alle diese Daten werden nicht angerührt und bleiben somit ohne Kopierschutz.

Laden Sie nun aber diese *iCloud-Mediathek* auf ein weiteres Gerät, so erhalten Sie in der Tat lauter *DRM*-geschützte Titel. Und ebenso wichtig: Über *Ersetzen* wird dabei Ihre gesamte, bislang vorhandene Mediathek überschrieben, während über *Zusammenführen* nur jene Titel ergänzt werden, die sich noch nicht auf dem Gerät befinden (und diese Ergänzung besteht ebenso aus kopiergeschützten Songs).

Was sich schlicht »Apple Musik AAC-Audiodatei« nennt, ist letztlich eine geschützte MPEG-4-Audio-Datei.

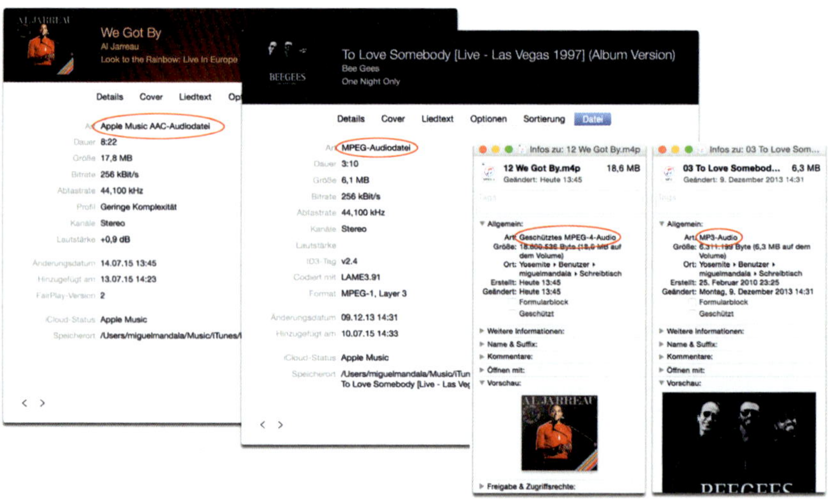

Das ist nun alles kein Beinbruch, doch sollten Sie nie auf die Idee kommen, Ihre Originale (also die lokale *iTunes-Mediathek* mit Ihren vielleicht Tausenden von Songs) zu löschen – in der irrigen Annahme, Ihr Musik-Bestand wäre ja nun über die *iCloud-Musikmediathek* gesichert. Denn, sollten Sie einmal Ihr Abonnement beenden, könnten Sie nicht eines dieser geschützten Medien mehr abspielen.

Apple weist extra darauf hin, dass Ihre *iCloud-Musikmediathek* nicht als Backup dient. Sie sollten also weiterhin Ihre *iTunes-Mediathek* sowohl auf Mac und PC (beispielsweise über *Time Machine* oder auf eine externe Festplatte) als auch auf *iOS*-Geräten (über ein lokales bzw. *iCloud*-Backup) separat sichern.

Weiterhin sollte Ihnen bewusst sein, dass ab dem Zeitpunkt der Aktivierung der *iCloud-Mediathek* kein lokaler *iTunes-Sync* mehr möglich ist. Es lassen sich also weder über eine Kabelverbindung noch per WLAN zwischen *iTunes* und Ihren *iOS*-Geräten Musikdateien (bis auf Sprachmemos) abgleichen. Auch das ist im Grunde logisch und ja der Sinn der *iCloud-Musikmediathek*, dass eben immer der gleiche Datenbestand auf Ihren Geräten vorhanden ist.

Rippen Sie nun beispielsweise in *iTunes* auf Mac oder PC eine Audio-CD, so werden die neu importieren Lieder automatisch synchronisiert und erscheinen nach wenigen Sekunden/Minuten auch auf Ihren anderen Geräten. Darüber können diese nun gestreamt (online angehört) oder heruntergeladen (über die Option *Offline verfügbar*, wobei es sich wieder um DRM-geschützte Dateien handelt) werden.

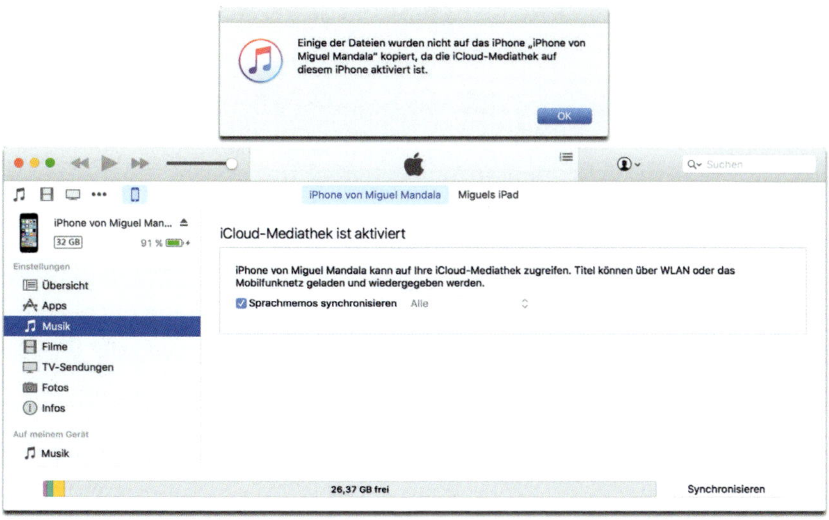

Musikdateien werden nach Aktivierung der iCloud-Musikmediathek nicht mehr synchronisiert – der Abgleich erfolgt grundsätzlich nur mehr über die iCloud. Ein lokaler iTunes-Sync ist damit nicht mehr durchführbar.

Zum Schluss dieser Einführung in *Apple Music* möchten wir Ihnen noch zeigen, wie Sie das Abo kündigen bzw. einfach nach der kostenlosen Probezeit nicht weiter laufen lassen. Auf *iOS*-Geräten starten Sie hierzu Ihre *Musik*-App auf und tippen auf die Schaltfläche zum Aufrufen Ihres *Accounts*.

Über *Apple ID anzeigen* kommen Sie zu einem weiteren Dialog, über den Sie bei *Abos* auf *Verwalten* tippen. Der letzte Schritt besteht nun im Umlegen des Schalters bei *Automatisch verlängern*, indem Sie diesen nach rechts ziehen. Dadurch verhindern Sie das Einsetzen des kostenpflichtigen Abos nach Beendigung des dreimonatigen Probeangebots bzw. beenden das reguläre Abo zum ordnungsgemäßen Ablaufdatum.

Die Schritte zum Beenden Ihres Abos.

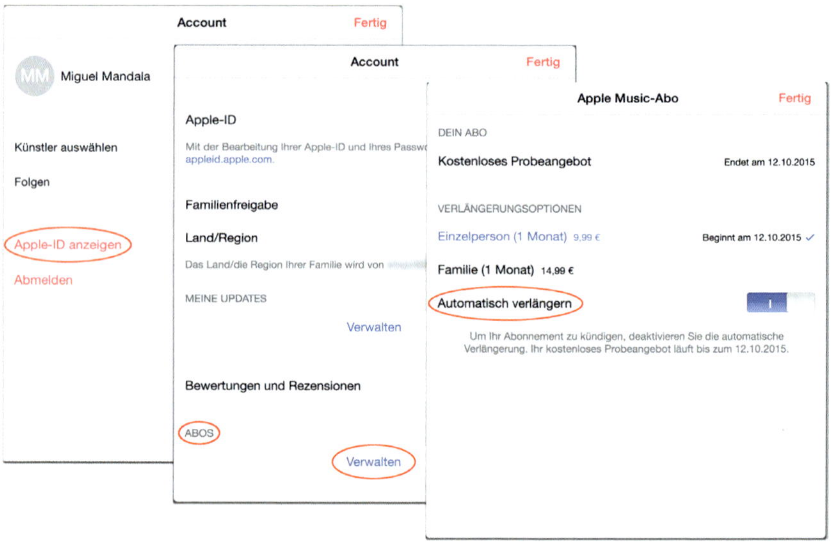

Auch über *iTunes* lässt sich das Abo beenden. Hierzu begeben Sie sich in den *iTunes Store* und klicken rechter Hand bei *Alles auf einen Klick* auf *Account*. Alternativ können Sie auch über Ihren *Apple ID*-Eintrag in der Symbolleiste und im aufspringenden Menü über *Accountinformationen* gehen oder oder aus der Menüleiste *Store* den Befehl *Account anzeigen* wählen. Melden Sie sich gegebenenfalls über Ihre *Apple ID* samt Passwort an und klicken Sie dann im Bereich *Einstellungen* | *Abos* auf *Verwalten*. Im erscheinenden Fenster finden Sie nun ebenso die Option *Automatische Verlängerung*, die Sie dort ausschalten können.

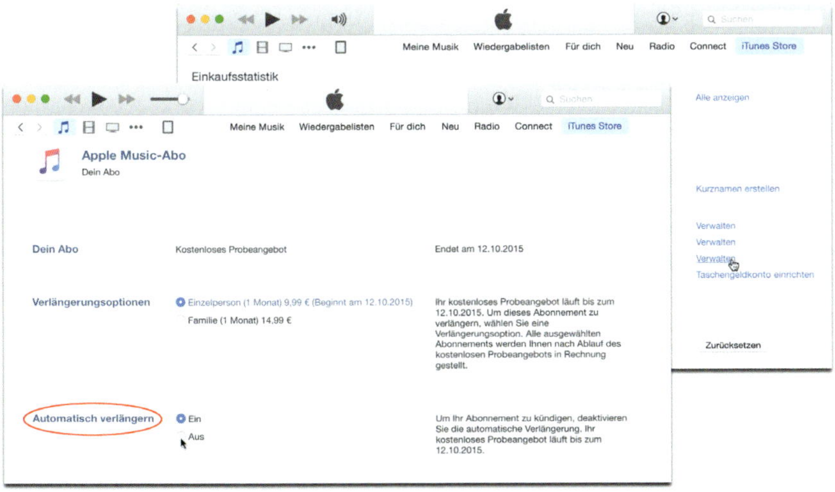

Auch innerhalb »iTunes« bzw. im »iTunes Store« können Sie Ihr Abo beenden.

Bitte nicht vergessen: Sobald das Abo endet, haben Sie keinen Zugriff mehr auf Ihre Songs und Playlists, die Sie über den *Apple Music*-Katalog angelegt bzw. geladen haben.

Alternativ können Sie auch die *iCloud-Musikmediathek* deaktivieren. Hierbei verschwinden auf dem betreffenden Gerät alle Titel aus dem *Apple Music*-Katalog – Ihre zuvor bestehenden Daten bleiben jedoch erreichbar. Das betrifft auch die *iCloud*-Mediatheken auf anderen Geräten – auch diese werden davon nicht tangiert.

Selbst wenn Sie kein kostenpflichtiges Abonnement abschließen, stehen Ihnen – wie schon weiter vorne berichtet – mit *Apple Music* dennoch einige Dienste zur Verfügung: Dazu gehören unter anderem ein – wenn auch mit Werbeblocks verbunden – kostenfreies Musik-Streaming namens *Beats 1 Radio* sowie eine *Connect*-Funktion, bei der man – ähnlich wie in den sozialen Medien – einzelnen Künstlern »folgen« kann. Wie weit sich dies etablieren wird, ist aktuell noch nicht gesichert.

Die Musik- und Medienwelt von Apple ist innovativ, wie hier an *Apple Music* gezeigt, und wahrlich umfassend. So manchem altgedienten *iTunes*-Nutzer wird es ob der Vielfalt an technischen Optionen fast schon schwindelig. Beim Blick auf das einzelne Anwendungs-Detail hegen wir sogar manchmal den Verdacht, dass selbst ein so großer Konzern wie der aus Cupertino wieder und wieder nachsteuern muss. Zu Apples Ehrenrettung muss man aber feststellen, dass dies recht flink – oder spätestens zur nächsten App-Version (…) gelingt.

Aber *iTunes* ist immer noch nicht am Ende seiner Fähigkeiten. So können Sie beispielsweise auch auf *iTunes-Mediatheken* über ein Netzwerk zugreifen oder gar eine weitere Mediathek im eigenen *iTunes* einblenden lassen. Oder wie wäre es mit einer drahtlosen Übertragung der *iTunes*-Inhalte auf Apple TV und Flachbildfernseher? Was es sonst noch so alles zum Ausprobieren und Bewundern gibt, erfahren Sie im nächsten Kapitel.

iTunes vernetzt – lokal, via AirPlay und Apple TV

»iTunes teilen« – Musik hören über das lokale Netzwerk

Stehen in Ihrem Haushalt mehrere Computer, so lässt sich in einem lokalen Heim-Netzwerk auch auf externe *iTunes*-Mediatheken zugreifen. Sind alle Rechner auf dem aktuellen Stand und besitzen die neueste Version von *iTunes*, so lässt sich dies schnell bewerkstelligen. Voraussetzung ist dazu eine Computer-zu-Computer-Vernetzung zu einem lokalen Netzwerk via *Ethernet* (also per Kabel) oder per WLAN sowie das Aktivieren der *Dateifreigabe* in den *Systemeinstellungen* unter *Freigaben.* Unter Windows suchen Sie die *Systemsteuerung* und dort das *Netzwerk- und Freigabecenter* auf, über das sich per Assistent ein Netzwerk einrichten lässt.

In *iTunes* öffnen Sie wiederum zuerst die *Einstellungen* und suchen dort die Rubrik *Freigabe* auf. Dort lässt sich nun die Option *Meine Mediathek im lokalen Netzwerk freigeben* aktivieren. Weiterhin steht es Ihnen frei, ob Sie Ihr vollständiges *iTunes*-Archiv (*Gesamte Mediathek freigeben*) oder nur bestimmte Teile davon (*Ausgewählte Wiedergabelisten freigeben*) zur Verfügung stellen möchten. In letzterem Fall können Sie dann genau jene Listen aktivieren, die auf dem anderen Rechner angezeigt werden sollen.

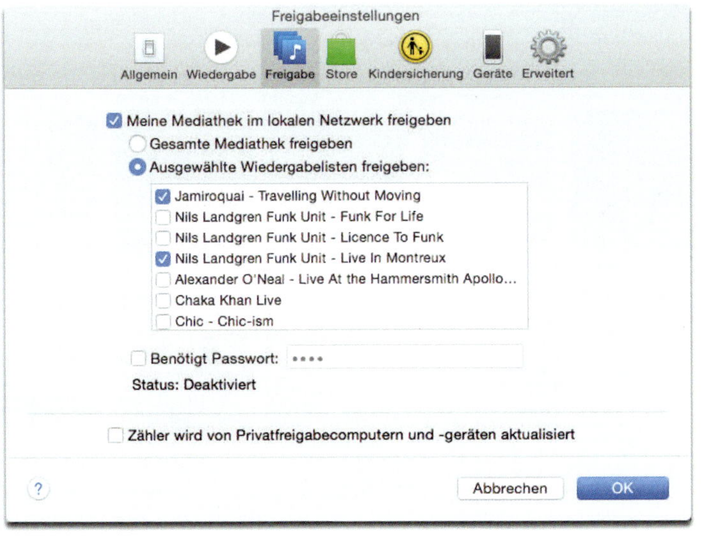

Für den Anfang muss man ja nicht gleich alles preisgeben …

In der Rubrik *Allgemein* tragen Sie nun bei *Mediathek-Name* jenen Namen ein (bzw. übernehmen den schon bestehenden), der beim Zugriff auf Ihre Daten im *iTunes*-Fenster des Netzwerk-Rechners erscheinen soll. Und sind Sie eher misstrauischer Natur, so können Sie selbstverständlich ein *Kennwort* festlegen (wieder in der Rubrik *Freigabe*), das Sie nur Eingeweihten mitteilen. Bestätigen Sie Ihre Einstellungen, so hebt Apple kurz einmal den Zeigefinger.

Das war ja klar, dass Sie Ihre Musik nicht RTL und Pro 7 zur Verfügung stellen.

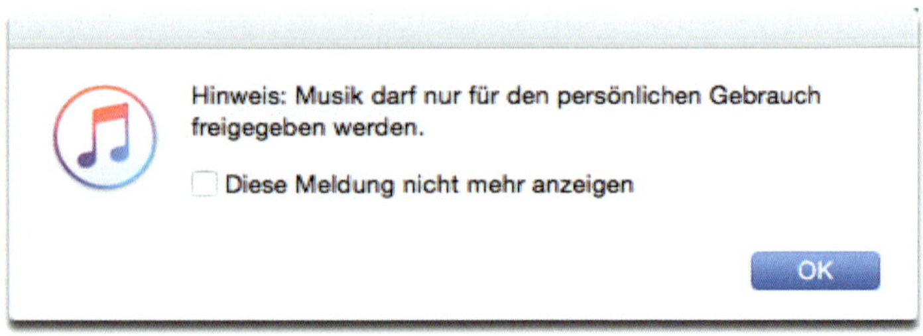

Sind alle Vorkehrungen getroffen und startet ein zweiter Anwender seine *iTunes*-Applikation, so dauert es auch gar nicht lange und im Auswahl-Menü zu Ihren Mediatheken erscheint ein neues Symbol, das auf Klick hin die freigegebenen Mediatheken auflistet. Wählen Sie eine davon aus, so dauert es auch gar nicht lange und die zugehörigen Titel werden eingeblendet. Klicken Sie auf statt auf Musik nunmehr auf Filme, Podcasts oder was auch immer, so erscheinen die jeweiligen Medien der gewählten Mediathek.

Klappt auf Anhieb: Nach einem kurzen Ladevorgang erscheint die freigegebene Mediathek.

Das Importieren aus der Mediathek – egal, ob Musik, Filme usw. – sowie das Brennen einer Audio-, MP3- oder Daten-CD ist nicht möglich – im Gegensatz zur *Privatfreigabe*, über die Sie im nächsten Abschnitt mehr erfahren.

Stößt man auf eine geschützte und mit Passwort versehene *Mediathek* (erkennbar am kleinen Schloss-Symbol auf dem *Freigaben*-Icon), so müssen Sie erst einmal den Kennwort-Test (funktioniert Ihr Gedächtnis noch?) bestehen. Nach der Eingabe heißt es dann ebenso »Musik marsch«.

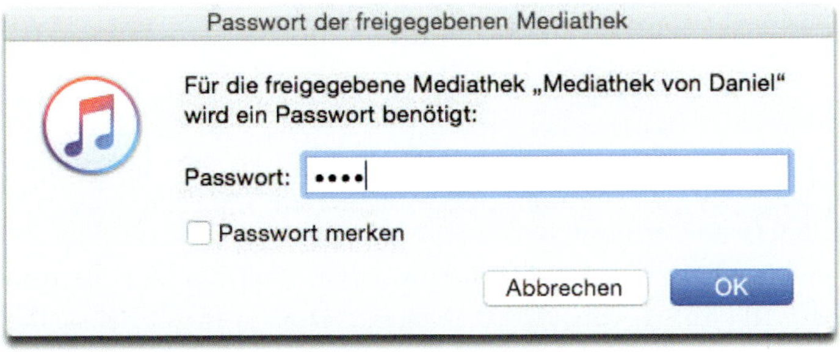

Ohne Kennwort kommen Sie an die Inhalte nicht heran – seien Sie also immer nett zu lokalen Netzwerk-Kollegen, denn ansonsten groovt das Büro ohne Sie.

Das *Abmelden* geht ebenso schnell vonstatten: Entweder ein Netzwerk-Teilnehmer drückt auf den *Auswerfen*-Button rechts neben der gemeinsam genutzten Mediathek oder Sie selbst erledigen das mit Ihrer freigegebenen Bibliothek, indem Sie schlicht in den *iTunes-Einstellungen* Ihre Erlaubnis widerrufen und den restlichen Zuhörern den Saft abdrehen – nach einer kurzen Nachricht verschwinden im Handumdrehen Ton und/oder Bild.

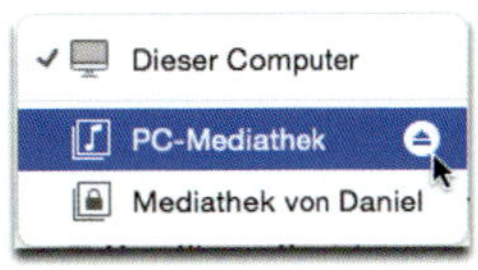

Die Privatfreigabe – Mediatheken zuhause verwalten

Während Sie bei regulär freigegebenen Mediatheken über ein lokales Netzwerk Musik und/oder Filme nur anhören und anschauen können, dient die *Privatfreigabe* zum Organisieren und Verwalten mehrerer Mediatheken, wobei Sie in diesem Fall auch Medien importieren können. Das erleichtert auch den Umgang mit Mediatheken, die einerseits identisch sein sollen, andererseits aber auf verschiedenen Rechnern liegen. Ein weiterer Vorteil ist, dass auf diese Weise Ihre Mediatheken auch auf den Mobilgeräten angezeigt werden. Den Startschuss zur *Privatfreigabe* geben Sie über die Menüleiste *Ablage/Datei* | *Privatfreigabe* | *Privatfreigabe aktivieren*. Voraussetzung hierbei ist eine gültige *Apple ID* samt zugehörigem Kennwort.

Die »Privatfreigabe« muss zuerst über Apple ID und Passwort aktiviert werden.

Jene Mediatheken, aus denen Sie nun Titel importieren möchten oder die auf den unterschiedlichen Geräten angezeigt werden sollen, müssen nun ebenso alle erst freigeschaltet werden. Dazu geben Sie nun auf allen diesen Rechnern Ihre *Apple ID* an (und zwar immer dieselbe). Bitte denken Sie auch daran, dass Sie dazu online sein müssen. Sobald diese Schritte vollzogen wurden, zeigt sich per Klick auf das *Freigegebene Mediatheken*-Icon der entsprechende Eintrag mit seinem eigenen Symbol. Einmal angeklickt werden nun die verschiedenen Medien-Arten geladen und angezeigt – und zwar alle.

Erscheint die für die Privatfreigabe aktivierte Mediathek, so lassen sich alle Medien anzeigen.

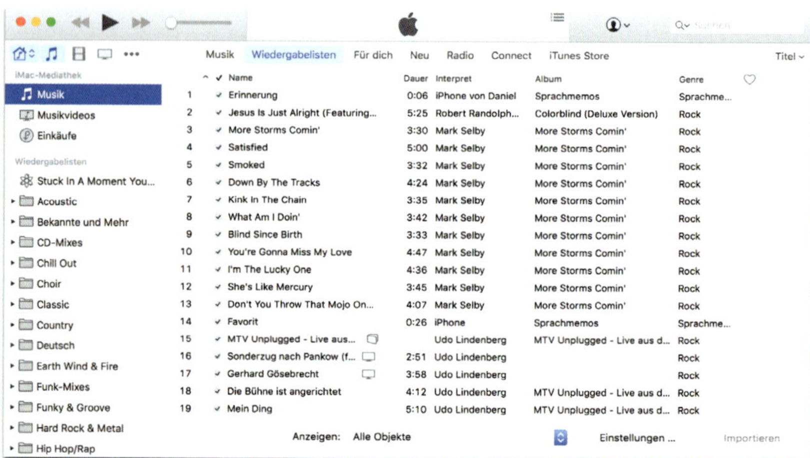

Um nun Inhalte von einer Mediathek der anderen zuzuführen, markieren Sie am besten die gewünschten Titel und klicken auf den rechts unten liegenden Button *Importieren*, so dass diese flugs in die eigene Sammlung wandern. Betätigen Sie noch dazu den Button *Einstellungen*, so können Sie dort jene Rubriken aktivieren, die im Falle eines Einkaufs im *iTunes Store* automatisch übertragen werden sollen. Das spart im Grunde viel Zeit, denn *iTunes* wird künftig immer versuchen, alle zur *Privatfreigabe* gehörenden Mediatheken mit den aktuellen Neueinkäufen zu versorgen.

Nach dem Markieren lassen sich die entsprechenden Artikel per Mausklick auf »Importieren« rasch hinzufügen.

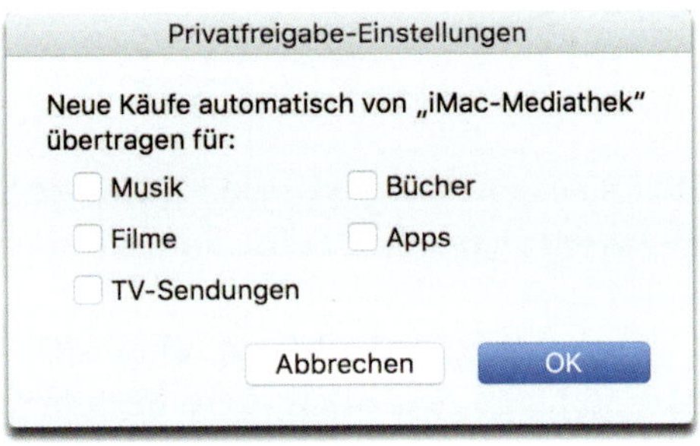

Das geht auf Wunsch auch automatisch, was zumindest für Einkäufe, die über den iTunes Store getätigt wurden, gilt.

Behalten Sie auch immer das unten liegende Popup-Menü namens *Anzeigen* im Blick, da Sie darüber zum einen den Gesamtbestand der *Privatfreigaben*-Mediathek einblenden oder aber auch alle bereits vorliegenden Übereinstimmungen ausblenden können (Option *Nur Objekte außerhalb meiner Mediathek*). Auf diese Art und Weise lässt sich auf einen Blick ersehen, welche Medien noch nicht in der betreffenden Mediathek vorkommen.

Ehe Sie aus Versehen beim Importieren lauter Duplikate erzeugen, schalten Sie lieber auf die Option »Nur Objekte außerhalb meiner Mediathek« um.

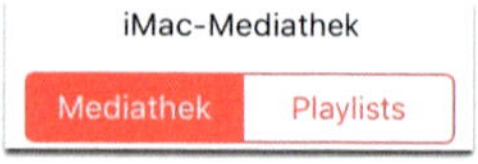

Über die *Musik*-App auf iPad, iPhone und iPod touch lässt sich ebenso auf die per *Privatfreigabe* zu Verfügung gestellten Mediatheken zugreifen. Dazu starten Sie Ihre *Musik*-App, tippen nach Auswahl von *Mediathek* auf die *Kategorien*-Auswahl und anschließend auf *Privatfreigabe*. Nun werden jene Mediatheken aufgeführt, die eine *Privatfreigabe* besitzen. Wählen Sie also die Gewünschte aus, die sogleich geladen wird. Wenig später haben Sie vollen Zugriff auf die Medien. Die jeweils ausgewählte Mediathek erkennen Sie am Titel, der oben stehend angezeigt wird.

Über die App »Musik« hangeln Sie sich nun über »Privatfreigabe« bis zur gewünschten Mediathek. Die Beispielabbildungen stammen vom iPhone.

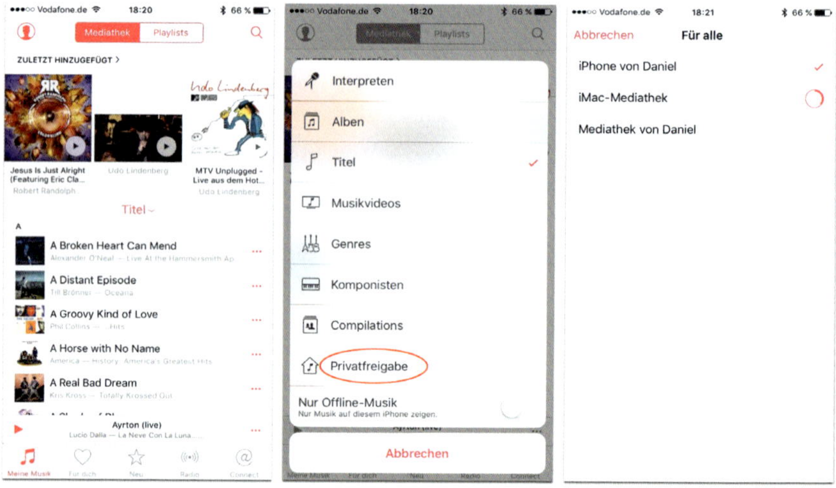

Auf *iOS*-Geräten ist es nur möglich, die Musik per Streaming wiederzugeben. Es lassen sich somit keine Songs importieren.

Das Angebot »fremder« Mediatheken über die *Privatfreigabe* funktioniert nur so lange, wie auch diese betreffende *iTunes-Mediathek* geöffnet ist. Schließt nun ein anderer Nutzer die Mediathek, so erhält er eine Warnmeldung, dass gerade auf diese Musik-Sammlung zugegriffen wird. Wird diese Meldung ignoriert bzw. auf ein *Beenden* bestanden, so verlieren iPad & Co. den Kontakt zu dieser Mediathek und es ist augenblicklich vorbei mit dem Musikgenuss. Sie können ja dann ins Nachbarzimmer gehen und sich beschweren …

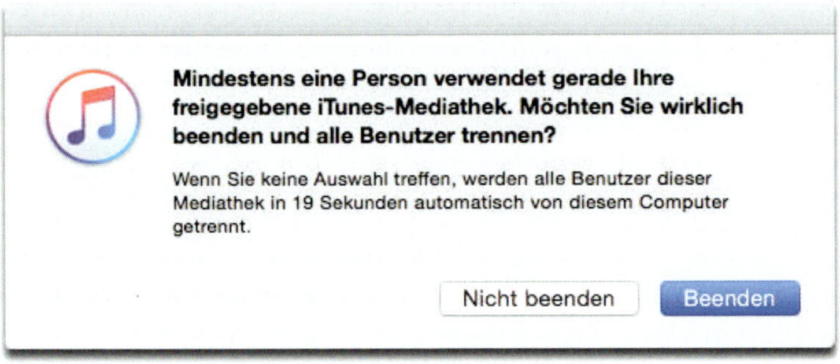

Die Meldung ist eindeutig: Wird »iTunes« beendet, verschwindet die freigegebene Mediathek von allen verbundenen Geräten und es herrscht betretenes Schweigen.

Regulär ausschalten lässt sich die *Privatfreigabe* natürlich auch: Wählen Sie wieder aus der Menüleiste den Punkt *Ablage/Datei* und darüber den Befehl *Privatfreigabe* | *Privatfreigabe deaktivieren.*

Drahtlose Musik-Übertragung via AirPort Express

Zum genussvollen Musikhören eignen sich selbstverständlich am besten hochwertige Kopfhörer oder Lautsprecher. Die normalerweise in den Rechnern verbauten internen Lautsprecher geben zwar auch Töne von sich, doch fehlt es bei weitem an einem ausgewogenen, druckvollen Klang. Über eine *AirPort Express Basisstation* können Sie Ihre Musik via *AirPlay* auch in andere Teile des Hauses oder der Wohnung streamen. An die *AirPort Express Basisstation* schließen Sie dann ein aktives Multimedia-Lautsprechersystem (oder auch nur Stereo-Boxen) mit eingebautem Verstärker an.

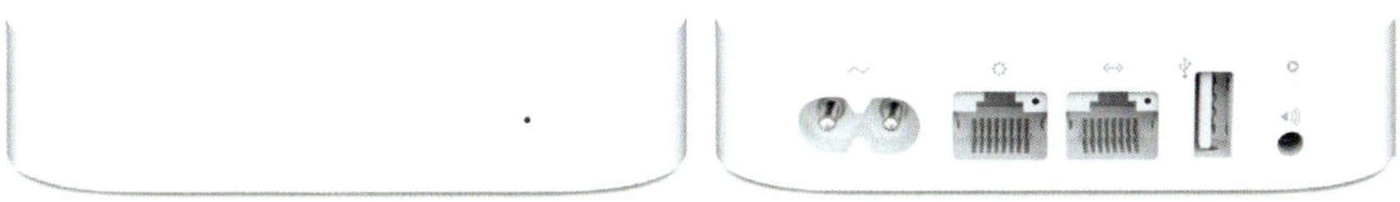

Die »AirPort Express-Basisstation« ermöglicht via »AirPlay« das Übertragen von Musik vom Rechner in andere Bereiche des Hauses. (Abbildung: © Apple)

Als Erstes heißt es wie üblich die nötige Konfiguration vorzunehmen – am besten über das *AirPort Dienstprogramm* (unter OS X im Ordner *Dienstprogramme* bzw. *Andere* liegend – Version 6.3 und höher). Auch für Windows lässt sich die entsprechende Software *AirPort Dienstprogramm* (Version 5.6.1 und höher) herunterladen – am besten über die *Apple*-Webseite `www.apple.com/de/airport-express/specs/` bzw. über den Direktlink `https://support.apple.com/kb/DL1547?loca-`

le=de_DE&viewlocale=de_DE (ob der Link Bestand hat, können wir leider nicht garantieren). Nach der Installation finden Sie das *AirPort Dienstprogramm* in Ihrem Programme-Ordner.

Nach dem Aktivieren des *WLAN* sollte das *AirPort-Dienstprogramm* nun die *AirPort Express-Basisstation* bzw. ein schon eingerichtetes Netzwerk erkennen. Im Falle einer Neueinrichtung begleitet Sie das Programm Schritt für Schritt, indem Sie eine neue *AirPort-Basisstation* konfigurieren. Dazu legen Sie ein neues drahtloses Netzwerk an und benennen sowohl dieses als auch die *AirPort Basisstation*, mit der Sie die Musik empfangen möchten. Letzterer Name taucht dann in *iTunes* auf, wie Sie noch sehen werden.

Sofern Sie schon ein WLAN-Netzwerk betreiben, lässt sich die *AirPort Express Basisstation* auch in dieses integrieren.

Auch für die Mobilgeräte iPhone, iPod touch und iPad gibt es eine *iOS*-Version des *AirPort Dienstprogrammes*. Einmal installiert können Sie nach Eingabe des Geräte-Passworts über *Bearbeiten* auch über Ihr Mobilgerät etwaige Konfigurationen vornehmen.

Auf der Hardware-Seite verbinden Sie nun einfach Ihre Aktiv-Lautsprecher oder Ihre Stereo-Anlage über ein optional erhältliches Analogkabel (Mini-Stereo auf Dual-Chinch – das ist dasselbe Kabel, mit dem Sie auch Ihr *iOS*-Gerät an die Stereo-Anlage anschließen können) mit dem Audio-Ausgang (Line-Out) der *AirPort Express-Basisstation*. Ist alles angeschlossen und korrekt verkabelt und ist das *WLAN* aktiviert, so zeigt sich in *iTunes* der *AirPlay* Button – rechts vom Lautstärke-Regler liegend) auf. Darüber können Sie nun die gewünschten Lautsprecher bestimmen. Wählen Sie danach einen Musik-Titel an, so sollte dieser auf den eingestellten Lautsprechern abspielen.

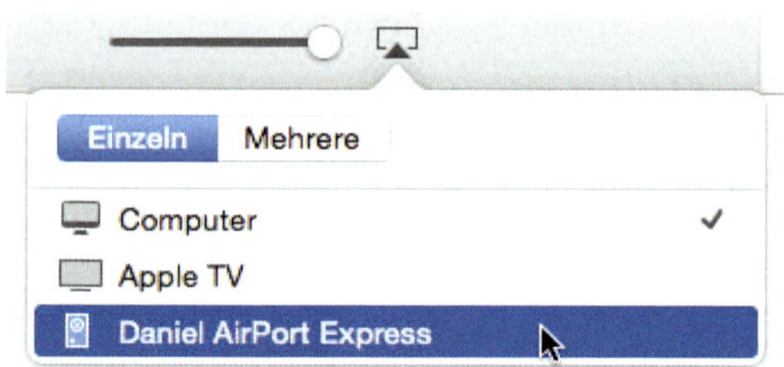

Das »iTunes«-Fenster zeigt nun obenstehend einen weiteren Knopf, mit dem die entsprechende AirPort-Station angesprochen werden kann. Danach folgt die Kontaktaufnahme und die Musik kann loslegen.

Über die Option »Mehrere« können Sie auf Wunsch hin auch alle zugleich laufen lassen bzw. die Lautstärke getrennt justieren. Über die »Master-Lautstärke« setzen Sie die Obergrenze der Beschallung fest.

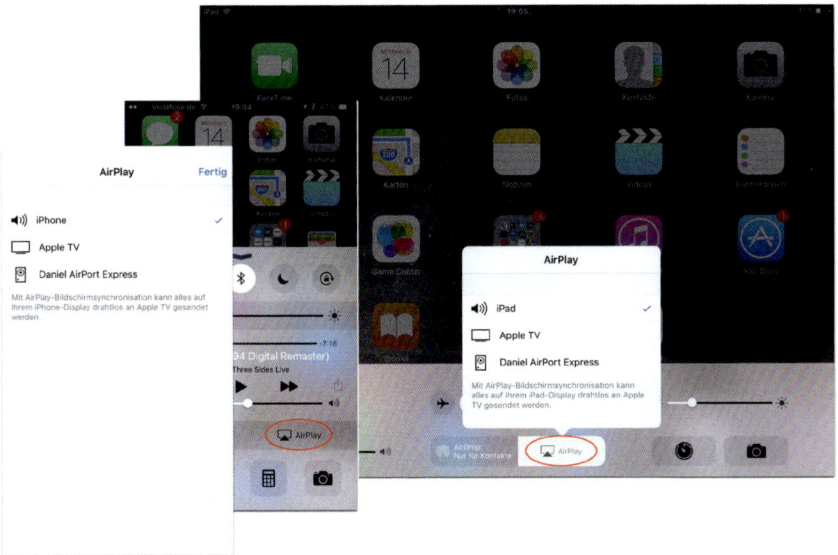

»AirPlay« klappt selbstverständlich auch von Ihrem Mobilgerät. Öffnen Sie dazu das »Kontrollzentrum« (vom unteren Bildschirmrand nach oben wischen) und tippen Sie auf die Option »AirPlay«. Darüber können Sie nun die gewünschten Lautsprecher (die iPad-/iPhone-/iPod touch-eigenen oder die an AirPort Express angeschlossenen) bestimmen. Als Beispiel dienen hier das iPad sowie das iPhone.

iTunes fernsteuern – Die Remote-App

Im *App Store* finden Sie die von Apple kostenlos zur Verfügung gestellte App *Remote*, über die Sie Ihre *iTunes*-Mediatheken auf Mac oder PC auch über das Mobilgerät bedienen können. Verfügen Sie zudem über ein *Apple TV*, so lässt sich auch dieses steuern. Starten Sie die App *Remote* auf Ihrem *iOS*-Gerät, so heißt es zuerst die *Privatfreigabe* auf diesem Gerät zu aktivieren. Tippen Sie dazu auf den entsprechenden Eintrag, geben Sie Ihre *Apple ID* sowie Passwort ein und bestätigen Sie mit *Fertig*. Nach einer kurzen Überprüfung der eingegebenen Daten erhalten Sie noch kurze Informationen für die nächsten Schritte.

Danach heißt es die *Privatfreigabe* für *iTunes* auf Mac oder PC zu aktivieren (falls nicht schon geschehen). Sobald dieser Schritt erledigt ist, sollte die freigeschaltete *iTunes*-Mediathek (die als Bezeichnung den über die *iTunes-Einstellungen*, Rubrik *Allgemein*, vergebenen *Mediathek-Namen* trägt) auf dem Mobilgerät erscheinen.

Über den App Store (auf Mac, PC, Mobilgerät) lässt sich die Software »Remote« kostenlos laden und installieren. Zuerst müssen Sie allerdings die Privatfreigabe über Apple ID sowie Passwort aktivieren. Nach Aktivierung der Privatfreigabe auf Mac oder PC erscheinen die freigegebenen Mediatheken.

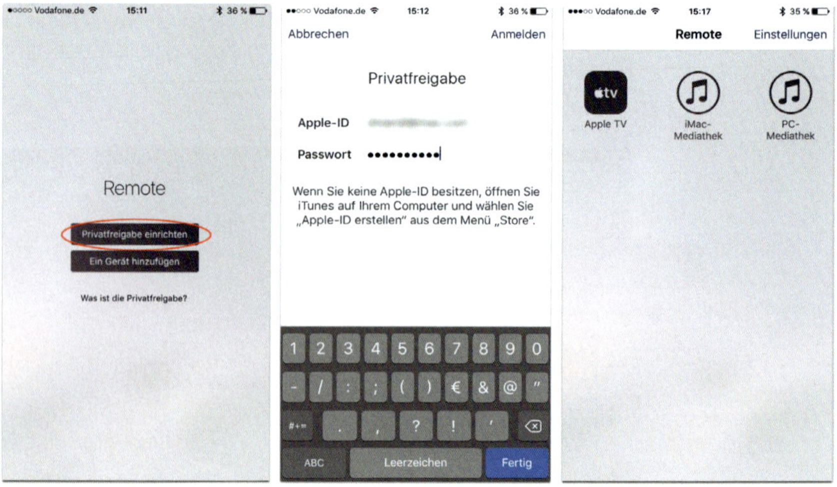

Als Alternative zur *Privatfreigabe* auf Mac oder PC für eigene Belange lässt sich eine *iTunes-Mediathek* auch über einen Zahlencode freischalten. Das sollten Sie immer dann wahrnehmen, wenn Sie beispielsweise auf einer Party sind und der Gastgeber eine andere *Apple ID* als Sie selbst verwendet bzw. die *Privatfreigabe* nicht aktiviert. Sie können nun bereits vom Startbildschirm der *Remote*-App aus (Option *Ein Gerät hinzufügen)* oder über die App-eigenen *Einstellungen* die Option *iTunes-Mediathek hinzufügen* wählen – hierbei erscheint ein vierstelliger Zahlencode. Über *iTunes* auf Mac oder PC wählen Sie nun über das *Geräte*-Menü den Punkt *Remote* aus, woraufhin Sie aufgefordert werden, diesen Zahlencode einzugeben. Sobald die letzte Ziffer eingetragen ist, verbinden sich Mobilgerät und Computer und die App *Remote* erhält Zugriff auf die *iTunes*-Mediathek.

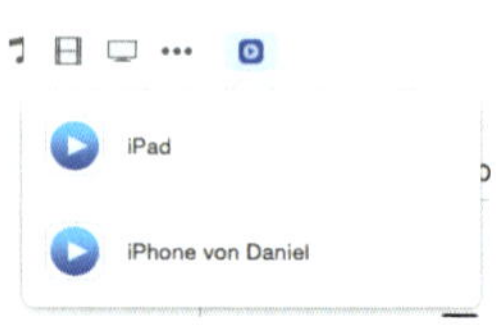

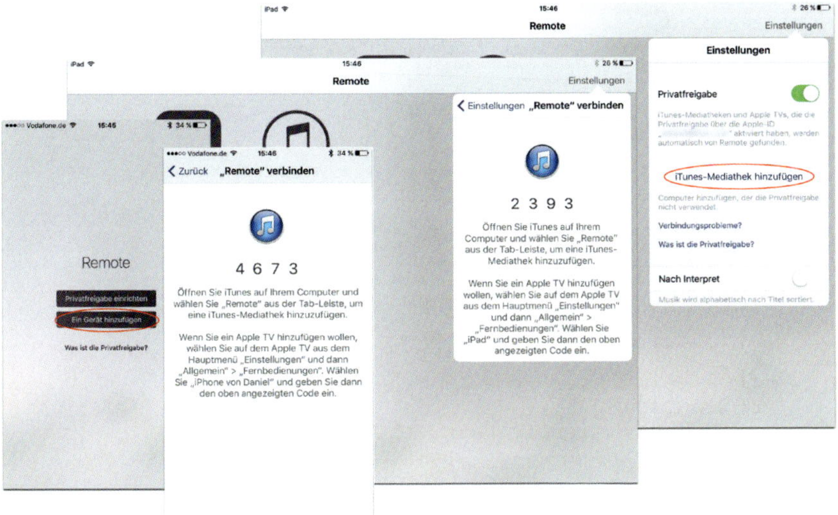

iTunes-Mediatheken lassen sich auch ohne Privatfreigabe steuern. Entweder über den »Remote«-Startbildschirm oder über die »Remote«-Einstellungen wählen Sie »iTunes-Mediathek hinzufügen«, woraufhin ein Zahlencode eingeblendet wird.

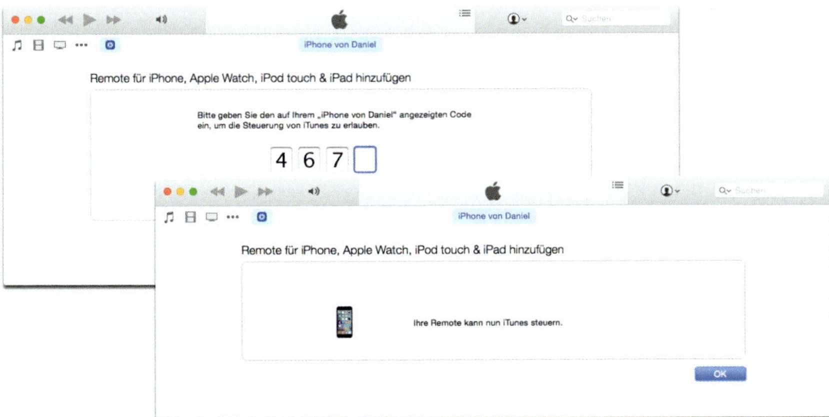

In iTunes auf Mac oder PC wählen Sie anschließend den Menüpunkt »Remote«. Im erscheinenden Dialog geben Sie nun den vom Mobilgerät generierten Zahlencode ein – danach verbinden sich iTunes-Mediathek und Mobilgerät.

Wählen Sie nun per Fingertipp auf dem Mobilgerät die gewünschte Mediathek aus, so dauert es auch gar nicht lange und Sie bekommen Zugriff auf sämtliche Medien. Wählen Sie nun die Musik-Sammlung (egal, ob Listen, Interpreten, Alben oder Titel), so erscheint sie auf dem Display, tippen Sie einen Song an, so wird dieser augenblicklich gespielt. Falls die »Party« schon im Gange ist und sich in *iTunes* auf Mac oder PC schon einzelne Songs in der Liste der nächsten abzuspielenden Lieder befinden, so können Sie auch dort welche hinzufügen. Legen Sie dazu Ihren Finger auf einen Song-Beitrag und warten Sie eine Sekunde, bis der Dialog zum Hinzufügen erscheint (Optionen *Nächster Titel* oder *Auf »Nächste Titel«-Liste*).

Bitte nicht tippen: Stattdessen legen Sie nur den Finger auf den gewünschten Song und warten, bis sich der zugehörige Dialog zeigt.

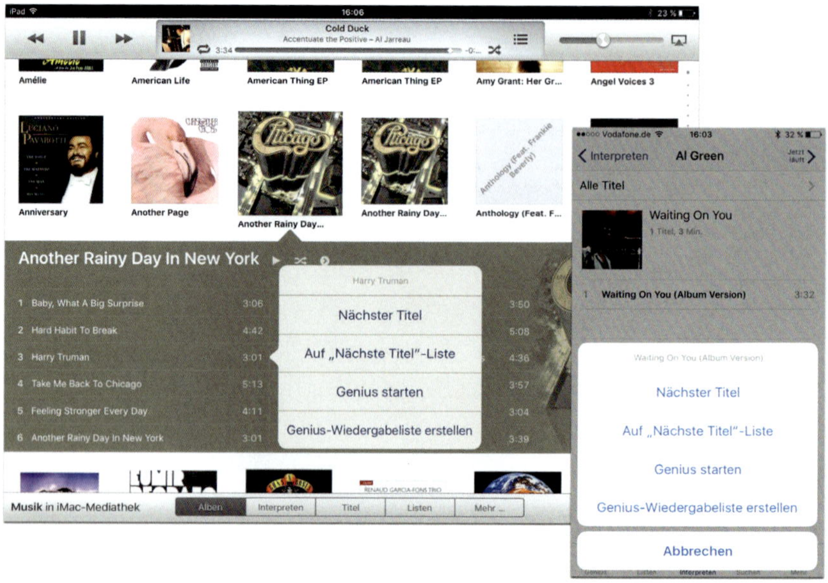

Alternativ können Sie auch so verfahren: Tippen Sie auf dem iPad auf das oben stehende *Listen*-Symbol und nachfolgend auf *Hinzufügen*. Anschließend suchen Sie sich einen neuen Song (egal, ob in der Titel-, Alben-, Interpreten- oder Listen-Ansicht) und tippen auf das jeweils nebenstehende Plus-Symbol. Danach geht's zu den nächsten Liedern. Abschließend tippen Sie auf *Fertig* und die Lieder befinden sich in der entsprechenden Liste.

Auf dem iPad erledigen Sie die Schritte zum Bestimmen der nächsten Leider über das oben stehende Listen-Symbol.

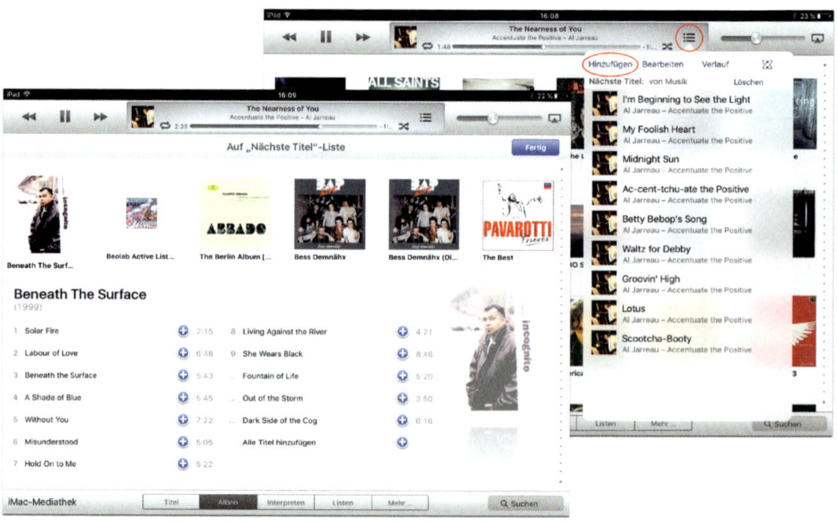

Auf iPhone und iPod touch wiederum rufen Sie sich den gerade abspielenden Titel auf und tippen dann unten stehend auf *Nächste Titel*. Danach geht's über *Hinzufügen* zum Auswählen der künftigen Songs – über *Fertig* schließen Sie Ihre Arbeit ab.

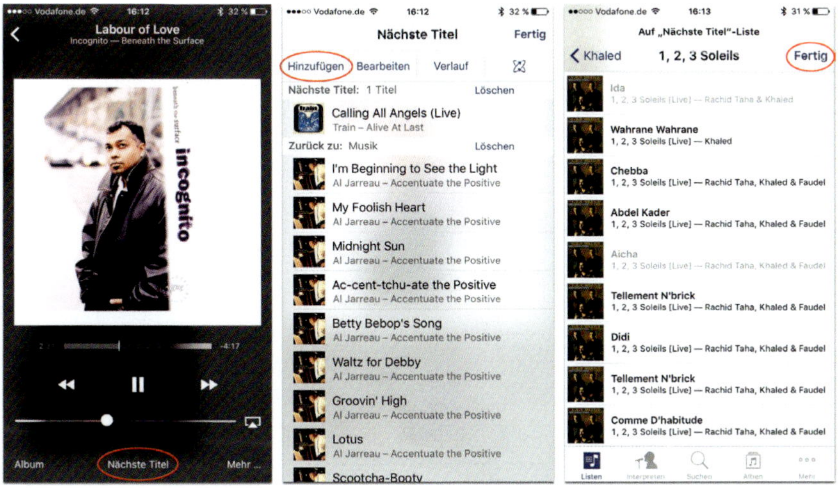

Auf iPhone/iPod touch tippen Sie zunächst auf »Nächste Titel« und im folgenden Dialog auf »Hinzufügen«. Bestimmen Sie die Songs und schließen Sie über »Fertig« ab.

Sobald nun eine Liste besteht und die Lieder am Laufen sind, müssen Sie sich – falls Sie in der Mediathek stöbern und einfach einen weiteren Song zum Abspielen antippen – entscheiden, was damit passieren soll. Sie können nun einerseits die bestehenden *Titel löschen* (der gerade gewählte Song beginnt zu spielen und alle bislang vorhandenen Lieder werden aus der Liste entfernt) oder *Nicht löschen* (der unmittelbar ausgesuchte Song beginnt zu spielen, die bereits vorliegenden Lieder bleiben jedoch erhalten).

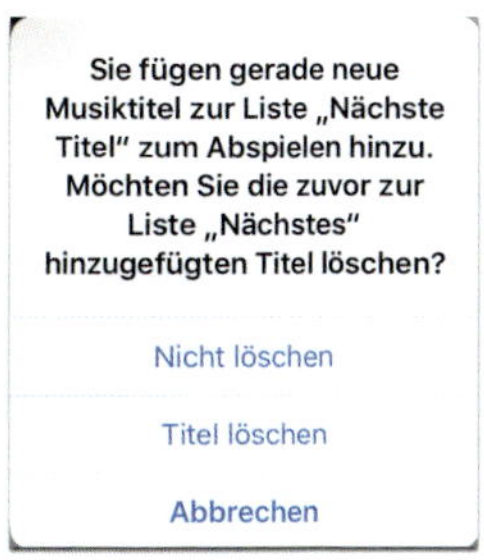

Musiktitel, die Sie über ein Mobilgerät nachträglich bestimmen, zeigen sich augenblicklich auch in der Abspielliste auf Mac oder PC. Aber auch das Manipulieren der Liste über iPad & Co. ist möglich, indem Sie statt auf *Hinzufügen* auf *Bearbeiten* tippen. Nun können Sie einzelne Titel aus der Liste nehmen oder die Abspielreihenfolge neu festlegen. Besprechen Sie das aber immer mit dem Gastgeber – nicht dass Sie hochkant von der Feier fliegen.

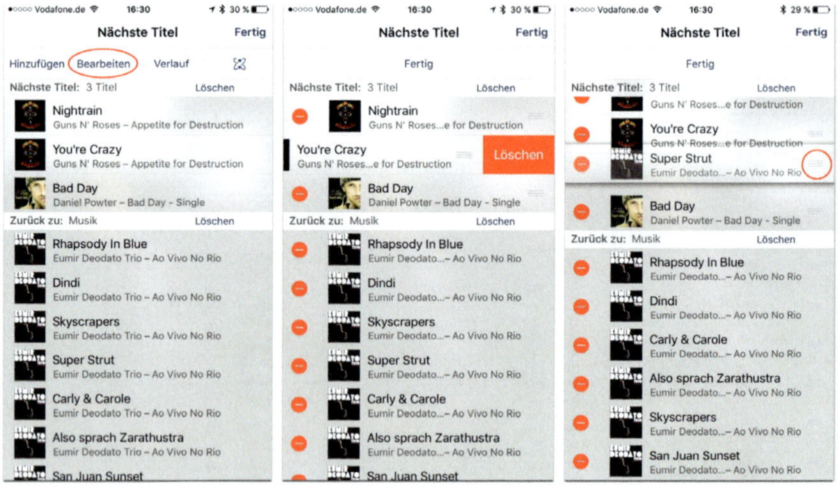

Über »Bearbeiten« können Sie einzelne Songs aus der Liste entfernen bzw. diese nach Gutdünken umstellen.

Um eine andere Mediathek über *Remote* zu wählen, bewegen Sie sich auf iPhone und iPod touch über den Zurückpfeil so lange weiter, bis Sie auf den Punkt *Geräte* stoßen. Tippen Sie dieses an, landen Sie im Start-Dialog der App *Remote*. Auf dem iPad tippen Sie zuerst links unten auf die Schaltfläche zum Auswählen der jeweiligen Medien-Rubrik (*Musik*, *Filme*, *TV* etc.). Über das eingeblendete Menü tippen Sie nun auf *Geräte* und Sie landen wieder beim Start-Dialog der App *Remote*.

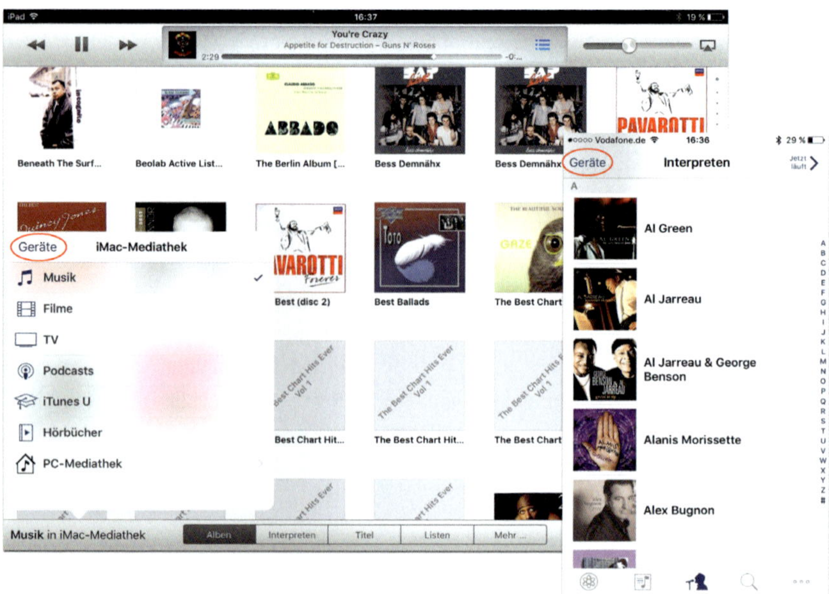

Über den Punkt »Geräte« lässt sich jederzeit auf eine andere freigegebene Mediathek umschalten.

Mit Apple TV die Musik- und Film-Welt erkunden

Apple TV heißt Apples multimediale Streamingbox zum Ansehen, Kaufen, Leihen und Hören von Filmen, Musik und Fotos – und das sowohl unabhängig von Computer & Co. als auch in Verbindung mit Mac/PC (mit Hilfe von *iTunes*) oder über *iOS*-Geräte wie iPad, iPod touch oder iPhone. Verfügen Sie über eine schnelle Internetleitung (entweder per WLAN oder per Ethernet-Kabel), so können Sie direkt im *iTunes Store* Ihre Lieblingsfilme, Musik etc. kaufen und leihen, die neuesten Kino-Trailer ansehen, Ihre *iCloud*-Bilder bewundern, den Podcasts lauschen usw. Angeschlossen wird *Apple TV* per *HDMI*-Kabel (*High Definition Multimedia Interface*) an einen HD-Fernseher oder einen externen Monitor mit entsprechendem Anschluss.

Bild: © Apple

Die Verbindung von Apple TV und HD-Fernseher erfolgt über HDMI (Bild: © Apple).

Ab November 2015 bringt Apple das *Apple TV* der vierten Generation auf den Markt. Neben den bisherigen Funktionen bietet das neue Betriebssystem *tvOS* zusätzlich die Möglichkeit, auch Apps und Spiele auf dem Fernseher zu bedienen. Das lässt sich sowohl über *Siri* (also per intelligenter Spracheingabe) als auch über die neu gestaltete Fernbedienung namens *Siri Remote* mit einer Touch-Oberfläche aus Glas bewerkstelligen. Da uns zum Zeitpunkt der Bucherstellung dieses neue Gerät noch nicht vorlag, beziehen sich die nachfolgenden Informationen hauptsächlich auf das *Apple TV* der zweiten und dritten Generation.

Bild: © Apple

Sie sollten immer darauf achten, die aktuellste Software-Version auf dem *Apple TV* zu haben, da doch mit der Zeit immer wieder neue Funktionen seitens Apple zur Verfügung gestellt werden. Sofern ein Softwareupdate ansteht, werden Sie beim Einschalten des Gerätes darauf aufmerksam gemacht oder können über *Einstellungen | Allgemein | Software aktualisieren* das Update laden und installieren.

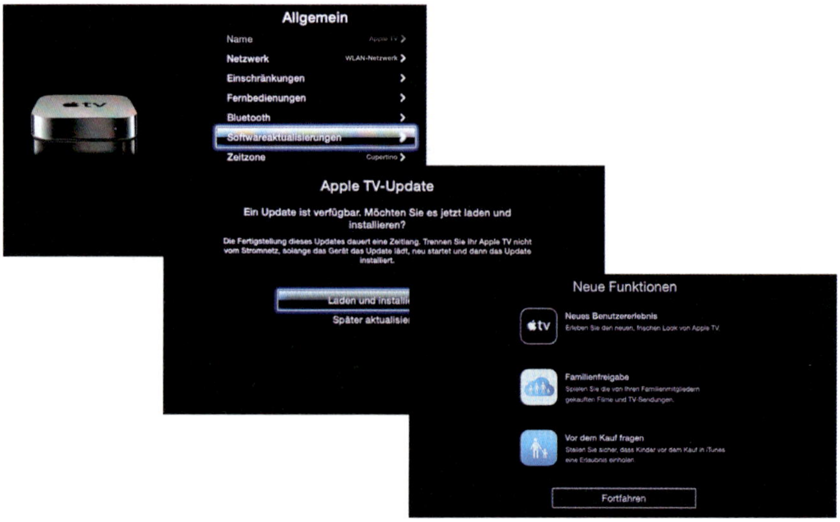

Apple TV bietet nach dem Einschalten ein Update an. Sie können es entweder sofort laden und installieren oder eben später über »Einstellungen | Allgemein | Software aktualisieren« nachholen.

Sofern Sie sich ein *Apple TV* der dritten Generation (oder neuer) zugelegt haben, so können Sie das Gerät über Ihr *iOS*-Gerät einrichten. Beim ersten Einschalten und nach Auswahl der Sprache erhalten Sie die Anweisung, den Sperrbildschirm Ihres iPhone (ab 4s und höher), iPad (ab 3. Generation) oder iPod touch (ab 5. Generation) mit *iOS 7* (oder höher) aufzuheben und *Bluetooth* zu aktivieren (am besten über das *Kontrollzentrum*). Anschließend legen Sie Ihr *iOS*-Gerät kurz auf das *Apple TV*, um die automatische Konfiguration zu starten. Über Ihr Mobilgerät geben Sie nun Ihre *Apple ID* sowie das Kennwort ein und beantworten noch ein paar Fragen (Kennwort merken?) – und schon ist das *Apple TV* bereit.

iTunes-Inhalte von Mac und PC streamen

Sofern Sie auf die *iTunes*-Mediathek Ihres Computers (Mac/PC) zugreifen möchten, müssen Sie zuerst in *iTunes* (auf Ihrem Rechner) die *Privatfreigabe aktivieren*. Das erledigen Sie über die Menüleiste *Ablage/Datei | Privatfreigabe | Privatfreigabe aktivieren*. Tragen Sie also Ihre *Apple ID* sowie Ihr *Kennwort* ein und klicken Sie auf *Privatfreigabe aktivieren*.

Dasselbe wird nun auch von *Apple TV* gefordert. Gehen Sie über das Menü von *Apple TV* zum Punkt *Computer,* der Ihnen schon einmal die *Privatfreigabe* vorschlägt. Bestätigen Sie mit der Auswahltaste, so wird Ihnen angeboten, mit Hilfe Ihrer *Apple ID* das *Privatfreigabe-Setup* zu übernehmen. Bestätigen Sie über *Ja*, so erledigt *Apple TV* den Rest für Sie.

Apple TV hat in den letzten Jahren dazugelernt und übernimmt nun einen Großteil der Konfiguration.

Sind *iTunes* und *Apple TV* verbunden, so lässt sich über den Menüpunkt *Computer* auf Ihre Mediathek zugreifen – mit sämtlicher Musik, all Ihren Filmen (gekauft, ausgeliehen oder eigene Videos) und Fernsehsendungen, Ihren Podcasts und, und, und. Sofern Sie mehrere Mediatheken über die *Privatfreigabe* aktiviert haben, so werden auch diese dort aufgeführt.

Einzig Ihre Bilder müssen Sie noch freigeben, indem Sie in *iTunes* über das Menü *Ablage/Datei | Privatfreigabe* den Befehl *Fotos zur Bereitstellung an Apple TV auswählen* aufsuchen. Im sich zeigenden Dialogfenster legen Sie nun bei *Fotos bereitstellen aus* die entsprechenden Programme (*Fotos, iPhoto, Aperture, Photoshop Elements*), Ordner (*Eigene Bilder*) bzw. Alben, Gesichter oder was auch immer fest. Danach kann der Spaß beginnen.

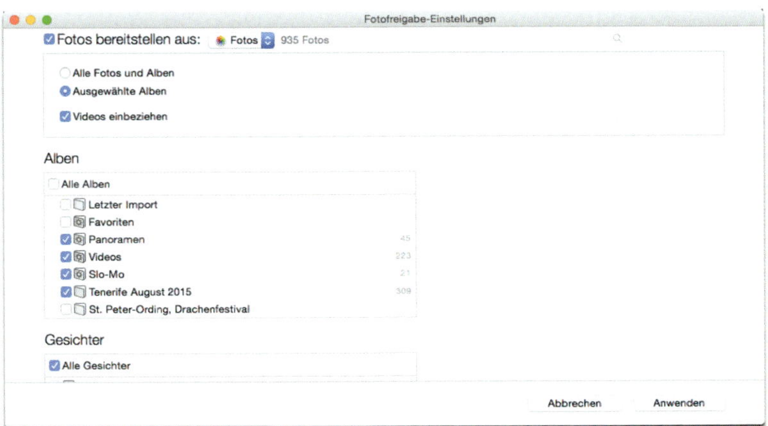

Nach wenigen Handgriffen befinden sich auch Ihre Fotos in Startposition zum Präsentieren.

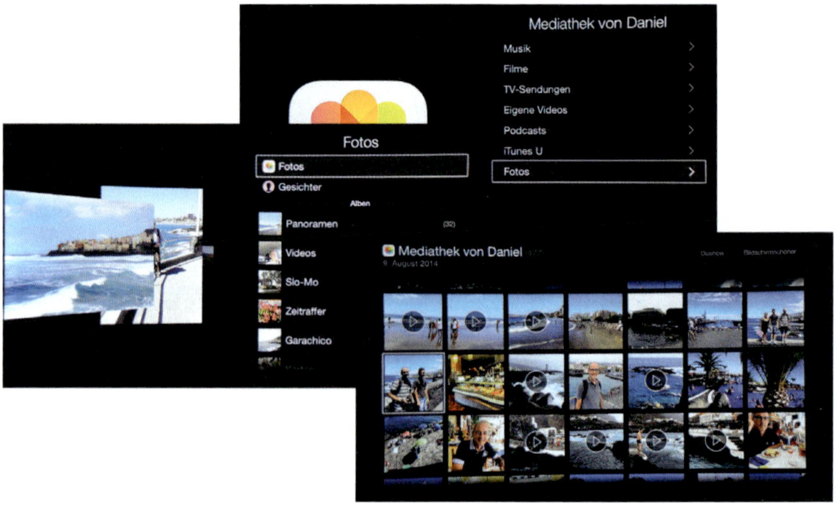

Freigegebene Bilder lassen sich als Diashow oder manuell auf dem HD-Fernseher wiedergeben.

Natürlich können Sie mit *Apple TV* auch auf Shopping-Tour gehen und Filme kaufen bzw. leihen oder die neuesten Musik-Alben im *iTunes Store* durchhören. Dazu wählen Sie einzelne Rubriken wie *Genre* oder *Top-Filme*, wählen gezielt den ein oder anderen Film/Song und erkundigen sich erst einmal über den Inhalt.

Oder Sie unternehmen einen Spaziergang durch das Internet, indem Sie Webdienste wie *Flickr*, *YouTube* oder *Vimeo* aufsuchen, sich mit dem Stöbern durch Radiostationen oder Trailer die Zeit vertreiben oder über die *iCloud* Ihren *Fotostream* bewundern. Dazu klicken Sie auf Ihrer *Remote-Fernbedienung* im *Apple TV*-Hauptbildschirm einmal nach unten, um auch die weiteren Schaltflächen einzublenden. Letzteres Hauptmenü lässt sich im Übrigen auch ganz an Ihre eigenen Bedürfnisse anpassen, indem Sie Ihren Favoriten aufsuchen und nachfolgend die Auswahltaste so lange gedrückt halten, bis das Objekt zu wackeln beginnt. Über die Pfeiltasten bewegen Sie es nun zum bevorzugten Platz.

Langweilig dürfte Ihnen wohl nicht werden …

Anstatt über *Apple TV* können Sie Ihre Medien auch über Mac und PC steuern. Starten Sie in *iTunes* einfach einen Film oder ein Musikstück und schalten Sie dann über das *AirPlay*-Symbol auf *Apple TV* um. Die Inhalte werden dann über das an *Apple TV* angeschlossene Fernsehgerät abgespielt.

Auf Mac und PC bleibt die Wiedergabe aus – dafür erfolgt sie jedoch ausgezeichnet über Apple TV auf dem Fernsehbildschirm.

iPad, iPhone & iPod touch – das Zusammenspiel mit Apple TV

Auch Apples Mobilgeräte lassen sich in Zusammenarbeit mit *Apple TV* als Musik-, Podcast-, Video-Player oder als Diashow-Projektor umfunktionieren. Das Stichwort heißt wieder *AirPlay*, was so viel bedeutet, als dass Sie eben genannte Medien drahtlos auf Ihr Fernsehgerät übertragen können. Voraussetzung hierfür ist, dass sich die Geräte im selben Netzwerk befinden.

Rufen Sie nun das *Kontrollzentrum* Ihres *iOS*-Gerätes auf (vom unteren Bildschirmrand nach oben wischen) und tippen auf *AirPlay*, so sollte im erscheinenden Bildschirm der Eintrag *Apple TV* angezeigt werden. Wählen Sie diesen, so ist ab sofort *Apple TV* als *AirPlay*-Medium festgelegt.

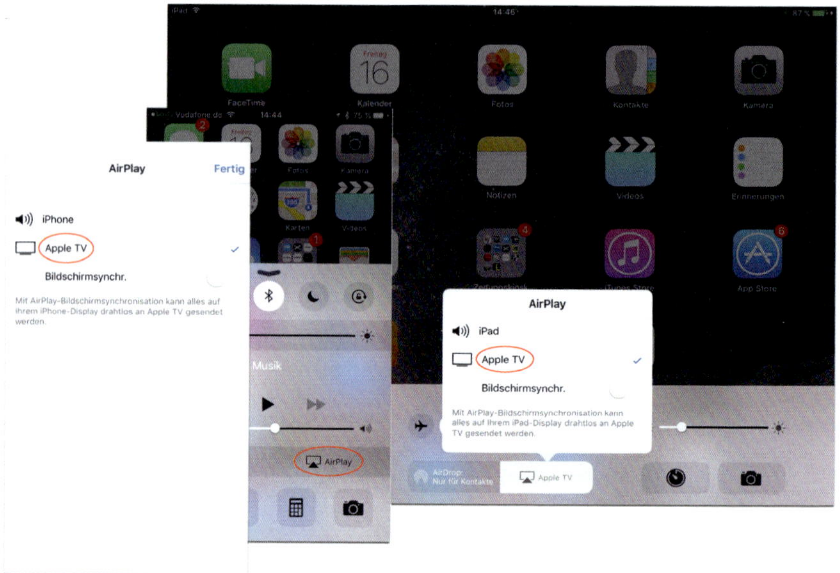

Über das AirPlay-Symbol schalten Sie die Anzeige auf »Apple TV« um.

Möchten Sie Bilder vorführen, so öffnen Sie die *Fotos*-App und suchen sich ein geeignetes Album. Tippen Sie das erste Bild an und anschließend das *Bereitstellen*-Symbol. Wählen Sie darüber die Option *AirPlay* und anschließend den Eintrag *Apple TV* – die Bilder erscheinen nun am TV-Bildschirm. Tippen Sie im *Bereitstellen*-Dialog statt auf *AirPlay* auf die Option *Diashow*, so lässt sich auch diese über Apple TV streamen, indem Sie zuerst auf den Bildschirm tippen, um die Bedienelemente anzuzeigen. Der Fingertipp auf das *AirPlay*-Symbol sowie die Auswahl von Apple TV schalten die Diashow dann sofort um. Über die Schaltfläche *Optionen* lassen sich weiterhin diverse Bild-Übergänge (Option *Thema)* sowie eine andere Musikwiedergabe einrichten.

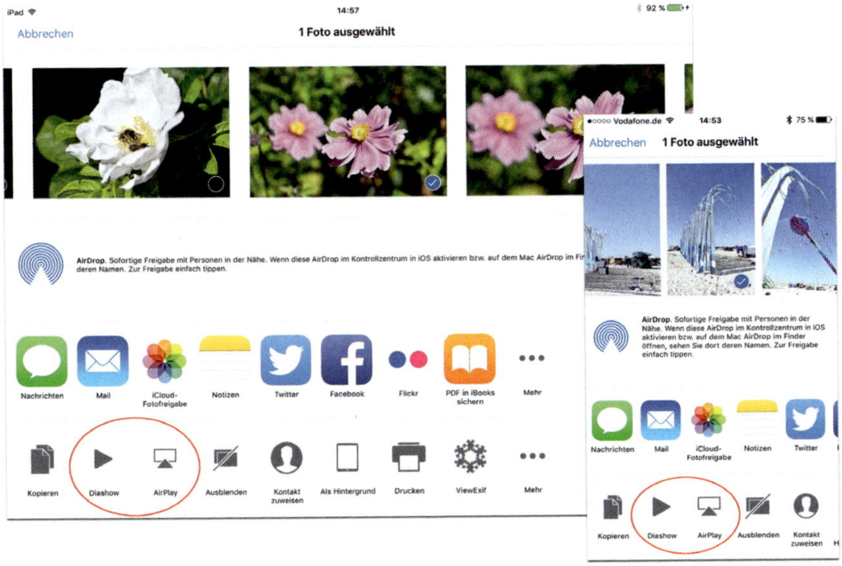

Ob einfache Bildwiedergabe oder Diashow – das Streamen von Bildern via AirPlay auf den Breitbildfernseher lässt Ihre Fotos einfach besser aussehen.

Wenn Sie über das Kontrollzentrum auf *AirPlay* tippen, *Apple TV* auswählen und zusätzlich den Schalter für die *Bildschirm-Synchronisierung (Bildschirmsynchr.)* umlegen, so wird ab diesem Zeitpunkt der Inhalt Ihres Mobilgerätes vollständig auf dem Fernseher gespiegelt. Egal, was Sie auch darauf anstellen – dasselbe Bild zeigt sich auf dem HD-TV.

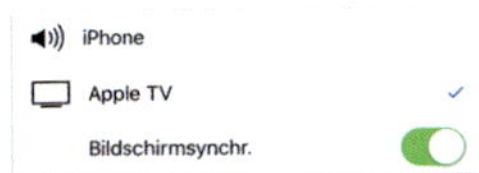

Sofern Ihnen die kleine *Remote*-Fernbedienung zu unhandlich ist: Über die *Remote*-App von Apple, die Sie kostenlos über den *App Store* auf Ihr *iOS*-Gerät installieren können, lässt sich Ihr *Apple TV* ebenso hervorragend bedienen. Starten Sie die *Remote*-App, so wird automatisch – sofern die *Privatfreigabe* aktiviert ist – das *Apple TV*-Gerät kontaktiert bzw. lässt sich auf der Hauptseite auswählen. Nach dem Verbinden erscheinen zuerst jene Medien (Musik, Filme, TV-Sendungen), die sich in *iTunes in der Cloud* befinden. Tippen Sie auf das Symbol bzw. den Eintrag *Steuerung*, fungiert das Display des Mobilgerätes als ultimative Multitouch-Steuerung, denn über das Tippen oder Ziehen mit dem Finger lassen sich die einzelnen Elemente der *Apple TV*-Bedienelemente auf dem Fernseher steuern. Probieren Sie es ruhig einmal aus, denn es ist weitaus bequemer zu handhaben als die standardmäßige Fernbedienung.

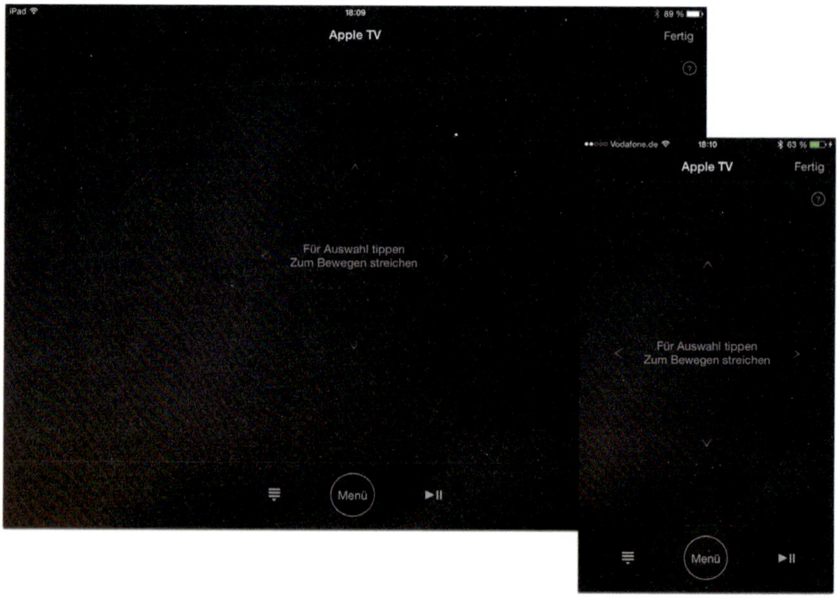

Die Remote-App funktioniert wie eine Multitouch-Fernbedienung.

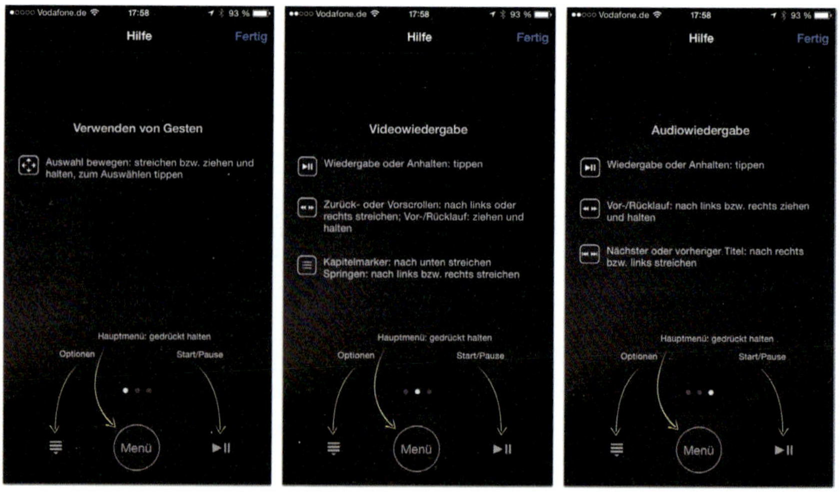

Zum besseren Kennenlernen der vielen Gesten sollten Sie einmal auf das »Hilfe«-Symbol tippen, um weitere Anweisungen über den Funktionsumfang zu erhalten.

Sofern Sie nun gerade Ihr Online-Konto aufgerufen haben, um nachzusehen, ob es für ein Apple TV-Gerät noch reicht, so können wir Ihnen auch eine etwas günstigere Lösung anbieten. Das *Apple TV* können Sie sich nämlich auch sparen, sofern Sie sich den *Lightning Digital AV-Adapter* (circa 49,- Euro) bzw. den *Apple 30-poliger Digital AV Adapter* (ca. 39,- Euro) zulegen. Die-

ser Adapter wird an den Lightning- bzw. Dock-Anschluss Ihres Gerätes gesteckt und wartet auf der anderen Seite mit zwei Anschlüssen auf. Der eine wird für die Verbindung über ein HDMI-Kabel mit dem Fernseher verwendet, während über den anderen (Lightning/30-poliger Dock-Anschluss) das Gerät mit Strom versorgt werden kann. Sobald die Verbindung steht, wird der Inhalt des Displays auf dem Fernseher dargestellt und es können alle Medien wie Filme, Bilder, Musik etc. darauf angezeigt und präsentiert werden.

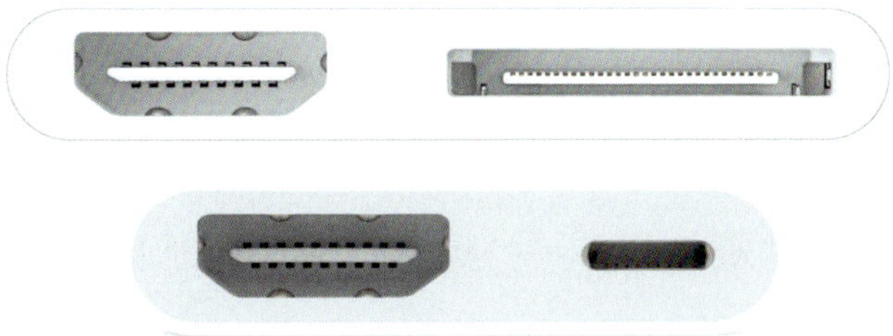

Jeweils links der HDMI-Anschluss, oben rechts die 30-polige Dock-Schnittstelle bzw. unten rechts der Lightning-Anschluss, über die Sie per Anschluss des serienmäßigen Netzadapters das Mobilgerät mit Strom versorgen können (Bilder: © Apple).

Nach diesem Ausflug in die drahtlosen Sphären heißt es im letzten Kapitel, die Tücken im Alltag zu bestehen. Wir zeigen Ihnen auf den folgenden Seiten, was zu tun ist, wenn es mal hakt oder *iTunes* sich einfach dickköpfig zeigt.

Die Tücken im Alltag

Allgemeine Hilfsmaßnahmen

iTunes läuft bei uns relativ stabil und wir hatten bislang noch keine Abstürze zu beklagen. Sollten Sie hingegen darunter leiden, dass sich *iTunes* bockig zeigt oder gar abstürzt, so möchten wir Ihnen im Folgenden ein paar Tipps mit auf den Weg geben. Zum einen hilft es oftmals, das Programm zu beenden und wieder zu öffnen, oder Sie starten einfach den Computer einmal neu. Bei Letzterem wird die Hardware einem internen Funktionstest unterzogen und das Betriebssystem wird neu hochgefahren.

Auch sollten Sie immer darauf achten, stets die aktuelle *iTunes*-Version zu verwenden, da bei etwaigen Updates meist auch bekannt gewordene Fehler ausgemerzt werden. Auch eine Viren-Überprüfung (hier besonders Windows) sollte immer dann stattfinden, falls sich Programme seltsam verhalten.

Manchmal bereiten zudem die sogenannten *iTunes-Einstellungsdateien* Schwierigkeiten, wenn diese beschädigt sind. Sie finden Sie unter Windows über die Pfade `C:\Users\Benutzername\AppData\Local\Apple Computer\iTunes` sowie `C:\Users\Benutzername\AppData\Roaming\Apple Computer\iTunes`.

Da der Ordner *App Data* standardmäßig unsichtbar ist, müssen Sie zuvor über die *Systemsteuerung | Darstellung und Anpassung* die *Ordneroptionen* aufrufen. Über den Reiter *Ansicht* finden Sie bei den *Erweiterten Einstellungen* den Eintrag *Versteckte Dateien und Ordner*. Dort müssen Sie die Option *Ausgeblendete Dateien, Ordner und Laufwerke anzeigen* aktivieren.

Nach dem Einblenden besagter Ordner entfernen Sie zuerst einen der Ordner, indem Sie ihn einfach auf den Schreibtisch ziehen. Starten Sie danach *iTunes* und kontrollieren Sie, ob sich *iTunes* immer noch fehleranfällig zeigt. Ist dem so, entfernen Sie den zweiten *iTunes*-Ordner des anderen Pfades.

Die Einstellungsdateien unter Windows werden in Ordnern abgelegt. Werden diese entfernt, so kann das oftmals die Lösung sein.

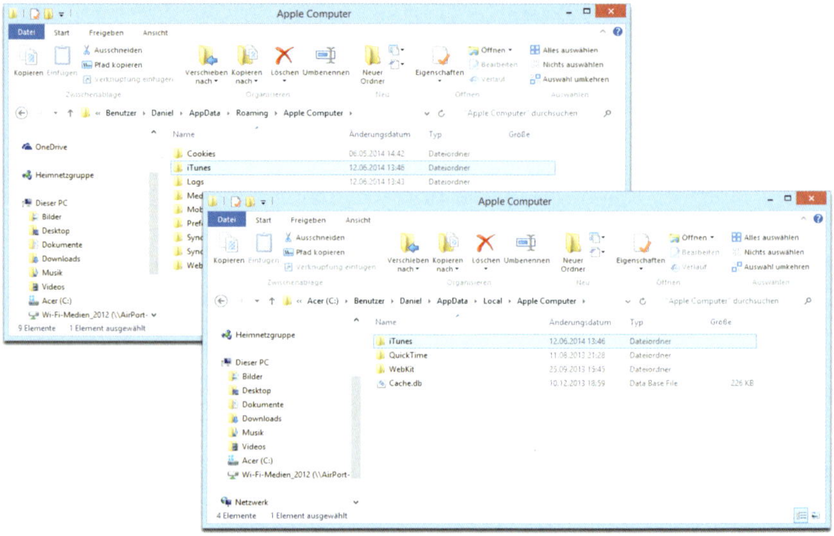

Keine Angst vor dem Löschen: Diese *iTunes-Einstellungsdateien* werden nach einem erneuten Start von *iTunes* automatisch wieder angelegt – Ihre Wiedergabelisten etc. sind davon nicht betroffen. Einzig *iTunes* zeigt sich beim Start so, als würden Sie das Programm zum ersten Mal öffnen.

Auf dem Mac befinden sich die Einstellungs-Dateien im Ordner *Preferences*. Zum Aufsuchen des Verzeichnisses *Benutzer/»Ihr Benutzername«/Library/Preferences/* müssen Sie ebenso einen kleinen Umweg gehen: Klicken Sie im *Finder* mit gedrückter *Optionstaste (alt)* in der Menüleiste auf *Gehe zu* und wählen Sie daraus den Eintrag *Library*. Dort finden Sie nun im Ordner *Preferences* die Datei»com.apple.iTunes.plist«. Das Suffix ».plist« steht dabei für *Property List* und bedeutet soviel wie »Eigentümer-Liste« (sprich Benutzer-Einstellungen). Markieren Sie die entsprechende Datei und befördern Sie sie in den Papierkorb. Nach dem erneuten Start von *iTunes* wird sie automatisch wieder angelegt.

Weiterhin möchten wir natürlich auf den *iTunes-Support* im Internet verweisen, über den Apple auf der Webseite `www.apple.com/de/support/itunes` für fast alle Belange Lösungen in Form von Support-Dokumenten anbietet. Werfen Sie dabei einen besonderen Blick auf die Abteilung *iTunes-Fehlerbehebung*.

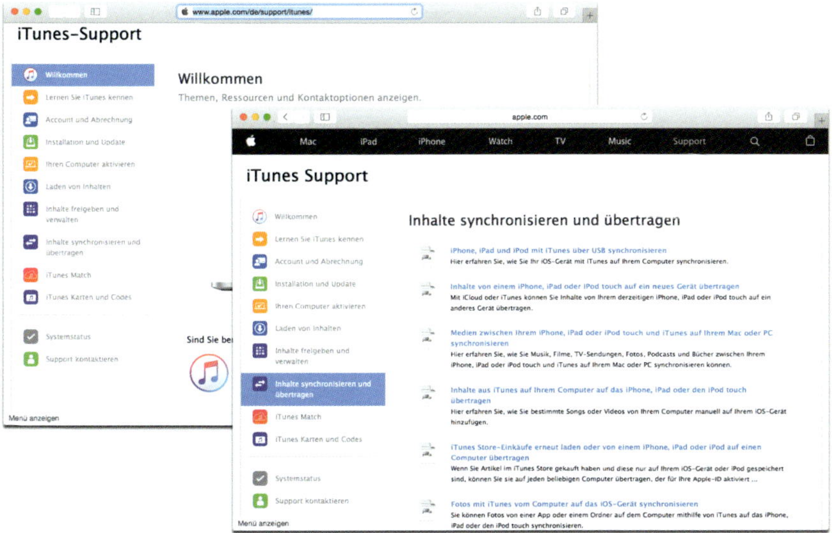

Apples »iTunes-Support« wartet mit einer umfangreichen Datenbank an Problemlösungen auf.

Neben *iTunes* können allerdings auch die Mobilgeräte Ärger bereiten. Bei dem einen friert das Display ein und es lässt sich nicht mehr navigieren, beim anderen schaltet sich das Gerät erst gar nicht ein oder nicht mehr aus. Auch in diesen Fällen sollten Sie darauf achten, dass Ihre *iOS*-Software stets aktuell ist. Das nimmt Ihnen im Grunde das *iOS* ab, sofern Sie über die *Einstellungen | App & iTunes Store* bei *Automatische Downloads* die *Updates* aktivieren. Auch sollten Sie ab und an einen Blick auf die *Einstellungen | Allgemein | Softwareaktualisierung* werfen bzw. beim Verbinden über *iTunes* in der Rubrik *Übersicht* auf die Schaltfläche *Nach Update suchen* klicken.

Ein weiteres Vorgehen bei »unrundem Lauf« ist das *Zurücksetzen* der Einstellungen, wobei Ihnen hier das *iOS* mehrere Verfahrensweisen anbietet. Über die *Einstellungen | Allgemein | Zurücksetzen* (ganz unten stehend) lassen sich sowohl Einzelbereiche (etwa *Home-Bildschirm*, *Tastaturwörterbuch* oder *Netzwerkeinstellungen*) als auch das komplette Ensemble (*Alle Einstellungen* bzw. *Inhalte & Einstellungen löschen*) auf die Werkseinstellungen zurücksetzen.

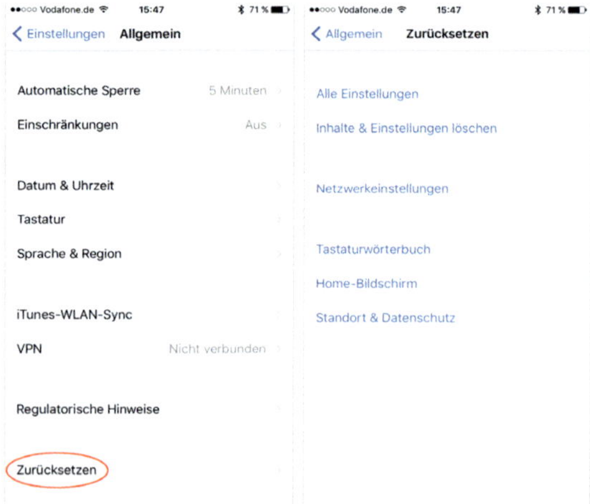

Über die »Einstellungen | Allgemein« stoßen Sie auf die Rubrik »Zurücksetzen«, die Ihnen das Entfernen problematischer Einstellungen bis hin zur vollständigen Wiederherstellung anbietet.

Im Falle des Zurücksetzens der *Netzwerkeinstellungen* müssen Sie sich neu in Ihrem WLAN-Netzwerk anmelden. Auch alle anderen Netzwerkkonstellationen, über die Sie Ihr Mobilgerät angemeldet hatten, werden dabei gelöscht und fordern ein erneutes Anmelden über das Netzwerk-Kennwort.

Sofern Sie *Standort & Datenschutz* (also die Ortungsdienste) zurücksetzen, erhalten Sie ab diesem Zeitpunkt von allen Apps, die *Ortungsdienste* verwenden, wieder die Meldung, ob diese darauf zugreifen dürfen.

Bei der Option *Inhalte & Einstellungen löschen* werden all Ihre persönlichen Daten, Informationen, Medien etc. gelöscht und das Gerät befindet sich danach im Originalzustand der Auslieferung. Das Zurücksetzen gelingt in diesem Fall – neben der Eingabe etwaiger Code- bzw. Einschränkungssperren – nur über die Eingabe Ihrer *Apple ID* samt Passwort. Das Gerät muss danach erneut vollständig konfiguriert und mit Daten bespielt werden. Diese Option sollten Sie nur im Ausnahmefall benutzen – beispielsweise dann, wenn Sie Ihr Gerät verkaufen oder Dritten überlassen möchten.

Das Zurücksetzen auf den Originalzustand des Gerätes lässt sich auch über *iTunes* erledigen, indem Sie das Gerät mit *iTunes* verbinden und über die Rubrik *Übersicht* die Schaltfläche *iPad/iPhone/iPod wiederherstellen* drücken. Zuvor müssen Sie jedoch die Option *iPad/iPhone suchen* (*Einstellungen* | *iCloud*) deaktivieren.

Ans Herz legen möchten wir Ihnen auch hier wieder die hervorragenden Support-Seiten für iPod (`www.apple.com/de/support/ipod`), iPhone (`www.apple.com/de/support/iphone`) sowie iPad (`www.apple.com/de/support/ipad`), die einfache Lösungen für die am häufigsten auftretenden Probleme versprechen. Apple hat sich hier viel Mühe gegeben und Dutzende von Fragen und Antworten genervter Anwender bzw. bislang aufgetretener Konflikte zusammengetragen.

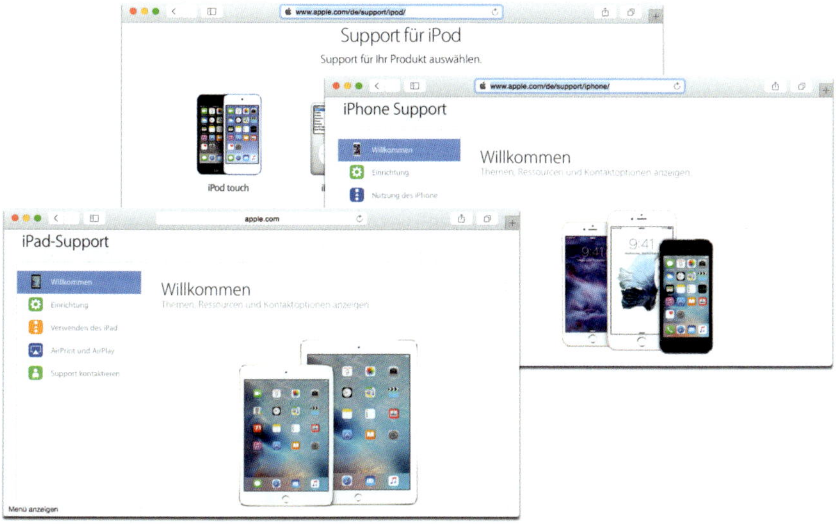

Auf Apples Support-Webseiten gibt es für alle iPod-, iPad- sowie iPhone-Modelle Anleitungen zum schnellen Lösen von Problemen.

Weiterhin möchten wir auf eine Apple-Seite verweisen, deren Angebot unserer Meinung nach häufig unterschätzt bzw. gar vergessen wird: die Rede ist von den Handbüchern zu Apples Hardware. Da die meisten Hersteller ihre Verpackungen immer kleiner gestalten sowie insgesamt Geld sparen möchten, bleiben ausführliche Anleitungen meistens außen vor. Auf der Webseite `http://support.apple.com/de_DE/manuals/` lassen sich die Handbücher zu allen Geräten wenigstens auf digitalem Wege herunterladen bzw. online über den Webbrowser einsehen.

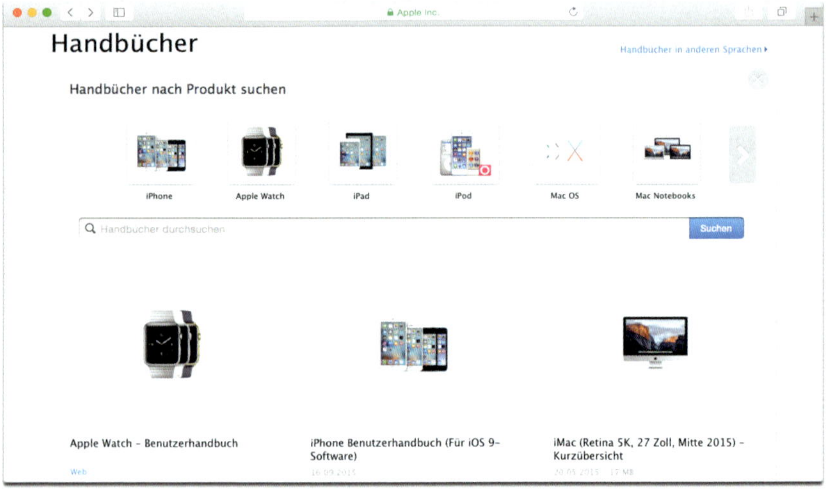

Tun Sie sich den Gefallen und laden Sie sich zu Ihrem Mobilgerät die entsprechende Anleitung herunter. Dort finden Sie neben den Grundlagen auch viele Tipps & Tricks zur Fehlerbeseitigung.

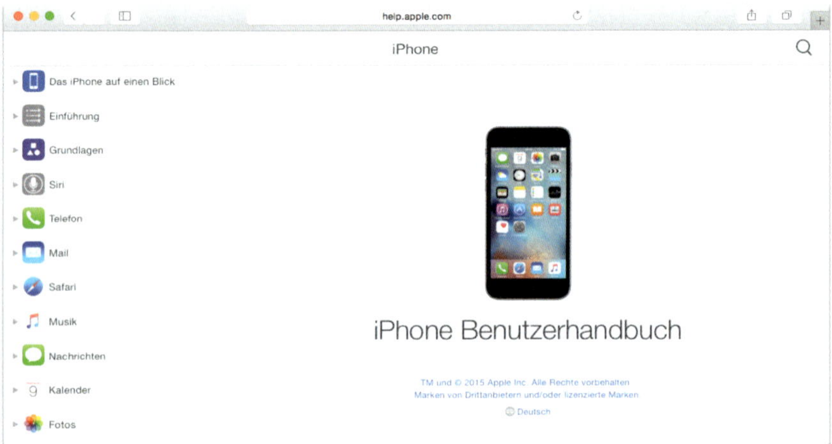

Nicht zu unterschätzen: Apples digitale Handbücher zur Hardware.

Weiterhin hilfreich sind natürlich auch die vielen Apple-Webseiten, die neben täglichen News viele zusätzliche Goodies wie App-Besprechungen, Tipps & Tricks und Anleitungen zur Problembeseitigung anbieten. Aufgrund der Tatsache, dass sich in den Foren Hunderte oder gar Tausende stolzer Mac-/iPod-/iPhone-/iPad-Besitzer herumtreiben, die ihr Gerät nicht nur »lieben«, sondern auch bis in alle Einzelteile zerlegen, ist die Wahrscheinlichkeit einer raschen Problemlösung mehr als sicher. Folgenden Webseiten sollten Sie daher ruhig einmal einen Besuch abstatten:

`www.ifun.de`
`www.macprime.ch`
`www.mactechnews.de`
`www.macnotes.de`
`www.macweb.ch`
`www.apfeltalk.de`
`www.heise.de/mac-and-i/`
`www.macgadget.de`
`www.macerkopf.de`
`www.macuser.de`
`www.macintosh-forum.de`
`www.ilounge.com`

Darüber hinaus gibt es natürlich knackige Lektüre vom *Mandl & Schwarz*-Verlag (jeweils zu iPhone, iPad und Mac), die wir Ihnen gerne über unsere Webseite `www.mandl-schwarz.com` als Buch/eBook anbieten.

In eigener Sache: *iTunes* sowie die vielen iPod-, iPad- und iPhone-Varianten gehören mit Sicherheit zu der am häufigsten aktualisierten und mit weiteren Features aufgepeppten Software und Hardware-Gattung im Portfolio Apples. Wir als Verleger und Autoren hinken daher das ein oder andere Mal leider ein wenig hinterher. Sollten sich daher in näherer Zeit gravierende Änderungen und Aktualisierungen der Produkt-Palette ergeben, so halten wir Sie selbstverständlich auf dem Laufenden. Besuchen Sie daher regelmäßig auch unsere Webseite unter `www.mandl-schwarz.com`, auf der wir gegebenenfalls PDF-Dokumente (`www.mandl-schwarz.com/de/support`) zum Download anbieten werden. Bitte haben Sie aber auch dafür Verständnis, dass wir keinen technischen

Einzelsupport leisten können. Stattdessen bereiten wir derzeit die nächste anregende Lektüre vor, versprochen!

In diesem Sinne möchten wir uns für Ihre Aufmerksamkeit bedanken und hoffen, dass Sie neben ein wenig Unterhaltung auch viel Wissenswertes aus diesem Buch ziehen konnten. Über positives wie kritisches Feedback sowie Kommentare und Anregungen freuen wir uns. Sie erreichen uns am besten per E-Mail unter der Adresse `info@mandl-schwarz.com` oder über die direkte Kontaktaufnahme über den Verlag:

Mandl & Schwarz Verlag
Theodor-Storm-Straße 13
25813 Husum

Heißer Tipp: Wir versenden Bücher auch gern versandkostenfrei (außerhalb Deutschlands mit kleinem Porto-Obolus). Und wer unseren Newsletter abonniert, darf sich über das ein oder andere kostenfreie Zusatzkapitel freuen.

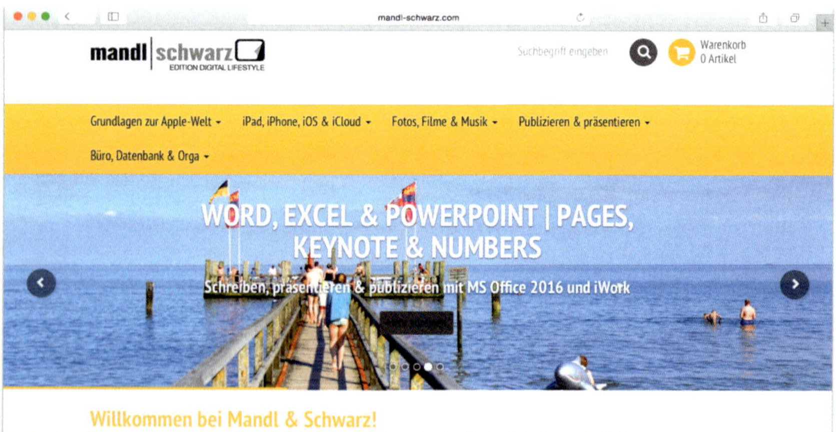

Ausführliches Stichwortverzeichnis

A

AAC (Advanced Audio Coding) 43
AAC-Codierer 43, 44
Abgelaufene Zeit 17
Abmelden aus Netzwerk 245
Abo beenden (Apple Music) 240
Abonnement beenden (Podcast) 156
abonnieren, iTunes Match 226
Abonnieren (Podcast) 155
abrufen, CD-Titelnamen automatisch vom Internet 47
abrufen, Namen der CD-Titel automatisch vom Internet 47
Abspiel-Buttons 17
Abspielmarke 58
Abtastrate 45
Account anzeigen 137
Accountinformationen 126
Ähnliche einblenden 27
Ähnliche Titel 27
AIFF-Codierer 44
AirPlay 34, 249, 261, 262
AirPort Dienstprogramm 249
AirPort Dienstprogramm (iOS) 250
AirPort Express 249
Aktivieren der Dateifreigabe 243
Aktivieren der Einschränkungen (iOS) 172
aktivieren, Genius 84
aktivieren, Privatfreigabe 245
aktivieren, Verwendung als Volume 188
Aktualisieren 181
aktualisieren, Automatisch 75
aktualisieren, Genius 87
Alben-Ansicht 26
Album bewerten 106
Albumcover automatisch laden 100
Albumcover laden 99
Alles auf einen Klick 126
Allgemein (iTunes-Einstellungen) 35
Altersfreigabe 167, 172
Änderung Ihrer Kreditkartendaten 126
Angepasste Farben verwenden 36
anlegen, Wiedergabeliste 65
anpassen, Größe der Cover-Abbildungen 29
anpassen, Lautstärke 37, 80
Anspringen bestimmter Kapitel 59
anzeigen, Einführung 13
anzeigen, Im Finder 112
anzeigen, Im iTunes Store 19
anzeigen, In Windows Explorer 112
anzeigen, iTunes-Einkäufe 225
anzeigen, Nur PDF-Dateien 214
Anzeige von Bildern 28
Apple ID erstellen 125
Apple ID für Kinder 174
Apple Lossless-Codierer 44
Apple Music 228, 238
Apple Music-Abo 119, 231
Apple Music-Abo kündigen 239
Apple News 12
Apples Datenschutzrichtlinien 28
Apple Software Update 11
Apple Support 136
Apple TV 257
Apple Watch 71, 72
Apple Webseite 11
Apps 209
Apps bewegen 209
App Store 166
arbeiten, Mit mehreren Mediatheken 88
Artikel, Ausgeblendete gekaufte 168
Artikel zurückgeben 138
Audible 160
Audio-CD 80
Audio-CDs importieren 43
Audio-Import 55
Audio-Podcasts 154
auffordern, Zum Importieren der CD 46
Auf »nächste Titel«-Liste 21
Ausgeblendete gekaufte Artikel 168
Ausgeliehen 149
ausgeliehene Filme 197
Ausgewählte Bilder synchronisieren 202
Ausgewählte Wiedergabelisten 192
Ausgewählte Wiedergabelisten freigeben 243
auswählen, Fotos zur Bereitstellung an Apple TV 259
auswählen, Künstler 230
Auswahl, Neue Wiedergabeliste aus 67
auswerfen, CD importieren und 46
auswerfen, Medium 82
Auszug laden (Buch) 162
Auszug senden (Buch) 162
Automatisch aktualisieren 75
Automatische Downloads 139, 140, 162, 182, 210, 225, 269
Automatische Wiedergabe (Windows) 47, 204
Automatisch füllen 189
Automatisch nach neuen Software-Updates suchen 181
Automatisch synchronisieren 185
Automatisch verlängern (Apple Music) 240
Automatisch zu iTunes hinzufügen 55
autorisieren, Computer 81, 140, 147
AVI (Audio Video Interleave) 62

B

Backup ... 183
Backup verschlüsseln ... 184
bearbeiten, Objekte ... 101
bearbeiten, Wiedergabeliste ... 66, 68
Beats 1 ... 119, 241
Bedienungshilfen ... 60
Bedienungshilfen konfigurieren ... 190
beenden, iTunes ... 17
begrenzen, Maximale Lautstärke ... 189
Behalten ... 70
Beim Einlegen einer CD ... 46
Beim Hinzufügen zur Mediathek Dateien in den iTunes Musik-Ordner kopieren ... 88
Bei zufälliger Wiedergabe überspringen ... 39
Benutzer-Oberfläche ... 15
Bereitstellen ... 262
Bestimmen eines Genre ... 31
Bevorzugte Videoversion .. 38, 60
bewegen, In den Papierkorb ... 70
Bewegungsprotokoll ... 181
bewerten, Lieder ... 105
Bilder importieren ... 203
Bilder synchronisieren ... 201
Bilder und Videos importieren (Windows) .. 199
Bildschirm-Synchronisierung ... 263
Bluetooth ... 73
Bluetooth (Apple Watch) ... 73
Brenneinstellungen ... 79
brennen, Hörbuch auf CD ... 161
brennen, kopiergeschützte Titel ... 81
brennen, Wiedergabeliste als Audio-CD ... 79
brennen, Wiedergabeliste auf Medium ... 79, 161
Brenngeschwindigkeit ... 80
Buch kaufen ... 162, 164

C

CD/DVD-Brenner ... 80
CD einblenden ... 46
CD importieren ... 46
CD importieren und auswerfen ... 46
CD-Informationen nachtragen ... 49
CD-Text beifügen ... 80
CD-Titelnamen automatisch vom Internet abrufen ... 47
CD-Titelnamen senden ... 50
Codec ... 64
Compilations ... 25
Computeraktivierungen ... 147
Computer autorisieren ... 81
Computer durchsuchen ... 14
Connect ... 29
Connect-Funktion ... 241
Copyright ... 101
Cover-Abbildung ... 36
Coverbild hinzufügen ... 101
Cover drucken ... 103
Cover für Wiedergabeliste ... 70

D

Darstellungsoptionen ... 23, 25, 26, 70, 97
Dateien aus dem Internet laden ... 52
Dateien zusammenlegen ... 88
Dateifreigabe (OS X) ... 211
Dateiversionsverlauf ... 91
Datei zur Mediathek hinzufügen ... 51
Daten-CD oder -DVD ... 80, 83
Datenrate wählen ... 45
Datenschutzrichtlinien ... 28
deaktivieren, iCloud-Musikmediathek ... 241
deautorisieren, Diesen Computer ... 140
Details über Ihre Mediathek mit Apple teilen ... 27, 29, 100
Diesen Computer autorisieren ... 81, 140, 147
Diesen Computer deautorisieren ... 140
Digital AV Adapter ... 264
Digital Crown (Apple Watch) ... 72
Digitale Bücher ... 158
Doppelte Objekte einblenden ... 113
Downloads, Automatische ... 139, 140
Drahtlose Musik-Übertragung ... 249
DRM (Digital Rights Management) ... 43, 237
drucken, Cover ... 103
durchsuchen, Computer ... 14
DVD- oder CD-Freigabe ... 83

E

eBooks ... 164, 214, 215
ECID (Exclusive Chip ID) ... 180
Eigene Videos ... 56
einbeziehen, Fotos mit voller Auflösung ... 203
einbeziehen, Nur markierte Objekte ... 76
einblenden, Ähnliche ... 27
einblenden, CD ... 46
einblenden, Doppelte Objekte ... 113
einblenden, Exakte Duplikate ... 113
einblenden, iCloud-Status ... 228
einblenden, Markierungsfelder in Liste ... 36
einblenden, Menüleiste ... 14
einblenden, MiniPlayer ... 33
einblenden, Spaltenbrowser ... 25, 111
einblenden, Statusleiste ... 32, 79
einblenden, Visuelle Effekte ... 115
Einführung anzeigen ... 13
eingeben, Start- und Endpunkte ... 39
Einkäufe ... 135
Einkäufe von »Mobilgerät« übertragen ... 194
Einkaufsstatistik ... 137
Einlösen ... 127
einrichten, Familienfreigabe 174
Einschränkungen (iOS) ... 172
Einzeltitel-Informationen ... 39
empfangen, Titelnamen ... 50
Entfernen (Apps) ... 209
Entfernen & Synchronisieren ... 195
Entfernte CD/DVD ... 47, 83

Entspricht allen/einem der folgenden Kriterien ... 75
Episoden kaufen ... 152
ePUB (electronic publication) ... 264, 215
Equalizer ... 39
Equalizer-Einstellungen ... 41
Ergänzen fehlender Cover-Abbildungen ... 28
erstellen, Neue Arbeitskopie ... 98
erstellen, Neue Version ... 83, 97, 98, 197
Erstellen Sie eine Apple-ID für ein Kind ... 174
erstellen, Version für iPad oder Apple TV ... 197
erstellen, Version für iPod oder iPhone ... 197
Erstellen von Podcasts ... 157
Erweiterte Untertitel ... 61, 190
Erweitert (iTunes-Einstellungen) ... 61
Exakte Duplikate einblenden ... 113
exportieren, Mediathek ... 78
exportieren, Wiedergabeliste ... 77

F

Fader ... 39
Familienfreigabe ... 173
Familienmitglied hinzufügen ... 174, 176
Familie verwalten ... 175
Farben umkehren ... 190
Favoriten ... 107, 120
Feed ... 155
Fehlende Cover hinzufügen ... 99
festlegen, Kennwort ... 184
Filme ansehen ... 57
Filme in der Cloud ... 150
Filme konvertieren ... 62
Filme leihen ... 148
Filme präsentieren ... 57
Filme synchronisieren ... 195
Film-Genres zuteilen ... 56
Flip4Mac ... 53
Folge sichern (Podcast) ... 157
Force Touch (Apple Watch) .. 72
Format ... 80
Formate umwandeln ... 97
Fotos importieren ... 203
Fotos mit voller Auflösung einbeziehen ... 203
Fotos synchronisieren ... 201
Fotos und Videos importieren (Windows) .. 199
Fotos zur Bereitstellung an Apple TV auswählen ... 259
Freien Speicherplatz automatisch mit Titeln füllen ... 189
Freigabe (Windows) ... 211
freigeben, Ausgewählte Wiedergabelisten ... 243
freigeben, Gesamte Mediathek ... 243
freigeben, Meine Mediathek im lokalen Netzwerk ... 243
Freigegebene Mediatheken ... 246
Frequenzen ... 40
füllen, Automatisch ... 189
füllen, Freien Speicherplatz automatisch mit Titeln ... 189
Für Dich ... 120

G

GarageBand ... 219
Gehe zu-Optionen ... 19
Gekaufte Artikel ... 223
Genius ... 84
Genius aktualisieren ... 87
Genius-Mixe ... 86
Genius-Vorschläge ... 85
Genre anpassen ... 31
Genres ... 30
Geräte (Apple Watch) ... 73
Gerät hinzufügen ... 252
Gerät ignorieren (Apple Watch) ... 73
Gerät zum Anzeigen der Dateien öffnen (Windows) ... 199
Gesamte Mediathek freigeben ... 243
Gesamtlaufzeit ... 17
Geschenkgutscheine ... 127, 128
Google-Kontakte ... 207
Gracenote CDDB®-Datenbank ... 47, 49
Größe der Cover-Abbildungen anpassen ... 29
Größe der Liste ... 36
Gutscheincode ... 127

H

halten, MiniPlayer immer im Vordergrund ... 19, 35
Handbrake ... 62
Hauptkategorien ... 16
HD-Format ... 60
HD (High Definition) ... 146
HD-Videos in Originalgröße laden ... 146
Hertz ... 40
Hilfsmaßnahmen ... 267
Hintergrundgestaltung ... 36
Hinzufügen ... 19
hinzufügen, Automatisch zu iTunes ... 55
hinzufügen, Coverbild ... 101
hinzufügen, Familienmitglied ... 174, 176
hinzufügen, Fehlende Cover .. 99
hinzufügen, Gerät ... 252
hinzufügen, iTunes-Mediathek ... 252
Hinzufügen neuer Dokumente ... 211
hinzufügen, Zu einer Playlist ... 234
hinzufügen, Zu »Meine Musik« ... 234
hinzufügen, Zur Mediathek ... 51, 52, 55
hinzufügen, Zur Wunschliste ... 132
Hörbuch ... 159, 161, 214, 218
Hörbuch auf CD brennen ... 161
Hörbuch kaufen ... 160
Hörprobe ... 131, 132
Hörprobe (Hörbuch) ... 159

I

iBooks-App ... 216
iBooks-Einstellungen ... 211
iBooks öffnen ... 162
ICCID (Integrated Circuit Card-ID) ... 180
iCloud ... 206, 223

iCloud-Backup 183, 184
iCloud Drive 213
iCloud für Windows 213
iCloud-Musikmediathek 231, 232, 233, 238, 239
iCloud-Musikmediathek deaktivieren 241
iCloud-Speicherplatz 183
iCloud-Speicherpreise 184
iCloud-Status einblenden 228
ID3-Tags 43, 102
IMEI (International Mobile Station Equipment Identity) 180
Im Finder anzeigen 112
Im iTunes Store anzeigen 19
Immer nach verfügbaren Downloads suchen 153
Importeinstellungen... 43, 83, 97
importieren, Audio-CDs 43
importieren, CD 46
Importieren mit 44
importieren, Wiedergabeliste 78, 95
Import von Filmen 55
In-App-Käufe deaktivieren (iOS) 173
In den Papierkorb bewegen... 70
Informationen 38, 56
Informationen an Apple senden 14
Informationen vereinheitlichen 102
Inhalte & Einstellungen löschen (iOS).... 183, 269, 270
Installieren (Apps) 209
installieren, Neue Apps automatisch 210
Intelligente Wiedergabeliste 65, 75
intelligente Wiedergabeliste bearbeiten 76
Internetradio 118
Interpreten 29
Interpreten-Info 142
Interpreten-Updates 142
In Windows Explorer anzeigen 112
iOS-Inhalte streamen 262
iPad-Apps 168
iPad/iPhone/iPod wiederherstellen 270
iPhone-Apps 168
iPod-Übersicht 188
iTunes-Ansichten 22
iTunes beenden 17
iTunes-Einführung 13
iTunes-Einkäufe anzeigen ... 225
iTunes-Einstellungen 14, 35
iTunes-Einstellungsdateien... 267, 268
iTunes Extras 149
iTunes-Fenster schließen 17
iTunes fernsteuern 251
iTunes-Geschenk senden..... 128
iTunes-Inhalte streamen 258
iTunes Library 91
iTunes LP 130
iTunes Match 226, 227
iTunes-Mediathek hinzufügen 252
iTunes-Medienordner automatisch verwalten 88
iTunes Plus 43, 45
iTunes Store 123
iTunes Store-Support kontaktieren 137
iTunes-Support 268
iTunes, Titel importieren mit 47
iTunes U 169, 205
iTunes-WLAN-Sync (iOS) ... 186

K

Kalender synchronisieren.... 206
Kanäle 45
Kapazität 180
Kapazitäts-Anzeige 191
Kapazität überschritten 81
Kaufanfrage 175, 176
kaufen, Hörbuch 160
kaufen, Mehr Speicher 184
Kauf tätigen 134
Kennwort festlegen 184
Kindersicherung 171
Kind, Erstellen Sie eine Apple-ID für ein 174
Kindle 164
Klangverbesserung 37
Klingeltöne 218
Klingelton erstellen 220
konfigurieren, Bedienungshilfen 190
Kontaktaufnahme 274
Kontakte synchronisieren.... 206
kontaktieren, Support 137
Kontext-Menü 24
Kontrollzentrum (iOS) 263
Konvertieren 97
konvertieren, Titel mit höherer Datenrate 186
kopieren, Beim Hinzufügen zur Mediathek Dateien in den iTunes Musik-Ordner 88
kopiergeschützte Musik.. 98, 140
kopiergeschützte Titel brennen 81
Kopierschutz 238
Kopie senden 212
Koppeln eines Headset (Apple Watch) 73
Kriterien, Entspricht allen/ einem der folgenden 75
Kündigen (Apple Music)..... 239
Künstler auswählen 230

L

laden, Albumcover 99, 100
laden, Dateien aus dem Internet 52
Laden der Musik 136
laden, HD-Videos in Originalgröße 146
laden, Verknüpfte Datei 53
Lautstärke anpassen ... 37, 38, 80
Lautstärke-Regler 17
Leihfilme 148, 197
Lesen (Buch) 163
Lesezeichen synchronisieren (Buch) 163
Lieder bewerten 105
Liedtexte einpflegen 108
Lied/Titel löschen 70
Lightning Digital AV-Adapter 264
Link speichern unter 53
Listenansicht 22
Listensymbol 19
lokale Backups 185
lokaler iTunes-Sync 239

Lokales Backup verschlüsseln ... 185
lokales Netzwerk ... 243
Löschen & Sync ... 195
Löschen von Medien ... 70

M

Mac App Store ... 11
machen, Offline verfügbar .. 236
Mandl & Schwarz-Verlag ... 273
manuell verwalten ... 187
Markierungsfelder in Liste einblenden ... 36
Maximale Lautstärke begrenzen ... 189
Mediathek exportieren ... 78
Mediathek freigeben ... 243
Mediathek im Netzwerk schützen ... 245
Mediathek-Name ... 244
Mediathek, Nur Objekte außerhalb meiner ... 247
Mediathek organisieren ... 88, 93
Mediathek sichern ... 91
Mediathek-Speicherort ... 87
Mediathek-Verwaltung ... 87
Medienart ... 144, 145, 161
Medium auswerfen ... 82
Mehr solche Musik spielen .. 120
Mehr Speicher kaufen ... 184
MEID (Mobile Equipment Identifier) ... 180
Meine Bücher ... 218
Meine Filme ... 56, 57
Meine Mediathek im lokalen Netzwerk freigeben ... 243
Meine Musik (Alle) ... 139, 225
Meine Updates verwalten ... 142
Mein Fotostream ... 204
Mein iPhone suchen ... 183
melden, Problem ... 137
Menüleiste einblenden (Windows) ... 14
merken, Wiedergabeposition ... 39
Microsoft Outlook ... 207
MiniPlayer ... 18
MiniPlayer einblenden ... 33
MiniPlayer immer im Vordergrund halten ... 19, 35
Mit mehreren Mediatheken arbeiten ... 88
Mitteilungszentrale ... 37
Mobile Daten verwenden ... 140
Monatliche Geschenke ... 127
MP3 ... 43
MP3-CD ... 80, 83
MP3-Codierer ... 44
Multi-Pass ... 152
Musik mit anstößigem Inhalt ... 172
Musikstücke zusammenstellen ... 65
Musik synchronisieren ... 191
Musiksynchronisierung (Apple Watch) ... 72, 73
Musik und Videos manuell verwalten ... 187
Musikvideos .. 141, 144, 192, 193

N

Nächste Titel ... 21
nachtragen, CD-Informationen ... 49
Nach Update suchen ... 181, 269
Nach verfügbaren Downloads suchen ... 131, 136, 152
Namen der CD-Titel automatisch vom Internet abrufen ... 47
Neue Apps automatisch installieren ... 210
Neue Arbeitskopie erstellen .. 98
Neu erstellen (Mediathek) ... 89
Neuer Wiedergabeliste-Ordner ... 74
Neue Version erstellen ... 83, 97, 98, 197
Neue Wiedergabeliste aus Auswahl ... 67
Newsletter ... 12
Nur Bücher anzeigen ... 214
Nur markierte Objekte einbeziehen ... 76
Nur markierte Titel und Videos synchronisieren ... 186
Nur Objekte außerhalb meiner Mediathek ... 247
Nur Offline-Musik ... 224, 225
Nur PDF-Dateien anzeigen ... 214

O

Objekte bearbeiten ... 101
Offline verfügbar (iOS) ... 224, 236
Offline verfügbar machen ... 236
öffnen, iBooks ... 162
Ordneroptionen (Windows) ... 267
Ordner zur Mediathek hinzufügen ... 51
organisieren, Mediathek .. 88, 93
Outlook-Kontakte ... 207

P

Passwort ... 125
Passworteinstellungen ... 134
Pause zwischen Titeln ... 80
PDF-Dokumente importieren ... 215
PDF erzeugen ... 104
Playlists ... 229
Playlists (Apple Watch) ... 72
Podcast abonnieren ... 155
Podcast-Einstellungen ... 157
Podcasts ... 154
Preferences ... 268
Privatfreigabe ... 251
Privatfreigabe aktivieren ... 245
Privatfreigabe (iOS) ... 248
Privatfreigabe-Setup (Apple TV) ... 258
Probleme mit einem Artikel ... 136
Problem melden ... 137
Produkttyp Ihres Gerätes ... 180
Property List ... 268

Q

QuickTime ... 56, 62

R

Radio ... 117
Radio (iOS) ... 121
Radiostation speichern ... 118
Reihenfolge der Spalten ... 23
Remote-App ... 251
Remote-App (iOS) ... 263

S

Schriftart (Buch) 163
SD (Standard Definition) 146
senden, CD-Titelnamen 50
senden, iTunes-Geschenk.... 128
Sender starten 19, 120
Seriennummer 180
Shuffle 18
Sichern von
Wiedergabelisten 76
Sicherungs- und Wiederherstellungscenter 91
Siri 133
Siri Remote 257
Softwareaktualisierung .. 11, 269
Songs einer Wiedergabeliste
hinzufügen......................... 68
Sortieren nach....................... 23
Sortierreihenfolge.................. 23
Sortierung Ihrer Einzeltitel ... 67
Sortierung nach Interpret...... 26
Soundqualität......................... 37
Spalte »Hinzugefügt« 52
Spaltenanzeige........................ 23
Spaltenbrowser
einblenden 25, 111
Spalten-Titel anpassen 23
Speicherort 112
Speicher verwalten 183
Spiele 208
spielen, Mehr
solche Musik.................... 120
spielen, Titel nie wieder 120
Sprachmemos............... 191, 193
Staffelpass 152
Standard Definition............... 60
Standortfreigabe 175
starten, Sender 19, 120
starten, Wiedergabe 22, 46
Start- und Endpunkte
eingeben 39
Statusleiste einblenden..... 32, 79
Sterne vergeben.................... 105
Steuerung über Tastatur 59
Suche einschränken............. 111
suchen 110
suchen, Automatisch nach
neuen Software-Updates.. 181
suchen, Immer nach
verfügbaren Downloads... 153
suchen, Mein iPhone........... 183
suchen, Nach Update ... 181, 269
suchen, Nach verfügbaren
Downloads........ 131, 136, 152
Suffix............................. 102, 221
Support kontaktieren 137
Support-Seiten 271
Switch 54
synchronisieren,
Automatisch 185
synchronisieren, Musik 191
synchronisieren, Nur markierte
Titel und Videos.............. 186
synchronisieren,
über WLAN..................... 186
synchronisieren,
Windows-Kontakte 207
Synchronisierung
(Apple Watch) 71
Systemeinstellung
CDs & DVDs..................... 47
Systemvoraussetzungen 12

T

tatsächliche Größe (Filme).... 59
teilen, Details über Ihre Mediathek mit Apple...... 27, 29, 100
Textgröße (Buch)................. 163
Time Machine........................ 91
Titel 22
Titelbild festlegen (Filme) 60
Titel importieren
mit iTunes.......................... 47
Titel-Liste, Auf nächste 21
Titel mit höherer Datenrate
konvertieren 186
Titel, Nächste......................... 21
Titelnamen empfangen 50
Titel nicht gefunden 114
Titel nie wieder spielen 120
Titel suchen 110
Titel überblenden 37
Titel umstellen 20
Titel, Zum aktuellen 22
Titel zurückgeben 138
Titel zuweisen 115
tvOS...................................... 257
TV-Sendungen..................... 151
TV-Sendungen
synchronisieren................ 195

U

überblenden, Titel 37
Übersicht 180
überspringen, Bei zufälliger
Wiedergabe........................ 39
übertragen, Einkäufe von
»Mobilgerät«.................... 194
über WLAN
synchronisieren............... 186
UDID (Unique Device
Identification Number)... 180
umkehren, Farben 190
unter, Link speichern 53
Untertitel................................ 60
Updates 11, 267

V

Verbleibende Zeit 18
Verknüpfte Datei laden.......... 53
verschlüsseln, Backup 184
Version für iPad oder
Apple TV erstellen........... 197
Version für iPod oder
iPhone erstellen............... 197
Versteckte Dateien
(Windows)....................... 267
verwalten, Familie 175
verwalten, iTunes-Medienordner automatisch 88
verwalten, Meine Updates... 142
verwalten, Musik und
Videos manuell 187
verwalten, Speicher 183
verwenden, Mobile Daten ... 140
Verwendung als Volume
aktivieren 188
Video-Podcasts 154
Videos importieren 55
Videos leihen........................ 148
Videothek 145
Videoversion, Bevorzugte 60
Viren-Überprüfung............. 267
Virtuelles Shoppen 129
Visuelle Effekte einblenden .. 115
VLC media player.................. 53
Vollbildmodus.................. 32, 58
Vorverstärker 39
vor-/zurückspulen 58

W

wählen, Ziel für Konvertierung ... 98
Watch-App (Apple Watch) ... 72
WAV-Codierer ... 44
Wechseln der Mediathek ... 91
wechseln, Zum Mini Player ... 33
Weitere Optionen ... 19
Wertung ... 36, 105
Wiedergabe (iTunes-Einstellungen) ... 37
Wiedergabeliste als Audio-CD brennen ... 79
Wiedergabeliste anlegen ... 65
Wiedergabeliste ... 65
Wiedergabeliste (Apple Watch) ... 71, 73
Wiedergabeliste auf Medium brennen ... 79, 161
Wiedergabeliste bearbeiten ... 66, 68
Wiedergabeliste exportieren ... 77
Wiedergabeliste importieren ... 78, 95
Wiedergabeliste-Ordner ... 74
Wiedergabeposition merken .. 39
Wiedergabe starten ... 22, 46
Wiedergabe von Filmen ... 58
Wiedergabe, Zufällige ... 18
Wiederherstellen ... 182
wiederherstellen, iPad/iPhone/iPod ... 270
Wiederholen (Apple Watch) ... 72
Wiederhol-Funktion ... 18
Wie heißt dieser Song? ... 133
Windows-Kontakte synchronisieren ... 207
WLAN ... 186
WMA (Windows Media Audio) ... 53
WMV (Windows Media Video) ... 54, 62
Wunschliste ... 132

X

XML (Extensible Markup Language) ... 77

Z

Zahlungsmodalitäten ... 126
Ziel für Konvertierung wählen ... 98
Zoomen ... 190
Zu einer Playlist hinzufügen ... 234
Zufallswiedergabe ... 18
Zufallswiedergabe (Apple Watch) ... 72
Zum aktuellen Titel ... 22
Zu »Meine Musik« hinzufügen ... 234
Zum Importieren der CD auffordern ... 46
Zum Mini Player wechseln ... 33
Zur Mediathek hinzufügen ... 51, 52, 55
Zur Wiedergabeliste hinzufügen ... 68
Zur Wunschliste hinzufügen ... 132
Zusammenführen ... 232
zusammenlegen, Dateien ... 88

weitere Informationen zum Buch:
www.mandl-schwarz.com/15/itunes/